Wolfgang Schlageter

Von Platon zum Computer
Fundamentale Denkschemata großer Denker

Wolfgang Schlageter

Von Platon zum Computer

Fundamentale Denkschemata großer Denker

Rediroma-Verlag

Bibliografische Information der Deutschen Nationalbibliothek:
Die Deutsche Nationalbibliothek verzeichnet diese Publikation in der Deutschen Nationalbibliografie; detaillierte bibliografische Daten sind im Internet über http://portal.dnb.de abrufbar.

ISBN 978-3-98527-068-2

Umschlagillustration:
vangelis aragiannis (shutterstock.com)
Fotografie auf der Rückseite: Uwe Venth

www.rediroma-verlag.de
27,95 Euro (D)

Für Emily und Sophia

Vorwort

„Unser Leben ist das, wozu unser Denken es macht" (Mark Aurel).

Der Anlass zu diesem Buch war ein Gespräch, das ich mit meinem ehemaligen Klassenkameraden, Professor Dr. Rolf Stahl, führte. Er empfahl mir damals das Buch von Daniel Kahneman, „Schnelles Denken, langsames Denken", das ich dann auch mit Gewinn las. Ohne die Bedeutung der Resultate hier in Frage zu stellen, erschien mir doch das dort Dargestellte ergänzungsbedürftig – doch davon später.

„Die wenigsten Menschen denken, doch alle wollen eine Meinung haben", sagt George Berkeley (1685 bis 1753). Hier würden wir dem Philosophen widersprechen und sagen, das Gegenteil sei der Fall. Der Mensch denkt immer, insbesondere, wenn er eine „Meinung" hat. Dabei ist es klar, dass diese „Meinung" von der Form unseres jeweiligen „Denkens" abhängt. Hierbei hat gerade Kahneman noch einmal gezeigt, wie dieses Denken sich unbewusst in Fallstricke verfangen kann.

Es ist weiter eine sozialpsychologische Tatsache, dass unser Denken durch Strukturen bestimmt wird, die weitestgehend unbewusst unsere „Meinung" leiten; also, dass letztlich in unseren Urteilen und Wertmaßstäben immer ein unbewusstes Moment mit einhergeht. Wir sollten deshalb versuchen, uns dieser Determinanten, falls möglich, bewusst zu werden. Auch hierüber werden wir eingehend zu sprechen haben.

Darüber hinaus ist unser Leben in der heutigen Zeit ständig wechselnden Situationen ausgesetzt, die jeweils ein eigenes Denkschema erfordern würden. Vereinfacht gesagt: Wir können nicht mit chemischen Strukturen die Ästhetik eines Bildes würdigen, mit mathematischen Begriffen unsere persönlichen Beziehungen beurteilen, mit ökonomischen Begriffen unsere Kinder erziehen.

Wir haben uns das Ziel gesetzt, die fundamentalen Denkschemata hier darzustellen. Der Leser mag sich anhand des Inhaltsverzeichnisses einen Überblick verschaffen. Daneben werden wir auch ausführlich auf die prinzipiellen Grenzen des Denkens sowie auf dessen Vergewaltigungen eingehen. Auch hierüber Näheres im Teil 1.

Wir sind als Menschen nur endliche Wesen. Dabei fallen uns gewisse Denkschemata besonders schwer. Insbesondere betrifft dies oft unbegründeterweise das mathematisch-logische Denken, indem man sich auf gewisse Erfahrungen beruft, die man in einem Alter gesammelt hat, in dem man für alles andere Interesse hatte - nur nicht für Mathematik - und nun fest davon überzeugt ist, man sei hierfür unbegabt. „Wem seine Kraft nicht ausreicht, der bleibt auf halbem Weg liegen; aber du beschränkst dich ja von vornherein selber", mahnt Konfuzius (551 bis 479 vor Chr.). Wie dem auch sei, wer dennoch glaubt, sich in diesem Feld schwerzutun, der kann das kursiv Gedruckte, ohne allzu viel zu verlieren, auch übergehen. Im Übrigen kann der potenzielle Leser, je nach Interessenlage, das Buch auch selektiv lesen, möglicherweise gleich zunächst mit Teil 8 beginnen.

Wir behaupten nicht, hier Neues zu sagen; schon größere Geister räumten ein, dass sie „nur das geschrieben hätten, was andere schon gesagt haben" (Cicero). Dabei haben wir uns bei dem, was „die anderen schon gesagt haben", auf die großen Denker und Naturwissenschaftler beschränkt, ohne auf momentane Moden des Augenblicks einzugehen - solche die eine gewisse Zeit die Feuilletons dominieren, um dann nach kurzer Zeit wieder der Vergessenheit zu verfallen. Dagegen werden Namen wie Aristoteles, Leonardo da Vinci, René Descartes, Albert Einstein gegenwärtig bleiben, solange menschliche Kultur Bestand haben wird.

Besonders danken möchte ich meinem ehemaligen Kollegen, Herrn OStR Gerhard Braun, der mich in einem „der absurdesten kulturellen Fehlgriffe, die sich dieses Land, angeleitet von ihren Kompetenz überschreitenden und partiell auch noch ahnungslosen Kultusministern, in den vergangenen Jahren geleistet hat" (FAZ), der Rechtschreibreform, in vielen Fragen unterstützt hat, sowie auf zahlreiche Fehler und Unklarheiten aufmerksam machte. Auch der Titel für das Buch geht auf einen Vorschlag von Herrn Braun zurück. Soweit dennoch infolge einiger nachträglicher Änderungen Fehler verblieben sind, liegen sie selbstverständlich in meiner Verantwortung.

Spezieller Dank gebührt wie immer den Herren Christian Rößler und StR Matthias Dorsch, die, wie schon bei ähnlichen Anlässen, mir mit Rat und Tat bei den verschiedensten Fragen und Problemen zur Seite standen.

Ausdrücklich und ganz besonders danke ich meiner Tochter Julia für die wunderbaren Stunden im Rahmen ihrer Familie, die meinem Leben neben einer tief empfundenen Freude einen wesentlichen Sinn und Bedeutung geben.

Flein, im Januar 2021

Inhalt:

TEIL 3

TEIL 4

TEIL 5

TEIL 6

TEIL 1
Denken als menschliche Existenz

„Wir sind, was wir denken. Alles was wir sind, entsteht aus unseren Gedanken. Mit unseren Gedanken formen wir die Welt“ (Buddha).

1.1. „Cogito ergo sum" (René Descartes).

„Das Denken hat weder Anfang noch Ende, es sei denn der Anfang, der mit der Geburt, und das Ende, das mit dem Tode gegeben ist" (Hannah Arendt).

Wenn wir morgens die Augen öffnen, sobald wir wach sind, sind wir vom Denken überflutet. Und dieses bestimmt unseren gesamten Tagesablauf, unsere Wahrnehmungen, unser Wollen, unsere Handlungen, unser Urteilen. Durch Denken werden wir uns unserer Gefühle, unserer Empathie bewusst. Denken und bewusstes menschliches Leben sind nicht zu trennen.

„Das ‚Ich denke' muss alle meine Vorstellungen begleiten können; denn sonst würde etwas in mir vorgestellt werden, was gar nicht gedacht werden könnte, ..." (Kant). „Kein Mensch möchte ein Leben wählen, das zwar über allen Reichtum und alle Macht verfüge, während er selbst der Denkfähigkeit beraubt oder gar wahnsinnig wäre" (Aristoteles). Tatsächlich bestimmt das Denken unser bewusstes Leben – die großen lebensentscheidenden Handlungen, ebenso wie den kleinsten momentanen Augenblick.

Wir sind somit umso freier, je mehr es uns gelingt, das Gedankengeflecht, das uns umgibt, zu durchschauen. Wir werden sehen, wie Sokrates (469 bis 399 vor Chr.) als Erster dieses Problem klar identifizierte und gerade hierin seinen pädagogischen Auftrag sah.

Es gibt im Zusammenhang mit unserem Thema zwei berühmte Bücher, beide aus dem US-amerikanischen Kulturkreis: Daniel Kahneman: „Schnelles Denken, langsames Denken" sowie John Dewey: „Wie wir denken", beide von außerordentlicher Resonanz. Kahneman (geb. 1934) erhielt für zwei dort abgedruckte Abhandlungen den Nobelpreis. John Dewey (1859 bis 1952) „hat nicht nur auf Philosophen, sondern auch auf Pädagogen, Ästhetiker und politische Theoretiker starken Einfluss gehabt" (Bertrand Russel).

Kahneman nahm in seinem Buch eine interessante Strukturierung vor, die wir in Teilen, etwas abgeändert, übernommen haben. Das „Schnelle Denken", das wir jetzt vorläufig als das „intuitive Denken" bezeichnen wird ergänzt durch das „Langsame Denken", wobei dieses die unvermeidlichen Fehlschlüsse des spontanen Denkens korrigieren soll, dabei denkt Kahneman primär an die Statistik.

Dagegen steht bei Dewey „das Abweichende, Charakteristische im Einklang mit dem Zeitalter des Industrialismus und des Kollektivunternehmens. Demnach müsste er selbstverständlich den stärksten Anklang bei den Amerikanern finden und auch von den fortschrittlichen Elementen in Ländern wie China und Mexiko fast ebenso geschätzt werden" (B. Russel). Für Golo Mann (1909 bis 1994) war er der Protagonist des amerikanischen Pragmatismus im zwanzigsten Jahrhundert. Tatsächlich war seine Wirkung sowohl dort als auch auf die westdeutsche Nachkriegsgesellschaft, insbesondere auf die dortige Lehrerausbildung, von außerordentlichem Einfluss.

Ohne die allgemeine Bedeutung der genannten Formen des „Denkens" in Frage zu stellen (wir werden hierauf ausführlich eingehen), so stellen diese doch eine sehr enge Bandbreite des „Denkens" dar, gleichsam eine Momentaufnahme. Wer nur in diesen Kategorien denkt, „intuitives, statistisches, pragmatisches Denken", der verbleibt in einer grauen „Schwarz-Weiß-Welt". Das ganze Farbenspektrum kann nur der gesamte reiche Kosmos der verschiedensten Denkmöglichkeiten eröffnen. Treiben wir den Vergleich weiter: Wie Johann Wilhelm Ritter (1776 bis 1810) und William Herschel (1738 bis 1822) das sichtbare Spektrum in das Infrarot und Ultraviolett erweitert haben, so können wir beim „Denken" auch noch eine Welt darüber hinaus eröffnen.

Je reicher, je vielfältiger unsere Denkmöglichkeiten sind, desto variabler, desto flexibler wird unser Leben. Wenn ein siegreicher General seine Kinder nach denselben Schemata erzieht, wie er seine Soldaten erfasst, so wird er ganz sicher kein guter Vater sein. Wir wissen, wie Friedrich der Große (1712 bis 1786) unter seinem despotischen Vater, „dem größten Drillsergeanten der preußischen Nation" (Carlyle) gelitten hat. Bei den Buddenbrooks wollte Thomas Buddenbrook aus dem sensiblen Hanno einen energischen, erfolgreichen Kaufmann formen, ein „Bild schwebte ihm vor, nach dem er seinen Sohn zu modeln sich sehnte: das Bild von Hannos Urgroßvater, wie er ihn selbst als Knabe gekannt – ein heller Kopf, jovial, einfach, humoristisch und stark" (Buddenbrooks). Wir kennen das traurige Ende.

Natürlich ist es außerordentlich schwierig, sich von den Denkstrukturen, die den allgemeinen Tagesablauf bestimmen, zu lösen. Doch wer mit ökonomischen Kategorien ein Museum besucht, wer mit ingenieurwissenschaftlichen Strukturen ein Schauspiel wahrnimmt, dem werden derartige Erlebnisse fremd bleiben. Ebenso wird jemand, der versucht, mit den christlichen Tugenden des Mitleids und der Demut ein Unternehmen zu leiten, nicht bestehen können.

Wir unternehmen somit in diesem Buch den Versuch, die fundamentalen Denkschemata in ihrem historischen Kontext so darzustellen, dass „dieses die wesentlichen philosophischen, mathematischen, physikalischen, sozialwissenschaftlichen, politischen, biologischen, religiösen Strömungen des Abendlandes bis zum heutigen Tag enthält" (G. Braun). Dabei wird den großen Philosophen und Wissenschaftlern das Wort weitestgehend selbst überlassen. Der Leser wird so mit deren Denken direkt konfrontiert.

Natürlich ist es nicht möglich, sämtliche von den großen Denkern entworfenen Systeme wiederzugeben, doch diejenigen, die das Denken des Abendlandes wesentlich bestimmt haben, dürften wir erfasst haben. Daneben, da sich der Blick in die globalisierte Welt geöffnet hat, auch noch die „maßgeblichen Menschen" (Karl Jaspers) Buddha (563 bis 483 vor Chr.) und Konfuzius.

Genauer wollen wir also Fragen nachgehen, was man unter gewissen Formen des Denkens versteht. Was bedeutet zum Beispiel logisches Denken? Ist ein Wissen möglich, das unabhängig von Raum und Zeit wahr ist, das für den Steinzeitmenschen ebenso richtig sein muss wie für den Marsmenschen, falls er je auf der Erde landen wird? Inwieweit ist Wissen in der Praxis möglich usw.? Wodurch ist unser heutiges Denken gekennzeichnet? Durch welche Einflüsse unterscheidet es sich von anderen historischen Epochen? Wie werden hierdurch unsere Werturteile, unser Denken in religiöser, moralischer Hinsicht beeinflusst? Was sagen die großen Denker zu diesem Thema?

Weiter stellt sich das Problem, wie sich Vergewaltigungen des Denkens auswirken, das heißt, wenn wissenschaftliche Aussagen für ideologische Zwecke missbraucht werden. Als Beispiel möge hier zunächst der Darwinismus dienen, also die biologische Abstammungslehre Darwins (1809 bis 1882), um so „in seltsamer Umkehrung der Sachlage (...) ein Beispiel par excellance für den Lebenskampf, für den Sieg des Starken über das Schwache, der Herren über die Sklaven, um soziale und rassische Ungleichheit auf die Notwendigkeit der Natur zurückzuführen und so die schlimmsten Exzesse zu rechtfertigen" (F. Jacob). Wir werden sehen, wie auf diesem Boden schließlich das schlimmste Verbrechen der Menschheit erwuchs. Andererseits werden gerade heute noch die aberwitzigsten Thesen auf den Darwinismus bezogen, wobei diese auch nicht dadurch richtiger werden, wenn sie von den großen meinungsbildenden Medien oder sogar von Nobelpreisträgern aufgestellt werden. Wir sollten diese Irrwege durchschauen.

Auch in der Informatik werden, wie so oft bei einer erfolgreichen Theorie, die Grenzen leichtfertig überschritten. Selbst in seriösen Medien, sogar von renommierten Wissenschaftlern wie Stephen Hawking (1942 bis 2018), werden Behauptungen von der Art, „der Computer könne in absehbarer Zeit das Denken des Menschen nicht nur ersetzen, ja, sogar noch übertreffen" publiziert. Wir werden ein für alle Mal derartige unsinnige Behauptungen widerlegen.

Nicht zuletzt deshalb, weil, wie wir sehen werden, Computer nicht nur kein Wissen haben, sie haben erst recht keine Moral. Sklavenhaft führen sie jeden ihnen vorgegebenen Schritt eines Algorithmus aus. Ohne zu zögern steuern sie mit Atomsprengköpfen bestückte Raketen an ihr Ziel. Wir verstehen somit auch, weshalb wir in autoritären Institutionen oft das nichtreflektierte, konsequent prozesshafte Denken vorfinden. Es ist damit auch klar, dass es bei derartigem Denken kein „Hoffen" (Kant) geben kann, weshalb dann in autoritären Regimes so oft der Atheismus herrscht. Natürlich gibt es dann für Computer erst recht kein „Hoffen". Glücklicherweise haben sie kein Bewusstsein, so dass sie von ihrem traurigen Ende auf dem

Schrottplatz nichts wissen können. Wir werden der Frage nachgehen, wie derartige Verirrungen möglich sind.

Damit nun die genannten Ziele des Buches, Darstellung der fundamentalen Gedankenschemata mit ihren jeweiligen Konsequenzen, nicht als pauschale Behauptungen im Raume schweben, wollen wir uns nicht mit einer oberflächlichen Darstellung begnügen, die mehr verwirrt als klärt. Denn wir können nur vollständig das kritisieren bzw. verstehen, was wir „be-gründen", also von „Grund auf" erfassen können.

Nach der Legende soll der berühmte Mathematiker Euklid (um 300 vor Chr.) versucht haben, Alexander dem Großen (356 bis 323 vor Chr.) die Mathematik zu erklären. Nach kurzer Zeit wurde der berühmte Schüler ungeduldig, „ob man dies alles nicht etwas einfacher zeigen könne?". „Es führt kein Königsweg zur Mathematik", war die lapidare Antwort des großen Mathematikers.

Tatsächlich, wer im Tal steht hat nur einen begrenzten Blick und kann bestenfalls die Höhe ahnen. Dagegen bietet die Sicht vom Gipfel die unermesslichen Weiten, tiefe, zunächst unbekannte, ganz neue Einsichten. Doch den Berg erreichen wir nicht im Sitzen, sondern wir müssen bereit sein, eventuelle große Mühen, Strapazen auf uns zu nehmen. Dasselbe gilt für das „Denken". „Per Aspera ad Astra" (Seneca).

1.2. Möglichkeiten des Denkens

„Der Seele Grenzen kannst du nicht ausfinden und ob du jegliche Straße abschreitest, so tiefen Grund hat sie“ (Heraklit).

Aristoteles (385 bis 323 vor Chr.) definiert das Lebendige durch die Seele. Den Pflanzen kommt die vegetative Seele zu, die Tiere verfügen darüber hinaus über die sensitive und dem Menschen kommt alleine noch die vernunftbegabte Seele zu. Somit ist das Wesen des Menschen dasjenige, was ihn definiert, das vernunftgemäße Denken. Es gibt tatsächlich keinen Menschen, der nicht denkt - und wenn ein Lebewesen denkt, ist es ein Mensch. „Gedankengänge durchdringen die gesamte menschliche Existenz, jedes, auch das primitivste menschliche Leben, ist von ihnen gleichsam durchpflügt, und das Denken hat weder Anfang noch Ende, es sei denn, der Anfang, der mit der Geburt, und das Ende, das mit dem Tode gegeben ist“ (Hannah Arendt).

Tatsächlich ist dieses Denken unerschöpflich. Es findet sich im Größten, Erhabensten wie in der gemeinsten Niedertracht. Im Denken eines Buddha oder Jesus wie in den Widerwärtigkeiten der SS-Wachmannschaften in Auschwitz. In der Wahrheit wie in der abscheulichsten Lüge. In den Gedanken eines Platon (428 bis 348 vor Chr.), Leibniz (1646 bis 1716) oder Kant (1724 bis 1804), aber auch bei Volksverführern wie Joseph Goebbels (1897 bis 1945). Im Schönen wie im Hässlichen. Bei Leonardo (1452 bis 1519), Mozart (1756 bis 1791) oder Praxiteles (395 bis 330 vor Chr.) wie bei den Köpfen derjenigen, die mit geplantem Bombenhagel die Kulturwerte vernichten. Großer Literatur, Shakespeare (1564 bis 1616), Schiller (1759 bis 1805), Dostojewski (1821 bis 1881), Thomas Mann (1875 bis 1955) stehen gemeine Pamphlete wie „Der Stürmer“ von Julius Streicher (1885 bis 1946) gegenüber. Die Gedanken eines Cäsar (100 bis 44 vor Chr.), als er den Rubikon überschritt, die Kühnheit eines Alexanders des Großen, als er durch die Wüste nach Indien zog, die Verzweiflung der Soldaten bei Stalingrad.

Gedanken können gestalten wie vernichten. Großen Staatsmännern wie Solon (640 bis 560 vor Chr.), Augustus (63 vor bis 14 nach

Chr.), George Washington (1732 bis 1799) stehen teuflische Zerstörer wie Adolf Hitler (1889 bis 1945) gegenüber. Kühnheit wie die von Columbus (1451 bis 1506), schöpferische Kreativität wie diejenige der großen Naturwissenschaftler Galilei (1564 bis 1642), Newton (1642 bis 1727), Einstein (1879 bis 1955) oder Max Planck (1858 bis 1947) veränderten unsere Welt. Dabei dürfen wir auch nicht die unzähligen Menschen vergessen, die durch ihre Arbeit, ihr Denken, das soziale Umfeld geschaffen haben, in dem diese großen Gedanken erst möglich wurden. In diesem Zusammenhang ergibt sich eine der fundamentalen Bedeutungen der Sprache. Denn durch sie werden alle diese Epizentren, große wie kleine, zu einem einheitlichen Ganzen verwoben: dem Denken der Menschheit.

Tatsächlich ist es unmöglich „Denken" vollständig zu beschreiben oder gar zu definieren. „Von allen Menschen hat Pythagoras am meisten gewusst" (Heraklit), doch die Logik, die Aristoteles rund 200 Jahre später entwickelte, hat er nicht gekannt. Dieser wiederum kannte nicht die dreigliedrige Dialektik Hegels (1770 bis 1831), auf der Marx (1818 bis 1883) dann seinen Dialektischen Materialismus aufgebaut hat. Weder Hegel noch Marx kannten die formalen Algorithmen, auf denen die Informatik beruht. Es wäre vermessen zu glauben, dass gerade in unserer momentanen Epoche die endgültigen Formen des Denkens vorliegen würden. Zumal sich mit den Quantencomputern schon wieder ganz neue Möglichkeiten andeuten.

Aus dem bereits Gesagten ergibt sich nun eine interessante Folgerung: Wir werden niemals wissen, was der Mensch wirklich ist; wir können ihn niemals vollständig erkennen. Denn wir haben gesehen, dass das mögliche Wissen prinzipiell stets fortschreitet. Ähnlich wie oben erläutern wir dies noch einmal an einem Beispiel: Der führende Biologe des Altertums war Aristoteles, „viele Tatsachen, die er erwähnte, sind erst im 19. Jahrhundert wieder entdeckt und neu bestätigt worden" (Ernst Cassirer). Doch vom Blutkreislauf wusste er nichts. Dessen Entdecker Harvey (1578 bis 1657) kannte seinerseits wieder nicht die Abstammungslehre von Darwin, dieser wiederum kannte die exakten Vererbungsgesetze nicht usw. Auch hier wäre es vermessen zu behaupten, dass unsere Kenntnisse in diesem Zusammenhang die endgültigen seien.

Somit zeigt sich bereits hier die Naivität von Stephen Hawking zu glauben, der Mensch könne in absehbarer Zeit durch den Computer dargestellt oder gar noch übertroffen werden. Wie wir gesehen haben, kennen wir weder den Menschen noch das vollständige Denken. Wie soll etwas simuliert werden, das wir gar nicht wissen?

1.3. Die Quellen des Denkens

„Was für eine Philosophie man wählt, hängt davon ab, was für ein Mensch man ist" (Johann Gottlieb Fichte).

Nach Johann Gottlieb Fichte (1762 bis 1814) gibt es nur zwei mögliche Formen der Erkenntnis. Die eine geht von der vor uns liegenden Welt in ihrer Vielgestaltigkeit aus. Man nimmt die „ge-gebenen" Objekte als das Primäre und muss dann zeigen, wie aus dieser „Grundlage" heraus unser Denken, Fühlen, Wollen sowie unser moralisches Handeln und ästhetisches Empfinden erklärt werden kann. Da hier die Realität als solche „vor-aus-gesetzt" wird, ordnet man die hierzu gehörenden Systeme dem „Real-ismus" zu.

Der andere Weg geht vom Bewusstsein aus. Das Erste und Sicherste, was man sagen kann, ist, dass wir uns „be-wusst" sind, „cogito ergo sum" (Descartes). Da man hier die Idee als erste Basis annimmt, spricht man somit vom „Idee-alismus". Ausgehend von dieser Basis hat man dann dieselben Probleme zu lösen wie im Realismus.

Während uns also die „Gegen-stände" im Realismus durch „Eindrücke" erscheinen, erkennen wir sie im Idealismus durch eine „Vorstellung". Das gesamte „Denken" fließt letztlich aus diesen beiden Quellen. Da die weiteren Ausführungen hierauf aufbauen, werden wir im Folgenden die Wege in ihrer historischen Entwicklung darstellen, wobei wir uns auf das in diesem Zusammenhang Wesentliche beschränken.

Zunächst den klassischen Materialismus: In der Auseinandersetzung mit den Philosophien des Parmenides (550 bis 460 vor Chr.) und des Heraklit (520 bis 460 vor Chr.) kam Demokrit (ca. 460 bis 370 v. Chr.) zu der Einsicht, dass die Welt aus kleinsten elementaren Bausteinen aufgebaut sein müsste, die unteilbar seien. Für das Unteilbare wählte er das griechische Wort „Atom". Somit war die Atomhypothese geboren. „Wenn in einer Sintflut alle wissenschaftlichen Kenntnisse zerstört würden und nur ein Satz an die nächste Generation weitergereiht werden könnte, welche Aussage würde die größte Information in wenigen Worten enthalten? Ich bin überzeugt, dass es die Atomhypothese wäre" (Richard Feynman).

Für Demokrit steht fest, dass es „nach der gebräuchlichen Redeweise Farbe, Süßes, Bitteres gibt, in Wahrheit aber nur Atome und Leeres“ (Demokrit). Dabei geschieht alles „mit mechanischer Notwendigkeit“, ein Begriff, den Demokrit als Erster geprägt hat und der in der Folgezeit für die gesamte Wissenschaft von grundsätzlicher Bedeutung sein wird.

Da die Welt nur die Atome und das Leere kennt, gilt dies auch für unseren Geist. Und die Erkenntnis ergibt sich somit, dass sich von den Objekten kleine Bilder lösen und unserem Geist zuströmen. „Wir begreifen in Wahrheit nichts Untrügliches, sondern nur, was umschlägt gemäß der Verfassung des Körpers und der zuströmenden und entgegen strömenden Atome“, sagt Demokrit. Infolgedessen erfolgt unsere Erkenntnis über die fünf Sinne, mit denen wir mit der Außenwelt in Beziehung stehen. Somit wird hier das Erkenntnisprinzip des Sensualismus erstmalig klar formuliert.

Trotzdem kennt auch Demokrit ein geistiges Prinzip an, das der ganzen Atomhypothese zugrunde liegt. Es würde nämlich dem griechischen Geist widersprechen, wenn der ganze Atomwirbel völlig diffus ablaufen würde. „Nichts entsteht planlos, sondern alles nach Sinn und Notwendigkeit“, sagt Leukippos (5. Jahrhundert vor Chr.), der andere große Begründer des Atoms.

Und tatsächlich entdeckt Demokrit das eine der großen Fundamentalprinzipien der Logik; das Kausalprinzip oder das Prinzip von Grund und Folge. Demokrit fordert nämlich, dass jeder momentane Zustand der Atome unmittelbar von dem gerade vorherigen bestimmt ist und dass dieser wieder den nächstfolgenden determiniert, dass also alles „mit mechanischer Notwendigkeit“ erfolgt. Stolz sagt Demokrit in echt griechischem Geiste: „Lieber würde ich eine lückenlose Folge von Grund und Folge finden, als dass ich das ganze Perserreiche gewönne“ (Demokrit).

Am anderen Strom steht gleich am Anfang mit Platon eine der Säulen, auf der weitestgehend das gesamte abendländische Wissen beruht. „Die ganze europäische Philosophie besteht nur aus Fußnoten zu Platon“, sagt der große Logiker Alfred North Whitehead (1861 bis

1947), der mit seinem Schüler Bertrand Russel (1872 bis 1970) das Fundamentalwerk der Logik, die „Principia Mathematica", verfasste.

Tatsächlich können wir weder die christliche Theologie noch die italienische Renaissance noch die Philosophie oder die moderne Wissenschaft ohne Platon verstehen. „Alle christliche Trinitätslehre sowie alle christliche Mystik, vieles an christlicher Liturgie und Hymnologie, sind ohne den Neuplatonismus nicht zu denken" (Carl Schneider). Die Renaissance, „eine neue Art zu fühlen, eine Annäherung an die Dinge und an die Natur, eine Perspektive, in der die Welt, der Drang zum Göttlichen und die Präsenz des Göttlichen, in der Welt begriffen wurde. Ohne diesen Platonismus ist die Renaissance nicht zu verstehen" (Eugenio Garin). „Dass Platons Dialektik für Hegel bestimmend geworden ist, ist unverkennbar" (Ernst Cassirer).

Praktisch alle führenden Naturwissenschaftler waren Platoniker: Kepler (1571 bis 1630), Galilei, Newton, Heisenberg (1901 bis 1976), Pauli (1900 bis 1958) und, und, und. „Auch der Empirismus hat ein platonisches Element und man wird es nicht entfernen können, ohne die Naturwissenschaft zu ruinieren" (J. Monod). „Entgegen allem Anschein ist darum die Hypothese, dass die „platonischen Ideen" dem Universum Gestalt verleihen, die natürlichste und, philosophisch ausgedrückt, die ökonomischste" (R. Thom).

Beschränken wir uns auf die zunächst naheliegenden Fragen, so war ein wesentliches Ziel Platons die Überwindung des empirischen Sensualismus, das heißt eines Prinzips, das sein Wissen aus der Erfahrung über die fünf Sinne gewinnt. Denn für ihn stand fest, dass auf diese Art und Weise niemals sicheres Wissen zu erreichen sei. Ein objektives Wissen, das unabhängig von Raum und Zeit absolute Wahrheit beanspruchen könne.

Hierfür sind zunächst zwei Gründe bestimmend:

Erstens ist jeder Sinneseindruck möglichen Täuschungen unterworfen. Wir wissen aus der Psychologie, dass zwei Linien optisch konkav bzw. konvex erscheinen, in Wirklichkeit aber parallel sind. Greifen wir für ein weiteres Beispiel etwas vor. Für unsere naiven Sinne erscheint die Erde als eine Scheibe. Wir sehen täglich wie die Sonne aufgeht, ihre Kreise zieht und am Firmament wieder verschwindet. Dabei ruht die Erde und steht im Mittelpunkt. Überwunden wurde diese Sichtweise bekanntlich durch Kopernikus (1473 bis 1543), wodurch er die Neuzeit einläutete und das Heliozentrische Weltbild begründete. Dabei berief er sich ausdrücklich auf die Platoniker Aristarch (310 bis 230 vor Chr.) und Herakleides (387 bis 312 vor Chr.), die auf Grund platonischer Prinzipien Derartiges schon im Altertum begründet hatten.

Das nächste Argument geht dahin, dass jeder Mensch ein Individuum ist. Jeder Mensch empfindet anders. Das Rot einer Rose hat für jedermann eine andere Nuance. Ein Farbenblinder sieht überhaupt kein Rot. Die Welt hätte auch ohne weiteres so beschaffen sein können, dass alle Menschen farbenblind wären, das Rot würde für diese sensualistische Welt nicht existieren. 1800 entdeckt William Herschel das Infrarot und Ultraviolett. Damit war erstmalig etwas gefunden worden, für das der Mensch keine Sinnesorgane hat.

Somit führt jeder konsequente Sensualismus zum Skeptizismus. Dies gilt für die klassischen Sophisten wie Protagoras (481 bis 411 vor Chr.), ebenso wie für David Hume (1711 bis 1776). Soll dieses Nichtwissen überwunden werden, so sind hier ganz andere Prinzipien erforderlich. Zunächst wäre nachzuweisen, dass es tatsächlich etwas gibt, das die Forderungen der absoluten Wahrheit erfüllt, nämlich unabhängig von Raum und Zeit für jeden Menschen objektiv wahr zu sein. Platon fand dies in demjenigen, was ihm das Idealbild einer exakten Wissenschaft war, der Mathematik. „Keiner ohne Geometrie möge hier eintreten.“, stand warnend über dem Eingangstor zur platonischen Schule, die nach dem attischen Heros Akademos die Akademie hieß und damit unzähligen Schulen ihren Namen gegeben hat.

In der Tat, unabhängig von Raum und Zeit, gilt für jedermann $2 + 2 = 4$, die Winkelsumme im Dreieck auf einer idealen Ebene beträgt 180^0, in Afrika, auf dem Mond, in Australien. 17 ist eine Primzahl, und zwar für den Steinzeitmenschen, ob er es wusste oder nicht, ebenso wie es für einen Chinesen des Ming-Zeitalters zutrifft und selbst wenn der legendäre Marsmensch je auf der Erde landen wird, so wird auch für ihn 17 eine Primzahl sein.

„Wie Platon bin auch ich der Meinung, dass die Arithmetik, ganz allgemein die Mathematik, nicht von der Wahrnehmung herrührt" (B. Russel). Der sensualistische Ansatz fällt also aus. Welchen Weg findet dann Platon? Greifen wir hierzu auf die Elementarteile der Geometrie zurück, Punkt und Gerade. Insbesondere hier scheint sich aber der Sensualismus zu bewähren. Denn selbst Schüler, die ansonsten der Mathematik wenig zugeneigt sind, haben doch eine gewisse Freude und Befriedigung an den geometrischen Bildern. Doch betrachten wir zum Beispiel die Gerade näher. Nach Definition hat sie keine Krümmung und weder Anfang noch Ende. Was wir aber auf dem Blatt sehen, ist eine mehr oder weniger gerade Strecke mit Anfangs und Endpunkt. Tatsächlich haben wir eine Gerade, die sich ins Unendliche erstreckt, noch nie gesehen, getastet, gerochen, gefühlt oder geschmeckt. Abgesehen davon, dass wir vom „Unendlichen" ohnehin keinen Sinneseindruck haben. Dasselbe gilt für den Punkt. Nach Definition hat dieser die Dimension null, ist also völlig ausdehnungslos. Wir können aber einen Punkt noch so sorgfältig zu Papier bringen, spätestens unter dem Mikroskop wird er mehr oder weniger als eine Kreisscheibe erscheinen, abgesehen davon, dass ein Graphitmolekül des Bleistiftes alles andere als ein einfacher Punkt ist. In diesem Sinne könnten wir nun praktisch für alle Elemente der Mathematik argumentieren.

Wie löst nun Platon das Problem? Wir haben vor allem anderen eine ideale Idee der Geraden oder des Punktes. Dem speziellen sinnlichen Eindruck folgt eine allgemein gültige Idee, die jedoch nicht der Erfahrung entnommen sein kann. Und diese Idee definiert die allgemeine Gerade als eine unendliche Linie ohne Krümmung; ebenso den allgemein gültigen Punkt mit dimensionsloser Ausdehnung. Dabei kann der sinnliche Eindruck niemals die Idee in ihrer Reinheit erreichen.

Wir erläutern dies noch einmal am Beispiel der Diskussion des Protagoras mit Platon. Protagoras ist, wie gesagt, konsequenter Sensualist. Und in diesem Sinne behauptet er, die Sätze der Mathematik seien falsch und weist dies am Beispiel der Tangente nach. Bekanntlich kann eine Gerade einen Kreis in zwei Punkten schneiden, sie ist dann eine Sekante (secare = schneiden), am Kreis vorbeiführen oder in genau einem Punkt berühren (tangere), sie ist dann eine Tangente. Und dieses „genau ein Punkt“ bestreitet Protagoras; tatsächlich seien es unendlich viele. Und in der Tat, betrachten wir einen exakt gezeichneten Kreis mit seiner Tangente unter dem Mikroskop, so sehen wir tatsächlich „unendlich viele“ Punkte, sowohl auf dem Kreis, als auch auf der Geraden. In diesem Sinne hat Protagoras also Recht.

Aber Platon und er sprechen in verschiedenen Sprachen, Protagoras in der anschaulich sinnlichen, Platon in der idealen logischen. Und hier kann sehr wohl gedacht werden, dass der Kreis und die Gerade nur genau einen Punkt gemeinsam haben. Alles andere führt sogar zu einem Widerspruch. Denn nehmen wir an, Kreis und Gerade hätten „unendlich viele“ Punkte gemeinsam. Auf der Geraden müssten diese eine Strecke bilden, also gerade sein, auf dem Kreis wären sie ein Kreisbogen, also gekrümmt, sie müssten also sowohl gerade als auch gekrümmt sein! Somit bleibt nur ein Schluss: Mathematik ist im sinnlich Anschaulichen nicht möglich.

Tatsächlich hat letztlich keiner der Großen es gewagt, die ewigen Beziehungswahrheiten der Mathematik anzuzweifeln, weder der Empiriker John Locke (1632 bis 1704) noch der Pragmatiker William James (1842 bis 1910) noch der große Skeptiker David Hume. „Sehen wir die Bibliotheken durch, greifen wir irgendeinen Band heraus, so sollten wir fragen: Enthält er irgendwelche abstrakten Gedankengänge über Größe und Zahl?, nein, so werft ihn ins Feuer.“ (David Hume)

Was für die Naturwissenschaftler und Philosophen gilt, das gilt erst recht für die Mathematiker. „Praktisch alle großen Mathematiker sind sich mit René Thom einig, dass die Mathematik platonisch ist“ (J. Dieudonné). Dabei ist „die Mathematik die Wissenschaft, deren einziger Gegenstand die Struktur des menschlichen Verstandes selbst ist“, sagt Hannah Arendt (1906 bis 1975).

Wir haben also gesehen, wie der sinnliche Eindruck einer mehr oder weniger geraden Linie uns zu dem allgemeinen Begriff oder der Idee, wie Platon sagt, geführt hat. Ganz allgemein gilt, dass „die ganze Sinnenwelt danach strebt, zu sein wie die Ideenwelt, vermag es aber nicht, sondern bleibt stets dahinter zurück" (Platon). Die jeweiligen sinnlichen Gegebenheiten stehen dann in Bezug zu der Idee in der Relation der „Teilhabe" oder „Metexis", wie das griechische Wort hierfür lautet. Wir erkennen den sinnlichen Gegenstand durch die „Teilhabe" an der ihn definierenden Idee. Tatsächlich sind „für den modernen Naturwissenschaftler genau wie für Platon die Ideen die einzige „Wirklichkeit", sagt der Nobelpreisträger Carrel (1873 bis 1944).

Dabei müssen wir streng zwischen der Idee und dem sinnlichen Eindruck unterscheiden; beide gehören völlig verschiedenen Dimensionen an. Das Sinnliche dem konkret Anschaulichen, die Idee dem abstrakt-logisch-Allgemeinen. Durch die Idee erkennen wir den konkret auf das Papier gezeichneten Strich in seiner Allgemeinheit. Den Strich können wir wieder ausradieren, der sinnliche Eindruck verschwindet, nicht dagegen die Idee der Geraden. Wir können uns sogar den Fall vorstellen, dass infolge einer Katastrophe überhaupt nichts mehr gezeichnet werden könnte, kein konkreter Strich vorhanden wäre, trotzdem wäre die Idee immer noch gültig, die Ideen sind also zeitlose, ewige geistige Gebilde. Wir werden hierauf immer wieder im Rahmen der verschiedenen Problemstellungen zurückkommen.

Nun müssen wir uns in dieser Hinsicht mit der anderen Säule beschäftigen, auf der unsere Kultur ruht, mit Aristoteles. Dieser war 20 Jahre lang Schüler von Platon. Für seinen Lehrer kannte er nur höchste Verehrung. „Platon war ein Mann, der so hoch steht, dass nicht jeder ihn loben darf, sondern nur, wer seiner wert ist" Trotzdem löste er sich in seiner Erkenntnistheorie von diesem, was das europäische Denken über Jahrtausende bis zum heutigen Tag prägen sollte. Auch hier beschränken wir uns auf das für unser momentanes Problem Wesentliche und werden anderweitig noch einmal hierauf zurückkommen.

Im Gegensatz zu Platon ging er nicht von der allgemeinen Idee aus, sondern vom konkret Einzelnen, „die Phänomene sollen gerettet werden" (Aristoteles). Erkannt werden die Objekte im Geist, „gleich einer Schreibtafel, auf der nichts Geschriebenes steht" (Aristoteles). Auf dieser bilden sich dann die von außen zuströmenden „Eindrücke" ab. Aus der „Schreibtafel" wurde im Mittelalter dann die „Tabula rasa". Dies sieht zunächst aus wie reiner Sensualismus. Und in diesem Sinne wurde Aristoteles, sowohl im Mittelalter als auch in der Neuzeit, als der eigentliche Sensualist gesehen, was wiederum maßgebliche Folgen für gewisse Richtungen der Psychologie und Erkenntnislehre hatte.

Doch Aristoteles präzisiert sofort: „Durch bloße Sinneserkenntnis ergibt sich kein Wissen, (...) sinnliches Wahrnehmen erstreckt sich notwendig auf das Einzelne, Wissenschaft aber ist Erkennen mit Hilfe des Allgemeinen" (Aristoteles). Dabei gilt es, „das Unwesentliche, bloß Hinzukommende" zu trennen und das „eine, das in dem Vielen ist", also das eigentliche „Wesen" zu bestimmen. Weiter: „Im Stoff liegt das Notwendige, aber das Wozu liegt im Geist" (Aristoteles). Somit kommt zu dem passiven „leidenden Verstand", der aktive „tätige Verstand" hinzu.

Wie wird nun das Allgemeine, das Wesen der Gegenstände, erkannt? Aristoteles prägt hierzu den Begriff der Form. Die Form ist es, die das Wesen, die Allgemeinheit definiert. Sie ist somit ein allgemein gültiger, logischer, zeitloser, ewiger Begriff. Die Form definiert so allgemein die Pflanze als ein organisches Gebilde. Inwiefern sich damit Aristoteles wieder im Reich der platonischen Ideen befindet, wurde von gelehrten Professoren vielfach diskutiert, weshalb auch der früher oft herausgehobene Gegensatz zu Platon hinfällig geworden sei. Jedenfalls war für Werner Jaeger (1888 bis 1961) „Aristoteles der erste Grieche, der die Welt mit Platon-Augen sah".

Die englische Tradition, die stets pragmatisch war, nahm die mittelalterliche Tabula rasa wieder auf, nach welcher der Verstand eine „leere Tafel" sei, auf die die „Ein-drücke" der Außenwelt über die fünf Sinne erfolgen, und begründete so den eigentlichen Realismus. „Nichts ist im Verstand, was nicht zuvor in den Sinnen war", sagt John Locke. Auf diese Art und Weise glaubte er erklären zu können, dass „alle jene erhabenen Gedanken, die sich über die Wolken erheben und zum Himmel selber aufreichen, hier ihren Ursprung und

Boden haben; in all den weiten Räumen, die der Geist durchwandert, in all den hochstrebenden Gedankenbauten, zu denen er sich aufschwingt, fügt er nicht das geringste Stück zu jenen Vorstellungen hinzu, die die Sinne oder die innere Wahrnehmung ihm zur Betrachtung darbieten“ (John Locke).

Das Denken ist hier ein Spiegel der realen Außenwelt, „Die Rückseite des Spiegels“, wie das damals aufsehenerregende Buch von Konrad Lorenz (1903 bis 1989) hieß. Noch radikaler wird David Hume sein; für ihn ist das, „was wir den Geist nennen, nichts anderes als eine Häufung oder Sammlung von verschiedenen Wahrnehmungen“ (David Hume).

Bereits bei John Locke, insbesondere bei David Hume, ist neben der „Tabula rasa“ als weitere Voraussetzung der durch Gassendi (1592 bis 1655) wiederentdeckte Atomismus nachweisbar. In letzter Konsequenz führt dies dann zu dem totalen Realismus des Materialismus eines Karl Marx, doch davon später.

1.4. Ursprung des Denkens?

Prometheus: „Die Zahl erfand ich ihnen, jeder Kenntnis Kern" (Aischylos).

Wie kam das Denken, dieses unbegreifliche Phänomen, auf diesen Planeten Erde? Für die Alten war dies kein Problem. Das Denken war schon immer da, unabhängig vom Menschen. Genauer: Wie alles, was unsere abendländische Kultur betrifft, liegen auch hier die Quellen im klassischen Griechenland. Für Platon ist es klar, die Ideen, die letztlich unsere sinnliche Erkenntnis ermöglichen, waren „vor" allem schon da, sie sind „ewig". Während die sinnlichen Dinge längst wieder verschwunden sein werden, sind die ewigen Ideen immer noch wahr. Für Aristoteles ist der tätige Geist das Höchste, das die Welt kennt. „Doch wo es das Vollkommenere gibt, gibt es immer auch noch ein Vollkommenstes und diese Vollkommenste dürfte die Gottheit sein" (Aristoteles). Somit findet sich das vollkommenste Denken bei Gott, wovon der Mensch in gewisser Weise Anteil hat. Also liegt der letzte Grund für unser Denken bei Gott.

Die bedeutendsten christlichen Philosophen des Mittelalters waren der heilige Augustin (345 bis 430) und der heilige Thomas von Aquin (1225 bis 1274). Der erste von Platon, der zweite von Aristoteles wesentlich beeinflusst. „Das Christentum vermochte sich in den ersten Jahrhunderten seiner Entwicklung nur dadurch zum theoretischen System zu gestalten und zu verdichten, dass es diese Grundlehren der griechischen Spekulation in sich aufnahm" (Ernst Cassirer).

„Niemand ist uns so nahe gekommen wie die Platoniker", sagt der heilige Augustin. Die Ideen Platons werden bei ihm zu den Gedanken Gottes. Auf Grund von diesen entwirft Gott die Welt nach seinem idealen Plan. Der Mensch, als sein höchstes Geschöpf, wird beschenkt, indem er ihm das Höchste, das Denken, verleiht. Dabei ist aber klar zu trennen zwischen den Ideen Gottes, die für uns unerreichbar sind, und dem menschlichen Denken. Dies wird gewährleistet durch die „platonische Teilhabe". Wie die sinnlichen Fakten von den Ideen unerreichbar geschieden sind, sie lediglich anstreben, so gilt dies auch für das menschliche Denken in Bezug auf Gott. Also ist auch hier klar Gott der letzte Grund für das Denken.

Hieran wird sich, bis auf unbedeutende Ausnahmen, in Jahrtausenden nichts ändern. Descartes (1596 bis 1650) ist der Begründer der neuzeitlichen Philosophie. Er war von Augustin stark beeinflusst. Dieser hatte sogar sein „Cogito ergo sum" bereits vorweggenommen. Und wie Augustin überwand auch er seine Zweifel durch die platonische Philosophie; und wie bei Augustin ist auch ihm Gott der Garant für die Existenz der äußeren Welt. Der größte Philosoph des Rationalismus war G. F. Leibniz, allgemein gilt er als der letzte große Universalgelehrte. In seiner seither viel Aufsehen erregenden „Prästabilierten Harmonie" entwickelte er eine Weltschöpfung, nach der Gott die „beste aller möglichen Welten" geschaffen habe.

Bis zu diesem Zeitpunkt stand fest, dass Gott der Urheber menschlichen Denkens sei, niemand von Rang stellte dies in Frage. Der für die Neuzeit entscheidende Umbruch kam mit der französischen Aufklärung. Laplace (1749 bis 1827), der große Astronom und Mathematiker, erklärte Napoleon sein astronomisches System. Auf dessen Frage, welche Rolle Gott hier spiele, war die stolze Antwort: „Sire, diese Hypothese habe ich nicht nötig".

Tatsächlich beruhen die philosophischen Voraussetzungen der französischen Aufklärung auf den Theorien zweier Engländer: John Locke und Isaac Newton, wobei beide, das können wir jetzt schon sagen, gründlich missverstanden wurden. Isaac Newton hatte das Problem gelöst, das seit jeher die Menschen bewegte. Zu welchen Zweck könne der Mensch wünschen geboren zu werden, wurde Anaxagoras (499 bis 428 vor Chr.) gefragt, „um den Himmel zu betrachten und die Sterne an ihm und den Mond und die Sonne, da nämlich alles andere nicht der Mühe wert sei" (Anaxagoras). „Zwei Dinge erfüllen das Gemüt mit zunehmender Bewunderung und Ehrfurcht. Der bestirnte Himmel über mir und das moralische Gesetz in mir.", lautet Kants Grabinschrift. Tatsächlich hatte Newton, logisch exakt, auf Grund von drei Prinzipien, Axiomen, unter Zugrundelegung der Kepler'schen Gesetze, die Bewegungen der Planeten um die Sonne in wunderbar einfachen, symmetrischen Gleichungen beschrieben. „Kann es etwas Wunderbareres geben, als die ganze Welt mit ein paar Argumenten in Bewegung zu setzen?“, fragt Voltaire (1694 bis 1778).

Sowohl Locke als auch Newton stellten aber Gott keineswegs in Frage, im Gegenteil. Newton beschäftigte sich mit religiösen Themen mindestens ebenso intensiv wie mit Mathematik oder Physik. „Die Schriften Jakob Böhmes (1575 bis 1624) studierte er mit Andacht und versah sie liebevoll mit Kommentaren“ (W. Durand). Über seine Bibelkenntnisse sagte John Locke: „Ich kannte nur wenige, die ihm darin gleichkamen.“ Tatsächlich nahm Newton sogar an, da sein System der Planeten immer wieder gewissen Schwankungen unterworfen sei, dass Gott bisweilen eingreifen müsse, um es wieder zu stabilisieren. „Man sieht, wie in dem andächtigen Geist des großen Physikers mathematisch-mechanische Naturerklärung und theologisierende Mystik sich eng berühren“ (R. Falckenberg). Für Locke stand wiederum fest, dass „die Werke der Natur in allen ihren Teilen genügend einen Gott beweisen.“ (J. Locke)

Doch da Derartiges nicht mit dem Weltbild der französischen Philosophen vereinbar war, verfuhr man so, wie man immer mit unbequemen Gedanken verfährt, man leugnet oder ignoriert sie einfach. In Analogie zu Newtons Planetensystem dachte man sich die Welt als ein perfektes mechanisches Uhrwerk. War dieses einmal in Gang gesetzt, so lief es nach mechanischen Gesetzen unbeirrbar in absoluter Perfektion ab. War der Kosmos in der Renaissance noch ein Kunstwerk, so wurde er jetzt eine Maschine.

„Der Mensch ist ein rein physikalisches Wesen.“, sagt Baron Holbach (1723 bis 1789), einer der führenden Köpfe der französischen Philosophen, und somit in der riesigen Maschine „nichts als eine Folge von Ursache und Wirkung“. Wir hören Demokrit. „Alle fehlerhaften Kombinationen der Materie sind verschwunden; es sind nur die übrig geblieben, deren Mechanismus keine bedeutenden Widersprüche enthielt und selbständig fortbestehen und sich fortpflanzen konnten“, sagt Diderot (1713 bis 1784). Folgerichtig schließt Holbach, dass „die Materie, die wir für unbelebt halten, in Handlung und

Intelligenz übergeht, wenn sie auf eine bestimmte Art zusammengestellt wird." Womit das Problem des Denkens gelöst wäre.

Tiefer denkenden Menschen war natürlich klar, „dass man mit Hebeln und Schrauben" (Goethe) dem Lebendigen seine Geheimnisse nicht würde entlocken können. Cuvier (1769 bis 1832), der führende Biologe zu dieser Zeit, sagt, dass „die Maschinen, die Gegenstand unserer Untersuchungen sind, nicht in ihre Einzelteile zerlegt werden können, ohne zugleich zerstört zu werden, (...) weil im lebenden Organismus die Teile nicht bloß nebeneinanderliegen, sondern auch gegenseitig aufeinander wirken, und alle zusammen auf einen gemeinschaftlichen Zweck hin arbeiten (...). Es gibt keine Verrichtung, die nicht der Hilfe und des Zusammenwirkens nahezu aller übrigen bedürfe" (Cuvier).

Somit war klar, mechanisch lässt sich das Leben und damit die Grundvoraussetzung für das „Denken" nicht erklären. Aber offensichtlich war es da! Gott war kein Erklärungsprinzip mehr, jedenfalls kein wissenschaftliches. Wie war das Rätsel zu lösen? Da trat der Mann auf, der neben Kopernikus die zweite Revolution der Neuzeit ausgelöst hat: Charles Darwin. Wir werden an anderer Stelle ausführlich auf die Theorie Darwins eingehen. Dabei wird sich zeigen, dass weder das Leben und erst recht nicht das Denken aus den Darwin'schen Prinzipien abgeleitet werden kann. „Der Newton des Grashalms" (Kant) ist immer noch nicht in Sicht.

Hier bemerken wir zunächst nur noch Folgendes:

Jeder Denkakt ist mit einer gewissen Bedeutung verbunden. Tatsächlich war es gerade das Bedeutungsproblem, das für Platon „zur eigentlichen „Arche", zum Ausgangspunkt des Philosophierens wird" (E Cassirer). Wir empfinden eine Landschaft als schön, ein Schicksal ist traurig. Lässt sich alles naturwissenschaftlich erklären, fragte einmal Max Borns (1882 bis 1970) Ehefrau Einstein? „Ja", antwortete dieser, „das ist denkbar, aber es hätte keinen Sinn. Es wäre eine Abbildung mit inadäquaten Mitteln, so als ob man eine Beethoven-Symphonie als Luftdruckkurve darstellte." Und an anderer Stelle fährt er fort: „Wenn also einer fragt: ‚Wozu sollen wir einander fördern, einander das Leben erleichtern, schöne Musik machen und feine Gedanken zu erzeugen suchen?‘, so wird man ihm sagen müssen: ‚Wenn du es nicht spürst, kann es dir niemand erklären. Ohne dies sind wir nichts und lebten am besten gar nicht‘."

„Es ist trivial, dass der Mensch mehr ist und eine Sonderstellung einnimmt, die der naturwissenschaftlichen Betrachtung prinzipiell verschlossen ist. Die Beziehungen zwischen Sinnesorganen und Gehirn einerseits, subjektivem Empfinden, Erleben und Bewusstsein andererseits, stellen uns vor philosophische, aber keine naturwissenschaftlichen Probleme. Psychische Vorgänge sind der Biologie unzugänglich, gleichgültig, wie man aus philosophischer Sicht die Beziehung zwischen ihnen und der materiellen Struktur konstruiert. Die physikalisch chemische Kausalkette Reiz → Vorgänge in Sinnesorganen und im Zentralnervensystem führt niemals und endet niemals in psychischen Phänomenen. Das Problem der – mit Sicherheit vorhandenen – Beziehungen zwischen Leib (Physis) und Seele (Psyche) ist damit aus der biologischen Forschung ausgeklammert; sie kann es nicht beantworten." (Meyers Enzyklopädisches Lexikon; H. J. Autrum). „Die Frage, ob es Sinn hat zu denken, ist genauso unbeantwortbar wie die Frage, ob das Leben einen Sinn hat" (Hannah Arendt).

1.5. Randwerte des Denkens

„Wie eng ist die Pforte und wie schmal der Weg, der zum Leben führt, und wenige sind's, die ihn finden" (Bibel).

Randwerte sind in der Mathematik bzw. in der Physik vorgegebene Werte, die die Gleichungen an den „Rändern" erfüllen müssen. Ebenso gibt es für das „Denken" Bedingungen, die dieses beschränken und mehr oder weniger bewusst bestimmen. Doch man darf den Vergleich nicht zu wörtlich nehmen. Denn während die Physik ein starres logisches System darstellt, ist das „Denken" in seiner Freiheit immer wieder fähig, das Gegebene in seine Überlegungen einzubeziehen, in gewissem Sinn zu überwinden und neue Marken zu setzen. Dass dies aber möglich ist, hierzu ist es notwendige Bedingung, die gegebenen Schranken zunächst zu erkennen.

Je freier unser Denken ist, je weniger es einem „prozesshaften Denken" (Hannah Arendt), einem unreflektierten, instinkthaften Denken entspricht, desto freier sind wir. „Habe Mut, dich deines eigenen Verstandes zu bedienen" (Kant), war die Maxime der Aufklärung. Doch inwiefern ist unser Verstand frei? Wir sind überzeugt, dass wir durchaus selbstbestimmend unsere eigenen Meinungen vertreten, dass wir in gewisser Hinsicht in unseren Entscheidungen frei sind.

Doch durch unser Denken ziehen sich Linien, die irgendwann in grauer Vorzeit gezogen wurden. Immer wieder kämpfen wir mit irrationalen Leidenschaften. Aggressionen, irrationale Triebe beeinträchtigen unser Urteilsvermögen, verführen uns zu „bösen Gedanken"; kurz das, was in der Bibel die Erbsünde heißt. Selbst die größten Rationalisten gestehen: „Nach Liebe trachtete ich, einmal, weil sie Verzückung erzeugt, eine Verzückung, so gewaltig, dass ich oft mein ganzes, mir noch bevorstehendes Leben hingegeben hätte, für ein paar Stunden dieses Überschwangs" (Bertrand Russel). Alan Turing (1912 bis 1954), der fest davon überzeugt war, dass der Mensch rational kontrolliert sein kann wie eine Maschine, konnte nicht die Nöte verarbeiten, denen er auf Grund seiner Neigung in dem puritanischen England ausgesetzt war. Seine Freunde erklärten, ihn habe schon immer die Szene aus Schneewittchen fasziniert, in der die böse Königin einen Apfel in einen giftigen Trunk taucht. Der eiskalte rationale Denker beging Selbstmord nach dem Schema dieses Märchens mithilfe eines Apfels, den er in eine Zyanidlösung getaucht hatte. „Hätte eine Maschine so etwas getan?" (W. Isaacson).

Als eine der Grundquellen unseres Denkens haben wir den Sensualismus erkannt, also, wo das Wissen seinen Ursprung in den fünf Sinnen hat. Diejenige Philosophenschule, die in reinster Form den Sensualismus vertrat, war die der Stoiker. Von weltgeschichtlicher Bedeutung wurden sie durch ihre Ethik; das stoische Rom wurde zum Schlagwort; ihr Einfluss reicht bis zu Kants Pflichtbegriff; Friedrich der Große wollte das Buch des Stoikers Panaitios (185 bis 110 vor Chr.) „Von der Pflicht" als Lehrbuch in den Schulen einführen.

„Die begriffliche Vorstellung ist diejenige, welche vom Gegenstand aus und diesem selber entsprechend eindrückt und eingeprägt ist (in der Seele), wie es von etwas nicht Vorhandenem aus unmöglich sein könnte", sagt Zenon (333 bis 262 vor Chr.), der Begründer der stoischen Schule. Demzufolge erhebt sich für den Stoiker dasselbe Problem wie für jeden Realismus. Wie kann der momentane Eindruck vor prinzipiell immer möglichen Sinnestäuschungen geschützt werden? Die Lösung wird hier in der Zustimmung gesehen. Diese müsse packend sein. Genauer: Die Sinnesorgane müssen in einem normalen Zustand sein, der räumliche und zeitliche Abstand darf nicht zu groß sein, die Wahrnehmung müsse lange genug dauern, kein Medium darf dazwischen geschoben sein und schließlich müssen wiederholte fremde und eigene Wahrnehmungen zu demselben Ergebnis gekommen sein. Dann darf die Zustimmung nicht versagt werden.

Doch genau dagegen richtete sich die Kritik des Ainisidemos (80 bis 10 vor Chr.). In 9 Topoi zeigt er, dass dieses Programm prinzipiell nicht durchführbar ist und somit stets zum Skeptizismus führt:

1. Die Sinnesorgane, (Augen Ohren, Tastsinn, Riechen, Schmecken) verschiedener Tiere, sogar verschiedener Menschen, unterscheiden sich in Form und Bauart voneinander und liefern

verschiedene Weltbilder; wie sollen wir wissen, welches Bild der Wahrheit entspricht?

2. Die Sinne vermitteln nur einen Bruchteil des Gesamtobjektes. Das heißt eine begrenzte Farb-, Ton oder Geruchsreihe; es liegt auf der Hand, dass die Vorstellung, die wir vom Gegenstand haben, unvollständig und unzuverlässig sein muss.
3. Eine Sinnesempfindung widerspricht manchmal einer anderen.
4. Unsere körperliche und seelische Beschaffenheit färbt oder entfärbt unsere Wahrnehmungen – je nachdem, ob wir schlafen oder wachen, jung oder alt, in Bewegung oder in Ruhe, hungrig oder satt, von Hass oder Liebe erfüllt sind.
5. Das Aussehen eines Gegenstandes ist verschieden, je nach dem Zustand der Umgebung, ob diese hell, luftig, kalt, heiß, feucht usw. ist. Welche Erscheinungsform ist die „wirkliche"?
6. Nichts ist an sich oder absolut bekannt, alles nur in seiner Beziehung zu etwas anderem.
7. Das Denken eines Einzelwesens hängt von den Bräuchen, der Religion, den Einrichtungen und den Gesetzen ab, die seine Jugendzeit bestimmten.
8. Kein Einzelwesen vermag objektiv zu denken.
9. Die verschiedene Häufigkeit der Eindrücke.

Der Leser wird übrigens bemerkt haben, dass der Satz: „Die Erde ruht und jeden Morgen geht die Sonne auf" einen „zupackenden Eindruck" bewirkt, sämtliche Bedingungen des stoischen Erkenntniskriteriums sind erfüllt, somit wahr ist.

Francis Bacon (1561 bis 1626) eröffnete den Reigen der großen englischen Empiriker, John Locke und David Hume haben wir bereits genannt, John Stuart Mill (1806 bis 1873) ist noch nachzutragen. Francis Bacon, Baron Verulam, durchlief alle Höhen und Tiefen einer politischen Laufbahn und wurde von der Nachwelt in seinen Charakterzügen wenig günstig beurteilt. Trost fand er in der Philosophie, die ihn nach allen Wechselfällen des Lebens „einen gottähnlichen Zustand heiterer und ruhiger Wahrheiterkenntnis schätzen" (F. Bacon) ließ. Und so sehr er den Nutzen des praktischen Wissens betonte, „man gebrauche die Wissenschaft nicht wie eine Dirne zur Lust, sondern wie eine Gemahlin zur Erzeugung und anständigen Erholung". Schließlich verstarb er an einer Erkältung. Er hatte sich diese bei einem Kälteexperiment zugezogen, das er an einem Huhn vornahm, das mit Schnee vollgestopft war.

Das Verdienst Francis Bacons bestand einerseits darin, „dass er die Erneuerungsbedürftigkeit der Wissenschaften klar erkannt und geltend gemacht hat" (R. Falckenberg). Wir kennen alle das berühmte Zitat „Wissen ist Macht" von ihm. Zweitens hat er die bei dem Sensualismus auftretenden Probleme in der Lehre von den „Idolen" klar erfasst und dargestellt; dieser Teil „bildet den ergiebigsten und fruchtbarsten Teil seiner philosophischen Gesamtarbeit" (Ernst Cassirer).

Während die „reinen" Sinneseindrücke wie von einem planen Spiegel reflektiert werden, entstehen die Trugbilder wie die Zerrbilder an einem konkaven Spiegel. Die möglichen Ursachen hat er in seinen vier „Idolen" dargestellt, die „Idole des tribus", die „Idole des specus", die „Idole des fori" und die „Idole des theatri" (Idol verstanden als Götzenbild). Im Einzelnen:

1. Die „Idole des tribus", also des Stammes:
   Der „tribus", der Stamm, also die menschliche Gattung: Hierher gehören die typischen Sinnestäuschungen, ferner die Neigung, an uns zusagenden Meinungen trotz widersprechender Tatsachen zäh festzuhalten. Des Weiteren, dass wir menschliche Eigenschaften auf nichtmenschliche Wesen und Dinge übertragen, also die sogenannten Anthropomorphismen. Wir denken uns das Weltall als beseelt, Gott als gütigen oder strengen Vater, unterstellen dem Weltablauf ein Ziel nach unseren Vorstellungen und schreiben den Sternbildern gewisse menschliche Eigenschaften zu. Wir glauben der Fuchs sei schlau, das Kamel hochmütig und die Biene fleißig.
2. Die „Idole des specus":
   „Specus", also die Höhle: Während die „Idole des tribus" allgemein in der menschlichen Natur verankert sind, betreffen die „Idole des specus" individuelle Fehler. Solche der persönlichen

Befangenheit, die uns die reine Auffassung der Tatsachen erschweren. Wie in der Höhle gefangen, so sind wir in unseren Voreingenommenheiten verstrickt. „Eine geheime Macht übt unser Vorteil, welcher Art er auch sei, auf unser Urteil aus; was ihm gemäß ist, erscheint uns alsbald billig, gerecht, vernünftig; was ihm zuwiderläuft, stellt sich uns im vollen Ernst als ungerecht und abscheulich oder zweckwidrig und absurd dar (...). So wird denn täglich unser Intellekt durch Gaukeleien der Neigung betört und bestochen" (Schopenhauer).

3. Die „Idole des fori":
   „Forum", der Markt. Dort treffen wir uns, werden die Meinungen ausgetauscht und dies geschieht durch die Sprache. Und indem diese nachlässig, ungenau verwendet wird, entstehen Missverständnisse und Irrtümer. Francis Bacon hatte hier insbesondere Aristoteles im Auge, wenn dieser zum Beispiel von dem „Wesen" der Dinge spricht. Was ist hierunter genau zu verstehen? Wir reden über das Christentum, den Marxismus, das Geld, über die Philosophie usw. Wissen wir immer genau, wovon wir reden?
   Bereits Sokrates hatte seine Mitbürger mit Fragen, was „Gerechtigkeit" und Ähnliches sei, schockiert und ihr vermeintliches Wissen hierbei entlarvt. In der Tat, was bedeuten Freiheit, Treue, Ehrlichkeit usw.? „Obwohl Enzyklopädien offiziell sanktionierte Bedeutungen von Wörtern angeben, haben zwei Leute, die dasselbe Wort verwenden, nie die gleiche Vorstellung davon" (B. Russel).
4. Die „Idole des theatri":
   Hier sieht Francis Bacon die Quelle der gefährlichsten Irrtümer. Wie wir uns im Theater vom Glanz der Schauspieler umnebeln lassen, so wirken die großen Autoritäten der Vergangenheit und Gegenwart auf uns. Francis Bacon denkt hier insbesondere an Aristoteles, Platon nannte er „einen schwülstigen Poeten".

Großen Vorbildern wie Einstein stehen die schlimmsten Verführer. gegenüber. In dem „Tausendjährige Reich", das bereits zwölf Jahre später in Trümmern lag, verfielen einem solchen unzählige Menschen aller Schichten: der einfache Arbeiter, der Beamte sowie der Nobelpreisträger. Die Frau aus einer der noch heute bedeutendsten Industriellenfamilien ehelichte einen der damaligen übelsten Volksverführer, gebar mit ihm sechs Kinder, deren Vornamen alle mit H. begannen. Bei einer weltberühmte Künstlerfamilie ging H. ein und aus und wurde dort liebevoll, aber auch verehrend „Wolf" genannt. Es steht uns nicht an, aus einer völlig anderen geschichtlichen und gesellschaftlichen Situation heraus über Derartiges moralisierend zu urteilen. Man sieht jedoch, wie selbst intelligente Menschen gegen die Verführung nicht gefeit sind.

Francis Bacon glaubte, derartige Mängel korrigieren zu können, um so den konkaven Spiegel wieder zurechtzubiegen. Tatsächlich gab er auch viele Maßnahmen in dieser Hinsicht an. Allerdings verfing sich auch er unbewusst in den Fallstricken, die jedem Sensualismus inhärent sind. Denn um bei alternativen Sinneseindrücken entscheiden zu können, welcher der „wahre" sei, muss man über ein objektives Kriterium verfügen, das hier die Entscheidung trifft. Ein solches kann es aber im Sensualismus nicht geben. Wahrheit wird weder gesehen noch gerochen noch geschmeckt noch gefühlt noch gehört, wie Kant sagt. Sie ist tatsächlich eine platonische Idee und „ohne den Idealbegriff des absolut Wahren gäbe es kein wissenschaftliches Forschen" (W. Kranz).

Unabhängig von der Frage inwieweit Francis Bacon das Problem seiner „Idole" gelöst hat, gibt es solche, die grundsätzlich jedes Denken absolut beschränken und unvermeidliche Barrieren darstellen. Wir werden im Folgenden hierfür die Klassifizierung der „Idole" beibehalten, obwohl sie jetzt natürlich von ihrem ursprünglichen Sinn gelöst sind. Hatten sie zuvor subjektiven Charakter, so sind sie jetzt von objektiv allgemeingültiger, kurz, logischer Bedeutung. Wir verwenden deshalb die entsprechenden Wörter kursiv: *„Idol"*.

a) *„Idole des tribus"*:

Hierunter verstehen wir genetische Beschränkungen. Denn wie wir wissen, wird unser gesamter biologischer Aufbau, also auch das Gehirn, durch die DNS gesteuert. Doch wir sind hierbei keineswegs wie bei einem Computer durch das Programm determiniert. Tatsächlich liegt hier ein dynamischer Prozess vor und es liegt weitestgehend in unserer Hand, wie dieser abläuft.

Wir können unseren Körper durch Alkoholmissbrauch, Drogen, unmäßiges Essen, Faulheit usw. ruinieren. Wir können ihn aber auch durch sorgfältige Ernährung, Bewegung, Sport usw. zur Entfaltung bringen. Dasselbe gilt für das Gehirn und dem mit ihm verbundenen Denken. Wir können dies verkümmern lassen, indem wir die Tage und Nächte damit verbringen, untätig herumzuliegen, uns stundenlang von einem dümmlichen Fernsehprogramm berieseln lassen und weiterhin der Überzeugung sind, dass „nichts auf der Welt so gerecht verteilt ist wie der Verstand. Denn jedermann ist überzeugt, davon genug zu haben“ (Descartes).

Tatsächlich ist das Gehirn immer lernfähig. Man hatte früher geglaubt, dass ab einer gewissen Altersstufe die Entwicklung des Gehirns abgeschlossen sei, dies ist aber längst widerlegt. Anton Bruckner (1824 bis 1896) schrieb seine erste Symphonie mit 40 Jahren, Theodor Fontane (1819 bis 1898) seinen ersten Roman mit fast 70, seine Welterfolge mit 75 und Tizian (1490 bis 1576) malte unaufhörlich bis ins hohe Alter seine Meisterwerke und hätte ihn nicht schließlich die Pest weggerafft, so würde er vielleicht heute noch malen.

Doch wie der Körper, so muss auch das Gehirn unaufhörlich trainiert werden. Demosthenes (384 bis 322 vor Chr.) stotterte. Er akzeptierte jedoch diesen Mangel nicht und soll mit Kieselsteinen im Mund stundenlang deklamierend am Stand entlang gelaufen sein. Er wurde der berühmteste Redner des Altertums.

Doch trotz allem Training, trotz allen Lernens, werden wir weder Olympiasieger noch Einstein oder Mozart werden, gewisse Grenzen können wir nicht überschreiten.

b) *„Idole des specus“*:

Im Gegensatz zu allen höheren Säugetieren ist der Mensch kein „Nestflüchter“, sondern durch die vorgezogene Geburt ein „Nesthocker“ (Adolf Portmann). Das „Austragen“ wird sozusagen in den sozialen Uterus verlagert. Dies hat zwei folgenreiche Konsequenzen: Erstens erfährt hierdurch die bereits zuvor angelegte Lernfähigkeit eine sprunghafte Erweiterung, indem der Zögling schon in diesem Stadium der Entwicklung mit der Umwelt konfrontiert wird und zweitens ist er in seiner Hilflosigkeit völlig auf seine soziale Umwelt angewiesen. Es ist aber eine gesicherte sozialpsychologische Erkenntnis, dass gerade die ersten Lebensjahre für das Kind mitentscheidend für seine weitere Entwicklung sind. Und gerade in dieser Phase ist die soziale Peripherie seinem Einfluss entzogen. Somit ist es die unmittelbare Folge, dass sein späteres Denken, Fühlen, Wollen Determinanten unterliegt, die außerhalb seiner Wirkungssphäre liegen.

Dieser Prozess setzt sich auch bei zunehmendem Selbstbewusstsein fort. „Denken ist ein Reden der Seele mit sich selbst" (Platon). Reden erfolgt aber in der Sprache und die erlernt das Kind in seiner unmittelbaren Umgebung. Je differenziertere Wörter hierbei gebraucht werden, je genauer die Grammatik für die Syntax der Sätze ist, desto präziser kann der Zögling seine Gedanken, Gefühle, sein Wollen formulieren. Basil Bernstein (1924 bis 2000) spricht vom „Restricted Code" und „Elaborated Code", also einer einfachen Sprache mit wenigen Wörtern und einfacher Syntax, sowie einer nuancenreichen Sprache mit detaillierter Syntax. Je nachdem mit welcher Form der Zögling konfrontiert ist, hat das weitreichende Folgen für seine weitere Entwicklung. Auch noch bis ins hohe Alter sind wir weiteren sozialen Einflüssen unterworfen; man spricht vom Verhalten typischer Berufe, Stände usw. Somit sind wir in unserem ganzen Leben unbewussten sozialen Determinanten unterworfen.

Weiter wissen wir seit der grundlegenden religionssoziologischen Arbeit von Max Weber (1864 bis 1920), dass die jeweilige Religion unser Leben, unser Denken, unbewusst beeinflusst. Weber glaubt nachweisen zu können, dass der Kapitalismus mit seiner notwendigen Kapitalakkumulation den idealen Nährboden in der calvinistischen Prädestinationslehre fand. Auch für Luther (1483 bis 1546) stand der Gedanke im Vordergrund, dass man, um Gott wohlzugefallen, seine irdischen Pflichten, die sich aus Arbeit und Fleiß zusammensetzen, zu erfüllen hat.

Während die Protestanten zumeist eine technische Schulbildung bevorzugten, präferierten die Katholiken eine humanistische und „zeigten eine geringe Beteiligung am modernen Erwerbsleben in Deutschland“ (Max Weber), was sich natürlich auch unbewusst auf die Lebensweise auswirkte. So sagt Thomas von Aquin, dass nur „die Notwendigkeit zur körperlichen Arbeit zwinge“. Man kann vielleicht pointiert die unterschiedliche Einstellung an zwei Zitaten verdeutlichen, einmal: „Müßiggang ist aller Laster Anfang“, dagegen beruft sich der heilige Thomas von Aquin auf Aristoteles, nach dem wir „müßig um der Muße willen“ sind.

c) *„Idole des fori“*:

Sprache ist dynamisch. Das Latein der frühen Republik war die raue, einfache Sprache von Bauern, Soldaten und autoritären Feldherren. Erst durch Dichter wie Terenz (185 bis 159 vor Chr.) erfuhr sie allmählich die Verfeinerung, um Gefühle, Empfindungen, Stimmungsbilder ausdrücken zu können und somit die Vollendung bei Vergil (70 bis 19 vor Chr.), Horaz (65 bis 8 vor Chr.) und Ovid (43 vor Chr. bis 17 nach Chr.) zu ermöglichen. „Je höher die Kultur, desto reicher die Sprache“ (W. Durand).

Je differenzierter die Sprache, desto präziser können wir denken. Dies zeigt sich insbesondere auch bei den Dialekten. Denn da sie auf einen verhältnismäßig engen Raum beschränkt sind, vermögen sie gerade diese Besonderheiten sprachlich zu erfassen. Paul Zinsli (1906 bis 2001) zeigt dies am Beispiel des „Schwyzerdütsch“. Für grabartige Eintiefungen in der Bergwelt, die wir pauschal mit Schlucht bezeichnen, kennt der Schweizer mehr als zwei Dutzend Präzisierungen. Dasselbe gilt für die schneebedeckten Hänge sowie für „den weißen Niederschlag“ (P. Zinsli), den wir pauschal mit Schnee bezeichnen. Im Niederländischen könnten wir diese Bezeichnungen nicht vornehmen, sie liegen dort auch nicht nahe, dafür andere Differenzierungen. Insofern ist der zunehmende Verfall der Dialekte zu bedauern und führt zu einer Verarmung des Denkens, erst recht, wenn eine Weltsprache alles dominieren würde.

Inwiefern die Sprache unser Denken bestimmt, sollen zwei Beispiele verdeutlichen:

α) Bei der Frage, wieso eigentlich die moderne Philosophie gerade in Griechenland entstanden sei, hat man, unter anderem, mit gutem Grund, die griechische Sprache genannt. Tatsächlich verfügte diese als einzige über „ist" in der Bedeutung als Kopula. Somit konnte das Subjekt mit dem Prädikat zu einer Aussage verbunden werden, „Sokrates ‚ist' ein Mensch", wesentliche Voraussetzung für die Logik des Aristoteles. Weiter verfügte sie als einzige über den bestimmten Artikel und konnte so „to thermon", „das Warme" formulieren. Noch zu Ciceros (106 bis 43 vor Chr.) Zeiten hatte das Lateinische diese Möglichkeit nicht, weshalb dieser dies mit „id quod re vera est calicum" (das, was in Wirklichkeit warm ist) übersetzte. Und Cicero war ein Meister der lateinischen Sprache! Somit ist es nicht verwunderlich, dass es im lateinischen Rom weder Philosophen noch Wissenschaftler gab.

β) Noch 1654 beklagte sich Pascal (1623 bis 1662), dass man im Französischen ein mathematisches Problem nicht formulieren könne. Ein Franzose, der ausschließlich französisch sprach, konnte also keine Mathematik betreiben.

Wir müssen darüber hinaus einen weiteren Faktor beachten, dem unser Denken prinzipiell unterworfen ist. Der Historismus des 19. Jahrhunderts hat gezeigt, dass jede Epoche ihren eigenen Gesetzen unterliegt. „Jede Epoche besitzt ein Grundsystem letzter allgemeiner Begriffe und Voraussetzungen, kraft derer sie die Mannigfaltigkeit des Stoffes, den ihr die Erfahrung und Beobachtung bietet, meistert und zu einer Einheit zusammenfügt" (Ernst Cassirer). Was für die Wissenschaft gilt, trifft ebenso auf das gesamte gesellschaftliche Leben zu. Somit ist jede Epoche geprägt durch das, was Herder (1744 bis 1803) den jeweiligen „Zeitgeist" genannt hat. Ein Wort, das als deutsches Lehnwort in nahezu alle Weltsprachen eingegangen ist. Allgemein versteht Wilhelm Dilthey (1833 bis 1911) unter dem „Geist der Zeit" die (notwendige) Begrenzung, „in welcher die Menschen in einer Zeit in Bezug auf ihr Denken, Fühlen und Wollen leben" (W. Dilthey). Somit ist das jeweilige Denken an eine ganz bestimmte geschichtliche Situation gebunden.

Dass der „Zeitgeist“ einem Wandel unterworfen ist, sich in jeder Kultur anders ausprägt, ist unbestreitbar. Man braucht nicht Kunstgeschichte studiert zu haben, um zu erkennen, dass sich jede Epoche, jede Kultur auf ihre eigene Art und Weise durch ihre Kunst darstellt. Ein Spartaner dachte völlig anders als ein Römer, dieser wiederum völlig verschieden von einem Menschen des Hochmittelalters. Wir könnten fortfahren und auf das Denken eines französischen Bürgers der Aufklärung, des Romantikers, der Menschen während der Industriellen Revolution, der kommunistischen Sowjetunion, des Dritten Reiches usw. verweisen.

Wie sehr man in der jeweiligen Zeit in seinem Denken, Verhalten eingebunden ist, zeigen Beispiele einer jüngsten Vergangenheit, die wir heute nicht mehr verstehen. So beschreiben Fontane in „Effi Briest“, Dostojewski in „Die Dämonen“ Duelle, Folge eines für uns heute nicht mehr nachvollziehbaren Ehrgefühls. Wie eine Propagandamaschinerie das Denken, die Einstellungen, manipulieren kann, zeigen autoritäre Systeme zu Genüge. Wir haben bereits darüber gesprochen.

Das, was wir in Hollywoodfilmen über das alte Rom, das Mittelalter usw. zu sehen bekommen, hat mit dem eigentlichen Geschehen der damaligen Zeit wenig zu tun. Unsere eigenen Wertvorstellungen werden hier kritiklos in völlig inadäquater Art und Weise einer Epoche übergestülpt, die sich in der dargebotenen Form nicht mehr wiedererkennen würde. Besonders sollten wir uns davor hüten, hier moralisierend unsere Wertmaßstäbe anzulegen. „Moralisieren ohne Risiko ist Heuchelei“, sagt Arno Schmidt. „Moralpathetik verschleiert die eigene Unredlichkeit und Eitelkeit“ (Karl Jaspers).

Unser Denken wird durch das Fernsehen, allgemein die Medien sowie durch unsere soziale Stellung bestimmt. Man kennt den typischen Lehrer, den typischen Arzt, den Großstädter, den Landbewohner und vieles mehr. Vieles von diesen Prozessen läuft unbewusst ab, es ist außerordentlich schwierig, sich ihnen zu entziehen. Selbst die Historiker sind sich darin einig, dass es unmöglich ist, die momentane Epoche korrekt zu beschreiben, dies bleibe zukünftigen Generationen vorbehalten. Tatsächlich „kann die Gegenwart vollständig erst aus ihren Folgen, die sie bis ans Ende aller Zeiten aus sich entlässt, erkannt werden“ (Hermann Weyl).

Da die Jugend der Lebensabschnitt ist, in dem wir besonders prägenden Einflüssen unterliegen, ist es klar, dass jedes Gesellschaftssystem gerade hier seine Marken setzt. Jedem Unterrichtssystem liegen allgemeine Lernziele zugrunde. Dabei sind solche keine Naturgesetze, sondern sie repräsentieren die jeweilige politische Ordnung. Somit werden wir in der Schule mit Normen und Gedanken konfrontiert, die wir nicht selbst bestimmt haben, die wir aber im Laufe der Zeit unbewusst internalisieren.

Das erste staatliche Schulwesen wurde von Vespasian (9 bis 79) etabliert. Dabei war er der Erste, der die Lehrer staatlich besoldete. Nicht uneigennützig, denn der Lehrstoff war in erster Linie Rhetorik, also die Redekunst, und diese war zu dieser Zeit, ohne Fernsehen, Massenmedien, unentbehrlich, um seine politischen Interessen auf dem Forum und vor dem Senat durchzusetzen. Im Mittelalter bildete das „Trivium“, Grammatik, Rhetorik, Dialektik bzw. Logik, sowie das „Quadrivium“, also Arithmetik, Geometrie, Musik und Astronomie, den Lehrstoff. Wir haben bereits gehört, dass Friedrich der Große das Buch des Stoikers Panaitios „Über die Pflicht“ in Preußen als Schulbuch einführen wollte. Die Generation meiner Großeltern war geradezu einer Kaskade verschiedener Schulsysteme ausgeliefert: Kaiserreich, Weimarer Republik, Nationalsozialismus, Sozialismus in der DDR, Bundesrepublik, wobei jedes seine Interessen in den Lehrplänen verankerte.

Was nun diesen „Zeitgeist“ in seiner jeweiligen Realisierung bestimmt, war eines der großen Probleme bedeutender Philosophen. Hegel sah darin die Verwirklichung des „Objektiven Geistes“, der sich in Wissenschaft, Moral, Religion, Kunst und Philosophie in der konkreten Epoche und Kultur realisiert. Marx glaubte Hegel „vom Kopf auf die Füße stellen“ zu müssen und sah diese Kulturwerte durch die jeweils Herrschenden bestimmt. Sigmund Freud (1856 bis 1939) transformierte den Hegel’schen „Objektiven Geist“ ins Psychologische und sah das „Über ich“ als die bestimmende Kategorie. Diese Gedanken führte insbesondere Herbert Marcuse (1898 bis 1979) in seinem Buch „Triebstruktur und Gesellschaft“ fort, eine der „Bibeln“ der „Achtundsechziger“.

Jedenfalls sind auch wir den Beschränkungen unserer momentanen Zeit unterworfen und können uns von diesen in letzter Konsequenz nicht freimachen, sind somit weitgehend unbewusst von unserer momentanen geschichtlichen Epoche geprägt. Insbesondere werden unsere Wertvorstellungen bezüglich Moral, Normen, Sitten, Gebräuche, dem Recht, dem Wirtschaftssystem, der Familie, der Ehe, der Erziehung, Kunst, Religion u.a. durch eine gewisse Form des Denkens geleitet. Wir werden im Teil acht zeigen, welche Determinanten dieses „moderne Denken“ wesentlich bestimmen.

1.6. Die Dimensionen des Denkens

„Zwar weiß ich viel, doch möchte ich Alles wissen“ (Faust).

Wir charakterisieren unseren zentralen Begriff, das „Denken“ in folgendem Sinn:

Zunächst können wir unterstellen, dass jeder Mensch über ein Bewusstsein verfügt; es macht gerade das menschliche Existenzial aus. Also: „Be-wusst-sein“, es ist uns etwas bewusst, das heißt wir wissen etwas. Und dieses Wissen ist dem Denken geschuldet. Andererseits schlägt sich jedes bewusste Denken im Bewusstsein nieder. Bewusstsein und Denken sind also in diesem Sinn zwei Seiten derselben Medaille. Wir reduzieren somit unsere weiteren Überlegungen auf das bewusste Denken.

Weiter erinnern wir uns, dass das primäre Ziel Platons darin bestand, nachzuweisen, dass jeder Sinneseindruck mit einer Bedeutung verbunden ist und über diesen hinausweist, „dass ihm das Bedeutungsproblem zur eigentlichen ‚arche‘, zum Ausgangspunkt des Philosophierens wird“ (Ernst Cassirer). Unser Denken wird somit erst zum eigentlichen, wenn wir den jeweiligen Inhalt in seiner ‚Bedeut-ung‘ erfasst haben, das heißt ihn zu „deuten“, zu „interpretieren“, im Hinblick auf ein Allgemeines.

In der Tat, wer würde den „Zauberberg“ nur dadurch wahrnehmen, dass er sinnlich die Lautfolge der Buchstaben aneinanderreiht? Offenbar erhalten diese erst einen Sinn als Wort, dieses wiederum in einem Satzzusammenhang und dieser wieder in einer umfassenderen Beziehung, wobei unser Denken diese Synthesis leisten muss. Jeder der handelnden Protagonisten, Hans Castorp, Naphta, Settembrini und Clawdia Chauchat werden doch erst dann zu literarischen Figuren, wenn sie über das eigentliche Handeln eine allgemeine Idee, eine Bedeutung repräsentieren. An einem Gemälde versuchen wir das Allgemeine, das Bedeutende zu erahnen, das es vom Banalen unterscheidet und wenn wir an manchem modernen Kunstwerk den Sinn vermissen und vergeblich nach einer „Bedeutung“ suchen, so wird uns deren Unentbehrlichkeit erst recht bewusst. Würde nicht jedes Gedicht die Interpretation erfordern, man hätte uns in der Schule mit einem weiteren unnötigen Fach gequält. Somit ist es die Bedeutung, die uns hier von einem dressierten, nachplappernden Papagei unterscheidet.

Neben dem mehr oder weniger bewussten Wahrnehmen und der Synthesis in einem übergeordneten Zusammenhang spielt für das Denken das Urteilen eine fundamentale Rolle. Wir wollen uns hier nicht auf das logische Urteil im Sinne von „wahr" und „falsch" beschränken, sondern ganz allgemein hierunter ein Urteil im Sinne einer ‚Be-deut-ung' verstehen, also den jeweiligen Inhalt durch eine allgemeine Idee „deuten". In diesem Sinne charakterisieren wir also das für uns relevante Denken als ein auf ein Bewusstsein bezogenes, das dem Urteil einer Bedeutung unterworfen ist.

Es ist klar, dass wir somit das Denken in gewisser Art und Weise einschränken. Natürlich gibt es auch unbewusstes Denken. Tatsächlich dürften sich die meisten tieferen(!) Gedanken in dieser Ebene abspielen. Aber erst wenn sie sich durch das „Aha-Erlebnis" (Karl Bühler) entbergen, werden sie bewusst und damit auch beurteilbar und somit für uns relevant. Ähnliches gilt für den Traum. Wir erleben ihn, aber erst wenn wir erwachen, können wir ihn in einer gewissen Art und Weise deuten und beurteilen.

Trotz der unermesslichen Weite, der Höhen und Tiefen des Denkens, gibt es in jeder Hochkultur gewisse konkrete Bereiche, womit sich diese, je auf ihre Art und Weise, mental auseinandersetzen. Wir nennen acht solche und führen sie zunächst summarisch auf:

1. Gefühle:

„Wenn ihr's nicht fühlt, ihr werdet's nicht erjagen" (Goethe). Von Einstein haben wir bereits gehört, dass „wenn du es nicht spürst kann es dir niemand erklären." Offenbar drückt sich in diesen Sätzen aus, dass wir Gefühle letztlich nicht verbal erfassen können. Zwar gelingt es großen Schriftstellern wie Dostojewski, Thomas Mann, Dichtern wie Schiller, Dramatikern wie Shakespeare uns große Gefühle nahezubringen, doch ein letzter Rest verbleibt immer.

Trotzdem können wir von Denken in diesem Zusammenhang reden. Denn die Bedingungen unserer Charakterisierung des Denkens sind ausnahmslos erfüllt. Unsere Gefühle werden uns infolge unseres Bewusstsein gegenwärtig und wir können sie in ihrer Bedeutung einer allgemeinen Idee unterwerfen: Trauer, Freude, Liebe, Hoffnung, Hass, Neid usw.

Wie beim Denken allgemein, so soll auch hier nicht bestritten werden, dass es unbewusste Gefühle gibt, die Voraussetzung der Tiefenpsychologie. Tatsächlich ist es ein weitestgehend unwidersprochenes Resultat der Psychologie, dass unser Handeln in vielen Details von derartig unbewussten Gefühlen geleitet wird. Doch erst wenn sie uns bewusst werden, können sie dem Urteil unterworfen werden und damit dem Denken.

Es gab große Philosophen, für die das Gefühl das Eigentliche des menschlichen Lebens bestimmt. Blaise Pascal, zunächst bedeutender Mathematiker, unter anderem Begründer der im Zeitalter der modernen Wissenschaften vielleicht wichtigsten Theorie, der Wahrscheinlichkeitstheorie. Darüber hinaus einer der großen Physiker; den Druck messen wir in Einheiten „Pascal". Doch er durchschaut die Grenzen mathematischer Analyse. Man denkt hier nur im Allgemeinen, der Blick für das Einzelne geht verloren. Und dieses Einzelne „fühlt man mehr als man es sieht" (Pascal). Und insbesondere „geht mit dem Einzelnen Pascal das auf, was er Glaube, Herz, Gefühl, Instinkt heißt" (J. Hirschberger). Und so entbirgt sich eine weitere Erkenntnisquelle: „Wir erkennen die Wahrheit nicht bloß mit der Vernunft, sondern auch mit dem Herzen. Auf letztere Art erkennen wir die obersten Prinzipien (...). Die Prinzipien werden gefühlt, die Folgerungen erschlossen, beide mit Gewissheit, wenn auch auf verschiedenem Wege" (B. Pascal). Insbesondere führt dieser Weg zu Gott: „Das Herz fühlt Gott, nicht der Verstand. Darin besteht der Glaube, dass Gott mit dem Herzen fühlbar sei, nicht mit dem Verstand." (B. Pascal) Als der eigentliche Philosoph des Gefühls gilt Rousseau (1712 bis 1778). Doch hier wird die Philosophie zum Salongeplauder, zu einem Medienspektakel, die Tiefe, Ernsthaftigkeit von Pascal wird hier nicht erreicht.

2. Wille:

„Die Welt als Wille und Vorstellung", heißt Schopenhauers (1788 bis 1860) berühmtes Hauptwerk. Nahezu alle Philosophen setzen sich mit dem Problem des Willens auseinander. „Wille ist immer da, ja die seelischen Regungen sind nichts anderes als Wille", sagt der heilige Augustin. Bei Kant steht dann insbesondere die Frage des „Freien Willens" im Fokus. Denn nur für einen solchen kann es das Moralgesetz geben, nur dann kann der Mensch für sein Handeln verantwortlich gemacht werden. Schelling (1775 bis 1854) wiederum erklärt mit dem „irrationalen Willen" das Böse in der Welt und Sartre (1905 bis 1980) endlich schließt aus der nicht zu beschränkenden absoluten Freiheit, dass der Wille auch Böses tun kann.

Natürlich gibt es auch hier, wie bereits allgemein beim Denken als solchem, bei den Gefühlen den unbewussten Willen. Doch wir können hier und für das Folgende wie dort argumentieren, so dass wir dies nicht noch einmal explizit ausführen müssen.

3. Handeln:

Auch das Handeln hat seine Philosophie, genauer den amerikanischen Pragmatismus mit seinen Hauptvertretern William James, Charles S. Peirce (1839 bis 1914), F. C. S. Schiller (1864 bis 1937) und John Dewey. Allein unser Handeln, unser Verhalten, bestimmt, was Sinn und Bedeutung hat; „theoretische Behauptungen haben nur dadurch einen Sinn, dass sie einen Unterschied in unserem Verhalten bewirken" (F. C. S. Schiller). Nach demselben Schema erkennen wir die Welt: „Überlege, welche Wirkungen, die denkbarerweise praktische Relevanz haben könnten, die wir dem Gegenstand unseres Begriffes in unserer Vorstellung zuschreiben. Dann ist unser Begriff dieser Wirkung das Ganze unseres Begriffes des Gegenstandes." (Charles S. Peirce). Und wo Gott bei Pascal durch das Gefühl erkannt wird, sagt W. James: „Wenn die Hypothese von Gott im weitesten Sinne befriedigt, dann ist sie wahr" (W. James).

Doch wir sollten dies nicht als einzigen philosophischen Beleg für das Handeln stehen lassen. Nennen wir als Beispiel Fichte. Auch er sagt: „Handeln, Handeln, das ist es, wofür wir da sind!" (Fichte). Doch hier ist der reine Wille für die Handlung vom niederen Willen zu unterscheiden. Während der erstere Vernunftwille, der Idealwille der Menschheit zur Sittlichkeit ist, ist der niedere Wille durch schlichte Bedürfnisbefriedigung, primitives Glücksstreben gekennzeichnet, unterliegt einem Trieb, der so wenig frei ist wie die Handlung des Tieres.

Hannah Arendt grenzt die „Vita contemplativa" von der „Vita activa" ab, also das interesselose Denken, Erfassen rein geistiger Inhalte, von dem tätigen Leben, insbesondere der Arbeit. Während Hannah Arendt das Problem im allgemein-philosophischen Sinn untersucht und in Jesus von Nazareth den Mann sieht, „dessen Einsicht in das Wesen des Handelns so unvergleichlich tief war wie sonst nur noch Sokrates Einsichten in die Möglichkeit des Denkens", sieht Marx dies in erster Linie in der tätigen Arbeit, „der ersten Grundbedingung alles menschlichen Lebens, und zwar in solchem Grade, dass wir sagen müssen: Sie hat den Menschen selbst geschaffen", wie Friedrich Engels (1820 bis 1895) präzisiert.

Man sollte sich vielleicht einmal an die etymologische Wurzel des Wortes „Arbeit" erinnern. Ebenso wie das lateinische „labor", das französische „travail" ist die ursprüngliche Bedeutung: Mühsal, Anstrengung, Schmerz, ja körperliche Verunstaltung. Vermutlich haben kluge Philosophen, intelligente Theoretiker so weihevoll über die „Würde der Arbeit" gesprochen, weil sie nie in ihrem Leben richtig gearbeitet haben.

4. Außenwelt:

„Warum ist Sein und nicht das Nichts?", fragte Parmenides. Jede Kultur kennt ihre Mythen zur Erschaffung der Welt. In China schmiedete P'an Ku ungefähr 2.229.000 vor Chr. das Universum zusammen, nachdem er achtzehntausend Jahre an dieser Aufgabe gearbeitet hatte. In Japan waren zuerst die Götter, sie tauchten einen juwelengeschmückten Speer in den Ozean und hielten ihn hoch in Himmelshöhe. Aus den herabfallenden Tropfen entstanden dann die Inseln. Nach der Bibel erschuf Gott die Welt in 6 Tagen. Erzbischof James Ussher (1581 bis 1656) errechnete auf Grund biblischer Daten hierfür „den Beginn der Nacht auf Montag, den 23 Oktober 4004 vor Chr" (J. Ussher). „Luther kam zu dem Ergebnis, dass die

Welt im Jahr 3960 vor Christus erschaffen worden sei“ (H. v. Glasenapp).

Natürlich setzten sich auch die großen Philosophen mit dem Thema auseinander. Platon wich in die Sprache des Mythos aus und formulierte den Weltbaumeister, den Demiurg, der nach den „idealen Ideen“ die Welt erschuf. Auf der ganzen Welt, sagt Schopenhauer, gebe es kein so wohltätiges und so erhabenes Studium wie das der indischen Upanischaden. Zwei Begriffe sind hier fundamental: Einerseits das „Atman“, der stumme und gehaltlose Seinsgrund in uns selbst, etwa der Seele entsprechend, und „Brahman“, die allumfassende, alldurchdringende, geschlechtslose zugrunde liegende unberührbare Wesenheit der Welt. Doch während die Philosophen über den Wolken schwebten, sah sich der gewöhnliche Mensch bei seiner täglichen Arbeit einer sperrigen, unheimlichen und gefährlichen Umwelt gegenüber.

5. Die soziale Welt:

„Der tugendhafte Mann wird nicht in Einsamkeit leben, denn er ist von Natur aus gesellig und für das tätige Leben geschaffen“, sagt der Stoiker Diogenes Laertius (3. Jahrhundert nach Christus). Und für Aristoteles beweist die Sprache, „dass der Mensch ein soziales Wesen ist“ (Aristoteles).

Wir wissen, dass der Mensch infolge der „verlängerten Tragzeit im sozialen Uterus“ (A. Portmann) extrem auf die soziale Fürsorge angewiesen ist. Tatsächlich muss jede Gesellschaft einen Weg finden, in dem ihre sozialen Normen, Sitten, Gebräuche, rechtlichen Beziehungen usw. in ein gewisses System gebracht werden.

Auch hier haben sich wieder die großen Philosophen mit dieser Frage befasst. Thomas Hobbes (1588 bis 1679) sah zunächst einen „Krieg jeder gegen jeden“; sollte dieser nicht zur Selbstvernichtung führen, so war dies nur durch einen Gesellschaftsvertrag möglich, und zwar indem man gewisse Rechte an den Monarchen abgab und im Gegenzug dafür eine gewisse soziale Sicherheit erhielt. Berühmt und von außerordentlichem Einfluss wurde der Gesellschaftsvertrag von Rousseau. Auf ihn beriefen sich zum Beispiel die kommunistischen Volksdemokratien. Dabei geht Rousseau nicht wie Hobbes von einem „Krieg aller gegen alle“ aus, sondern von einem idealen Naturzustand. Grundlage des Vertrages ist dann der Gemeinwille (volonté général). Dieser fällt mit der Gerechtigkeit zusammen, da beide ihren Ursprung in der allgemeinen Vernunft haben, wobei der Einfluss Platons erkennbar wird. Da dieser Gemeinwille unfehlbar ist, ist die allgemeine Zustimmung und Unterordnung selbstverständlich. Platon seinerseits propagierte den „Idealen Staat“, der von Philosophen regiert wird. Aristoteles schuf die heute noch übliche Strukturierung der Regierungsformen in Monarchie, Aristokratie und Politie mit ihren Entartungsformen Tyrannis, Oligarchie und Demokratie (!).

Wie überall, so gab es auch in jeder Kultur die Mahner, die zu einem einfachen moralischen Leben aufriefen. Lao-tse (angeblich im 6. Jahrhundert vor Christus) sagt: „Der vollkommene Mensch wünscht, nicht zu wünschen und schätzt nicht schwer zu erlangende Güter (...). Schaffen wir höchste Lehre, wahren wir feste Stille! (...); ihm kann weder Gewinn gebracht noch geschadet werden, er kann weder zum Edlen noch zum Gemeinen gemacht werden, darum ist er der Edelste in der Welt“. Ähnlich äußert sich in Indien Buddha. In Griechenland sind es die Stoiker und Kyniker, in Rom der ältere Cato (234 bis149 vor Christus), im Mittelalter die Cluniazenser und im Florenz der Renaissance Savonarola (1452 bis 1498), die zur Einfachheit und zu moralischem Leben aufriefen. Man achtete sie als Weise und hörte geduldig zu. Im wirklichen Leben verfuhr man nach wie vor nach seiner alten Maxime oder man verbrannte einfach diese unangenehmen Zeitgenossen auf dem Scheiterhaufen. In Florenz sieht man auf der Piazza della Signoria heute noch die Gedenkstelle, wo Savonarola hingerichtet wurde. Augustus führte in Rom die Sittengesetze ein, um der Verderbtheit der Stadt Herr zu werden; sie mussten mehrfach wiederholt werden, waren also vergeblich.

6. Ästhetik:

Seit dem großen geistigen Umbruch vor ca. 35 000 Jahren ist in den Kulturen die künstlerische Gestaltung nachweisbar. Wir wissen von den Höhlenmalereien der Cro-Magnon-Menschen in Südfrankreich; die Venus von Willendorf ist 30 000 Jahre alt. An den Malereien von

Knossos, denjenigen Ägyptens, von vor ca. 4000 Jahren, erkennen wir nicht nur eine vollendete künstlerische Realisierung, sondern anhand der dargestellten Personen, dass das Schminken, Schmucktragen, raffinierte Frisuren, elegante Kleidung usw., so alt wie die Kultur sind. In der Tat, der Mensch zeigt auch für sich selbst ein gewisses ästhetisches Bedürfnis, sich darzustellen; man achtet auf seine Kleidung, geht zum Friseur, trägt Ohrringe, Halsbänder, Uhren; über gewisse Selbstdarstellungen durch Piercing und Tattoos schweigen wir lieber.

John Ruskin (1819 bis 1900), der große englische Kunsthistoriker, nennt drei charakteristische Merkmale für das Erkennen eines Kunstwerkes: 1. Man tritt in einen fremdem Geist ein. 2. Man erfährt eine scharfe Wahrnehmung. 3. Man empfindet tiefe Gefühle. Damit ist aber gesagt, was wir schon früher in anderem Zusammenhang bemerkt haben, dass das Erkennen eines Kunstwerkes nicht vollständig verbal beschrieben werden kann. Jemand hat einmal gesagt: „Könnten wir das Kunstwerk exakt isomorph beschreiben, dann wäre es überflüssig."

Wie können wir dann das Kunstwerk erkennen? Sokrates lässt sich hierzu von Diotima belehren, die ihm zeigt, dass der Begriff der Schönheit zunächst in der körperlichen Gestalt aufgeht, wie der Sinn hierbei zu dem inneren Ebenmaß der Symmetrie geführt wird, wie er dann nicht mehr von einem schönen Gegenstand zu einem anderen übergeht, sondern die „Fahrt auf das hohe Meer der Schönheit wagt", also zur allgemeinen „Platonischen Idee". „Das Schöne besteht im sinnlichen Scheinen der Idee", sagt Hegel.

Der Platoniker Schiller spricht dies so aus:

Aber dringt bis in der Schönheit Sphäre,
Und im Staub bleibt die Schwere

Mit dem Stoff, den sie beherrscht zurück.
Nicht der Masse qualvoll abgerungen,

Schlank und leicht, wie aus dem Nichts entsprungen,
steht das Bild vor dem entzückten Blick.

Und der vielleicht größte aller Künstler sagt:

Als treues Vorbild für mein ganzes Streben
Schien von Geburt an mir der Stern des Schönen,
Malend und meißelnd bin ich ihm ergeben,

Und ich verschmäh' es anderem je zu frönen.
Durch ihn nur wird dem Blick die höh're Welt,
Die Ziel all meines Schaffens ist, erhellt.

Weh jedem, der vermessen und verblendet
Die Schönheit nieder zu den Sinnen reißt!
Zum Himmel trägt sie den gesunden Geist.

(Michelangelo)

Und in unvergleichlicher Klarheit hat dies Platon im „Phaidros" ausgesprochen: „Die Seele erschrickt, sie erschaudert beim Anblick des Schönen, da sie spürt, dass etwas aufgerufen worden ist, das ihr nicht von außen durch die Sinne zugetragen worden ist, sondern das in ihr in einem tief unbewussten Bereich schon immer angelegt war."

7. Die Religion, das Numinose:

Unser Verstand reicht aus, um uns die Frage nach dem Sinn zu stellen, er genügt aber nicht, um uns eine eindeutige Antwort zu geben. Wir sind also auf den Glauben angewiesen. Tatsächlich ist der Glaube in irgendeiner göttlichen Form in jeder Kultur nachweisbar, so dass man schon von einem „Gottesgen" gesprochen hat, natürlich eine unsinnige Hypothese.

An, Enki und Enlil hießen die Götter der Sumerer; Marduk war ein babylonischer Gott, Melkart ein Gott Karthagos, Ahura Mazda ein persischer und Quetzalcoatl ein Gott der Azteken. Shiva, Vishnu und Brahman waren indische Götter und in Rom konnte fast jeder zum

Gott werden. Dabei müssen wir uns immer vor dem Vorurteil hüten, gewisse Epochen mit unseren Maßstäben zu messen. Was für unser Religionsverständnis Blasphemie wäre, war für einen Römer aus seinem Weltbild heraus selbstverständlich. Sachlich und nüchtern wie er war, war er „ein Mensch und nichts Menschliches war ihm fremd“ (Terenz). Verfügte nun ein solcher über außergewöhnliche Eigenschaften, so muss ihm etwas Göttliches eigen sein und so konnten ganz selbstverständlich Cäsar und Augustus Götter werden.

8. Das Geistige:

Hierher gehören die großen Werte, die Platonischen Ideen, „Das Gute“, „Das Wahre“, „Das Schöne“, die vier klassischen Tugenden, Tapferkeit, Mäßigung, Weisheit und Gerechtigkeit, das Recht, die Philosophie, die Wissenschaften.

Es sollte natürlich klar sein, dass die jeweiligen Momente nur aus methodischen Gründen getrennt aufgezählt wurden, in Wirklichkeit aber ein organisches Ganzes ergeben. Ebenso kann man ja auch bei der Beschreibung eines Bildes die Farbe, Pinselführung, Hintergrundgestaltung, Komposition usw. hervorheben; jede Einzelbetrachtung hat aber natürlich nur einen Sinn in der Gesamtansicht. Wagen wir einen mathematischen Vergleich: Jedes der acht Aspekte repräsentiert eine Dimension und das Denken ist eine Linearkombination im Raum dieser acht Dimensionen. Im Idealfall ist dann jedes Denkschema der jeweiligen Dimension kongruent angepasst.

TEIL 2
Die Doxa

„Meinen ist ein mit Bewusstsein sowohl subjektiv als objektiv unzureichendes Fürwahrhalten" (I. Kant).

2.1. Denken im System 1

„Die Unwissenheit hat vier Ursachen: 1. Das Beispiel unzureichender und ungeeigneter Autoritäten 2. Die Macht der Gewohnheit 3. Die Meinung der ungebildeten Menge 4. Die Tatsache, dass jeder seine Unwissenheit durch Entfaltung eines Scheinwissens zu verschleiern sucht" (Roger Bacon).

In dem im ersten Kapitel erwähnten Buch von Daniel Kahneman werden zwei Systeme klassifiziert, das „Schnelle Denken" (System 1) und das „Langsame Denken" (System 2). Dabei werden diese im Wesentlichen durch Beispiele erläutert; die allgemeinen Formulierungen sind etwas unbestimmt, was insbesondere das System 2 betrifft. Wir werden hierauf noch zurückkommen. Somit werden wir im Folgenden diesen Systemen eine andere Charakterisierung zugrunde legen.

Wir wollen das System 1 als dasjenige ansehen, das, im Gegensatz zu dem exakten wissenschaftlichen Denken, unseren alltäglichen Denkprozessen zugrunde liegt. Niemand berechnet zuvor die komplizierten physikalischen Prozesse, die sich ergeben, wenn er mit seinem Fahrrad um die Kurve fährt. Wenn wir Appetit auf eine gewisse Speise haben, dann berechnen wir nicht den ernährungsphysiologischen momentanen Haushalt, der uns dann anzeigen würde, welcher Mangel dieses Gefühl verursacht, falls dies überhaupt möglich wäre. Jahrhundertelang bestellte der Landwirt sein Feld nach überkommenen Regeln. Er stellte fest, dass der Ertrag insgesamt zunahm, wenn er das Feld ein Jahr brach liegen ließ, dass der Ertrag gesteigert werden konnte, wenn er zur Fruchtwechselwirtschaft überging, und noch einmal, wenn er es mit dem Dung des Viehs belegte, ohne irgendetwas über den Stickstoff in diesem Zusammenhang zu wissen. Niemand wählt seinen Freundeskreis nach exakten psychologischen und soziologischen Kriterien aus, möglicherweise würde er dann im Chaos enden.

Somit verstehen wir unter dem System 1 dasjenige Denken, das auf unseren fünf Sinnen beruht, ergänzt durch die persönlichen Erfahrungen sowie diejenigen unseres sozialen Umfeldes, kurz: den „Gesunden Menschenverstand." Im Gegensatz dazu ist das System 2 das exakte wissenschaftliche Denken. Oder in der Terminologie von Platon die „Doxa" versus der „Theoria", also die subjektive Meinung im Gegensatz zur objektiven Wahrheit.

System 1 genügt uns im Wesentlichen als Führer durch unsere Alltagssituationen, dennoch „lassen sich intuitive Denkfehler oftmals nur schwer verhindern" (Kahneman). Wäre dies nicht so, so wäre System 2 überflüssig. Kahneman nennt zahlreiche aufschlussreiche Beispiele für derartige Fallstricke. Uns interessieren jedoch in diesem Zusammenhang drei Aspekte:

1.) Die Strukturierung, die dort vorgenommen ist.

2.) Die erkenntnistheoretischen Voraussetzungen und Grundlagen, auf denen die Ergebnisse von Kahneman beruhen.

3.) Die Frage, inwieweit die Ergebnisse allgemeingültig sind.

Ad 1.)Wenden wir uns zunächst der Klassifizierung zu. Diese strukturiert in "Kognitive Verzerrungen", „Heuristiken", „Framing". Wir erläutern dies an Hand einiger Beispiele, die im Wesentlichen dem Buch von Kahneman entnommen sind:

„Kognitive Verzerrungen":

Beispiele:

a) Das „Gesetz der kleinen Zahlen": Es besagt, dass spezielle Ereignisses bei einer kleinen Zahl von Versuchen nicht ungewöhnlich sind, dass aber allgemeine Regeln hierbei niemals ableitbar sind. Wir werden darauf später ausführlich eingehen.

Zunächst genügt ein Beispiel: Wir werfen eine Münze dreimal und bezeichnen als spezielles Ereignis, dass dreimal Wappen erscheint. Man rechnet nach, dass die Wahrscheinlichkeit hierfür 0,125 beträgt, also *durchschnittlich* in jedem achten Fall auftreten wird, und somit nicht ungewöhnlich ist Bei fünfmaligem Werfen ist die entsprechende Wahrscheinlichkeit für fünfmal Wappen schon 0,03125 und bei zehnmaligem 0,001, tritt also nur durchschnittlich in jedem tausendsten Fall auf.

Kahneman zitiert nun ein Beispiel, das in mehrfacher Hinsicht aufschlussreich ist: Die Nierenkrebserkrankungen zeigen die *geringste* Häufigkeit in manchen ländlichen, dünn besiedelten und traditionell republikanisch regierten Bundesstaaten im Mittleren Westen, Süden und Westen. Man sah die Hypothese als belegt an, dass dieses Ergebnis mit der geringen Schadstoffbelastung in ländlichen Räumen, Zugang zur freien Natur, unbelastete Lebensmittel usw. zusammenhängt.

Andererseits: Die Nierenkrebserkrankungen zeigen die *höchste* Häufigkeit in manchen ländlichen, dünn besiedelten und traditionell republikanisch regierten Bundesstaaten im Mittleren Westen, Süden und Westen. Somit liegt die Schlussweise nahe, dass dies auf Defizite im ländlichen Raum zurückzuführen ist, ungünstiger Zugang zur medizinischen Versorgung, fette, reichhaltige Kost, Alkohol, Tabak usw.

Wie passen die Ergebnisse zusammen? Tatsächlich liegt die Krebshäufigkeit in diesen Staaten nicht wirklich über dem allgemeinen Durchschnitt. Sie haben lediglich eine geringe Bevölkerungszahl und fallen somit unter das „Gesetz der kleinen Zahlen". Extreme Sonderfälle sind also nicht unwahrscheinlich, genauso wie vorher nur Wappen bei lediglich drei Würfen nichts Außergewöhnliches war.

b) „Der Anker": Die Idee besteht darin, für ein Problem eine entweder viel zu große oder bedeutend zu kleine Zahl vorzugeben, den Anker, und somit auf diese Art und Weise die Testpersonen entsprechend zu beeinflussen. Anhand des Ankers sollten dann diese ein tatsächliches Ergebnis schätzen.

Beispiele:

Hoher Anker: Die Frage lautete: Beträgt die Höhe des größten Küstenmammutbaumes mehr oder weniger als 366 Meter?

Tiefer Anker: Dieselbe Frage mit 55 Metern.

Im ersten Fall lautete die durchschnittliche Antwort 257 Meter, im zweiten Fall 86 Meter.

Ähnlich wurde Versuchspersonen die Frage vorgelegt, ob Gandhi ein Lebensalter von mehr oder weniger als 144 Jahre gehabt habe. Die Antworten waren analog zum ersten Beispiel.

c) „Heuristiken": Hierunter versteht man, dass man ein schwieriges Problem dem Schema „nur was ich gerade weiß zählt (wigwz)" unterwirft.

Beispiele:

c1) Ersetzen einer schwierigen Frage durch eine einfache:

In der Vorlesung führe ich oft das Argument an, der Nationalsozialismus sei das schwerste Verbrechen in der Geschichte der Menschheit gewesen. Ohne jetzt nach einer näheren Begründung zu fragen, kommt sofort die Antwort: „Und was haben die Amerikaner mit den Indianern gemacht, die Engländer mit den Kolonien usw.?"

c2) Gefühlsmäßige Überbewertung:

Dramatische Ereignisse werden gefühlsmäßig überbetont und führen zu irrationalen Reaktionen. Stürzen in kurzer Zeit zwei Flugzeuge ab, so nehmen wir lieber das Auto, obwohl die Wahrscheinlichkeit eines tödlichen Unfalls um ein Vielfaches höher ist. Dagegen verursachen Schlaganfälle nahezu doppelt so viele Todesfälle wie alle Verkehrsunfälle zusammen genommen. Ähnlich meiden wir einen öffentlichen Platz, wenn wir von einem weit entfernten terroristischen Anschlag gehört haben, obwohl die Wahrscheinlichkeit, im Haushalt zu verunglücken, wesentlich höher ist.

c3) „Verfügbarkeitskaskaden":

Besonders interessant sind die von Sunstein (geb. 1954) untersuchten Verfügbarkeitskaskaden. Dabei berichten die Medien über ein zunächst relativ unbedeutendes Ereignis. Der Prozess wird dann in Gang gesetzt, dass eine bestimmte Lobby ein Interesse hat, einen beständigen Fluss beunruhigender Nachrichten aufrechtzuerhalten. Die Gefahr wird maßlos übertrieben, reißerische Schlagzeilen in den Medien konkurrieren. Sunstein demonstriert dies an einem Beispiel über eine offenbar harmlose Wasserverseuchung. Die Kaskade entfaltete sich, ABC strahlte eine Sendereihe mit dem Titel „Todesboden" aus. Vor dem Parlament wurden Babysärge aufgestellt. Bewohner wurden auf Staatskosten umgesiedelt. Wissenschaftler, die das Problem weitestgehend für harmlos hielten, wurden niedergebrüllt.

d) „Framing": „Rahmen": Hierunter versteht man, dass je nach der Art und Weise, wie eine Information dargestellt wird, „gerahmt" wird, die Empfänger emotional beeinflusst werden können und damit ihre jeweilige Beurteilung, sowie Entscheidung.

Beispiele:

d1) Übermitteln von Nachrichten:

Ein Nachrichtensender kann eine Demonstration in Bildern zusammenfassen, indem er beispielsweise zeigt, wie schwer bewaffnete und mit Schilden geschützte Polizeibeamte, unterstützt durch Wasserwerfer, die Menge, drohend mit Schlagstöcken zurückdrängen; in der Mitte dieser Menschenansammlung befindet sich eine junge weinende Frau mit einem Kind auf dem Arm. Man kann aber auch zusammenfassend darstellen, wie die Demonstranten Autos anzünden, Schaufensterscheiben einschlagen, mit Steinen nach Ordnungskräften werfen, mit Schlagwerkzeugen usw. auf Polizeibeamten einschlagen und wie diese schließlich blutend abtransportiert werden. Wir sehen ein Boot, seeuntüchtig, aber überfüllt mit verzweifelten Flüchtlingen, darunter Frauen mit weinenden Kindern. In einer Pressemitteilung erfolgt die Berichterstattung durch emotional aufheizende Adjektive, Nebensätze usw., wie „Rücksichtsloses Profitstreben einer Industriemafia treibt Familien in Angst und Verzweiflung."

d2) Amtliche Formulierungen:

In Österreich betrug die Bereitschaft für eine Organspende nahezu 100%, in Deutschand 12%, in Schweden 86%, in Dänemark 4%. Der Unterschied findet sich im „Framing". Wie wird die entscheidende Frage formuliert? In Ländern mit hoher Bereitschaft mussten diejenigen, die nicht bereit waren zu spenden, lediglich ein entsprechendes Kästchen ankreuzten. Dagegen musste man in den Ländern mit geringer Spendenbereitschaft ausdrücklich eine Einverständniserklärung abgeben.

Ad 2.) Auf welchen Voraussetzungen, auf welcher Basis beruhen nun diese Ergebnisse? Wie wir erläutert haben, liegt dem System 1 der „Gesunde Menschenverstand" zugrunde. Hier würde eine genauere Analyse des „Schnellen Denkens" zeigen, dass wir uns hier in den Bahnen von David Hume bewegen. Erstens begründete er den Psychologismus, auf dem die Schlüsse von Kahneman beruhen, zweitens legte er die Grundlagen für den „Utilitarismus", der die Zielrichtungen für die jeweiligen Aussagen definiert. Wir werden uns im Folgenden hiermit noch eingehend auseinandersetzen.

Weiter wissen wir, dass insbesondere das intuitive Denken sowohl von Raum als auch Zeit abhängig ist, genauer: Es unterliegt dem, was Herder den „Zeitgeist“ genannt hat; es ist also an eine jeweilige historische Epoche und ein bestimmtes kulturelles Umfeld gebunden. Dass Daniel Kahneman in den Intentionen seiner Theorie in das US-amerikanische Gesellschaftssystem eingeflochten ist, insbesondere im Rahmen der dortigen Wirtschaftsordnung, steht außer Frage. Schließlich erhielt er nicht den Nobelpreis in Literatur, sondern in Wirtschaftswissenschaft.

Tatsächlich beziehen sich praktisch sämtliche Schemata des „Schnellen Denkens“ bei ihm auf ökonomische Fragestellungen. In der Zusammenfassung zum Schema „Gesetz der kleinen Zahl“ heißt es beispielsweise: „Ich will nicht glauben, dass der neue Wertpapierhändler ein Genie ist, bevor ich nicht einen Statistiker gefragt habe, der die Wahrscheinlichkeit abschätzen könnte, dass seine Glückssträhne ein Zufallsereignis ist.“ Oder: „Das Filmstudio hatte drei erfolgreiche Filme seit der Geschäftsführer sein Amt angetreten hat. Aber es ist zu früh, um zu erklären, dass er eine glückliche Hand hat.“

Im „Anker“ wird als relevante Anwendung der Makler genannt. Dabei wird empfohlen, einen im Sinne des Ankerschemas extrem hohen Preis zu nennen, um so einen hohen tatsächlichen Wert zu erzielen. In ähnlichem Sinne wird auf Kunstauktionen hingewiesen. Im Zusammenhang mit dem „Framing“ wird Richard Thaler (geb. 1945) erwähnt, ebenfalls Wirtschaftsnobelpreisträger. Dieser wies darauf hin, dass Lobbyisten der Kreditkartenbranche darauf bestanden, jeden Preisunterschied zwischen Bar- und Kreditkäufen als Barrabatt statt als Kreditkartenaufschlag zu bezeichnen. Ein weiteres Kapitel, „Die Maschine des Kapitalismus“, setzt sich ausführlich mit gewissen psychologischen Problemen in diesem Zusammenhang auseinander. An anderer Stelle wird nach Richard Thaler zwischen „Econs“ und „Humans“ unterschieden; erstere werden als konsistent und logisch beschrieben, das Weltbild der letzteren wird durch die Informationen eingeschränkt, über die sie momentan verfügen (wigwz).

Neben rein ökonomischen Problemen schlägt sich auch das US- Gesellschaftssystem in einigen anderen Fragen nieder. Beispielsweise werden im Zusammenhang mit dem „Anker“ verschiedene juristische Probleme erörtert. Zitiert werden Cass Sunstein und Richard Thaler, die Präsident Obama berieten, wie schwierige politische Entscheidungen der Allgemeinheit durch geeignetes „Framing“ akzeptabel gemacht werden können. Wir können somit festhalten, dass das „Langsame Denken“ in diesem Rahmen an das US-amerikanische Gesellschaftssystem gebunden ist.

Ein weiteres Beispiel soll dies belegen: Das Problem ist: Wie verhalten wir uns unter Risiko bei Entscheidungsfindungen? Als Modell dienen dabei ganz allgemein Glücksspiele: „Einfache Lotterien sind für Forscher auf dem Gebiet der Entscheidungsfindung das, was die Fruchtfliege für die Genetiker ist“ (D. Kahneman). Nennen wir hierzu ein Beispiel für eine Risikostrategie:

Entscheidung 1: Wählen Sie zwischen:
A: Sicherer Gewinn von 240 Dollar.
B: 25-prozentige Chance, 1000 Dollar zu gewinnen.

Entscheidung 2: Wählen Sie zwischen:
C: Sicherer Verlust von 750 Dollar.
D: 75-prozentige Chance, 1000 Dollar zu verlieren
und 25-prozentige Chance, nichts zu verlieren.

Ähnlich sind viele weitere Beispiele bei Kahneman aufgebaut. Als Entscheidungskriterium dient dann ganz allgemein „Die Wette auf Dollar“. In der Abhandlung, die dem Nobelpreis zugrunde liegt, wird dann ausgeführt, es sei „verständlich, dass sich die Erforschung von Entscheidungsprozessen unter Risiko auf Wahrscheinlichkeiten zwischen einfachen Lotterien und monetären Ereignissen und eindeutigen Wahrscheinlichkeiten konzentriert hat … “.

Nun sieht das allgemeine empirische Erkenntnisschema wie folgt aus:

1. Aufstellen einer Hypothese.
2. Vorgeben eines geeigneten Testverfahrens.

3. Statistische Evaluation der Hypothese.

Somit erfolgt die Hypothese, wie wir gesehen haben, in Begriffen des US-amerikanischen Gesellschaftssystems. Die Evaluierung erfolgt durch Testpersonen desselben Systems, die also den Sinn der Fragen verstehen und das Entscheidungskriterium ist die „Wette auf Dollar".

Mit der Feststellung, dass wir insoweit auf das US-amerikanischen Gesellschaftssystem begrenzt sind, soll jedoch keinesfalls die Bedeutung der Forschungen von Kahneman et al. eingeschränkt werden. Im Gegenteil, sie durchleuchten die Denkstruktur eines ganz bestimmten Gesellschaftssystems und liefern so tiefe Einsichten in dieses.

Ad 3.) Wir kommen nun auf unser eigentliches Problem, die dritte der oben gestellten Aufgaben: Inwiefern sind diese Erkenntnisse allgemeingültig? Offenbar können wir dies sofort verneinen. Zunächst haben wir gesehen, dass die erkenntnistheoretische Grundlage hier der Sensualismus ist, genauer der Psychologismus im Sinne von Hume. Wir haben aber bereits gesagt, dass auf dieser Basis kein allgemeingültiges Wissen möglich ist. Wir werden dies im Folgenden noch mehrfach detailliert nachweisen.

Des Weiteren können Aussagen, die an einen speziellen Kulturkreis gebunden sind natürlich nicht allgemeingültig sein. Betrachten wir unser letztes Beispiel: Wie würde ein buddhistischer Mönch eine Risikostrategie in Form einer Entscheidungsalternative, Rupien gewinnen bzw. verlieren, auffassen? Würde er hier überhaupt ein Problem sehen oder einer solchen Alternative fassungslos gegenüberstehen? Wie würde ein mittelalterlicher Einsiedler, ein Bewohner des Regenwaldes, ein kynischer Philosoph, auf eine „Wette in Dollar", seien es auch Drachmen oder Rupien, reagieren?

Weiter: Oben haben wir im Zusammenhang mit dem „Framing" auf die Emotionen hingewiesen, die ein überfülltes Rettungsboot, worin sich Frauen mit Kindern befinden, in uns erwecken. Im klassischen Rom wäre das Problem überhaupt nicht aufgetaucht. Bevor das Schiff den Hafen von Ostia erreicht hätte, wäre es schon längst gnadenlos versenkt worden. Kinder wurden sowieso völlig gefühllos den Tarpejischen Felsen hinab geworfen. Eine Mutter im klassischen Sparta verabschiedete ihren Sohn, der in den Krieg zog, mit den Worten: „Komme zurück, entweder mit dem Schild oder auf ihm." Wäre er schwer verletzt wieder erschienen, er hätte nicht nur kein Mitleid erwarten dürfen, tatsächlich wäre er Hohn und Spott ausgesetzt gewesen, wegen seiner vorgeblichen Feigheit.

Wir haben bisher nur über eine bestimmte Form des „Schnellen Denkens" gesprochen. Andererseits haben wir zuvor acht mögliche Dimensionen des menschlichen Denkens genannt. Betrachten wir hierzu zwei weitere Beispiele:

Zunächst die Ästhetik: Nehmen wir an, ein Kreuzfahrtschiff ankert vor Venedig, die Passagiere gehen an Land und betrachten die Gemälde von Tizian, Tintoretto (1518 bis 1594) und Veronese (1528 bis 1588). Welche Empfindungen erweckt hier das „Schnelle Denken"? Wie war die Situation im Florenz der Renaissance, als die ganze Stadt vom Fieber des Duells zwischen Leonardo und Michelangelo (1475 bis 1564) ergriffen war? Um 450 vor Christus lieferten sich Phidias (500 bis 430 vor Chr.), Kresilas (480 bis 410 vor Chr.), Phradmon (um 450 vor Chr.) und Polykleitos (um 450 vor Chr.) eine Künstlerwettkampf um die schönste Statue. Wie empfand hier das Publikum das „Schnelle Denken"?

Nennen wir als letztes Beispiel das Numinose: Das „Schnelle Denken" in dieser Dimension eines Inders zur Zeit Ashokas (304 bis 232 vor Chr.), im Perikleischen Athen um 430 vor Christus, im Mittelalter, zur Zeit der Französischen Revolution und in der Gegenwart. Wir brauchen auch gar nicht so weit zurückgehen, alleine in meiner Zeit hat sich dies grundlegend geändert.

Somit ergeben sich folgende Schlussfolgerungen:

1. Es gibt so viele Formen des „Schnellen Denkens" wie es Kulturen gibt und in jeder dieser Kulturen wieder für jede Epoche verschiedene Formen.
2. Da sich die Vergangenheit nicht wiederholt, wird die Zukunft weiter Formen erzeugen.

3. Somit folgt, dass das „Schnelle Denken“ praktisch „unendlich viele“ Zustände annehmen kann.
4. Es besteht somit keine Möglichkeit, das „Schnelle Denken“ in irgendeiner Form zu simulieren.
5. Stephen Hawking, mit seiner Äußerung, man könne das Denken durch einen Computer simulieren, redet Unsinn.

2.2. Irrationales Denken

„Ich weiß nicht immer, wovon ich rede, aber ich weiß, dass ich immer Recht habe“ (Muhammad Ali).

Hierbei finden wir Denkschemata, die weder dem System 1 noch dem System 2 unmittelbar zuzuordnen sind. Von den zahlreichen nennen wir:

2.2.1. Denken im Populismus

„Die Bosheit ist die Schwester der Dummheit“ (Sophokles).

Hier wird nach folgendem Schema verfahren: a) Eine Polarisierung in Schwarz-Weiß; b) eine demagogische Sprache; c) Aufzeigen einer angeblich fatalen Konsequenz; d) Angabe einer einfachen, plausiblen Lösung, die jedoch e) von irgendwelchen korrupten Interessengruppen blockiert wird.

Beispiel 1: Klima

a) Totale Klimaveränderung versus keine Änderung des Klimas.
b) „Gute“ Klimaschützer gegen „verbohrte“ Klimaleugner.
c) Wenn sich nicht sofort etwas ändert, wird in kurzer Zeit England, überhaupt alle Inseln, unter Wasser stehen.
d) Einstellen sämtlichen Flugverkehrs, keine fossilen Brennstoffe mehr usw.
e) Doch die kapitalistischen Interessengruppen blockieren gegen besseres Wissen diese notwendigen Maßnahmen.

Beispiel 2: Ausländer

a) Deutsche versus Ausländer.
b) Fleißige Deutsche, ausländische Faulenzer, die unser Sozialsystem nur ausnützen.
c) In kurzer Zeit sind wir Fremde im eigenen Land.
d) „Ausländer raus“
e) Die Profitgier der Kapitalisten benötigt sie als Arbeitskräfte.

(Man beachte den Widerspruch. Bei b) sind sie Faulenzer, bei e) notwendige Arbeitskräfte!)

2.2.2. Denken in Verschwörungstheorien

„Nieder mit der imperialistischen Verschwörung des Kapitals" (Kommunistische Internationale)

Hierbei werden ominöse Informationen über obskure Kanäle kolportiert, wobei die Quellen mysteriös sind. Das Ganze wäre ein psychologisches Problem; durch ein „Prinzip" erhält das Ganze jedoch einen Hauch von „Theorie". Dieses besagt nämlich die „Regel der Selbstverstärkung durch Einwand".

Beispiel 1:

Man behauptet, dass die Kondensstreifen der Flugzeuge am Firmament mit ihren Mustern eine geheime, verhängnisvolle Information für irgendwelche Adressaten symbolisieren. Erfolgt der Einwand, dass in einer seriösen Zeitung gestanden habe, dass diese infolge der Anweisungen der Flugbehörde und der Fluglosen entstehen, kommt sofort die „Bestätigung", „man sehe doch so, wie diese alle zusammenhängen". Also sind auch die Presse, die Behörde und die Fluglosen bereits in dieses Komplott involviert.

Beispiel 2:

Dostojewski ironisiert dies zunächst sehr schön in seinem Roman „Die Besessenen". Stepan Trofimowitsch kommt in eine Provinzstadt und man vermutet sofort, dass er geheime Verbindungen bis in die höchsten Kreise der Hauptstadt habe und demzufolge mit einem geheimen Auftrag versehen sei. Tatsächlich gründet er auch eine sogenannte Fünfergruppe, die als Elite ausersehen sei, direkte Aktionen vorzunehmen. Als der eine oder andere Zweifel aufkommt, wird dieser sofort zerstreut mit dem Hinweis, das ganze Land sei von solchen „Fünfergruppen" durchzogen, wodurch die Zweifel nicht nur zerstreut, im Gegenteil, die Bedeutung des Komplotts noch verstärkt wird. Letztlich endet die Sache kläglich, dass aber zuvor die Gruppe durch einen gemeinsamen Mord an einem Mitglied zusammengeschweißt wurde, war ein böses Menetekel für die Zukunft.

Offenbar nagen solche Verschwörungstheorien immer wieder am Bewusstsein einer Gesellschaft. Eine Zeitlang galt dies für den Vatikan, bei dem man Verbindungen zur Mafia, der Hochfinanz oder dergleichen andere vermutete. Sowie ein irgendwie geartetes System für gewisse Gruppen nicht durchschaubar wird, (die Finanzwelt, das Gesundheitswesen, globale Wirtschaft usw.) liegen Verschwörungstheorien nahe.

2.2.3. Utopisches Denken

„Illusionen empfehlen sich dadurch, dass sie Unlustgefühle ersparen und uns an ihrer Statt Befriedigung genießen lassen" (S. Freud).

Nach diesen unappetitlichen Sachverhalten kommen wir nun zu einem schönen Gedankensystem, dem Traum von einer gerechten Gesellschaft, ohne Unterdrückung, wo es infolge der ökonomischen und sozialen Verhältnisse weder Not noch Neid gibt; jeder kann unbedrängt seinen persönlichen Neigungen nachgehen.

Thomas More (1478 bis 1535) betitelte sein Buch zunächst „Nusquama" (Nirgendwo), bis er das griechische Äquivalent „Utopia" verwendete und damit nahezu allen Sprachen ein neues Wort gab. Darin berichtet ein portugiesischer Seemann, wie er eine glückliche Insel gefunden habe, wo die Bewohner so ziemlich alle Probleme gelöst hätten. Geld gab es dort nicht, denn „dank der allgemeinen Gleichheit steht alles allen in reichem Maße zur Verfügung", wie er berichtete. Gold wird nicht für Schmuckstücke missbraucht, sondern für die Herstellung nützlicher Gegenstände, wie z. B. Nachttöpfe. Für die allgemeine Versorgung muss jeder Erwachsene lediglich 6 Stunden täglich arbeiten. Jeder ist sein eigener Richter, von Advokaten wollen die Bewohner nichts wissen. „Als Untergebene stehen den Männern ihre Gattinnen zur Verfügung". Feiertage sind der erste und letzte Tag eines Monats. An jedem dieser Feiertage werfen sich die Frauen vor ihren Männern nieder und beichten, ob sie sich etwas zuschulden haben kommen lassen oder ihre Pflichten etwa ungenügend erfüllt haben. Vielleicht war deshalb diese Gesellschaft so harmonisch?

Zweifel äußerte jedenfalls Thomas More in der Gestalt eines jungen Staatsmannes: „Mir scheint im Gegenteil, dass sich dort unmöglich befriedigend leben lässt, wo alles Gemeineigentum ist, denn woher soll die Menge der erforderlichen Produkte kommen, wenn sich jeder um die Arbeit drückt, weil ihn doch keine Sorge um das tägliche Brot anspornt ... ?" Doch es ist „gerade die skrupellose Gewinnsucht einiger weniger, die das besondere Glück in Unheil verwandelt", antwortet der Seemann.

Dasselbe Motiv, eine ideale Gesellschaft, kennen wir aus weiteren unzähligen literarischen Beispielen. Berühmt wurde hier unter anderen auch „Der Sonnenstaat" von Tomaso Campanella (1658 bis 1639). Auch hier wird alles Übel auf das Privateigentum zurückgeführt, mit allerdings gefährlichen Tendenzen, die in jüngster Vergangenheit furchtbare Blüten getrieben haben: Eugenetik; die Gesellschaft bedeutet hier alles, das Individuum nichts.

Eines der frühesten Beispiele ist die Komödie „Die Vögel" von Aristophanes (450 bis 380 vor Chr.), wo schließlich der Staat „Wolkenkuckucksheim" gegründet wird und damit das Wort für alle Fantasiewelten geboren wurde. Übrigens wird Sokrates hier massiv angegriffen: Mit der Souveränität des Philosophen nahm er die Schmähungen gelassen hin und zeigte sich stehend während der Aufführung dem Publikum. Platon entwarf den Idealstaat, Schiller und Beethoven träumten davon, dass „alle Menschen Brüder werden", jede Religion kennt eine gewisse Form des Paradieses und der Kommunismus wollte es auf Erden realisieren. Jeder von uns hat einen Moment, wo er sich eine ideale Welt erhofft, es scheint hier tatsächlich ein konstantes Denkprinzip vorzuliegen.

2.2.4. Paradoxa

„Denn erstens kommt es anders und zweitens als man denkt" (Wilhelm Busch).

Paradoxon, „eine scheinbar alogische, unsinnige, widersprüchliche Behauptung, oft in Form einer Sentenz oder eines Aphorismus, die aber bei genauerer gedanklicher Analyse auf eine höhere Wahrheit hinweist." (Meyers Enzyklopädisches Lexikon) Beispiele:

1. Das Paradoxon von Adam Smith (1723 bis 1729):

Das klassische Paradoxon: der Liberalismus, das „Wirken der unsichtbaren Hand" (Smith), wo der dem Menschen innewohnende Egoismus, Eigennutz zur Wohlfahrt der Gesamtheit, der Gesellschaft führt. Dabei argumentiert Smith wie folgt:

Jeder Mensch strebt nach seinem eigenen Vorteil. Ökonomisch kann er diesen am besten realisieren, wenn er ein Produkt mit Gewinn verkauft. Dies beobachtet ein Zweiter, der natürlich von denselben Motiven geleitet wird. Daher versucht er sich mit demselben Produkt ebenfalls am Markt. Da der Erste bereits eingeführt ist, kann er dort nur bestehen und sogar noch einen höheren Gewinn erzielen, wenn er mindestens eine der drei folgenden Bedingungen erfüllt: a) Die Nachfrage der Kunden besser zu prognostizieren; b) ein optimaleres Produktionsverfahren gegenüber seinem Konkurrenten anzuwenden; c) Günstigere Preise für seine Vorprodukte als dieser erzielen.

Nun werden sich natürlich weitere Konkurrenten mit denselben Motiven und Strategien an diesem Markt versuchen, mit Erfolg, sonst würden sie am Markt ausscheiden. Dies hat zur Folge, dass die Gewinne nicht so realisiert werden können wie erhofft, also sind sie in ihrer Preisgestaltung gebunden. Somit ergeben diese einzelnen egoistischen Handlungen gemeinnützige Vorteile für die Gesellschaft:

a) Eine bessere Versorgung mit Gütern zu günstigen Preisen.
b) Technisch effizientere Technologien.
c) Ein zweckmäßigerer Einsatz der Ressourcen.

2. Das Hotelling Paradoxon:

Zwei an sich ununterscheidbare Eisverkäufer, A und B, teilen sich einen Strand von einem Kilometer Länge. Da die Kunden kurze Wege bevorzugen, wäre ihre optimale Lage, wenn sie sich je eine Hälfte aufteilen würden und dort jeweils die Mitte einnähmen. Kein Kunde müsste mehr als 250 Meter gehen. Das Problem ist die Mitte. Rückt A seine Position etwas nach rechts in diese Richtung, so würden die Kunden gerade dort einen etwas kürzeren Weg zu ihm haben. Die Kunden an seinem linken Rand hätte er ohnehin, er könnte also seinen Umsatz steigern. Nun wird natürlich B ebenso verfahren. Schließlich werden sie sich in der Mitte treffen. Da nun aber die Wege von den Rändern sehr lange geworden sind, werden viele die Mühe von dort aus nicht mehr auf sich nehmen wollen; beide werden also, anstatt einer Umsatzsteigerung Einbußen haben. Ein Vergleich dieses Paradoxons mit dem Verhalten der beiden großen Volksparteien in der Bundesrepublik wird sich lohnen.

3. Das Keynes'sche Paradoxon:

Ich habe mich oft gefragt, wie es möglich sein soll, dass eine Weltfirma innerhalb eines halben Jahres oder in noch kürzerer Zeit 50 %, eventuell sogar mehr, an Wert verlieren soll. Das Unternehmen hatte nach wie vor dieselben Fabrikationsanlagen, dieselben Maschinen, der Absatz und Umsatz schwankte in kleinen Bereichen, faktisch änderte sich also nahezu nichts. Wie soll also so etwas möglich sein?

John Maynard Keynes (1883 bis 1946) gibt hierfür folgende Erklärung: Zunächst ist dies in der Trennung der Unternehmungsführung zu sehen. Früher lag sie beim Eigentümer und dieser rechnete alleine nach der Rentabilität einer Investition. Läuft diese n-Jahre, so errechnet sich diese bekanntlich, indem der zu erwartende gesamte Ertrag für die jeweiligen Jahre, einschließlich aller Risikoprämien, auf die Gegenwart herabgezinst wird. Beträgt dieser so errechnete Renditezins 6%, ist der momentane reale Zins 4%, so wird die Investition durchgeführt. Beträgt jedoch der reale Zins 8%, so unterbleibt sie und der Unternehmer wird das Kapital in festverzinslichen Anleihen zu diesem Zins anlegen.

Mit der Trennung von Leitung und Eigentümer des Unternehmens ist aber eine neue Situation eingetreten. Nun liegt das Kapital bei Vermögensverwaltungsgesellschaften, Versicherungen, Hedge-Fonds und Ähnlichem. Diese sind nun nicht mehr dem Unternehmen, sondern ihren Anlegern verpflichtet und müssen in kurzen Zeiträumen Rechenschaft ablegen. Wir haben also jetzt nicht mehr einen Zeitraum von n-Jahren, sondern praktisch tägliche Intervalle. Gehen wir nun wie Keynes von 100 Spekulanten aus. Diese interessiert nicht mehr das Unternehmen als solches, sondern die Frage steht für den einzelnen im Fokus: Was werden die anderen tun? Nimmt er aus irgendwelchen Gründen an, diese werden verkaufen, so muss er dies ebenfalls so schnell wie möglich tun, um die Verluste in Grenzen zu halten. Denken nun alle so, so kann ohne weiteres eine wie oben beschriebene Situation eintreten. Es wäre lohnend zu fragen, inwiefern dieses Paradoxon in weiteren Paniksituationen angewandt werden kann?

2.2.5. Aberglaube

„Der Tod ist das Ende aller Dinge des menschlichen Lebens, nur des Aberglaubens nicht" (Plutarch).

Es ist der ewige Kampf, den die Wissenschaft, die Philosophie, mit dem Aberglauben auszufechten hat. China und Indien hatten zur selben Zeit, um 500 vor Christus, mit Konfuzius und Buddha zwei „maßgebliche Menschen" (Karl Jaspers), die für die Menschheit prägend wurden. Dabei war China in vielen Kulturerrungenschaften führend, es kannte den Kompass, das Papier, den Buchdruck, das Schießpulver, das Porzellan, lange bevor Europa überhaupt eine Vorstellung hiervon hatte. Bei der Behandlung von Pocken kannte es bereits die Impfung. Trotzdem stand allgemein fest, dass die Welt von bösen Geistern erfüllt war, die in der Luft herumschwirrten und die nur durch Zauberformeln von bezahlten Wahrsagern besänftigt werden konnten. Diese besaßen die Fähigkeit, aus dem Rücken einer Schildkrötenschale, aus der Bewegung der Sterne, die Zukunft vorauszusagen. Im zweiten Jahrhundert nach Christi Geburt waren Elixiere der Unsterblichkeit erhältlich, mehrere Kaiser sollen durch übermäßigen Genuss hieran verstorben sein.

Wir haben schon von der Hochachtung gehört, die Schopenhauer der Philosophie der Upanischaden bezeugt hat; Emerson (1844 bis 1930) pflichtete ihm bei. In den Wissenschaften leisteten die Inder

Unübertroffenes. Die Mathematik bezeichnet unsere zehn Zahlzeichen als „arabische Ziffern", in Wirklichkeit stammen sie aus Indien, von wo aus die Araber sie übernommen haben. Die wichtigste Entdeckung war hier die Null, auf Hindi „sifr", woraus unser Wort „Ziffer" wurde und die Bedeutung der Null allgemein zum Ausdruck kommt. Laplace bemerkt hierzu: „Indien gab uns die geistvolle Methode, alle Zahlen durch zehn Zeichen auszudrücken, deren jedes einen Stellenwert wie einen absoluten Wert erhält; es ist eine tiefe und bedeutende Idee (...) und wir werden die Großartigkeit dieser Errungenschaft noch mehr zu würdigen wissen, wenn wir daran denken, dass sie dem Genius des Archimedes und des Apollonios, zweier größter Männer des Altertums, entging" (Laplace). Übrigens reduziert das Dualsystem diese Idee lediglich auf zwei Zeichen; ohne die Null wäre unsere moderne Informatik nicht möglich.

Wir könnten noch zahlreiche weitere Errungenschaften aufzählen: „Im sechsten Jahrhundert waren die Inder in der chemischen Industrie Europa weit voraus" (W. Durand). Kanada (um das 5. Jahrhundert vor Chr.) erklärte wie Demokrit, dass außer „Atomen und dem leeren Raum" nichts existiere, das Vaischeschika-System entwickelte eine dem Aristotelischen ähnliche Logik aus fünf Sätzen. Trotzdem gab es in Indien Kinderehe, Tempelprostitution, Witwenverbrennung, Zauberei und Wahrsager, die aus der Hand, dem Kot, aus Träumen oder aus den von Mäusen ausgefressenen Löchern aus Kleidungsstücken die Zukunft voraussagten. Die Wiedergeburtslehre des Karma entartete zu Kuriositäten; ein Mönch behauptete, sein übermäßiger Appetit sei damit zu erklären, dass er im Vorleben ein Elefant gewesen sei und bei der erneuten Wiedergeburt zum Menschen es unterlassen worden sei, ihn diesbezüglich den neuen Verhältnissen anzupassen.

Die Griechen erforschten im Zeitalter des Hellenismus mit seinen Zentren in Alexandrien und Antiochien nahezu alles. Auf Euklid und die Mathematik werden wir noch ausführlich zu sprechen kommen. Aristarch lehrte, dass „die Fixsterne und die Sonne unbewegt verharren, die Erde dreht sich auf einer Kreisbahn um die Sonne, die in ihrem Mittelpunkt liegt" (Aristarch). „Herakleides, ebenfalls aus der

Schule Platons, hatte bereits erkannt, dass Venus und Merkur sich um die Sonne drehen und kam zu der Überzeugung, dass sich die Erde in vierundzwanzig Stunden um die eigene Achse dreht." (B. Russel) Hipparchos (190 bis 120 vor Chr.) berechnete das Sonnenjahr auf dreihundertfünfundsechzig ein Viertel Tage, minus vier Minuten und achtundvierzig Sekunden, also eine Abweichung um weniger als 6 Minuten gegenüber unseren heutigen Daten. Die Entfernung Erde-Mond schätzte er auf vierhunderttausend Kilometer, gegenüber dreihundertzweiundachtzigtausend Kilometer von heute. Erathostenes (276 bis 194 vor Chr.) berechnete den Erdumfang auf 39024 Kilometer gegenüber 40076 Kilometer von heute. Ein folgenschwerer Irrtum ergab sich aus den Berechnungen des Poseidonios (135 bis 51 vor Chr.). Er berechnete die Entfernung über den Seeweg von Spanien nach Indien mit 12 800 Kilometern, also viel zu kurz. Diese Daten legte Kolumbus für seine epochemachende Seefahrt zugrunde, ein Wagnis, das er bei Kenntnis der tatsächlichen Entfernung niemals eingegangen wäre. Theophrastos (369 bis 285), Schüler von Aristoteles, setzte dessen maßgebendes Werk bei den Tieren in der Botanik fort.

Der Hellenismus war somit eine der ganz großen Epochen der Wissenschaft, ohne ihn wäre die Neuzeit nicht zu denken. Doch dann „befiel die Astrologie den hellenistischen Geist wie eine neue Krankheit ein fernes Inselvolk befällt" (Gilbert Murray) Die rationalen Lehren eines Pythagoras, Platons wurden irrational, ganz ungriechisch mit obskuren Erlösungsreligionen des Ostens verknüpft. Von Kappadokien aus verbreitete sich der Kult der Göttin Ma. Ihre Priester, die als zu dem „fanum", dem Tempel gehörig, „fanatici" genannt wurden und damit unserer Sprache ein neues Wort gaben, tanzten schwindelerregende Tänze, stachen sich mit Messern und bespritzten ihre Gläubigen mit ihrem Blute. Unablässig entstanden neue Gottheiten. Der Kybelekult hielt sich in Lydien und Phrygien, Italien und Afrika, ihre Priester entmannten sich in Nachahmung von Kybeles geliebten Attis. Als um 190 der römische Proconsul Antonius die Christen Kleinasiens verfolgte, versammelten sich Hunderte einer christlichen Sekte vor seinem Tribunal und forderten das Martyrium, damit ihnen das Paradies gewiss sei. Antonius ließ einige hinrichten, aber die meisten schickte er mit den Worten fort: „Ihr Elenden, wollt ihr durchaus sterben, so habt ihr ja Abgründe und Stricke.“ Andere versammelten sich in ihren Kirchen, steckten sie in Brand und ließen sich bei lebendigem Leibe von den Flammen verzehren (vgl. Will Durand).

Alles dies waren keine Einzelfälle. In der Spätzeit „verkaufte man an allen Straßenecken Horoskope. Wundergeschichten und magische Handlungen stellten die medizinische Wissenschaft geradezu in den Schatten. Die magische Traumdeutung brachte große Traumbücher hervor, die Orakel lebten neu auf, und an Vorzeichen glaubten außer Polybios so ziemlich alle Historiker“ (Karl Schneider).

Die Neuzeit begann mit den großen rationalen Philosophien eines Descartes, Spinoza (1632 bis 1677), Leibniz und führte schließlich zu den Gipfelpunkten Kant und Hegel. Parallel hierzu entwickelten Galilei, Huygens (1629 bis 1695), Newton die Wissenschaften in die höchsten Höhen. Trotzdem wurden zwischen 1550 und 1650 ca. 40 000 bis 60 000 Hexen verbrannt, in Deutschland bis 1775, die letzte 1782 in der Schweiz.

„Keine der früheren Hochkulturen hat ihre Technik so radikal auf Wissenschaft gegründet, keine hat ihre Wissenschaft so konsequent auf Naturbeherrschung abgestellt, keine ihr Wirtschaftssystem und ihren Sozialapparat auf wissenschaftliche und technische Rationalität entwickelt wie das Abendland seit Beginn des technischen Zeitalters“ (Hans Freyer). Tatsächlich dominieren heute die Wissenschaften auf der ganzen Welt. Wir können vom Zeitalter der Wissenschaften reden. Auf jedem Erdteil wird in Unternehmen, Instituten, Universitäten mit einem ungeheuren Aufwand geforscht. Trotzdem pendeln auch heute noch nicht wenige ihre Lottozahlen durch geheime Magien aus, auf die traurigen Verdächtigungen des Populismus, der Verschwörungstheorien haben wir schon hingewiesen, man glaubt nach wie vor an Glückszahlen und Astrologie. Andere glauben wiederum, man könne den Krebs mit einer ominösen Misteltherapie behandeln, das Ganze unter dem hochtrabenden Namen Anthroposophie. Ebenso glaubt man dort nicht nur an eine persönliche Wiedergeburt, sondern dies gelte auch für die Planeten, es gibt hier noch zu dem Mars einen weiteren Altmars, ebenso einen Altsaturn, außerdem auch zwei Christi, wobei der zweite eine Reinkarnation Zarathustras sei. Wieder andere frönen einem banalisierten, trivialen Buddhismus.

Rechnen wir die Zahl derjenigen, die dem Aberglauben anhängen, gegen diejenigen der Vertreter der Wissenschaften und Philosophie, so bleibt keine Frage, wer Sieger in diesem Kampf zu allen Zeiten war und ist.

2.3. Emotionalität versus Rationalität

„Gesinnungsethik – Verantwortungsethik" (MaxWeber)

Täglich erreichen uns deprimierende Bilder in den Medien: unterernährte Kinder, Menschen auf der Flucht, katastrophale Wohnverhältnisse in Slums, von Krankheit ausgezehrte Körper ohne medizinische Betreuung und, und, und. Kein Mensch kann hiervon unberührt bleiben, intuitiv regt sich das Gefühl, dass es doch in unserer hochtechnisierten modernen Welt möglich sein müsste, dieser schreienden Ungerechtigkeiten Herr zu werden. Offenbar berührt uns hier die christliche Tugend des Mitleids.

Niemand wird Derartiges in Frage stellen. Problematischer wird es, wenn man fragt, wer die jeweiligen Meldungen lanciert. Spricht hier auch noch das „Mitleid" oder möglicherweise nur die Sorge um die Auflage? Werden die Bilder im Rahmen des „Framing" entsprechend aufgearbeitet? Eventuell sind auch ganz andere Interessen hiermit verknüpft. Es gibt hierzu genügend Beispiele. Im Zeitalter des Nationalismus stand die eigene Volksgruppe unter der Herrschaft fremder Regime. Es galt „die Brüder und Schwestern von ihrem Joch zu befreien"; tatsächlich standen schon ganz massive Aggressionen dahinter. Hohe Werte wie die Demokratie sollten den Weg in die Welt finden, wobei letztlich ganz andere Interessen leitend waren. Wir können auch heute noch genügend Beispiele finden.

Gerade solche Motive waren es, die Max Weber in einem Vortrag 1919 unter dem Eindruck der Münchner Räterepublik gehalten hat und hier den Begriff der „Gesinnungsethik“ prägte. Insbesondere warnte er hier vor Ideologien und Methoden, wo der „Zweck die Mittel heiligt“. „Verantwortlich fühlt sich der Gesinnungsethiker nur dafür, dass die Flamme der reinen Gesinnung, die Flamme z. B. des Protestes gegen die Ungerechtigkeit der sozialen Ordnung nicht erlischt. Sie stets neu anzufachen, ist der Zweck seiner, vom möglichen Erfolg her beurteilt, ganz irrationalen Taten, die nur exemplarischen Wert haben können und sollen“ (Max Weber). Beispiele des Sensationsjournalismus, „geframter“ Medien, heuchlerischer Politiker in Talk-Shows, liefern genügend Beispiele für dieses Zitat. Möglicherweise erfolgte aber das harte Urteil Max Webers auch unter dem Eindruck der damaligen Situation.

In Abgrenzung zu den „objektiven Gefühlen“ des Pascal‘schen Denkens wollen wir hier unter der „Gesinnungsethik“ verstehen, dass ein Urteil unter einer „subjektiven Gefühlsempfindung“ erfolgt. Wie unser obiges Beispiel des christliche „Mitleids“ gezeigt hat, können solche Empfindungen durchaus positiv sein. Allerdings ist es schwierig, echte Sorgen, echte Empfindungen von Heuchelei, Wichtigtuerei und Lüge abzugrenzen. Wir werden im achten Teil, im Zusammenhang mit Sokrates, hierauf noch einmal zu sprechen kommen.

Der „Gesinnungsethik“ stellt Max Weber die „Verantwortungsethik“ gegenüber. Eine Situation moralisch zu bewerten ist eine Sache, Maßnahmen zu ihrer Linderung oder gar Abhilfe zu ergreifen, eine ganz andere. Hierbei können sich plötzlich ganz andere Probleme ergeben, die niemand vorausgesehen hat. Wir können hier die Gesellschaft in Analogie zu einem Organismus sehen. Wenn wir ein Medikament gegen Magenbeschwerden einnehmen, so kann es sich zeigen, dass wir plötzlich eine schwere Schädigung der Leber feststellen.

Kommen wir noch einmal auf unser Eingangsbeispiel zurück: Probleme der sogenannten Dritten Welt. Dass hier eine moralisch-positive „Gesinnungsethik“ vorliegt, ist klar. Kein moralisch gesunder Mensch wird bestreiten, dass entsprechende Maßnahmen geboten sind. Welche? Und hier setzt das Problem ein. Unzählige Forschungen haben gezeigt, dass zahlreiche Programme hier nicht nur nutzlos, sondern teilweise sogar kontraproduktiv waren. Das ganze Dilemma zeigt sich darin, dass von den drei Nobelpreisträgern, die im Zusammenhang mit vorgeschlagenen Maßnahmen zur Entwicklungshilfe ausgezeichnet wurden, jeder den beiden jeweils anderen die Effizienz ihrer Vorschläge bestreitet.

Unter der „Verantwortungsethik“ versteht Max Weber, dass es „einen abgrundtiefen Gegensatz (gibt), ob man unter gesinnungstheoretischer Maxime handelt oder unter verantwortungstheoretischer: dass man für die voraussehbaren Folgen seines Handelns aufzukommen hat“ (Max Weber). Dies bedeutet also insbesondere, dass die vielleicht unter besten Absichten eingeleiteten Maßnahmen in ihren Konsequenzen in einem aufrichtigen Bemühen so weit wie möglich durchschaut und offengelegt werden. Wie viele Revolutionen, wie viele Utopien sind infolge der Missachtung dieser Maxime gescheitert!

Beschränken wir uns für das Folgende zunächst auf das Beispiel der Wirtschaftspolitik. Tatsächlich reduziert sich diese, was die öffentliche Darstellung betrifft, auf die beiden Pole, mit eindeutigem Übergewicht der „Gesinnungsethik“. Schlagwort reiht sich an Schlagwort: soziale Ungerechtigkeit, Entfesselung der Märkte, Reiche werden immer reicher, Arme immer ärmer, es gibt die Abgehängten, Abstiegsängste des Mittelstandes, benachteiligte Regionen in Europa auf deren Kosten unser Wohlstand beruht, jede Talk-Show bringt hier Weiteres. Wir wollen dabei nicht jedem Teilnehmer Unehrlichkeit unterstellen, erinnern aber trotzdem noch einmal an Max Weber, „dass die Flamme der reinen Gesinnung, die Flamme z. B. des Protestes gegen die Ungerechtigkeit der sozialen Ordnung nicht erlischt. Sie stets neu anzufachen, ist der Zweck seiner, vom möglichen Erfolg her beurteilt, ganz irrationalen Taten, die nur exemplarischen Wert haben können und sollen“ (Max Weber). Während man also die Konstruktion einer neuen Brücke dem Ingenieur überlässt, die Herzoperation dem Chirurgen, das Entwerfen einer neuen Programmiersprache dem Informatiker, ist in der Ökonomie jeder Experte.

Wie gesagt, nehmen wir an, die Äußerungen seien ehrlich gemeint, so bewegen wir uns hier ausschließlich in der „Gesinnungsethik". „Lösungen" sind schnell dahergesagt: die Löhne müssen steigen, Höchstpreise für gewisse Güter, Umverteilung von Vermögen, Geldtransfers an gewisse Länder usw., „Verantwortungsethik" sieht anders aus. Weder die aufrichtige Darlegung der mit den Maßnahmen jeweils verbundenen Konsequenzen noch die objektive Abwägung der jeweils resultierenden Folgen, von beidem ist im Allgemeinen weder in den Massenmedien noch in den Talk-Shows etwas zu bemerken. Offenbar können auch noch so viele gescheiterte Experimente, die uns die Geschichte bietet, hier nicht belehren.

Tatsächlich erfolgt die ganze öffentliche politische Diskussion im Rahmen des von Max Weber dargestellten Schemas. Erziehungsprobleme in der Pädagogik, die Renten, die Gegensätze zwischen Finanz- und Sozialpolitik – sowie ein Thema aktuell in das Blickfeld der Medien gerät, erfolgt die Diskussion auf einer Linie mit den beiden Polen „Gesinnungs- und Verantwortungsethik". Jedenfalls wird durch diese beiden Begriffe das Emotionale mit dem Rationalen konfrontiert. Stand bislang das Erstere im Fokus, so wollen wir uns nun dem rationalen Denken zuwenden.

TEIL 3
„Langsames Denken" (Daniel Kahneman)

„Alles, was Gegenstand des wissenschaftlichen Denkens überhaupt sein kann, verfällt, sobald es zur Bildung einer Theorie reif ist, der axiomatischen Methode und damit der Mathematik" (David Hilbert).

3.1. Logisches Denken

„Wer sich die Logik nicht angeeignet hat, darf nicht zur Philosophie kommen“ (Aristoteles).

Während das Denken so alt wie die Menschheit selbst ist, ist die Logik gerade einmal ca. 2350 Jahre alt. Wie praktisch alles in unserer Kultur verdanken wir sie den Griechen. Gewöhnlich versteht man hierunter die Lehre vom widerspruchsfreien Denken. Doch für unsere Zwecke ist hiermit wenig ausgesagt. Denn erstens steht hier die Frage im Vordergrund: Inwieweit ist exaktes, objektives, widerspruchfreies Denken möglich? Also ein Denken, dessen Wahrheit unabhängig von Raum und Zeit ist. Dessen Ergebnisse der Steinzeitmensch, ein Inka, ein Chinese zur Ming-Zeit ebenso akzeptieren muss wie ein gegenwärtiger Bewohner Russlands. Zweitens, inwieweit ist dann dieses Denken im Rahmen der Wissenschaften möglich? Drittens, wo liegen hier die prinzipiellen Grenzen dieses Wissens? Insbesondere werden sich diese Fragen im Zusammenhang mit der Informatik stellen. Somit müssen wir uns etwas intensiver mit der Logik befassen, denn nur so können wir sie befriedigend beantworten.

Zunächst verfolgen wir die Wege, die zur exakten Logik geführt haben:

1. Parmenides, die zweiwertige Logik „tertium non datur“:

Den Begriff des „Logos“ hat Heraklit (544 bis 484 vor. Chr.) in die Philosophie eingeführt. „Doch bei ihm ist dieser eher das Bild einer großen Vision“ (Ernst Cassirer). Erst durch Parmenides, „den Entdecker der Logik“ (Cornford), erhielt diese ihren konkreten Sinn: „Mit der Vernunft bringe die viel umstrittene Prüfung, die sich dir zeigt, zur Entscheidung“ (Parmenides). Der sinnliche Inhalt wird also einem allgemein gültigen geistigen Urteil unterworfen. Dabei sind nur zwei Fälle möglich: „wahr“ oder „falsch“, „Tertium non datur“, ein drittes gibt es nicht. Insbesondere bedeutet dies, dass die Wahrheit nicht im Sinnlichen zu finden ist, sondern im transzendenten geistigen Raum. Wir „ur-teilen“ somit zwischen „wahr“ und „falsch“.

„Erst seit Parmenides ist für den Westen diese die Absolutheit in sich tragende Transzendenzverflochtenheit rein logisch und schließlich verstanden worden", sagt Alfred Weber (1868 bis1958).

Um nun das Problem dem Urteil unterwerfen zu können, benötigen wir ein allgemeines Kriterium, für jedermann anwendbar, das unabhängig von Raum und Zeit entscheidet, welcher der beiden Fälle „wahr" oder „falsch" vorliegt. Denn nur so kann die Logik ihre allgemeine objektive Aufgabe erfüllen.

Indem wir etwa vorgreifen, erläutern wir dies an einem Beispiel:

Gegeben sei eine Natürliche Zahl, also 1, 2, 3, 4, 5, ...

Problem: Ist die natürliche Zahl n gerade?

Wir definieren eine natürliche Zahl n als gerade, wenn sie ohne Rest durch zwei teilbar ist, also 2, 4, 6, 8, 10, ... Allgemein, wenn wir sie in der Form $n = 2 \cdot k$ darstellen können, wobei k eine natürliche Zahl ist. Beispiel: $14 = 2 \cdot 7$.

Ist nun n vorgegeben, so brauchen wir nur der Reihe nach zu prüfen, ob gilt:

$2 \cdot 1 = n, 2 \cdot 2 = n, 2 \cdot 3 = n, 2 \cdot 4 = n, 2 \cdot 5 = n, \dots$, bis entweder $2 \cdot k = n$, also ist die Zahl gerade oder $2 \cdot k > n$, die Zahl ist nicht gerade.

Offenbar kann dieses Kriterium von jedem Menschen zu jeder Zeit und an jedem Ort durchgeführt werden.

Wir können somit schon hier folgende Ergebnisse festhalten:

a) Für die Logik gibt es nur zwei Möglichkeiten: entweder „wahr" oder „falsch".
b) Logisches Urteilen erfolgt sprachlich in Sätzen, sog. Aussagen.
c) Für das Urteil benötigen wir ein objektives Entscheidungskriterium, das unabhängig von Raum und Zeit ist.

Hiermit ergeben sich bereits interessante Folgerungen. Von unseren 8 Dimensionen, die wir für das Denken genannt haben, ist zunächst klar, dass das Fühlen niemals logisch erfasst werden kann. Erstens müssten wir Gefühle nach b) exakt verbal formulieren können, zweitens dürften sie nur zwei Werte annehmen. Wir sind aber nicht entweder freudig oder traurig, sondern durchlaufen alle Zwischenstufen. „Jedes Wissen ist nur mit Hilfe der Wissenschaften möglich; alle Dinge aber, die von Rechts wegen das Gefühl angehen, bleiben außerhalb dieses Bereiches", sagt einer der größten Logiker (Bertrand Russel).

Ebenso bleibt die Ästhetik außerhalb der Logik. Denn, wie wir wissen, ist sie ebenfalls in letzter Konsequenz nicht verbal erfassbar. Trotzdem muss vor einem grundlegenden Irrtum gewarnt werden, dem Glauben, „Wahrheit" sei nur im Rahmen der Logik möglich. Wie wir nämlich gesehen haben, erfordert die Logik zur Wahrheit noch zusätzlich ein objektives Entscheidungskriterium, engt also die Wahrheit ein. Selbstverständlich gibt es aber auch allgemein Wahrheit ohne ein solches. Welcher vernünftige Mensch würde den Satz bestreiten, dass „Mozarts letzte drei Sinfonien unübertroffene Kunstwerke sind", nur weil wir dies nicht mechanisch überprüfen können?

Dasselbe gilt für das religiös-Numinose: Nach Nikolaus von Kues (1401 1464), „dem eigentlichen Begründer der deutschen Philosophie" (Ernst Hoffmann) können wir Gott nicht verbal erfassen. Denn wie Hegel später, so sagt auch er, dass jede Bestimmung auch eine Negation bedeutet. Wenn wir sagen: Diese Blume ist eine Rose, so sagen wir damit auch, was sie nicht ist. Wir denken also in Gegensätzen. Nun gibt es aber „Etwas", in dem alle Gegensätze aufgehoben sind: Gott. Wir können von Gott gar nicht sagen, was er „nicht ist", also ihn gar nicht verbal ausdrücken und somit auch niemals logisch erfassen. Um es aber noch einmal zu betonen, damit ist keineswegs etwas über dessen „Wahrheit" ausgesagt.

2. Demokrit, das Kausalgesetz:

Die bisher von Parmenides entwickelte Logik erwies sich jedoch als zu statisch. Sie kennt keine Entwicklung, sondern nur das unerbittliche „wahr" oder „falsch", „Tertium non datur". Um aber die Welt in ihrer Dynamik logisch zu erfassen, war ein weiteres Prinzip erforderlich. Wir kennen es bereits. Wie wir wissen, kennt Demokrit nur die Welt der Atome und das Leere. In dem Atomwirbel herrscht jedoch, ganz im griechischen Sinne, kein Chaos, sondern das strenge „Prinzip von Grund und Folge". Jeder momentane Zustand ist durch den unmittelbar vorangegangenen determiniert, der jetzige dann bestimmt in der gleichen Art und Weise den direkt folgenden.

Damit ist das wichtigste Prinzip der Logik formuliert, das Kausalgesetz und somit der Leitfaden für jede zukünftige Forschung genannt: „Die ganze Naturlehre besteht also darin, dass man bei jeglicher vorfallender Veränderung zeige, in was für einem Zustand die Körper sich befunden und dass man wegen ihrer Undurchdringlichkeit eben diejenige Veränderung habe entstehen müssen, welche wirklich vorgegangen", sagt Euler (1707 bis 1783) mehr als 2000 Jahre später.

Insbesondere bei Kant ermöglicht das Kausalgesetz exakte Wissenschaft, wo die bloße subjektive Wahrnehmung streng von der objektiven wissenschaftlichen Erfahrung geschieden wird. Zu jedem logischen Prinzip, bei Kant den Kategorien, gehört ein sinnliches Schema. Das Schema der Kausalität ist die zeitliche Folge, die gerade durch die Kausalität exakt logisch erfasst wird. Soll exakte Naturerkenntnis möglich sein, so muss auf jeden Vorgang ein anderer gesucht werden, auf den er „nach einer allgemeinen Regel folgt." (Kant) So wird durch das Kausalverhältnis das objektive Zeitverhältnis der Erscheinungen bestimmt.

Damit sind die grundlegenden logischen Prinzipien genannt. „Unsere Schlüsse gründen auf zwei großen Prinzipien; das erste ist das Prinzip des Widerspruchs und das zweite das Prinzip des zureichenden Grundes.", sagt der größte Logiker des Rationalismus, Gottfried Wilhelm Leibniz.

3. Sokrates, der Begriff:

„Zweierlei ist es, was man mit Recht dem Sokrates zuschreiben muss, einmal die ‚Bestimmung des Allgemeinen' und die ‚hinführende Rede'" (Aristoteles), also „die Bildung von und das Denken in Allgemeinbegriffen." (J. Hirschberger) Damit war Sokrates der Erste, der den Begriff in seiner eigentlichen logischen Bedeutung erfasst hat. Seit Sokrates können wir also sagen: „Die Pflanze ist ein organisches Gebilde, das Photosynthese betreibt." Somit eine allgemeine Aussage treffen, die unabhängig vom konkreten für jede nur denkbare Pflanze gültig ist, die für jeden Menschen zu allen Zeiten wahr ist und noch wahr sein wird, wenn infolge einer Katastrophe es auf dem Planeten keine einzige Pflanze mehr geben würde. Somit gewinnt das Denken die Herrschaft über die sinnlichen Dinge.

4. Platon, die Transzendenz:

„Die große Leistung des Sokrates, wie Platon sie verstand und wie er zunächst mit einseitiger Schroffheit verkündete, lag eben in der Einsicht, dass die „Vernunft" des Seins, dass sein Logos sich nicht in den Dingen, sondern nur im Denken und im Tun offenbaren könne." (Ernst Cassirer). Der Logos war also ganz von den sinnlichen Dingen zu reinigen. Sowohl Parmenides als auch Demokrit hängen aber noch in ihren Gedanken am Materiellen. Bei Parmenides ist es das „Sein", das er sich durchaus noch als materiell kugelförmig dachte, bei Demokrit sind es die Atome. Solange wir hier haften bleiben, sind die Gesetze auch nur hierfür gültig. Doch wir wollen sie auch auf Prozesse anwenden, an die weder Parmenides noch Demokrit je gedacht haben. Zum Beispiel in der Physik wollen wir wissen, welche Konsequenzen ein stromdurchflossener Leiter auf einen parallel hierzu laufenden weiteren Leiter hat. In der Soziologie, wie sich das Verhalten bestimmter Gruppen auf die Gesellschaft auswirkt, in der Ökonomie, welche Preisgestaltung sich bei einer bestimmten Marktform ergibt, welche Folgen sich bei zukünftigen Theorien ergeben werden, über die wir momentan noch gar nichts wissen.

Weiter: Soll die Logik eine absolute Wahrheitserkenntnis ermöglichen, so muss sie auf Sätzen beruhen, „die auch Adam verstehen und besitzen könnte" (Malbranche). Also: Die Logik muss bei ihrem Wahrheitsanspruch unabhängig von Raum und Zeit sein. Wenn wir den Lauf der Planeten logisch begründen wollen, müssen die Gesetze so formuliert sein, dass sie weder von einer Epoche noch von einer bestimmten Kultur abhängig sind. Der Mond umkreiste die Erde zur Steinzeit, bei den Inkas, irgendwann in Afrika, stets nach denselben Regeln denen er auch momentan folgt.

Somit ergeben sich zwei Postulate: Die Logischen Regeln müssen unabhängig von einer speziellen Bedeutung sein, die Aussagen dürfen nicht an eine konkrete Semantik gebunden sein und zweitens, die Wahrheit und damit das Entscheidungskriterium für diese muss unabhängig von Raum und Zeit, also unabhängig von jeder historischen Epoche und einer bestimmten Kultur sein.

Damit ist aber klar, dass logische Aussagen nicht dem System 1 bei Kahneman, also dem „Schnellen Denken“ angehören können, insbesondere natürlich nicht der sinnlichen Wahrnehmung über die fünf Sinne entspringen können. Sollen sie überhaupt möglich sein, so nur als die zeitlos gültigen „Platonische Ideen“. Also: Zeitlos gültige Wissenschaft ist nur auf der Basis der „Platonischen Ideen“ möglich.

„Für den modernen Naturwissenschaftler sind genau wie für Platon die Ideen die einzige Wirklichkeit“, sagt der Nobelpreisträger Carrel. Wir haben bereits bei dem geometrischen Punkt gesehen, dass wir diesen niemals sehen können, so erst recht nicht einen „Punkt“, in dem die ganze Masse eines Körpers vereinigt ist, den „Massepunkt“. Tatsächlich sind die physikalischen Grundbegriffe rein „Platonische Ideen“. „Was wir unter dem „Elektrischen Feld“ verstehen, ist eine Mathematische Funktion“, sagt Richard Feynman (1918 bis 1988). „Entgegen allem Anschein nach ist darum die Hypothese, dass die platonischen Ideen dem Universum Gestalt verleihen, die natürlichste und, philosophisch ausgedrückt, die ökonomischste“ (R. Thom). Sieht man von gewissen Feinheiten ab, so bekennen sich tatsächlich nahezu alle große Logiker zu Platon: Cantor (1845 bis 1918), Bernays (1888 bis 1977), Frege (1848 bis 1925), Gödel (1906 bis 1978) usw.

Halten wir das bisherige Ergebnis fest:

a) Wie die Zahlen die Grundelemente in der Arithmetik sind, Punkt und Gerade diejenigen in der Geometrie, so beruht die Logik auf „Aussagen“.
b) Eine „Aussage“ ist ein Satz, von dem entscheidbar ist, ob er wahr oder falsch ist.
c) „Aussagen“ sind „Platonische Ideen“ und ihr Wahrheitswert hängt weder vom Raum noch von der Zeit ab.

d) Es gibt für jede Aussage ein Entscheidungsverfahren, das unabhängig von Raum und Zeit objektiv entscheidet, welcher Wahrheitswert vorliegt.

5. Aristoteles, Vollendung der Logik:

Die bisherigen Resultate verband nun Aristoteles zu einer Einheit und gilt damit zu Recht als der Begründer der formalen Logik. Tatsächlich hatte er die Logik auf eine Form gebracht, dass sie „bis jetzt keinen Schritt hat vorwärts tun können" (Kant). Bochenski (1902 bis 1995) schreibt den Reflexionen des Aristoteles über die Syllogistik „formallogische Einsichten von erstaunlicher Subtilität" zu. Und Scholz (1884 bis 1956) bemerkt, dass diese Logik „auf bewundernswürdige Art der Nachprüfung standhält, wenn sie an den strengen Maßstäben der mathematischen Logik des gegenwärtigen Zeitalters gemessen wird" (H. Scholz).

Wir wissen, dass Aristoteles im Gegensatz zu seinem Lehrer Platon zunächst vom konkret Einzelnen ausgeht, „die Phänomene sollen gerettet werden". Andererseits wird festgestellt, „dass bloße Sinneserkenntnis noch kein Wissen ergibt". Es stellt sich somit die Frage, wie dieses allgemeine Wissen erfasst werden kann.

Wir erinnern uns, dass „Logos" auf Deutsch „Wort" heißt. Tatsächlich ist der „Begriff" von rein logischer Struktur. Wir haben dies bereits bei Sokrates gesehen. Erläutern wir dies noch einmal am Beispiel der „Pflanze". Wir haben sie nie gesehen, was wir sehen, ist zum Beispiel ein ganz bestimmter Grashalm und diesen subsumieren wir unter den „Begriff" „Pflanze". Die Aussage: „Rhododendron ist eine Pflanze" ist ein logisches Urteil, das wahr oder falsch sein kann. Während also der konkrete sinnliche Eindruck sich auf eine ganz bestimmte Tulpe bezieht, umfasst der Begriff sämtliche möglichen denkbaren Tulpen. Inwiefern der momentane Sinneseindruck aber tatsächlich einer Tulpe entspricht, also unter den Begriff „Tulpe" fällt, kann nur logisch entschieden werden. Indem wir nachweisen, dass tatsächlich eine Blume aus der Familie der Liliengewächse vorliegt, die die Tulpen definieren. Erneut erkennen wir, dass der reine sinnliche Eindruck niemals die absolute Wahrheit garantieren kann. Ist dieser konkrete Käfer ein Hirschkäfer?

Mit Unterbegriff, Begriff, Oberbegriff haben wir somit das logische Schema, mit dem Aristoteles den einzelnen Eindruck erfasst. Allgemein hat er hierfür den Begriff Kategorie geprägt und strukturiert entsprechend in Unterart, Art, Gattung usw. Das konkrete Veilchen subsumieren wir in der „Art" „Veilchen", definiert als Malpighienartige, ebenso die bestimmten Rosen der „Art" „Rose" usw. Die jeweiligen „Arten" bündeln wir dann wiederum in der „Gattung" „Blume". Die „Gattungen" „Blume", „Baum", „Strauch" usw. erfassen wir dann unter dem „Oberbegriff" „Pflanze" usw.

Somit ist das grundlegende Ordnungsschema für die Zukunft formuliert. Linné (1707 bis 1778) wird beispielsweise dieses zur Klassifizierung der Pflanzen zugrunde legen. Jedes Ökonomiebuch ist danach strukturiert; Marktform, unterteilt in Polypol, Monopol, dieses weiter strukturiert in einseitiges, zweiseitiges Monopol usw. In der modernen Logik wird dieses Schema in der mathematischen Mengenlehre mit Unter-und Obermengen erfasst. Die Menge der Blumen ist eine Teilmenge der Menge der Pflanzen. Übrigens hatte schon Aristoteles seine logischen Beziehungen durch Kreise veranschaulicht, die Venn-Diagramme der Mengenlehre!

Inwiefern nun „das Einzelne" unter den „Begriff" fällt und damit logisch erfasst wird, dies hat Aristoteles in seinem für das ganze Mittelalter, für dic Neuzeit, für die ganze Logik, fundamentalen Begriff des Syllogismus geklärt. Dabei wird nach folgendem Schema verfahren:

Oberbegriff: Alle Menschen sind sterblich.

Unterbegriff: Sokrates ist ein Mensch.

Folgerung: Sokrates ist sterblich.

Der Weg zur modernen Logik:

Den weiteren Aufbau, der zur modernen Logik führen wird, wollen wir zunächst durch ein Beispiel anhand des Schachspiels verdeutlichen, wobei wir uns auf den großen Mathematiker Hermann Weyl (1885 bis 1955) beziehen. Bekanntlich besteht dieses aus 64 quadratischen schwarzen bzw. weißen Feldern. Es gibt jeweils 16 weiße und schwarze Figuren. In der ersten Reihe stehen die „Offiziere", in der zweiten die „Bauern". Die „Bauern" dürfen zunächst ein oder zwei Felder nach vorne gehen, danach nur noch eines, schlagen dürfen sie ein Feld in der Diagonalen. Die „Türme" dürfen sich nur waagrecht oder senkrecht bewegen, die „Läufer" nur in der Diagonalen, die „Dame" darf wie überall alles, der „König" wie auch sonst üblich, sich jeweils nur um ein Feld bewegen.

Beginnen wir nun, so gibt es für jeden „Bauern" zwei Möglichkeiten, eines oder zwei Felder nach vorne, also für die acht „Bauern" insgesamt 16 Möglichkeiten für eine neue Stellung. Das „Pferd" kann die „Bauern" überspringen, dann je ein Feld nach rechts oder links, beide „Pferde" eröffnen somit vier Möglichkeiten, also können sich am Anfang insgesamt zwanzig mögliche Konfigurationen ergeben. Mit Geduld und Phantasie kann man dann die sich weiter ergebenden Möglichkeiten bestimmen. Jede Zugfolge ergibt somit eine korrekte Konfiguration, vorausgesetzt, dass nicht geschummelt wurde. Wir können auch bestimmte Schlüsse ziehen. Beispielsweise kann nach den Regeln jeder „Bauer", bei gewissen Voraussetzungen, in eine „Dame" umgewandelt werden. Da es acht „Bauern" einer Farbe gibt und nur eine „Dame", kann es maximal neun „Damen" derselben Farbe geben. Sind zehn „Damen" dieser Farbe auf dem Feld, so wurde geschummelt.

Wir können also stets bei jedem Schritt verfolgen, ob die nächste Konfiguration korrekt ist oder nicht. Selbst das Spiel eines Großmeisters können wir so nachvollziehen, aber nicht dessen Intentionen! Was war die Absicht bei dem momentanen Zug? Wollte er einen Schlagabtausch provozieren, zielstrebig auf Matt gehen oder einfach sich in eine günstigere Position bringen? Wie beurteilen wir „günstiger"? Damit befinden wir uns in den Regionen des reinen Geistes, dagegen erfolgt das Nachvollziehen der jeweiligen Züge rein „mechanisch". Ganz analog können wir uns die Logik vorstellen.

Hierzu wählen wir folgenden Vergleich: Die Anfangsstellung soll einer Aussage a entsprechen, wir nennen diese ein Axiom. Die zulässigen Züge für jede Figur entsprechen gewissen logischen Regeln.

Die Folge dieser Züge oder logischen Regeln nennen wir einen Beweis. Eine korrekte sich hieraus ergebende Konfiguration soll ein Satz s heißen.

Wir erinnern uns, dass Aussagen Sätze sind und bezeichnen diese im Folgenden durch kleine lateinische Buchstaben p, q, r usw. Die einzelnen Aussagen werden dann zu einem geschlossenen System verbunden, indem an ihnen gewisse Operationen vorgenommen werden, also die logischen Regeln, die wir oben durch die zulässigen Züge beim Schach veranschaulicht haben. Wir können dies auch durch eine Analogie zur Arithmetik verdeutlichen. Ähnlich wie die Zahlen x, y durch die Addition zu x + y, durch die Multiplikation zu x · y usw. verbunden werden, so werden die Aussagen p, q, r usw. verknüpft. Man spricht deshalb auch vom Logikkalkül.

Es genügt, wenn wir dies an drei Beispielen erläutern:

a) Die Negation: Wir ordnen der Aussage p die Aussage negp wie folgt zu: Ist p wahr, so sei negp falsch → ist p falsch, so sei negp wahr. „neg" ordnet also der Aussage p den „entgegengesetzten" Wahrheitswert zu. Offenbar können wir auf negp wieder die Negation anwenden, neg (negp), diese hat also denselben Wahrheitswert wie p.

Beispiel:
p: Jedes Viereck ABCD ist ein Rechteck.
Die Aussage ist falsch. Beispielsweise kann ABCD ein Parallelogramm sein.
negp: neg (Jedes Viereck ABCD ist ein Rechteck.)
Die Aussage ist wahr.

b) Die Konjunktion: Aus den beiden Aussagen p und q bilden wir die neue Aussage p & q, lies: p und q. Dann gilt: p & q ist genau dann wahr, wenn sowohl p als auch q wahr sind. Sonst ist p & q immer falsch.

Man beachte: Aus den beiden Aussagen p und q entsteht genau eine neue Aussage p & q. Man vergleiche dies mit der Addition: Aus den Zahlen 3 und 6 bilden wir durch 3 + 6 genau eine Zahl, nämlich 9. Obwohl also bei 3 + 6 = 9 links zwei Zahlsymbole stehen, erhalten wir genau eine Zahl. Ebenso wird aus den beiden Aussagen p, q genau eine: p & q. Wie nun die Summe a + b von den Summanden a, b abhängt, so der Wahrheitswert von p & q von den jeweiligen Wahrheitswerten von p bzw. q.

Beispiele:
b1) p: Ein Molekül ist eine chemische Verbindung von Atomen.
& q: Eine kovalente Bindung ist eine chemische Verbindung.
Die Aussage ist wahr, denn sowohl p als auch q sind wahr.
b2) p: Primzahlen haben nur 1 und sich selbst als Teiler.
& q: 21 ist eine Primzahl. Die Aussage ist falsch: Die Aussage p ist wahr, aber q ist falsch. 21 hat offensichtlich die Teiler 3 und 7.
b3) p: Pilze betreiben Photosynthese.
& q: Alle Pilze vermehren sich sexuell. Die Aussage ist falsch:
p: Pilze können keine Photosynthese betreiben, also ist p falsch, ebenso q, denn Pilze vermehren sich im Allgemeinen asexuell.

Man beachte, dass p & q denselben Wahrheitswert wie q & p hat, ebenso p & (q & r) wie (p & q) & r. Dabei geben die Klammern an, welche Operation zuerst ausgeführt werden soll Man vergleiche dies mit den bekannten Regeln für die Summe a + b = b + a (Kommutativgesetz) sowie a + (b + c) = (a + b) + c (Assoziativgesetz). Man schreibt dann kurz:

$$p \,\&\, q = q \,\&\, p \qquad\qquad p \,\&\, (q \,\&\, r) = (p \,\&\, q) \,\&\, r$$

c) Die Implikation: Diese ist unser Kausalgesetz: „aus p folgt q“.

Wieder haben wir genau eine Aussage und diese ist nur dann falsch, wenn p wahr und q falsch ist. Man kann also niemals vom Wahren auf das Falsche schließen.

Beispiele:
c1) Aus ABCD ist ein Parallelogramm folgt: ABCD ist ein Trapez.
Die Aussage ist wahr.
Denn bei einem Parallelogramm sind alle gegenüberliegenden Seiten parallel, bei einem Trapez genügt dies für ein paar gegenüberliegender Seiten. Liegt also ein Parallelogramm vor, so können wir schließen, dass auch ein Trapez vorliegt.
c2) Aus ABCD ist ein Parallelogramm folgt: ABCD ist ein Rechteck. Die Aussage ist falsch. Denn bei einem Parallelogramm sind nur die gegenüberliegenden Winkel gleich groß, beim Rechteck müssen aber alle vier gleich sein. Somit können wir nicht von Parallelogramm auf Rechteck schließen.

Allgemein können wir immer nur von der Art auf die Gattung schließen, niemals umgekehrt. Aus Rose folgt Blume, aber eben nicht umgekehrt, dass aus Blume Rose folgen würde. Der „Oberbegriff" ist stets allgemeiner als der „Unterbegriff".

Nun betrachten wir folgende Aussage:

(Ist ABCD ein Quadrat, so folgt: ABCD ist ein Rechteck).
& (Ist ABCD ein Rechteck, so folgt: ABCD ist ein Parallelogramm).
& (Ist ABCD ein Parallelogramm, so folgt: ABCD ist ein Trapez).

Zunächst beachten wir, dass hier nur genau eine Aussage vorliegt. Wir nehmen an, diese sei wahr. Nach den Regeln der Konjunktion muss dann auch jeder „Faktor", also jede Teilaussage wahr sein. Ist nun die Aussage „ABCD ist ein Quadrat" wahr, so ist nach den Regeln der Implikation auch die Aussage „ABCD ist ein Rechteck" wahr, also ist ABCD auch ein Rechteck. Da diese Aussage wahr ist können wir weiter im zweiten „Faktor" folgern, dass ABCD ein Parallelogramm und schließlich auch dass ABCD ein Trapez ist. Kurz:
Aus Quadrat folgt Rechteck; aus Rechteck folgt Parallelogramm; aus Parallelogramm folgt Trapez und damit: „Aus Quadrat folgt Trapez". Wir können also folgern: Jedes Quadrat ist ein Trapez.

Wir nehmen nun allgemein an, wir hätten eine ganze endliche Kette solcher Aussagen, die mit & verbunden sind. Weiter setzen wir voraus, dass die Aussage a wahr sei, wir nennen sie ein Axiom:

(B) (aus a folgt p) & (aus p folgt r) & … & (aus u folgt v) & (aus v folgt s)

Wie oben erhalten wir genau eine Aussage und diese ist wiederum wegen der Verknüpfung durch & genau dann wahr, wenn alle Teilaussagen „aus x folgt y" wahr sind. Da a ein Axiom ist, also als wahr vorausgesetzt wurde, können wir wie oben schließen, dass auch s wahr ist oder kurz: Aus dem Axiom a folgt der Satz s.

Wir erinnern noch einmal an das Schachspiel. Die als wahr angenommene Aussage a entspricht unserer Anfangsstellung. Die Verknüpfungen durch neg, „&", der Implikationen unserer zulässigen Zugfolge.

Dies führt uns zu den für die ganze Logik fundamentalen Begriffen:

1. a heißt ein Axiom. Dieses wird also als wahr vorausgesetzt und steht an der Spitze der Kette.
2. Die Kette, die von a zu s führt, heißt ein Beweis.
3. s heißt ein beweisbarer Satz. Dieser ist somit wahr.

Das Entscheidungskriterium für die Wahrheit einer Aussage in der jeweiligen Theorie ist also der „Beweis". Da diese Regeln zeitlos gültig sind, von jedermann nachprüfbar, ist somit das entscheidende Kriterium der „Wahrheit", unabhängig von Raum und Zeit zu sein, erfüllt. Um einen Satz s zu beweisen, müssen wir somit eine Kette von wahren Aussagen der Form „aus x folgt y" finden und diese mit dem Axiom a und dem zu beweisenden Satz s durch die Konjunktion verbinden. Wir können also die Wahrheit eines Satzes nachprüfen, indem wir sukzessiv die exakte Anwendung der logischen Regeln bestätigen. Etwas ganz anderes ist jedoch die Konstruktion eines derartigen „Beweises". Während das Nachprüfen rein „mechanisch", ähnlich wie beim Schachspiel, erfolgt, gehört das Entwerfen des

„Beweises“ durch Intuition, Kreativität, dem Reich des Geistes an, „es gibt hier keine erlernbare systematische Methode, die hier zum Ziele führt“ (Albert Einstein).

Somit ist nur noch ein Letztes zu klären:

Wir nehmen an, wir hätten eine endliche Anzahl von Axiomen a, also beispielsweise vier. Diese bilden ein Axiomensystem.

Hierfür gelten folgende Forderungen:

1. Unabhängigkeit: Das heißt, es handelt sich wirklich um Axiome und nicht, dass eines ein Satz sei, der von den anderen Axiomen bewiesen werden kann.
2. Vollständigkeit: Jede Aussage der Theorie lässt sich tatsächlich aus den Axiomen ableiten.
3. Widerspruchsfreiheit: Dies ist die wichtigste Bedingung. Aus dem Axiomensystem darf nicht sowohl eine Aussage p als auch deren Negation negp ableitbar sein. Wir dürfen also nicht einerseits beweisen können, dass für Zahlen $x \neq 0$ stets gilt: $x^2 > 0$, andererseits aber auch ein Beweis $x^2 \leq 0$ ergeben würde.

Verdeutlichen wir also noch einmal das Gesagte:

Wie wir beim Schachspiel durch fortgesetzte Anwendung aus der Anfangsstellung eine zulässige Konfiguration erhalten können, so können wir bei der Logik, ausgehend von den Axiomen, durch fortgesetzte Anwendung der logischen Operationen auf Aussagen, eine korrekte wahre Aussage erhalten. Oder vergleichen wir es mit den Zahlen: Gegeben seien zwei natürliche Zahlen m, n. Wir wenden zunächst auf m das Minus an, ‚ – ‘, dann die Addition ‚+‘ und erhalten (-m) + n. Beispiel: Gegeben seien 3 und 8, somit (-3) + 8. Seien nun die Aussagen p und q gegeben. Wir wenden zunächst „neg“ auf p an, dann „&“ und erhalten negp & q. Verbinden wir dies durch die Implikation mit dem Axiom a, so erhalten wir die wahre Aussage: a impliziert (negp & q). Der Leser prüfe nach, dass dann p falsch und q wahr ist.

3.2 Exaktes Denken

„Es gibt vier Arten der Erkenntnis: Was wir vom Hörensagen so kennen, z. B. den Tag unserer Geburt; was durch unbestimmte Erfahrung zustande kommt, was man im täglichen Leben eben so weiß; was man aus einer Ursache erschlossen hat, wobei wir keine klare Vorstellung haben, von welcher Art diese Verbindung sei; schließlich dasjenige Wissen, bei dem die Sache rein aus ihrem Wesen heraus oder ihrer nächsten Ursache begriffen wird, z. B. dass 2 + 3 = 5 ergibt. Nur diese letzte Art der Erkenntnis ist sichere und vollkommene" (Spinoza).

Wie wir gesehen haben, sind für das „Schnelle Denken" Fehlschlüsse, Irrtümer, Widersprüche unvermeidlich. Kahneman versucht diese durch das „Langsame Denken" zu vermeiden. Doch seine Ausführungen, was darunter genauer zu verstehen ist, sind diesbezüglich ziemlich kurz gehalten, unbestimmt und vage. Unvermeidlich bei seinem sensualistischen psychologischen Ansatz. Denn wie wir durch Ainisidemos wissen, ist exaktes Wissen in diesem Rahmen nicht möglich. Zu den fünf Sinnen muss also noch ein allgemeines geistiges Kriterium hinzutreten. „Nichts ist im Verstand, was nicht zuvor in den Sinnen war", sagt John Locke. Richtig, sagt Leibniz, außer dem Verstand selbst. Dasjenige Denken, das uns das „Exakte Wissen" ermöglicht, ist das „Langsame Denken" von System 2. Wir sind nun in der Lage, dieses Denken präzise zu definieren:

Unter dem Denken von System 2 verstehen wir dasjenige Denken, das folgende Bedingungen erfüllt:

1. Es beruht auf einem widerspruchsfreien vollständigen Axiomensystem.
2. Für jede Aussage s gibt es einen Beweis als Entscheidungskriterium für den möglichen Wahrheitswert.
3. Der Beweis besteht aus einem System von Aussagen, die die Axiome logisch mit der zu prüfenden Aussage s verbinden. Ist s wahr, so heißt s ein Satz.

Im Gegensatz zu System 1, dem „Schnellen Denken", das der psychologisch-sinnlichen Ebene angehört, ist das System 2 in der logisch-idealen Sphäre, also den „Platonischen Ideen", angesiedelt. Während System 1 schwankende und zufällige Ergebnisse zur Folge hat, herrscht im System 2 das Reich der Wahrheit. Die Aussagen sind, wir betonen es noch einmal, in ihrem Wahrheitswert unabhängig von Raum und Zeit.

Dennoch scheint diesem exakten Wissen eine gewisse Beliebigkeit anzuhaften. Denn die Wahrheit beruht ja auf derjenigen des Axiomensystems, das wir bis zu einem gewissen Grad scheinbar willkürlich festsetzen. Tatsächlich können wir aber nicht anders denken. Galilei sagt in Bezug auf die menschliche Erkenntnis: „Wir gehen mittels schrittweiser Erörterung weiter von Schluss zu Schluss, während er (Gott) durch bloße Anschauung begreift." Während wir also für die Erkenntnis eine Beweiskette der Form aus (a folgt p) & (aus p folgt r) & ... & (aus u folgt v) & (aus v folgt s) benötigen, um die Wahrheit von s zu erkennen, würde Gott dies sofort wissen. In diesem Sinne fährt dann Galilei fort: „So beginnen wir beispielsweise, um die Kenntnis einiger Eigenschaften des Kreises zu gewinnen, deren er unendlich viele besitzt, bei einer der einfachsten, stellen diese als Definition hin und gehen von ihr durch Schlüsse zu einer zweiten über, von dieser zur dritten, sodann zu einer vierten und so weiter. Der göttliche Intellekt hingegen begreift durch bloße Erfassung seines Wesens ohne zeitliches Erwägen die unendliche Fülle der Eigenschaften." Gleichzeitig besteht Galilei aber darauf, dass bei jeder derartig gewonnen Einsicht der menschliche Intellekt dem göttlichen nicht nachstehe, der Erkenntnis also „Sätze vor Gott" (Bolzano) zugrunde liegen.

Kant sagt dasselbe ohne Bezug auf Gott. Der menschliche Verstand sei kein intuitiver, sondern ein diskursiver. Also ein solcher, der in Begriffen denkt.

Dabei ist es unvermeidlich, einen Anfang zu setzen. Selbst Hegel, der alle Grenzen sprengen will, das ganze Dasein auf das Denken gegründet hat, spricht von der „notwendigen Unvollkommenheit des

Anfangs“. Niemand kann dem entfliehen, auch Einstein musste so denken: „Die Methode des Theoretikers bringt es mit sich, dass er als Fundament allgemeine Voraussetzungen, sogenannte Prinzipien, benutzt, aus denen er die Folgerungen deduzieren kann“ (A. Einstein).

Tatsächlich, wollen wir eine Aussage r „be-gründ-en,“ so müssen wir eine wahre Aussage q finden und zeigen, dass die Implikation „aus q folgt r“ wahr ist. Wie bekannt, können wir dann von der wahren Aussage q auf die Wahrheit von r schließen. Damit ist aber das Problem nur auf die Aussage q verschoben. Wir müssen also nach demselben Schema wieder eine wahre Aussage p finden, zeigen, dass „aus p folgt q“ wahr ist und können somit auf die Wahrheit von r schließen. Damit sich dieser Prozess nicht schließlich im Unendlichen verliert, zu einem sogenannten. „regressus ad infinitum“, müssen wir irgendwie einen „Anfang“ finden.

Aristoteles fand ihn in Gott. Tatsächlich begründete er auf diese Art und Weise seinen berühmten Gottesbeweis. Denn er setzte, wie die ganze spätere Philosophie und Physik, das Bewegungsprinzip voraus. Die Welt unterliegt permanenten Veränderungen, also Bewegungen. Jede Bewegung setzt dabei einen bewirkenden Grund voraus. Insofern gibt sich eine fortlaufende Folge von derartigen Bewegungen. Es muss jedoch hierfür einen letzten Grund geben, der seinerseits nicht mehr bewegt werden kann. Was sollte seine Ursache sein? Und dieses Letzte ist Gott, der „Unbewegte Beweger“. Mit diesem Bild vom „Unbewegten Beweger“, dem „Reinen Sein“, hat Aristoteles „für Jahrtausende dem religiösen Sehnen nach einem höchsten Ort des Friedens und heiliger Stille den verstandesmäßigen Rückhalt, nach dem es verlangte, gegeben. Den unsterblichen Ausdruck dafür hat Dante in den Versen des „Paradiso“ gefunden“ (Ernst Hoffmann).

Wie wir gesehen haben, gingen auch die großen Philosophen der Neuzeit, wie Descartes, Leibniz und andere diesen Weg, Gott als letzte Ursache anzusetzen. Selbst die großen Naturwissenschaftler wie Newton und Darwin wussten keinen anderen Ausweg. Doch diesen hat uns Kant endgültig verbaut: „Zu sagen, dass ein höheres Wesen in uns schon solche Begriffe und Grundsätze weislich gelegt habe, heißt alle Philosophie zugrunde richten“ (Kant).

Wieder finden wir die Lösung des Problems bei den „Großen Alten“. Wir werden im Zusammenhang mit Euklid hierauf ausführlich zu sprechen kommen. Dieser hatte nämlich als Erster die grundlegende Bedeutung der Axiome erkannt. Indem wir also ein Axiomensystem voraussetzen, verankern wir die Theorie logisch in diesem. Die Axiome werden jedoch nicht willkürlich gewählt, sondern erhalten ihren Sinn, ihre Bedeutung, erst im Rahmen einer gewissen Theorie. Dabei verstehen wir unter einer Theorie eine Struktur, also „ein nach Regeln aus Elementen zu einer komplexen Ganzheit aufgebautes Ordnungsgefüge“ (Meyers Enzyklopädisches Lexikon). Somit kann sich die Wahrheit jeweils nur auf die Theorie als Ganzes beziehen.

Bereits Galilei hat dies ganz klar ausgedrückt. Noch pointierter sagt dies Duhem (1861 bis 1916): „Man nimmt gelegentlich an, dass jede der Hypothesen, von denen die Physik Gebrauch macht, für sich genommen werden kann, und einzeln der Prüfung und Erfahrung unterworfen werden kann und dass sie, wenn auf diese Weise durch vielfältige und verschiedenartige Versuche ihr Wert festgestellt ist, ihren endgültigen Platz in der Physik erhält. In Wahrheit ist dem nicht so. Die Physik ist keine Maschine, die sich auseinandernehmen lässt. Man kann nicht jedes Stück an ihr einzeln ausprobieren und abwarten, bis es die Nachprüfung bestanden hat, ehe man es in die Maschine einsetzt. Die physikalische Wissenschaft ist ein System, das man als geschlossenes System nehmen muss; sie ist ein Organismus, von dem man keinen einzelnen Teil funktionieren lassen kann, ohne dass damit alle anderen, noch so entfernten Teile, die einen mehr, die anderen weniger, aber jeder in einem bestimmten Grade, in Wirklichkeit treten“ (P. Duhem). Man gelangt somit „nur dann zu einer brauchbaren Darstellung der Gesetzmäßigkeiten, wenn man die physikalischen Gebilde als Ganzes betrachtet“, sagt Max Planck.

Was hier Duhem und Max Planck über die Physik sagten, gilt selbstverständlich für jede logische theoretische Struktur. „Die Kategorien bilden keinen ungeordneten Haufen, sondern ein großes organisch zusammenhängendes Ganzes, in welchem jedes Glied eine bestimmte Stelle einnimmt und in abgestuften Beziehungen der Verwandtschaft und Unterordnung zu jedem anderen steht", sagt Hegel, und an anderer Stelle fügt er hinzu: „Das Wahre ist das Ganze."

Dennoch stellt sich die Frage, nach welchen Kriterien die Axiome aufzustellen sind. Wie ist es möglich, dass aus diesen wenigen „Grund-an-nahmen" die ganze Theorie logisch abgeleitet werden kann? Nach Henry Poincaré (1853 bis 1912) „sind die Axiome weder aus der Erfahrung abzuleiten bzw. durch sie zu bestätigen oder zu widerlegen, noch, wie er namentlich gegen die mathematische Logik nachweist, aus bloß logischen Sätzen zu gewinnen, das heißt, auf Denknotwendigkeiten zurückzuführen" (Frischeisen – Köhler). Für Einstein stand fest, „dass die Naturgesetze nicht logisch aus den Beobachtungen gefolgert werden können, sondern freie Schöpfungen oder Konventionen der Forschung sind" (Max Born). Kant schließlich sagt bei seiner berühmten „Kopernikanischen Wende": „Der Verstand schöpft seine Gesetze „a posteriori" nicht aus der Natur, sondern schreibt sie dieser vor." Somit sehen wir auch hier, dass die Intuition, Kreativität, kurz der Geist, die eigentlichen Möglichkeiten kreiert.

Halten wir somit fest:

Notwendige Bedingung für exaktes Wissen ist das Denken im Rahmen einer widerspruchsfeien axiomatischen Struktur.

Ist diese Bedingung auch hinreichend? Offensichtlich nicht. Jedenfalls dann nicht, wenn wir hierunter nicht nur das schrittweise Nachvollziehen der Regeln verstehen. „Viel wissen, heißt nicht, Verstand haben", sagt Heraklit. Wir haben dies bereits im Zusammenhang mit dem Schachspiel angesprochen. Wenn wir beispielsweise die Zugfolge des Spieles zweier Großmeister in seiner Folge bis zu einem bestimmten Punkt in einer Zeitschrift abgedruckt finden, so können wir die Züge ohne weiteres nachverfolgen. Nun laute die Aufgabe: „Matt in drei Zügen". Jetzt müssen wir die Bedeutung der

Stellung erfassen, mögliche Alternativen durchdenken und damit sind wir bei einem ganz anderen Problem.

Kurz: Würden wir nicht die Bedeutung als solche erfassen, so würden wir uns in nichts von einem nachplappernden Papagei unterscheiden. Tatsächlich liegt aber gerade hier oft die Problematik. Eine exakte Theorie ist eine Sache, ihre Interpretation eine ganz andere. Es gibt in der Wissenschaftsgeschichte hierfür berühmte Beispiele. Newtons Mechanik ist exemplarisch für eine perfekte Theorie. Doch wie sollen wir die Gravitation verstehen, wie soll die „Schwere" über den „Leeren Raum" unendlich schnelle Wirkungen erzeugen? „Hypotheses non fingo", sagte Newton (1642 bis 1727). Es gibt keine schönere Theorie als Maxwells Elektrodynamik. Doch wie sollen wir die Ausbreitung elektrischer Wellen deuten? Wasserwellen benötigen Wasser, Metallwellen Metall. Für die Elektromagentischen Wellen glaubte man, dass dies über einen Äther möglich sein solle, doch dieser Äther war nirgends nachweisbar. In beiden Fällen sorgte erst Einstein Jahre später wieder für Klarheit.

Natürlich sind wir hier nicht auf die Physik beschränkt. Nehmen wir an, die Statistik zeige eine signifikante Änderung der Arbeitslosenzahlen. Wie ist diese zu interpretieren? Welche politische Maßnahme erfordert dies? Bei Ausgrabungen wird ein Skelett bisher unbekannter Struktur zutage gefördert. Wie ist dies zu deuten? „Die Bedeutung des Wissens ist ein tiefgründiges Problem und es ist immer wichtig zu fragen: ‚Was bedeutet dies?'" (Richard Feynman).

Was heißt es nun genauer, „etwas zu verstehen?" Auch hier zeigt uns Platon den Weg. Wir wissen, „dass ihm das ‚Bedeutungsproblem' zur eigentlichen ‚arche', zum Anfangspunkt des Philosophierens wird" (Ernst Cassirer). Und hier „die ‚Ideen' diejenigen Gebilde sind, die, selbst keines unmittelbaren Daseins fähig, alles erscheinende Dasein erst begründen; das heißt: sie sind innerhalb jedes Einzelgebietes die bedeutungsgebenden Momente" (Ernst Cassirer). Verstehen heißt also, den jeweiligen Gedanken in seiner geistigen „Idee" zu erfassen.

Die Struktur muss also zusätzlich in ihrer Bedeutung begriffen werden, ihr geistiger Sinn will „er-deutet" sein. Während die entsprechende Theorie gewisse „mechanische" Züge trägt und insoweit durchaus erlernbar ist, erfordert das „Verstehen" Inspiration, Kreativität, also die Fähigkeit des im Rahmen unseres, wenn auch kleinem, doch soweit möglichem Genies in uns. Letzteres ist aber „nach Regeln nicht erlernbar" (Kant), somit auch nicht lehrbar und zum Bedauern vieler Mamas und Papas können wir in der Schule weder kleine Alberts noch Wolfgang Amadeusse produzieren.

Wir halten somit fest:

Notwendig und hinreichend für „Exaktes Wissen" ist:

1. Das Denken auf Basis einer vollständigen axiomatischer Struktur.
2. Das Verstehen der jeweiligen Denkprozesse.

Insofern ist Wahrheit relativ – relativ in Bezug auf eine bestimmte Theorie.

3.3. Exaktes wissenschaftliches Denken:

„Mathematische und logische Geltungszusammenhänge sind ‚Sätze vor Gott', selbst für diesen sind sie unwiderruflich gültig" (Bolzano).

Eine notwendige Bedingung für „Exaktes Wissen" ist somit die Existenz einer Theorie, die durch ein vollständiges und unabhängiges Axiomensystem strukturiert ist, wobei dieses auf den idealen Platonische Ideen gründet. Die Frage ist nun: Bewegen wir uns hier nur über den Wolken im philosophischen Raum oder können solche Theorien tatsächlich nachgewiesen werden? Dabei denken wir nicht an eine triviale, banale Theorie, wo einige wenige Sätze aus einem dürren Axiomensystem ableitbar sein sollen, sondern an solche, wo praktisch „unendlich" viele Aussagen aus einigen ganz wenigen Axiomen bewiesen werden können.

3.3.1. Mathematisches Denken

„Die mathematische Form der Behandlung bei allen streng entwickelten Theorien im echten Sinne des Wortes ist die einzig wissenschaftliche, die Einzige, welche systematische Geschlossenheit und

Vollendung, welche Einsicht über alle möglichen Fragen und die möglichen Formen ihrer Lösung bietet" (Edmund Husserl).

Inwiefern sind nun die Kriterien für die Anwendbarkeit der Logik in der Mathematik erfüllt? Wie wir wissen, ist es eine notwendige Bedingung, dass die mathematischen Objekte und Sätze ihre Grundlage in den Platonischen Ideen haben. Für die Geometrie haben wir dies bereits für die Grundelemente „Punkt" und „Gerade" gezeigt. In einem weiteren Beispiel sagt Leibniz in Bezug auf Platon, „dass der Kreis auf dem Papier niemals der wirkliche Kreis, sondern nur ein Symbol für den mathematischen Kreis sei" (J. Hirschberger). Dieser kann nämlich niemals sinnlich exakt erkannt werden, sondern nur durch ein mathematisches Gesetz: „die Menge aller Punkte, die von einem gegebenen Punkt den gleichen Abstand haben". Wie wollen wir sinnlich nachprüfen, dass für „unendliche viele" Punkte diese Eigenschaft zutrifft?

Platon erläutert dies anhand einer vom Drechsler möglicherweise perfekt geformten Kugel. Denken wir an eine Billardkugel, die unserem Augenschein nach eine angeblich ideale Kugel repräsentiert. Würden wir diese auf die Größe der Erde projizieren, so würde sie mehr Unebenheiten als diese aufweisen, trotz deren 10.000 Meter tiefen Meeressenken und ihrer nahezu 9.000 Meter hohen Erhebung beim Mount Everest. Denn tatsächlich ist die Billardkugel infolge ihrer Molekularstruktur nicht glatt, sondern „rau". Somit können wir auch hier die Kugel nur durch eine exakte mathematische Definition erfassen, also durch eine Idee und „diese Idee ist also wahr, wenngleich wir wissen, dass in der Natur niemals eine solche Kugel entstanden ist, so besitzen wir in ihr dennoch eine wahrhafte Erkenntnis und die leichteste Art, den Begriff der Kugel zu bilden", sagt Spinoza. Tatsächlich wissen wir schon, dass „praktisch alle großen Mathematiker sich mit René Thom darüber einig sind, dass die Mathematik platonisch ist" (J. Dieudonné).

Wie ist nun das Verhältnis der Logik zur Mathematik? Cantor ist der Auffassung, dass die reine Mathematik „nichts anderes als reine Mengenlehre sei" (G. Cantor). Wir wissen aber, dass die Mengenlehre eine äquivalente Sprache der Logik ist. Dedekind (1831 bis 1916) und Frege gingen darauf aus, die Mathematik vollständig zu logisieren. „Die reine Mathematik ist die Klasse aller Sätze der Form ‚p impliziert q', wo p und q irgendwelche Konstanten außer logischen Konstanten enthalten", sagt Russel. Doch die weitere Entwicklung hat die Verhältnisse umgekehrt. „Alles, was Gegenstand wissenschaftlichen Denkens überhaupt sein kann, verfällt, sobald es zur Bildung einer Theorie reif ist, der axiomatischen Methode und damit mittelbar der Mathematik.", sagt David Hilbert (1862 bis 1943). Somit kann auch „die Logik diesem Schicksal nicht entrinnen" (Paul Bernays). Für Hilbert ist somit die Logik selbst ein Teil der Mathematik. Gleichwohl wie; keiner bestreitet die fundamentale Rolle der Logik als das entscheidende Wahrheitskriterium im Rahmen der Mathematik.

Wir kennen noch aus der Schule gewisse geometrische Sätze: den Strahlensatz, den Satz des Thales, den Satz von Pythagoras und einige andere. Die großen griechischen Mathematiker wie Apollonios (265 bis 190 vor Chr.) entwickelten die Geometrie in die höchsten Höhen, die russische Enzyklopädie der Elementarmathematik enthält zwei Bände von je über 550 Seiten. In diesem Zusammenhang ereignete sich gerade hier nun eines der größten Wunder in der Geistesgeschichte der Menschheit, und zwar in dreifacher Hinsicht:

1. Dass sich die Aussagen der Geometrie logisch in einen Zusammenhang bringen lassen.
2. Dass sich alle wahren geometrischen Aussagen logisch auf einige wenige, genau fünf „Axiome", zu Deutsch „würdig der Anerkennung", zurückführen lassen.
3. Die unglaubliche Inspiration, das Genie, diese Tatsachen der Erkenntnis zuzuführen.

Wir verdanken diese Großtat Euklid. Auf der Basis der Platonischen Akademie lehrte er in Alexandrien Mathematik. Raffael (1483 bis 1520) hat ihn in der „Schule von Athen" in der Gestalt von Bramante (1444 bis 1514), dem Architekten des Petersdomes, dargestellt. Natürlich war auch Euklid jede Anwendung der Mathematik ein Sakrileg. Als nach der Legende ein Student gefragt haben soll, wofür das alles nütze, ließ er ihm sofort eine Drachme aushändigen, „da der junge Mann ja einen Gewinn erzielen möchte“ (Euklid) und verwies ihn von der Akademie.

Jedenfalls wurde erstmalig in der Geschichte nachgewiesen, dass für eine komplexe Struktur exaktes Wissen möglich ist. „Dass Euklids Axiomatisierung in einigen unwichtigen Punkten nicht den Forderungen nach absoluter axiomatischer Strenge gerecht wird, ist in diesem Fall von geringer Bedeutung“, sagt John von Neumann (1903 bis 1957). „Das ganze System ist von köstlicher Logik und nimmt die Strenge der Mathematik des 19. Jahrhundert vorweg“ (B. Russel).

Im Rahmen unserer Problemstellung sind wir aber weniger an den konkreten geometrischen Folgerungen interessiert, sondern an der allgemeinen Bedeutung, insbesondere an den Konsequenzen dieses Gedankenschemas. Diese können gar nicht überschätzt werden. Für den Rationalismus des 17. Jahrhunderts war Euklid der Maßstab. Spinozas Hauptwerk, die Ethik, heißt „Ethica ordine geometrico demonstrata“. Der Aufbau folgt ausdrücklich den Prinzipien Euklids. Auch „die Doktrin des achtzehnten Jahrhunderts von den natürlichen Rechten ist ein Versuch, die euklidischen Axiome auf die Politik zu übertragen“ (B. Russel). Weiter: Philosophen verfügten nun über ein zwingendes Argument. Voltaire wehrte den Atheismus von Holbach mit der Bemerkung ab, „man müsse diesen beweisen wie bei Euklid, sonst baue man das Ganze auf einem Vielleicht auf.“

Der sonst so kühle Bertrand Russel erzählt in seiner Autobiografie, wie er als Elfjähriger mit seinem Bruder als Tutor, begann, Euklid zu lesen. Das hierbei Empfundene nennt er eines der größten Ereignisse seines Lebens, „as dazzling as first love“ (B. Russel). Heisenberg schildert, wie ihm bei der Beschäftigung mit der Geometrie Euklids dieser Gegenstand, „so ins Blickfeld getreten ist, plötzlich anfing, im eigenen Licht zu leuchten, zunächst nur dunkel und undeutlich, dann immer heller, und schließlich füllt das von ihm ausgestrahlte Licht einen immer größeren Raum in unserem Denken, greift auf andere Gegenstände über und wird schließlich zu einem wichtigen Teil in unserem eigenen Leben“ (W. Heisenberg). Max Born erzählt, dass es Einstein als eines seiner prägendsten Erlebnisse empfunden habe, wie er als Zwölfjähriger aus einem Büchlein über Euklidische Geometrie erkannte, wie zum Beispiel der Satz, dass sich alle drei Höhen eines Dreiecks in genau einem Punkt schneiden, exakt bewiesen werden könne. „So erfuhr er früh das, was unter anderem später seine unglaublichen Entdeckungen ermöglichte, den unerschütterlichen Glauben an die Macht des analysierenden Denkens“ (Max Born).

Euklids Werk wurde zum Vorbild der modernen Wissenschaften. „Mechanik und Thermodynamik werden für gewöhnlich als mehr oder weniger von Postulaten aus charakterisiert, was in der Behandlung einiger Verfasser kaum von Euklids Vorgehen zu unterscheiden ist. Das heute klassische Werk der theoretischen Physik, Newtons „Principia“, ähnelt Euklid stark bezüglich der literarischen Form und des Inhalts seiner entscheidenden Teile“, schreibt John von Neumann.

Tatsächlich wurden Newtons „Principia“ das Vorbild für nahezu alle anderen Wissenschaften. Nach dessen triumphalen Erfolgen war es verständlich, dass man in der Physik, z. B. Elektrodynamik usw., der Ökonomie, Soziologie, Psychologie sowie in einigen anderen sich dasselbe Schema zum Vorbild nahm, also letztlich den Versuch unternahm, die Prinzipien Euklids zu realisieren. Auf die Informatik werden wir in diesem Zusammenhang noch einmal explizit zu sprechen kommen. Man kann somit ohne weiteres sagen, dass außer Galilei kein Mensch einen größeren Einfluss auf die modernen Wissenschaften ausgeübt hat als Euklid, wodurch dieser das gesamte moderne Weltbild geprägt hat.

Wir haben zunächst die Idealität der Mathematik nur an der Geometrie nachgewiesen. Selbstverständlich gilt dies auch für den zweiten großen Bereich, die Arithmetik, und hierbei speziell für die Zahlen. „Groß, allvollendet, allwirkend und himmlischen wie menschlichen Lebens Urgrund und Führerin, teilhabend an allem, ist die Kraft der Zahl (...) ohne diese ist alles unbegrenzt, unsichtbar“, sagt Pythagoras (570 bis 510 vor Chr.).

So wie sich von der konkret gezeichneten Linie im Sand, eventuell anhand eines damit verbundenen praktischen Problems, der sinnliche Eindruck zur allgemeinen Idee der Geraden aufgeschwungen hat, so haben sich auch die Zahlen an Hand konkret gezählter Objekte entwickelt. Beispielsweise hatte ein Indianerstamm West-Kanadas für „drei Dinge“, „drei Personen“ und so weiter je ein verschiedenes Wort für „drei“. Eine allgemeine Bezeichnung für „drei“ gab es hierfür nicht. Ein Stamm auf den Fidschi-Inseln verwendete gesonderte Bezeichnungen für „hundert Kähne“, „hundert Kokosnüsse“ usw. Bei einem Stamm in British-Columbia gab es je nach Klasse der Gegenstände sieben verschieden Reihen von Zahlen. Je eine für unbestimmte Dinge, flache Dinge, runde Gegenstände und der Zeiteinteilung, von Menschen, von länglichen Dingen, von Booten und von Maßen. Bei den Insulanern der Torres-Straße wurden Zahlen durch verschiedene Körperteile dargestellt. Wurde gezählt, so wurde jedem Objekt ein entsprechender Körperteil zugewiesen. Der Zahlenraum ging bis 31.

Doch der menschliche Drang nach Erkenntnis blieb auf dieser Stufe nicht stehen! Folgen wir dem großen Mathematiker Hermann Hankel (1839 bis 1873): „Haben wir bei den alten Kulturvölkern nur Handwerk und Routine gesehen, nur herkömmliche Regeln gefunden, welche vereinzelt, unbegriffen, aus handwerklicher Empirie entstanden, einer rohen Praxis dienten, so erkannte der griechische Geist im ersten Augenblick, wo er diesen Stoff kennenlernte, dass in ihm ein weit über jene Zwecke hinausgehender, des besonderen Nachdenkens werter, in allgemeiner Form auszusprechender, kurz – ein wissenschaftlicher Inhalt verborgen sei“ (H. Hankel).

Nach Proklos, (412 bis 485) war Pythagoras der Erste, der diese Leistung vollbrachte. Heraklit nannte ihn den, „der von allen Menschen am meisten gewusst habe“. Natürlich war auch Pythagoras, wie jedem Griechen, jede Art von praktischem Nutzen fremd. Leitmotiv war der echt griechische Gedanke der Harmonie. Im Zusammenhang mit der Musik machte er dabei eine aufregende Entdeckung: Schlägt man an einer „Laute“ mit einer Saite, einem Monochord, diese an, so erklingt ein Ton. Teilt man die Saite im Verhältnis

1 : 2, so erhöht sich dieser um genau eine Oktave. Teilung im Verhältnis 2 : 3 liefert die Quart und 3 : 4 die Quinte. Somit ist der sinnliche Eindruck der Töne, die das Ohr als harmonisch empfindet, auf rein mathematische Zahlenverhältnisse zurückgeführt. „Diese pythagoreische Entdeckung gehört zu den stärksten Impulsen menschlicher Wissenschaft (...) wenn in einer musikalischen Harmonie die mathematische Struktur erkannt wird, so muss auch die sinnvolle Ordnung der uns umgebenden Natur ihren Grund in dem mathematischen Kern der Naturgesetze haben" (Werner Heisenberg).

Tatsächlich ließ sich Johannes Kepler genau von dieser Überlegung leiten, als er sein fundamentales „Drittes Gesetz" der Planetenbewegung kreierte. Sein epochemachendes Werk nannte er in Anlehnung an Pythagoras „Harmonia mundi". Newton sollte dann auf diesem aufbauend sein allgemeines Gravitationsgesetz finden. Jeder Flugzeugkonstrukteur muss dieses aus naheliegenden Gründen berücksichtigen. Wir sehen, welch sonderbare Wege die Forschung geht: Von der harmonischen Saite des Pythagoras zu dem darauf aufbauenden Zutrauen Keplers in die Harmonie der Welt, zu Newtons Masseanziehungsregel und schließlich zu dem Flugzeugingenieur.

Gleichwohl gelang Pythagoras noch nicht die völlige Loslösung des Zahlbegriffes vom Konkreten. Seine Zahlentheorie vermischte noch in merkwürdiger Art und Weise das „Reale" mit dem „Idealen". Beispielsweise wurde die Eins noch als ein bestimmter Punkt im Raum gedacht. Die Lösung gelang erst mit dem platonischen Konzept der allgemeinen „Idee". Georg Cantor, der Schöpfer der Mengenlehre und der transfiniten Zahlen, bezeichnet sich ausdrücklich als Platoniker. Richard Dedekind, einer der weiteren großen Zahlentheoretiker, der unter anderem die Existenz irrationaler Zahlen wie π oder $\sqrt{2}$ logisch begründete, hält fest, dass der Zahlbegriff ein „unmittelbarer Ausfluss der reinen Denkgesetze ist" (R. Dedekind).

Betrachten wir nun die natürlichen Zahlen, also 1, 2, 3, 4, 5, ..., kurz diejenigen, die wir zum Abzählen benutzen. Nehmen wir an, dass wir drei Äpfel, drei Birnen und drei Blumen haben, diese also alle gemeinsam durch die Zahl drei bestimmt sind. Es könnte nun scheinen, dass wir „irgendwie" durch Abstraktion zur Zahl drei kommen könnten. Dass also letztendlich doch die Zahlen mit etwas Konkretem verbunden, dass sie sinnlichen Ursprungs sind.

Doch analysieren wir den Vorgang exakt: Wir nehmen an, wir hätten einen Korb mit Äpfeln. Wir entnehmen einen, vermerken diesen durch einen Strich / und nennen diesen eins. Ebenso für den nächsten Apfel, wir fügen der Eins einen weiteren Strich hinzu: // und nennen diese zwei. Ebenso für drei ///, vier //// usw. Nehmen wir an, wir haben ///////, also die Zahl sieben, so sei die nächste der Nachfolger von sieben, wir schreiben hierfür (///////)/ und nennen diesen acht. Ähnlich ///////////// also dreizehn, bilden den Nachfolger (/////////////)/, das heißt vierzehn usw. Doch irgendwann wird unser Korb erschöpft sein, etwa bei ////////////////// achtzehn. Doch auch hiervon könnten wir den Nachfolger bilden, haben aber keine Äpfel mehr. Wenn wir nun einen neuen Korb nehmen, etwa Birnen, so werden wir aber in dieselbe Situation kommen. Die allgemeinsten Objekte sind die Atome, also nehmen wir am besten die Atome von Demokrit und zählen diese. Doch nach allgemeiner physikalischer Vorstellung sind auch diese endlich und von der Größenordnung 10^{81}. Doch auch jetzt können wir wieder den Nachfolger bilden, allerdings können wir nun keinen Strich mehr machen, da keine weiteren Atome zur Verfügung stehen!

Wir können sogar die Zahl 10^{100} bilden, deren Nachfolger usw. Dies alles lässt nur den Schluss zu, den der große Mathematiker Henri Poincaré gezogen hat, dass nämlich hier „nichts über die Natur der Dinge, sondern über ein Grundvermögen des Geistes behauptet wird. Dieser erkennt in sich die Fähigkeit, einen gewissen Akt immer wieder aufs Neue zu wiederholen, sobald er sich einmal von der Möglichkeit derselben überzeugt hat. Von dieser Möglichkeit besitzt der Geist eine unmittelbare Anschauung; die Erfahrung kann für ihn nur die Gelegenheit bieten, sich ihrer zu bedienen und sich hierdurch bewusst zu werden“ (H. Poincaré).

Bei den „negativen“ Zahlen ist man mit jeder Anschauung definitiv am Ende. Wer will schon minus fünf Äpfel verbildlichen? Jeder Lehrer kennt diese Probleme bei der Einführung dieser Zahlenklasse. Die Schüler haben in diesem Alter ja schließlich noch kein Bankkon-

to, wo ihnen die Bedeutung dieser Zahlen drastisch vor Augen geführt wird. Die Didaktiker haben sich zwar raffinierte Methoden hierbei ausgedacht und die Lehrer glauben dann irgendwann einmal, ihre Schüler hätten dies alles auch tatsächlich begriffen. Ich behaupte jedoch, dass es unter tausend Schülern höchstens einen gibt, der die Regel „minus mal minus gleich plus“ wirklich verstanden hat. In meiner nahezu vierzigjährigen Tätigkeit an Hochschulen habe ich jedenfalls nicht einen angetroffen. Dabei sollte man in den Fächern Ingenieurwissenschaften und Informatik eine gewisse Präferenz für Mathematik erwarten.
Nun gibt es auch hier Axiome, beispielsweise:

(KG)	a + b = b+ a	„Kommutativgesetz“
(AG)	a + (b + c) = (a + b) + c	„Assoziativgesetz“
(DG)	a · (b + c) = a · b + a · c	„Distributivgesetz“

sowie einige andere. Hiermit kann man dann mit einigen mathematischen Kunststücken zeigen, dass

$$(-a) \cdot (-b) = +(a \cdot b)$$

Die Regel " $- \cdot\ - =\ +$" ist also ein beweisbarer Satz, ebenso:

$a \cdot b = 0$, genau dann wenn a= 0 oder b= 0 gilt. „Satz vom Nullprodukt“.

So können wir zum Beispiel mit Hilfe der Axiome zeigen, dass:

$$x^2 + 4 \cdot x - 12 = (x - 2) \cdot (x + 6)$$

Anstelle der Gleichung: $x^2 + 4 \cdot x - 12 = 0$

Können wir also auch: $(x - 2) \cdot (x + 6) = 0$

lösen, nach unserem obigen Satz muss $(x - 2) = 0$ oder· $(x + 6) = 0$ sein, also x = 2 oder x = - 6.

Tatsächlich können wir alles, was wir aus der Algebra noch wissen, Binomische Formeln, Potenzregeln usw., aus den Axiomen beweisen, bis in die höchsten Höhen der Mathematik. So beispielsweise die von den Physikern so gefürchteten Differentialgleichungen mit ihren komplizierten Randwerten.

„Als die Mathematiker die Relativitätstheorie in ihren Händen hatten, habe ich sie selbst nicht mehr verstanden.“, sagt Einstein, wobei diese Bemerkung natürlich ironisch zu verstehen ist. Andererseits haben wir von den positiven und negativen Zahlen gesprochen. Dabei sind die einen natürlich weder „negativ“ noch die anderen „positiv“. Die Benennung drückt lediglich aus, dass die großen Mathematiker mit diesen zwar gerechnet, jedoch sie zunächst selbst nicht verstanden haben. Clavius (1558 bis 1612) spricht 1612 von „der Schwäche des menschlichen Geistes, welcher nicht verstehen kann“, was die Regel „minus mal minus gleich plus“ in Wirklichkeit bedeutet.

Brüche, die rationalen Zahlen, können wir als periodische Dezimalzahlen darstellen, beispielsweise ist $1/3 = 0{,}33333 \ldots$ oder $4/7 = 0{,}571428571428571428 \ldots$ Dies ist für irrationale Zahlen wie $\sqrt{2}$ oder π nicht möglich. So gilt beispielsweise $\sqrt{2} = 1{,}4142135 \ldots$ ohne dass die Folge jemals abbrechen oder dass eine Periode auftreten würde. Dasselbe gilt für $\pi = 3{,}141592 \ldots$ Euklid wollte diese Zahlen überhaupt nicht als Zahlen anerkennen Doch die rationalen Zahlen sind weder „vernünftig“, noch die irrationalen „verrückt“. Erst im 19. Jahrhundert haben Georg Cantor und Richard Dedekind die Existenz dieser Zahlen, auf denen die gesamte Differential- und Integralrechnung beruht, logisch sichergestellt.

Die Gleichung $x^2 + 1 = 0$ ist im Bereich der reellen Zahlen, also den rationalen und irrationalen Zahlen, wegen der Regel „minus mal minus gleich plus“ nicht lösbar und führt zum Bereich der Komplexen Zahlen. Die Lösung dort ist die imaginäre Einheit $\mathrm{i} = \sqrt{-1}$. Descartes nannte die imaginären Zahlen „falsche Wurzeln“, Leibniz bezeichnete sie als „ein Amphibium zwischen Sein und Nicht-Sein“ (Leibniz). Als er Huygens mitteilte, er habe gefunden, dass zwei komplexe Zahlen zueinander addiert eine reelle Größe ergeben können, antwortete dieser, „dass hierin etwas verborgen liege, das völlig unbegreiflich sei“ (Huygens). Und Huygens war neben Galilei und Newton der überragende Physiker, nicht nur zu seiner, sondern zu allen Zeiten. Heute erwarten wir, dass die Schüler derartige und ähnliche Probleme in ein bis zwei Einführungsstunden vollständig begriffen haben. Ihre logische Klärung erfuhren die Komplexen Zahlen durch den vielleicht größten Mathematiker aller Zeiten, Carl Friedrich Gauss (1777 bis 1855). Überflüssig zu erwähnen, dass auch für ihn „die Zahl unseres Geistes Produkt ist.“

Betrachten wir noch ein weiteres folgenreiches Beispiel, die „Boole'sche Algebra“:

George Boole (1815 bis 1864) hatte erkannt, dass man die Verknüpfung von Aussagen ähnlich darstellen kann wie die Zahlenalgebra. Wir haben dies im Zusammenhang mit der Logik bereits vorweggenommen und gesehen, dass für Aussagen analoge Gesetze wie für die Zahlen gelten, beispielsweise das Kommutativ- oder das Assoziativgesetz.

(KG) p & q = q & r, (AG) p & (q & r) = (p & q) & r

Neben der erwähnten Konjunktion p & q und der bekannten Negation negp führen wir eine weitere Verknüpfung von Aussagen ein:

Die Disjunktion:

Aus den beiden Aussagen p und q bilden wir die neue p / q, lies: ‚p oder q‘. Dann gilt: p / q ist genau dann wahr, wenn beide oder eine der Aussagen p bzw q wahr sind. Sind beide falsch, so ist auch p / q falsch.

Beispiele:

a) p: Ein Molekül ist eine chemische Verbindung von Atomen.
/q: Eine kovalente Bindung ist eine chemische Verbindung.
Die Aussage ist wahr, denn sowohl p als auch q sind wahr.

b) p: Primzahlen haben nur 1 und sich selbst als Teiler.
   /q: 21 ist eine Primzahl.
   Die Aussage ist wahr: Die Aussage p ist wahr, aber q ist falsch. 21 hat offensichtlich die Teiler 3 und 7.
c) Pilze betreiben Photosynthese.
   /q: Alle Pilze vermehren sich sexuell.
   Die Aussage ist falsch: Pilze können keine Photosynthese betreiben, also ist p falsch, ebenso q, denn Pilze vermehren sich im Allgemeinen asexuell.

Man beachte, bei der Konjunktion & war die Aussage b) falsch, für die Disjunktion ./. ist sie aber wahr.
Für unsere obige Gleichung können wir also schreiben:

$x^2 + 4 \cdot x - 12 = 0$ genau dann wenn: x = 2 / x = - 6

Man prüft leicht nach, dass auch für die Disjunktion gilt:

(KG) p / q = q / p (AG) p / (q / r) = (p / q) / r

Daneben gelten noch einige weitere Axiome, zusammen bilden sie die ‚Boolesche Algebra'. Aus den entsprechenden Axiomen sind dann sämtliche möglichen Aussagen ableitbar. Wir können also mit Aussagen wie mit Zahlen rechnen. Man spricht, wie bereits gesagt, vom Logikkalkül.

Man kann dann jede logische Aussage durch ähnliche Umformungen, wie wir das bei der obigen quadratischen Gleichung angedeutet haben, auf eine hierzu ähnliche „Normalform" bringen. Beispiel:

(p / negq / r / s) & (p / negq / negr / s) & (negp / q / r/ negs)

Wie wir bei der algebraischen Gleichung nur nachprüfen mussten, wann ein Faktor Null ergibt, so müssen wir hier prüfen ob jeder „Faktor" wahr wird. Denn die Konjunktion wird ja genau dann wahr, wenn jede der Teilaussagen wahr sind. Andererseits muss nach den Regeln der Disjunktion mindestens ein „Summand" wahr sein. So ergibt sich für den ersten „Faktor" (p / negq / r / s), dass dieser genau dann wahr wird, wenn mindestens für eine der Aussagen p, negq, r oder s wahr zutrifft. Ähnlich prüfen wir für dies für die beiden nächsten Faktoren nach. Für jeden „Summanden" gibt es dann im ungünstigsten Fall 2^4 *Möglichkeiten, als müssen wir prinzipiell 3* · 2^4 *Möglichkeiten prüfen.*

Formen wir eine komplexe, aus vielen Teilaussagen bestehende Aussage in „Normalform" um, so haben wir ein bequemes Verfahren, um den Wahrheitswert dieser komplizierten Aussage festzustellen. Also die Frage, ob man den jeweiligen Teilaussagen Wahrheitswerte so zuweisen kann, dass die Gesamtaussage wahr ist? Man nennt dies das „Erfüllungsproblem". Wie wir später sehen werden, sollte gerade hieraus eines der größten Probleme der Informatik erwachsen: die „Komplexitätstheorie".

Wir können die „Boole'sche Algebra" auch anders interpretieren. Sagen wir anstelle von „wahr" „es fließt Strom", anstelle von „falsch" „es fließt kein Strom", so erhalten wir die „Schaltalgebra". Diese ermöglicht dann Schaltungen zu konstruieren, die gewisse Bedingungen erfüllen. Oder man transformiert algebraisch eine komplexe Schaltung auf eine einfachste Form, so dass beide Schaltungen dieselben Funktionen erfüllen. Nun sind die Grundelemente jedes Computers, das Schalt- , Steuer- und Rechenwerk, solche Schaltungen, also können wir so einen Computer beschreiben. Wie in der „Booleschen Algebra", so liegt natürlich auch in ihrer Interpretation als „Schaltalgebra" das Boole'sche Axiomensystem zugrunde und damit das Euklid'sche Prinzip der Erkenntnis. Wir glauben nicht, dass Euklid diesen Gebrauch gebilligt hätte, von Leibniz dürfen wir annehmen, dass er hiervon fasziniert gewesen wäre.

3.3.2 Denken in der Theoretischen Physik

„Mathematische Tatsachen und Physikalische Gesetze haben eine Realität, deren Heimat weder die materielle Welt noch die Gehirnzellen noch so genialer Forscher ist. Sie sind nicht erfunden. Ihre Heimat ist die Transzendenz – wie bei allem Geistigen" (Walter Heitler).

Soll die Physik logisch exakt begründet werden können, so wissen wir, dass zwei Bedingungen notwendig sind: erstens die Idealität auf der Basis der Platonischen Ideen und zweitens der Nachweis eines vollständigen widerspruchsfreien Axiomensystems.

Die geistige Wende vom Mittelalter zur Neuzeit wurde wesentlich durch das Kopernikanische „Heliozentrische Planetensystem" eingeleitet. „Vielleicht ist noch nie eine größere Forderung an die Menschheit geschehen; denn was ging nicht alles durch diese Anerkennung in Dunst und Rauch auf: ein zweites Paradies, Dichtkunst und Frömmigkeit, das *Zeugnis der Sinne*, die Überzeugung eines poetisch-religiösen Glaubens; kein Wunder, dass man sich auf alle Weise einer solchen Lehre entgegensetzte, die denjenigen, der sie annahm, zu einer unbekannten, ja ungeahnten Denkfreiheit und Großheit der Gesinnung berechtigte und aufforderte", sagte Goethe (1749 bis 1832).

Wir haben die Passage „das Zeugnis der Sinne" in dem Text hervorgehoben, das also nach Goethe „in Dunst und Rauch" aufgegangen sei, was heißen soll, dass das Kopernikanische System nicht sensualistisch erkannt werden kann. Tatsächlich sieht niemand, dass sich die Planeten in Kreisen um die Sonne bewegen; der Mars vielmehr zeigt bei seinem Lauf merkwürdige unregelmäßige Schleifenbewegungen, weshalb Demokrit für derartige Himmelskörper den Begriff „Planet" geprägt hat, was zu Deutsch „Irrweg" heißt. „Wenn die Empiriker unserer Zeit im sechzehnten Jahrhundert gelebt hätten, wären sie die Ersten gewesen, die die neue Philosophie (des Kopernikus) verspottet hätten" (E. Butt).

Wir haben gesehen, dass Kopernikus bei seinen Überlegungen sich wesentlich auf die Platoniker Aristarch und Herakleides berief. Wie für Platon waren auch für ihn Harmonie und Symmetrie leitende Erkenntnisprinzipien, „so dass sich uns in dieser Ordnung eine wunderbare Symmetrie der Welt, eine feste harmonische Verknüpfung zwischen der Bewegung und Größe der einzelnen Himmelskörper zeigt, wie sie sonst nirgends gefunden werden kann" (Kopernikus). Aus diesen Worten spricht somit der echte Sohn der Renaissance mit ihrem Schönheitsideal, wobei diesem natürlich durch die idealen Kreise eher Genüge getan wird als durch die Irrwege. Somit ist das Denken des Kopernikus primär von der Dimension der Ästhetik bestimmt und weniger durch die Mathematik.

Dies sollte sich beim Vollender des Kopernikanischen Systems, bei Johannes Kepler, grundlegend ändern. Dessen „Drei Kepler'sche Gesetze" stellen einen Markstein in der Wissenschaftsgeschichte dar, mit außerordentlichen Konsequenzen. Es sind die ersten exakt formulierten mathematischen Naturgesetze. Und auch Kepler bekennt sich uneingeschränkt zu Platon: „Nicht der Einfluss des Himmels ist es, der jene Erkenntnisse in mir geweckt hat, sondern sie ruhten gemäß der Platonischen Lehre in der verborgenen Tiefe meiner Seele und wurden nur geweckt durch den Anblick der Wirklichkeit" (J. Kepler).

Das Verdienst und der Ruhm, die moderne Wissenschaft begründet zu haben, gebührt jedoch einem einzigen Manne: Galileo Galilei. Möglicherweise infolge des Dramas von Brecht erscheint er oft als der eigentliche Empiriker. Tatsächlich entdeckte er die Jupitermonde und damit „die Entscheidung für das System des Kopernikus" (Walther Gerlach). In Wirklichkeit leiteten ihn ganz andere Interessen. Er bewunderte Aristarch und Kopernikus, weil ihr Verstand „imstande war, ihre Sinne zu vergewaltigen, dass er sich ihnen zum Trotz zum Herrn ihrer Leichtgläubigkeit machte" (Galilei). Somit war für ihn das neue System in erster Linie ein Testfall für die Überlegenheit der neuen Wissenschaft, die er begründete. Denn das System des Kopernikus war nur auf dieser Basis erklärbar. Denn: „wer naturwissenschaftliche Fragen ohne Hilfe der Mathematik lösen will, unternimmt Undurchführbares. Man muss messen, was messbar ist, messbar machen, was es nicht ist" (Galilei). Damit wird die Mathematik Grundprinzip der physikalischen Forschung. Dies bedeutet aber, dass die Physik auf dem platonischen Prinzip der Erkenntnis beruht. Newton war ebenso Platoniker, „den unendlichen Raum betrachtet er Neuplatonisch als die Allgegenwart Gottes, die Zeit als dessen Ewigkeit" (R. Falckenberg). Von den neuzeitlichen Physikern wie Heisenberg und Pauli haben wir schon gehört; somit ist klar, dass die moderne Physik auf Platonischer Grundlage beruht.

Wenden wir uns der zweiten Frage, der Axiomatisierung, zu. Werner Heisenberg definiert eine abgeschlossene physikalische Theorie, dass sie auf einem widerspruchsfreien vollständigen Axiomensystem aufbaut, sowie, dass kein Begriff hinzugefügt oder weggelassen werden kann, ohne dass die Theorie an Aussagekraft verliert. In diesem Zusammenhang nennt er vier mögliche Theorien, die diese Bedingungen erfüllen: Die klassische Mechanik Newtons, die Elektrodynamik Maxwells (1831 bis 1879), ergänzt durch die spezielle Relativitätstheorie Einsteins, die statistische Thermodynamik und schließlich die Quantenmechanik.

Wie wir noch aus der Schule wissen, lauten die drei berühmten Axiome Newtons, auf die er die gesamte Mechanik aufbaut:

1. Das Überlagerungsprinzip: „Bewegungen überlagern sich ungestört".
2. Die Definition der Kraft: Kraft gleich Masse mal Beschleunigung
3. Actio gleich Reactio, das heißt: Wirkt der Körper A auf den Körper B mit der Kraft F, so wirkt der Körper B mit derselben, aber entgegengesetzten Kraft (– F) auf A.

Aus diesen Axiomen ist die gesamte Mechanik logisch ableitbar. Ähnlich wie bei der Geometrie, so finden wir auch hier alles, was ein Buch über Mechanik enthält, als logische Folgerung aus diesen Axiomen. Den Bewegungsablauf eines schwingenden Pendels, die Hebelgesetze, die Bewegungen der Planeten und, und, und. Dabei werden sich die Gesetze der Mechanik für alle Zeiten als richtig erweisen. „Eine Zeitlang mochte es wohl so scheinen, als ob die neuen Erfahrungen zu einem gänzlichen Zusammenbruch der klassischen Physik führen müssten. In der Folge hat sich aber erwiesen, dass es sich eigentlich nur um eine „Tieferlegung" der Fundamente der Physik handeln konnte" (H. Hönl).

Elektromagnetische Erscheinungen können wir hiermit nicht erklären. Axiomatische Grundlage sind hier die vier „Maxwell'schen

Gleichungen". Für Max Born sind die „Maxwell'schen Gleichungen von wunderbarer Symmetrie. Eine solche Schönheit ist keineswegs gleichgültig. Sie enthüllt die Einfachheit des Naturgeschehens, das durch die Begrenzung unserer Sinne der direkten Anschauung verborgen bleibt und sich nur dem zergliedernden Verstand offenbart" (Max Born).

Die Thermodynamik beruht auf den „Vier Hauptsätzen", die eigentlich „Hauptaxiome" heißen müssten. Denn wie wir wissen, kann ja logisch ein „Satz" bewiesen werden, was ja hier gerade nicht sein soll. Unter anderen gehört hierzu als „Erster Hauptsatz", der „Energieerhaltungssatz", den der Heilbronner Arzt Robert Mayer (1814 bis 1878) erstmalig exakt formuliert hat, „die wichtigste naturwissenschaftliche Entdeckung des 19. Jahrhunderts" (Walther Gerlach).

Die Quantenmechanik, also diejenige Physik, die die Prozesse im Zusammenhang des Atoms aufklärt, gründet auf der „Schrödinger Gleichung" sowie dem berühmten Heisenberg'schen „Unbestimmtheitsprinzip". Dieses besagt, dass wir den Ort und die Geschwindigkeit, genauer den Impuls, eines quantenmechanischen Teilchens nicht gleichzeitig exakt messen können, sondern nur mit einer gewissen „Unbestimmtheit". „Die ganze Theorie der Quantenmechanik, die wir jetzt zur Beschreibung der Atome, tatsächlich der gesamten Materie, benutzten, beruht auf der Richtigkeit des Unbestimmtheitsprinzips" (Richard Feynman). Wir werden auf das Ganze an anderer Stelle noch einmal genauer eingehen.

Sämtliche andere Theorien, auch solche der Physik, erfüllen somit die strengen Bedingungen des Systems 2 nicht. Beispielsweise ist die Quantenelektrodynamik nicht logisch abgeschlossen. Diese setzt sich zum Ziel, die atomaren Prozesse zu beschreiben, wenn die Teilchen sich in der Nähe der Lichtgeschwindigkeit bewegen. Dies heißt, dass die Relativitätstheorie mit einbezogen werden muss. „Gegenwärtig gibt es noch keine vollständige, logisch abgeschossene relativistische Quantentheorie" (Landau-Lifschitz). Dies hat zur Folge, dass gewisse Größen nicht berechnet werden können; man muss sich dann mit Zusatzhypothesen behelfen. Überhaupt scheint man hier an einer Grenze des Wissens angelangt zu sein; die Funktionen und Gleichungen haben eine Kompliziertheit erreicht, dass sie nur noch eine näherungsweise Berechnung ermöglichen. „Die Physik ist zu schwer geworden für die Physiker", sagt David Hilbert.

Es gibt aber auch in den exakten Theorien der klassischen Physik Phänomenen, die wir mathematisch beweisen können, aber nicht verstehen und demzufolge auch nicht wissen. Beispielsweise kann man in der Thermodynamik zeigen, wie man Arbeitsbeiträge bei einem Wärmefluss erhalten kann, „wir verstehen es nicht, obwohl wir der Mathematik folgen können" (Richard Feynman). Ebenso ist das Anwachsen der Zeit, also eine vorgegebene Zeitrichtung in die Zukunft, mit dem Anwachsen der „Entropie" verbunden, also die Aussage des „Zweiten Hauptsatzes" der Thermodynamik. „Bis zur Gegenwart ist es aber noch niemandem gelungen, auf überzeugende Art einen solchen Zusammenhang aufzuspüren und zu zeigen, dass er wirklich existiert" (Landau-Lifschitz).

3.3.3. Empirisches versus Theoretisches Denken

„Die ganze Sinnenwelt strebt danach zu sein wie die Ideenwelt, vermag es aber nicht, sondern bleibt dahinter zurück" (Platon).

Wir erläutern noch einmal die Diskrepanz zwischen sinnlichem und logischem Denken:

Aus der Schule wissen wir noch, dass sich aus dem Satz des Pythagoras für die Länge der Diagonalen des Einheitsquadrates der Wert $\sqrt{2}$ ergibt, also eine irrationale Zahl. Das bedeutet, wie Richard Dedekind gezeigt hat, ein nichtabbrechender, nichtperiodischer Dezimalbruch: $\sqrt{2} = 1{,}4142135 \ldots$. Wir können nun die Diagonale des Einheitsquadrates noch so sorgfältig messen, mehr als drei Stellen hinter dem Komma werden wir nicht erreichen. Auch der Blick durch das Mikroskop hilft nichts. Wir werden einige Stellen mehr gewinnen können, jedoch alleine aus der Optik ist bekannt, dass jedem Auflösungsvermögen eine gewisse Grenze gesetzt ist. Trotzdem geht die Dezimalfolge unbeschränkt weiter. Wir könnten also sensualistisch niemals die für die Analysis und Physik unentbehrlichen reellen Zahlen erhalten.

Ebenfalls wissen wir noch aus der Schule, dass wir mit Hilfe des Satzes von Pythagoras ein Rechteck in ein flächengleiches Quadrat umwandeln können. Seit dem Altertum steht dann die analoge Frage im Vordergrund, einen Kreis, mit Hilfe der geometrischen Instrumente Zirkel und Lineal, in ein flächengleiches Quadrat zu verwandeln und ihn so elementar berechenbar zu machen, also die oft zitierte „Quadratur des Kreises". Die Lösung erwies sich als außerordentlich hartnäckig und schwierig, dauerte bis zum Jahr 1882 und fiel negativ aus. Der Mathematiker Lindemann (1852 bis 1939) zeigte nämlich, dass eine solche Konstruktion tatsächlich nicht möglich ist. Dabei gab und gibt es auch heute noch unzählige Versuche in dieser Richtung. Obwohl die Ergebnisse für das bloße Auge von einem tatsächlichen Kreis nicht unterscheidbar sind, sie müssen logisch alle falsch sein. Würde man sie übrigens, ähnlich wie wir das bei der Kugel gezeigt haben, entsprechend vergrößern, würden die Abweichungen offensichtlich werden.

Doch sind das nur mathematische Gedankenspielereien über den Wolken, im reinen unbefleckten Ideenhimmel? Schließlich haben die alten Ägypter, Sumerer, Babylonier mit ihren heuristischen Methoden die gewaltigsten Bauwerke errichtet. Ja, das schönste von allen, das Parthenon auf der Akropolis, wurde rund 100 Jahre vor Euklid errichtet.

Tatsächlich ist ja auch das Seil, mit dem der Handwerker die gerade Linie beim Bau bestimmt, alles andere als eine geometrische Gerade. Genau hier setzt Hume an. Nach Euklid werden zwei Punkte in der Ebene durch genau eine gerade Strecke verbunden. Wenn nun, so Hume, der Winkel zwischen zwei verbindenden Linien „sehr klein" wäre, so wären für das bloße Auge die beiden Strecken nicht zu unterscheiden, es könnte also auch zwei solche geben.

Welche Spannung der Schnur beim Bau also die richtige ist, können wir gar nicht wissen. Da nun Hume sensualistisch wie Protagoras beim Kreis und der Tangente argumentiert, können wir wie dort das Problem lösen. Für Hume ist die Strecke die konkret gezeichnete Linie, für Euklid die Platonische Idee.

Herrmann Weyl weist in diesem Zusammenhang auf folgendes Beispiel hin: Werden zwei Schussbahnen fotografisch sichtbar gemacht, so mögen sie sich auf den ersten fünf Metern für das Auge als ununterscheidbar erweisen. Verfolgt man den Weg weiter, etwa dreihundert Meter, so kann es sich erweisen, dass sehr wohl gravierende Unterschiede gegeben sind. Der eine Schuss mag ein Treffer sein, der andere verfehlt das Ziel. Tatsächlich soll aber Geometrie nicht nur eng umgrenzte Räume beschreiben, wir wollen mit ihr sogar die Weiten des Weltraumes erfassen und Astronomie betreiben. Wir erinnern auch noch einmal an das Beispiel der scheinbar idealen sinnlichen Billardkugel, wie sie sich, auf die Größe der Erde transformiert, zeigt.

Leibniz schreibt prophetisch: „Alles, was die empirische Imagination aus den Figuren erkennt, das wird kraft sicherer Beweise aus den Zeichen abgeleitet, und es werden daraus Folgerungen entwickelt, zu welchen die sinnliche Vorstellung niemals vordringen kann. Somit ist die Ergänzung und gleichsam Vollendung der Imagination in diesem Kalkül enthalten, der nicht nur für die Geometrie, sondern für die Erfindung von Maschinen und für die Beschreibung der wirklichen Maschinen der Natur von außerordentlichem, bisher unbekannten Nutzen sein wird" (G. F. Leibniz). In der Tat, Telefon, Fernsehen, medizinische Geräte, wie der Kernspintomograf, können niemals auf empirischer Grundlage entwickelt werden, sondern nur auf der Basis einer exakten Theorie. „Nichts ist praktischer als die Theorie", sagt einer der größten Erfinder (Ernst Abbe).

So zeigt sich gerade bei der praktischen Technik die Überlegenheit der Theorie. Ein „bisschen mehr, ein bisschen weniger" mag in manchen Bereichen genügen, in der modernen Technik nicht. Bei einer Laseroperation am Auge, bei einem Instrument im Flugzeug, wären die Folgen katastrophal. „Diejenigen, die sich der Praxis ohne Wissenschaft hingeben, sind wie der Steuermann, der das Schiff ohne Ruder und Kompass lenkt, der niemals die Sicherheit hat, wo er hinfährt" (Leonardo da Vinci).

3.3.4. Denken in der Informatik

„In der Informatik geht es genau so wenig um Computer wie in der Astronomie um Teleskope" (E. W. Dijkstra).

Soweit wir uns auf die „Theoretische Informatik" beschränken, befinden wir uns in einem Teilbereich der Mathematik, genauer, der Logik. Somit ergibt sich der Nachweis für die Zugehörigkeit zum System 2, nämlich die Axiomatisierung und der Platonismus, ohne weiteres. Für eines unserer speziellen Probleme, nämlich die prinzipiellen Möglichkeiten der Informatik, behandeln wir diese trotzdem in einem eigenen Rahmen. Dies erfordert somit auch, dass wir uns hiermit etwas ausführlicher beschäftigen.

Am Anfang der Logik haben wir die Frage gestellt, unter welchen Bedingungen entschieden werden kann, ob eine natürliche Zahl gerade ist. Dabei haben wir ein etwas unsystematisches Verfahren angegeben. Wir wollen nun diese Frage genauer klären:

Gegeben sei eine Natürliche Zahl n als Konstante sowie eine weitere natürliche Zahl k als Variable.

Konstante := n, Variable := k „natürliche Zahlen"

Problem:	Ist n gerade?			
Schritt 1:				
	Setze:	$k = 2$	→	Schritt 2
Schritt 2:				
	Falls $k = n$?		→	Schritt 3
	Sonst:		→	Schritt 4
Schritt 3				
	Gib aus:	n ist gerade	→	Stopp
Schritt 4:				
	Falls $k > n$?		→	Schritt 5

	Sonst:		→	Schritt 6
Schritt 5:				
	Gib aus:	n ist ungerade	→	Stopp
Schritt 6:				
	Erhöhe k um 2:	k =: k+2	→	Schritt 2

Wir können nun leicht nachprüfen, dass 17 ungerade und 24 gerade natürliche Zahlen sind.

Ein solches Verfahren nennt man einen Algorithmus. Informell können wir einen solchen wie folgt beschreiben:

1. Zerlegung eines komplexen Problems in Einzelschritte.
2. Es steht fest, welcher Schritt als Erstes auszuführen ist.
3. Nach jedem Schritt steht fest, welcher Schritt als nächstes auszuführen ist.
4. Jeder Schritt ist rein „mechanisch" ausführbar.

Wir prüfen leicht nach, dass unser obiges Verfahren einen Algorithmus in diesem Sinne darstellt. Abgesehen von Euklid, von dem der erste Algorithmus bekannt ist, haben wir dieses Verfahren von dem Araber Al-Choresmi (ca. 780 bis 850) gelernt, woraus in der Latinisierung „Algorithmus" wurde. Wir haben bereits erwähnt, dass unsere zehn Ziffern, einschließlich der Null, für die Stellenschreibweise, ursprünglich aus Indien stammen; über die Araber, speziell durch Al-Choresmi, kamen sie dann zu uns.

Algorithmus bedeutete ursprünglich „rechnen nach dem Buch des Al-Choresmi". In der Tat ergaben sich hierdurch revolutionäre Möglichkeiten für die Arithmetik. Wer zum Beispiel noch ohne Taschenrechner groß geworden ist, wird noch ohne Weiteres folgende Addition vornehmen können. Zur Vereinfachung nehmen wir an, beide Summanden hätten dieselbe Stellenzahl:

$$\begin{array}{rr} & 43\,955 \\ + & 82\,847 \\ \hline & 126\,702 \end{array}$$

Offenbar rechnen wir mehr oder weniger unbewusst nach folgendem Algorithmus:

Gegeben: Zwei n-stellige Summanden;
k:= „Variable" „Zählt die Stellenzahl ‚von rechts'"

Schritt 1:

Beginn: k = 1 „Beginn mit der ersten Ziffernfolge rechts" → Schritt 2

Schritt 2:

Addiere die Ziffern der Summenaden an der Stellenzahl k.
Speichere den Übertrag. → Schritt 3

Schritt 3

Falls k < n:
Addiere den Übertrag zu dem 2. Summanden an der (k + 1)-ten Stelle
Erhöhe k um 1: k =: k + 1 → Schritt 2

sonst:

Setze den Übertrag an die (n + 1)-te Stelle, gib die Summe als Lösung aus. → Stopp

Man sieht, dass sämtliche Bedingungen unseres Algorithmusschemas erfüllt sind:

1. Zerlegung eines komplexen Problems: „Addition mehrstelliger Summanden in Einzelschritte"
2. Es steht fest, welcher Schritt als Erstes ausgeführt wird: „Addition der ersten Ziffern „rechts".
3. Nach jedem Schritt steht fest, welcher Schritt als Nächstes folgt: „Nächste Ziffer links" oder „Stopp".
4. Jeder Schritt ist „mechanisch" ausführbar: Addition einstelliger Ziffern.

Es ist nicht schwierig, diesen Algorithmus auf beliebig viele Summanden mit beliebiger Stellenzahl zu verallgemeinern. Ähnlich können wir dann bei der Multiplikation vorgehen:

$$
\begin{array}{r}
\underline{49.025 \cdot 3.721} \\
147.075.000 \\
34.317.500 \\
980.500 \\
\underline{+\ 49.025} \\
182.422.025
\end{array}
$$

Der Leser wird leicht den entsprechenden Algorithmus aufschreiben können. Beginnend mit der ersten Ziffer „links" des zweiten Faktors, dann „nächste Ziffer" bis die letzte erreicht ist. Dann können wir den Additionsalgorithmus als Unterprogramm aufrufen.

Man sieht hier den revolutionären Fortschritt der Stellenschreibweise. Für die Römer hätte sich eine Aufgabe der Form 2.463 · 712 wie folgt geschrieben: MMCDLXIII · DCCXII. Sie mussten sich umständlich mit kleinen Kalksteinsteinchen behelfen – der Ursprung unseres Wortes „kalkulieren".

So wie die Zahl der Grundbegriff der Arithmetik ist, Punkt und Gerade diejenigen der Geometrie sind, so ist „der Begriff Algorithmus fundamental für die Informatik" (Goldschlager-Lister). Jedes Programm eines Computers ist ein Algorithmus. In den ersten theoretischen Programmiersprachen, wie „Algol", „Fortran", kommt dies noch unmittelbar zum Ausdruck.

Wir erläutern die sich hierbei ergebenden Grundprobleme an fünf einfachen Beispielen (Stetter):

1. Drucke alle Zahlen von 1 bis 10^6.
2. Drucke alle Zahlen von 1 bis 10^{11}.
3. Drucke alle Zahlen von 1 bis 10^{100}.
4. Drucke alle natürlichen Zahlen.
5. Drucke alle reellen Zahlen zwischen 0 und 1.

Für 1. Können wir folgenden Algorithmus wählen:

Schritt 1:

Setze := n = 1 → Schritt 2

Schritt 2:

Drucke:= n → Schritt 3

Schritt 3:

Falls $n < 10^6$: n := n+1 „Erhöhen um 1"→ Schritt 2

Sonst: → Stopp

Nehmen wir an, der Drucker würde 1000 Zahlen in einer Sekunde drucken, so würde er ca. 17 Stunden benötigen.

Für 2. müssen wir lediglich die Schranke auf $n < 10^{11}$ erhöhen, der Drucker würde ca. 190 Jahre drucken.

Für 3. müssen wir die Schranke auf $n < 10^{100}$ erhöhen. Jetzt würden wir eine Zeit benötigen, die ein Vielfaches derjenigen ist, seit dem das Weltall überhaupt besteht. Abgesehen davon, dass es überhaupt kein Papier mehr geben würde, selbst wenn wir das gesamte Weltall zu Papier verarbeiten könnten.

Für 4. müssen wir die Schranke ganz fallen lassen, der Drucker würde „unendlich lange" drucken.

Für 5. gibt es überhaupt keinen Algorithmus, denn wie Georg Cantor durch Diagonalisierung gezeigt hat, sind die reellen Zahlen in diesem Intervall nicht abzählbar.

Somit können wir bereits jetzt folgende Klassifizierung vornehmen:

1. Falls das Problem in „vertretbarer Zeit" entscheidbar ist, ordnen wir dies der Klasse *P* zu, „Polynomial beschränkt". Beispiel: Problem 1 oben, Problem 2 bei eventuellem technischem Fortschritt.
2. Das Problem ist entscheidbar, aber es überschreitet jeden möglichen oder vertretbaren Zeitaufwand. Wir ordnen dies dann der Klasse *NP* zu, „Nichtpolynomial beschränkt". Beispiel: Problem 3 oben.
3. Stoppt der Algorithmus überhaupt? Beispiel Problem 4.
4. Existiert überhaupt ein Algorithmus, der das Problem löst? Die „Algorithmische Entscheidbarkeit"? Beispiel: Problem 5.

Wir halten bereits jetzt Folgendes fest: Wie das Problem 5 gezeigt hat, gibt es bereits im Rahmen der Mathematik Probleme, für die kein Algorithmus existiert, die also im Rahmen der Informatik nicht lösbar sind und somit bereits hier prinzipielle Grenzen der Computer aufzeigen!

Probleme der Laufzeit von Algorithmen werden im Rahmen der Komplexitätstheorie behandelt, das Problem 4 ist das „Halteproblem“, Problem 5 ist die Theorie der „Berechenbarkeit“; wir werden diese Fragen an geeigneter Stelle erneut aufgreifen.

Um nun diese Probleme in voller Allgemeinheit beantworten zu können, benötigen wir eine exakte Definition des Algorithmus. Diese muss so gefasst sein, dass sie für alle denkbaren Algorithmen deren mögliche Eigenschaften im Sinne der obigen Problemstellungen erfasst. Wir wollen also nicht nur die nahezu unbegrenzte Zahl bisher realisierter Programme erfassen, unsere Definition soll dies auch für jedes zukünftig mögliche Programm leisten.

Man sieht, dies ist wiederum nur im Rahmen der Platonischen Idee möglich. Machen wir noch einmal einen Vergleich zur Geometrie. Der Kreis ist bekanntlich definiert als „die Menge aller Punkte, die zu einem gegebenen Punkt, dem Zentrum, denselben Abstand haben“. Aus dieser Definition folgt dann, dass die Tangente an einen solchen Kreis senkrecht zum Radius steht. Diese Eigenschaft gilt für jeden Kreis, ob zur Steinzeit, auf dem Mond oder irgendwo im brasilianischen Regenwald. Genauso muss unsere Algorithmusdefinition die analogen Eigenschaften haben.

In Anbetracht der Kompliziertheit der Aufgabe ist es erstaunlich, dass es hier fünf zunächst völlig verschiedene Definitionen gibt:

1. Das Lambda–Kalkül von Alonzo Church (1903 bis 1995) aus dem Jahr 1936
2. Die μ-rekursiven Funktionen von Kleene (1909 bis 1994), 1938
3. Die Turing-Maschine von Turing, 1936
4. Normale Algorithmen vom Markoff, 1954
5. Formale Sprachen von Chomsky (geb. 1928), 1959

Wir haben unter anderem deshalb die Jahreszahlen hinzugefügt, um darzulegen, dass die theoretischen Konzepte schon entwickelt waren, lange bevor überhaupt die ersten Computer realisiert wurden.

Ist es erstaunlich, dass eine so schwierige Aufgabe von fünf, zunächst völlig verschiedenen Konzepten, realisiert wurde, so ist es noch erstaunlicher, dass bewiesen werden kann, dass sie alle in dem Sinne logisch gleichwertig sind, dass sie alle dasselbe leisten, „keines kann mehr, keines kann weniger". Am erstaunlichsten ist es aber, dass bei der äußerst komplexen Problemstellung gewisse Konzepte, wie die „Turing-Maschine", von verblüffender Einfachheit sind. Die heute anerkannte These von Church können wir dann wie folgt formulieren:

Jeder denkbare Algorithmus kann durch eine „Turing-Maschine" simuliert werden und umgekehrt: Jede „Turing-Maschine" repräsentiert einen Algorithmus. Die Begriffe „Turing-Maschine" und Algorithmus sind synonym.

Die Turing-Maschine als exakter Algorithmusbegriff:

Wir erläutern das allgemeine Prinzip zunächst an folgendem Beispiel. Dabei gehe man in dem nachfolgenden Schema zu der Beschreibung im unten stehenden Text über und versuche die einzelnen Schritte auf dem „Rechenband" nachzuvollziehen.

Gegeben sei folgendes Alphabet: $\Sigma = \{*, /\}$,

„* steht hier für „Blank", leeres Feld"

1	*	/	2
1	/	r	1
2	*	r	1
2	/	r	3
3	*	/	3
3	/	r	2

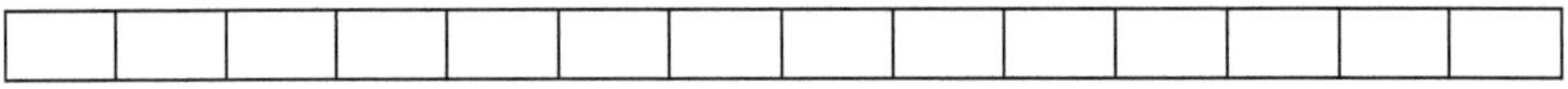

Wir stellen uns nun eine Zeile unseres Rechenheftes vor, wie oben angedeutet, die nach beiden Seiten unendlich ausgedehnt sein möge. Nun nehmen wir den Bleistift und markieren ein beliebiges Quadrat der Zeile oder, wie man sagt, ein Feld. Wir beginnen in der ersten Zeile, im Zustand 1. Nehmen wir an, das Feld sei unbeschrieben, wir finden also das „Blank". Dann bleiben wir in der ersten Zeile, „drucken" ‚/' und gehen in den Zustand 2 über. Im Zustand 2 finden wir, da wir immer noch auf demselben Feld sind, ein ‚/', also gehen wir in die vierte Zeile in der Maschine. Nun führen wir „r" aus, das heißt wir gehen ein Feld nach rechts und gehen in den Zustand 3 über. Dort finden wir ein „Blank", „drucken" ‚/' und verbleiben im Zustand 3. Fahren wir so fort, so sehen wir, dass diese Maschine periodisch zwei Striche, jeweils getrennt durch ein Blank auf das Band druckt.

Allgemein:

Gegeben sei:

Ein beidseitig unendliches „Rechenband", eingeteilt in Felder:

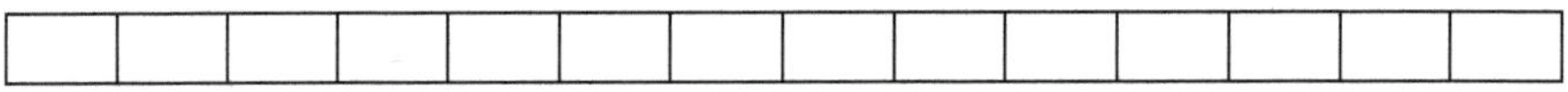

1. Ein endliches „Alphabet": $\Sigma = \{a_{0,}, a_1, a_2, a_3, \dots , a_n\}$,

   Dabei gilt: $a_0 = *$ „Blank" (Leerzeichen)

2. Einen „Schreib-Lesekopf", angesetzt auf ein jeweiliges Feld des Bandes.

3. Ein „Maschinenprogramm", das angibt, welche möglichen Operationen der „Schreib-Lesekopf" jeweils ausführen kann:
   l: Gehe ein Feld nach links! „links"
   r: Gehe ein Feld nach rechts! „rechts"
   a_i: „Drucke" das Symbol a_i, $i = 0, \dots, n$
   „Überschreibe das angesetzte Feld mit dem Symbol a_i"

s: Halte an. „stopp“

4. Endlich viele „Zustände“: 1,2,3, … ,r
5. Eine „Konfiguration“:

k a_j, j = 0, … , n p m

Lies:
„Liest der Schreib-Lesekopf im Zustand k das Symbol a_j, so führe die Operation p =l, r, a_i, oder s (vgl. 4.) aus und gehe in den Zustand m über“

Beispiel (vgl. oben):

k = 2 / p = r m = 3

Die Turing-Maschine:
Eine „Turing-Maschine“ über einem Alphabet $\Sigma = \{a_0, a_1, a_2, a_3, \ldots , a_n\}$ ist eine systematische Anordnung von Konfigurationen, wobei diese für jedes Element aus Σ in der Reihenfolge der Zustände gebildet sind.

Das tatsächlich Verblüffende ist, wir betonen es noch einmal, dass kein Computer der Welt mehr „kann“ als eine „Turing-Maschine“. Denn „alle Computer können sich einander simulieren, das heißt, nimmt man zwei beliebige Computer, so kann man ein Programm schreiben, das jedes Programm, das für den einen Computer geschrieben ist, versteht und am anderen Computer ausführt“ (Goldschlager-Lister). Diese Eigenschaft ist eine Folge der „Universalität“.

Als weitere Grundbegriffe benötigen wir:

Wort:

Jede endliche Folge von Symbolen, die eine gegebene Turing-Maschine auf das Band druckt, heißt ein Wort w.

In unserem obigen Beispiel ist also w = // das einzige Wort.

Sprache:

Gegeben sei eine „Turing-Maschine“ M. Die Menge aller Wörter, die M bilden kann, ergeben die von M erzeugte Sprache: L = L(M).

Offenbar gilt für unser obiges einfaches Beispiel: L(M) = {//}

Jetzt sind wir in der Lage, unsere obigen allgemein gestellten Probleme exakt zu formulieren:

Wir nehmen nun an, wir setzen eine Turing-Maschine auf das leere Band an. Im Allgemeinen wird sie zu drucken beginnen. Die allgemeinste Sprache, die hierbei erzeugt werden kann, sind die „rekursiv-aufzählbaren Sprachen". Dabei kann die Maschine möglicherweise endlos laufen, man vergleiche Beispiel 4 oben für das Erzeugen der natürlichen Zahlen. Eine Sprache heißt „rekursiv", wenn es eine Turing-Maschine gibt, die auf alle Eingaben hin stoppt. Also können wir in diesem Fall mit einem Algorithmus den Wahrheitswert einer Aussage überprüfen.

Ergebnis:

Aussagen können dann und nur dann bezüglich ihres Wahrheitsgehalts algorithmisch entschieden werden, wenn sie in einer ‚rekursiven Sprache' formuliert sind.

Wir erläutern diese abstrakten Überlegungen an Hand unseres einfachen Beispiels, der Frage, ob eine natürliche Zahl gerade ist. Zunächst stellt sich das Problem als ein Algorithmus in der Sprache der Arithmetik. Nach dem „Prinzip der Universalität" können wir es dann in eine rekursive Sprache übersetzen und dann dort algorithmisch entscheiden. Genauer:

Wir legen zunächst das folgende Alphabet zugrunde: Σ = {*, / }. Dann erweitern wir dieses um zwei weitere Buchstaben, „*j*", für „ja", „*n*", für „nein": Σ = {*, /, *j*, *n*}. Zur Vereinfachung führen wir diese beiden Symbole bei den Konfigurationen in der zweiten Spalte in dem Turing-Programm nicht gesondert auf, sie wären hier für das weitere irrelevant und vereinbaren, dass nach dem Drucken von „*j*", also die Zahl ist gerade bzw. von „*n*", die Zahl ist ungerade, die Maschine in den Stoppzustand übergeht.

Die natürliche Zahl n stellen wir nun auf dem „Turing-Band" durch n Striche dar, „unäre Codierung". Diese Zahl drucken wir dann auf das zunächst leere Band. Es bleibe dem Leser überlassen, eine Turing-Maschine zu konstruieren, die dies leistet. Nun setzen wir folgende Turing-Maschine auf den ersten Buchstaben der Zahl n an:

1	*	*j*	2
1	/	r	2
2	*	*n*	1
2	/	r	1

Man prüft dann leicht nach, dass bei der Eingabe von 7 die Maschine „*n*" druckt, bei Eingabe von 12 jedoch „*j*", allgemein, dass sie bei jeder Eingabe stoppt und je nach dem dann „*j*" oder „*n*" druckt.

Offenbar kann dieser Algorithmus leicht auf die Teilbarkeit durch 3, 5, 7 usw. erweitert werden. Durch sukzessive Anwendung dieser lässt sich dann ohne Weiteres ein Algorithmus konstruieren, der prüft, ob eine beliebige Zahl nur die Teiler eins oder sich selbst hat, also eine Primzahl ist.

Somit ist das exakte Denken des Systems 2, in dem Sinne, dass wir den Wahrheitswert einer Aussage algorithmisch entscheiden können, auf eine rekursive Sprache beschränkt. Damit sei aber keineswegs gesagt, wir wiederholen dies, dass in den anderen Dimensionen des Denkens, der Ethik, Ästhetik, Religion u.a., keine Wahrheit herrschen würde. Wir werden sämtliche aufgeworfenen Probleme an anderer Stelle noch einmal ausführlich erläutern.

3.3.5. Statistisches Denken

„Go to Mr. De Moivre, he knows these things better than I do" (Isaac Newton).

3.3.5.1. Der Zufall

„Den Zufall gibt die Vorsehung – zum Zwecke muss ihn der Mensch gestalten" (Friedrich Schiller).

Der Zufall fand durch Epikur (341 bis 270 vor Chr.) Eingang in die Philosophie. Ausgehend von diesem ist dann über Lukrez (94 bis 53 vor Chr.) das atomistische Weltbild Demokrits zu Gassendi gelangt und schließlich von hier aus zur neuzeitlichen Wissenschaft. Insofern vertrat auch Epikur diesen Atomismus. Wie wir aber gesehen haben, beruht dieser auf einem strengen Determinismus – jede frühere Konstellation bestimmt kausal eindeutig die momentane, diese wiederum die nächstfolgende. Da auch der Mensch, als Teil dieser Welt, ebenfalls diesem kausalen Prozess unterworfen ist, ist hier das für alle Zeiten grundlegende Freiheitsproblem angesprochen. Wie ist in einem solchen System die Freiheit möglich, wie moralisches Handeln, wenn es keine Schuld geben kann, da wir lediglich dem „allgemeinen Gesetz" unterworfen sind? Wer will das Raubtier verurteilen, wenn es lediglich seinem inneren Trieb folgt?

Sokrates sah hier ganz klar die Problematik der Vorsokratiker, indem er die Grenzen dieses Menschenbildes aufzeigte und den Menschen in seiner eigentlichen Bedeutung als geistiges Wesen erfasste, was dann bei Platon zur Vollendung führte. Epikur wollte aber das Prinzip des Atomismus beibehalten, wobei er in einer etwas merkwürdigen Konstruktion bei der geraden Bahn der Atombewegungen zufällige Abweichungen einführte, so den Determinismus auflöste und auf diese Art und Weise die individuelle Freiheit rettete. Wir sehen also, wie bei Sokrates und Platon durch das neue Menschenbild Freiheit und Moral gerettet werden, so bei Epikur durch das Prinzip des „Zufalls".

Nachdem Epikur den „Zufall" als grundlegendes Prinzip eingeführt hatte, hielt er einen zweitausendjährigen Dornröschenschlaf. Den Griechen galt er schlechthin als Nichtwissen – „nichts entsteht planlos, sondern alles nach Sinn und Notwendigkeit", sagt Leukipp (5. Jahrhundert vor Chr.); „die Gottheit und die Natur schaffen nichts aufs Geratewohl" (Aristoteles). Im Mittelalter stand das Denken in Analogie zur platonischen „Teilhabe" in Beziehung zu den Gedanken Gottes, wobei sich jeder Zufall von selbst ausschloss. Und noch die Rationalisten des Barock, Descartes und Leibniz, dachten in diesen Kategorien. Wurde also der „Zufall" mit Willkür, Nichtwissen assoziiert, so sollte sich dies mit der Wahrscheinlichkeitsrechnung grundsätzlich ändern.

3.3.5.2. Denken im Rahmen der Wahrscheinlichkeit

„Auch das Zufällige ist nur auf entfernterem Wege herangekommenes Notwendiges" (Arthur Schopenhauer).

„Es ist eine ironische historische Bemerkung, dass die Logik der Wahrscheinlichkeit ihre erste Anregung Spielern verdankt" (Hermann Weyl). Der Anlass für diese epochemachende Theorie war tatsächlich ein banaler. Der Chevalier de Méré legte Pascal ein Problem im Zusammenhang mit dem Glücksspiel vor. Pascal lehnte jedoch die Lösung als zu simpel ab, nahm aber mit dem Mathematiker Fermat (1607 bis 1665) Kontakt auf. In diesem Zusammenhang entwickelten die beiden einige kombinatorische Formeln, insbesondere die Binomialkoeffizienten, die wir aus der Schule noch als das „Pascal'sche Dreieck" kennen. Auch Huygens befasste sich mit derartigen Problemen, aber wie die Abhandlung „Der Ruin des Spielers" zeigt, immer noch im Rahmen des Glücksspiels. Entscheidende Fortschritte kamen dann von der berühmten Mathematikerfamilie Bernoulli sowie von Abraham de Moivre (1667 bis 1754). Laplace veröffentlichte schließlich das erste wissenschaftliche Buch über Wahrscheinlichkeiten – die Theorie war in den Wissenschaften angekommen!

Dies war auch dringend erforderlich. Denn sowohl in der Biologie als auch in der Physik trat der „Zufall" immer bestimmter in das Blickfeld und erforderte eine theoretische Lösung. Ohne auf weitere Einzelheiten einzugehen, kann man sagen, dass die Vollendung erst im 20. Jahrhundert erfolgte, insbesondere durch die berühmte russische Mathematikerschule mit Namen wie A. J. Chintschin (1894 bis 1959), B. W. Gnedenko (1912 bis 1995) und A. N. Kolmogorov (1903 bis 1987). Letzterem gelang dann die Axiomatisierung der Wahrscheinlichkeitstheorie – sämtliche Aussagen hierzu können aus den drei „Kolmogorov'schen Axiomen" logisch abgeleitet werden. Dabei betont Kolmogorov, dass hier nicht die realen Wahrscheinlichkeiten begründet werden, sondern nur der rein logische Charakter der Theorie sichergestellt wird. Dem scheinbar willkürlichen „Zufall" stand somit eine ihn beherrschende exakte Theorie des Systems 2 gegenüber.

Wir brauchen uns jedoch nicht um die schwierigen und teilweise äußerst komplizierten Theoreme der Theorie zu kümmern. Für unsere Zwecke, für das weitere Verständnis, genügen folgende vier Grundtatsachen:

1. Wahrscheinlichkeiten:

Wir betrachten ein beliebiges Zufallsexperiment: Münze werfen, würfeln, eine Karte aus einem Kartenspiel ziehen. Eine exakt definierte Aussage, im Rahmen eines dieser Experimente, bezeichnen wir als ein Ereignis, symbolisch A, B, C,... Beispiele: Münze: A: „Bei einmaligem Werfen Wappen zu erhalten". Würfel: B: „Bei einmaligem Werfen eine gerade Zahl zu erhalten". Kartenziehen: C: „Aus einem Kartenspiel mit 32 Karten und vier „Farben", Herz, Karo, Pik und Kreuz bei einmaligem Ziehen eine Herzkarte ziehen".

Nun definieren wir die Wahrscheinlichkeit P für das Ereignis A allgemein durch:

$$P(A) = \frac{günstige\ Fälle}{mögliche\ Fälle}$$

Also:

Münze: $P(A) = \frac{1}{2}$ Würfel: $P(B) = \frac{3}{6}$ Kartenziehen: $P(C) = \frac{8}{32}$,

wobei die Ereignisse A, B und C wie oben definiert sind.

2. Unabhängigkeit:

Wir werfen zweimal eine Münze. Die Wahrscheinlichkeit beim ersten Wurf ist natürlich $P(A) = \frac{1}{2}$. Für den zweiten Wurf hat sich hierbei nichts geändert, gleichgültig, was das Resultat des ersten Wurfes war. Woher soll die Münze wissen, wie sie beim ersten Wurf gefallen ist?

Betrachten wir ein zweites Experiment: Zuerst würfeln wir, dann werfen wir eine Münze. Zunächst sei das Ereignis A: „eine 6 zu würfeln". Das Ereignis B der Münze sei „Wappen zu werfen". Gleichgültig, welches Resultat das Würfeln erbracht hat, unsere Wahrscheinlichkeit für die Münze bleibt nach wie vor $P(B) = \frac{1}{2}$, hängt also nicht von dem Eintreten des Ereignisses A ab.

Wir können somit allgemein sagen: Wir nehmen an, wir haben zwei Zufallsexperimente, wobei wir zwei Ereignisse A und B betrachten. Diese können auch identisch sein. B heißt unabhängig von A, wenn das Eintreten der Wahrscheinlichkeit für B nicht davon abhängt, welches Resultat das Experiment bezüglich des Ereignisses A hatte. Diese Aussage ist symmetrisch, wenn also auch die Wahrscheinlichkeit für A nicht vom Eintreten von B abhängt. Das zusammengesetzte Experiment bezeichnen wir mit A & B.

Für „Unabhängige Ereignisse" gilt dann die wichtige Regel, dass ihre Wahrscheinlichkeiten einfach multipliziert werden. Also:

Zweimaliges Werfen der Münze: P (Wappen) $= \frac{1}{2} \cdot \frac{1}{2}$;
Würfel und Münze: P (6 werfen & Wappen) $= \frac{1}{6} \cdot \frac{1}{2}$.

Allgemein gilt für „Unabhängige Ereignisse" A und B:
$P(A \,\&\, B) = P(A) \cdot P(B)$

Ein weiteres Beispiel wäre das zweimalige Ziehen einer Herzkarte, aber nur, wenn wir nach dem ersten Ziehen die Karte wieder zurücklegen. Denn wenn wir das Ergebnis der ersten Ziehung kennen, die Karte nicht zurücklegen, so hängt natürlich die weitere Wahrscheinlichkeit davon ab, je nachdem, ob wir zuvor eine Herzkarte gezogen haben oder nicht.

Wir müssen in diesem Zusammenhang einen naheliegenden Fehler vermeiden. Beispielsweise beobachten wir beim Roulette, dass schon siebenmal hintereinander Rot kam. Unwillkürlich denken wir nun, dass beim nächsten Wurf Schwarz eine erhöhte Chance haben müsse und wir setzen darauf. Doch die jeweiligen Ereignisse sind unabhängig. Vernachlässigen wir „zero", so ist die Wahrscheinlichkeit für Schwarz wieder genau P (Schwarz) $= \frac{1}{2}$. Die Kugel „weiß“ ja nicht, wenn sie wieder in den Roulettekessel geworfen wird, wie sie im Wurf zuvor gefallen ist. Genauso ist es sinnlos, wenn manche Leute beim Lotto diejenigen Zahlen notieren, die in letzter Zeit oft bzw. selten gefallen sind. Woher sollen die Kugeln in der Trommel, wenn sie am Samstag gedreht wird, „wissen“, welche Ergebnisse sie in den letzten Wochen gezeigt haben? Offenbar liegt hier ein typischer Fehlschluss im Sinne des System 1 vor, indem wir die psychische Erwartung mit der physischen verwechseln. Gerade bei derartigen Problemen reagiert „System 1 recht unbeholfen, wenn es mit ‚bloßen statistischen‘ Fakten konfrontiert ist“ (D. Kahneman).

3. Bernoulli-Prozesse:

Hierunter verstehen wir einfach eine Folge von identischen Zufallsexperimenten, die sämtlich dieselbe Wahrscheinlichkeit haben und unabhängig sind.

Beispiele:

Viermaliges Werfen einer Münze. Wir fragen nach der Wahrscheinlichkeit für dreimaliges Auftreten von „Wappen“. Bezeichnen wir Wappen mit W, Zahl mit Z, so ergeben sich hierfür folgende Möglichkeiten: WWWZ, WWZW, WZWW, ZWWW, also vier. Jede hat nach der Unabhängigkeitsregel die Wahrscheinlichkeit:

$$P = \frac{1}{2} \cdot \frac{1}{2} \cdot \frac{1}{2} \cdot \frac{1}{2} - (\frac{1}{2})^4.$$

Also folgt: $P(dreimal\ Wappen) = 4 \cdot (\frac{1}{2})^4$

Der Faktor 4 ist übrigens einer der Pascal‘schen Binomialkoeffizienten, die wir aus dem Pascal‘schen Dreieck erhalten können.
Als Nächstes betrachten wir das fünfmalige Ziehen einer Karte aus einem Kartenspiel mit zweiunddreißig Karten und fragen nach der Wahrscheinlichkeit für dreimaliges Vorkommen von Herz. Bezeichnen wir das Ereignis „Vorkommen von Herz“ mit H, das alternative mit $\overline{H}$, so gilt offenbar: $P(H) = \frac{8}{32} = \frac{1}{4}, P(\overline{H}) = \frac{24}{32} = \frac{3}{4}$. Weiter ergeben sich für unser Problem folgende Möglichkeiten:

$HHH\bar{H}\bar{H}$, $H\bar{H}H\bar{H}H$, $\bar{H}H\bar{H}HH$, ... Mit Hilfe des Pascal'schen Dreiecks errechnet man dann 10 derartige Möglichkeiten. Somit ergibt sich zusammen mit unserer Unabhängigkeitsregel:

$$P(drei\ Herz) = 10 \cdot (\frac{1}{4})^3 \cdot (\frac{3}{4})^2.$$

Schließlich betrachten wir noch das sogenannte „Galton'sche Nagelbrett":

Dieses ist ähnlich wie bei einem Flipper eine Art rechtwinkliger, oben offener Karton in einer geneigten schiefen Ebene. Oben kann eine Kugel in der Mitte eingeführt werden, auf beispielsweise 4 Linien seien Nägel eingeschlagen, auf der ersten einer, dann in der nächsten zwei, weiter drei und schließlich vier.

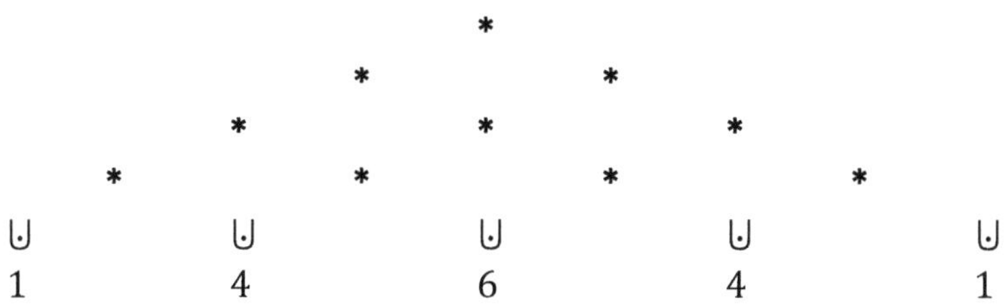

Die Anordnung ist dann jeweils so, dass die Kugel bei ihrem Ablauf auf jeder Linie auf einen Nagel * stößt und dann nach „rechts" oder „links" weiterlaufen kann, bis sie schließlich am Ende in einem Fach gesammelt wird. Offenbar liegt ein Bernoulli-Prozess vor, denn bei jedem Nagel haben wir unabhängig vom vorherigen Ergebnis stets dieselbe Wahrscheinlichkeit $\frac{1}{2}$ für „rechts" bzw. „links". Die bei den „Töpfen" angegebenen Zahlen des Pascal'schen Dreiecks geben dann die Anzahl der Möglichkeiten an, auf welche Weise der jeweilige „Topf" erreicht werden kann. Bezeichnen wir „rechts" mit r, „links" mit l, so erhalten wir beispielsweise für zweimal links, zweimal rechts: rrll, rlrl ,lrrl, lrrl, lrlr und llrr also sechs Kombinationen.

Natürlich ist dies derselbe Prozess wie oben beim Werfen einer Münze, wir haben lediglich die Buchstaben geändert. Insofern gilt dies natürlich auch für das Roulette usw., also unabhängig von jeder konkreten Bedeutung, ist also im Sinne von System 2 eine platonische Idee.

4. Das „Gesetz der Große Zahlen":

Doch trotz aller beeindruckender Theorie, nach wie vor macht der „Zufall", was er will. Starten wir eine Kugel am „Galton'schen Nagelbrett", so ist deren Verlauf absolut unvorhersehbar und rein dem „Zufall" unterworfen. Werfen wir viermal eine Münze, so können wir hierfür zunächst für gewisse Ereignisse eine Wahrscheinlichkeit berechnen, doch wie das Resultat ausfallen wird, ist völlig unvorhersehbar. Den entscheidenden Gedanken hatte nun Jakob Bernoulli (1655 bis 1705). Wir dürfen die Kugel nicht einmal rollen lassen, die Münze nicht viermal werfen, sondern zehnmal, hundertmal, tausendmal und wenn wir genügend Geduld haben, werden wir erkennen, dass das Verhältnis Wappen zu Zahl sich schließlich „beliebig wenig" vom Verhältnis 1 : 1 „gleichviel Wappen, gleichviel Zahl", unterscheidet. Selbstverständlich gilt dies wieder „platonisch" für jeden derartigen möglichen Prozess.

Natürlich wird dies aber erst dann zu einer exakten theoretischen Aussage im Sinne des „Systems 2", wenn sie exakt mathematisch bewiesen wird, was natürlich einem Mathematiker vom Rang eines Bernoulli völlig klar war, weshalb er auch einen ersten Beweis in dieser Richtung durchführte. Dieser wurde fortlaufend verfeinert, schließlich auf der Basis der „Kolmogorov Axiome" exakt axiomatisch bewiesen, weshalb wir endgültig im System 2 angekommen sind.

Unsere naive Wahrscheinlichkeitsdefinition:

$$P(A) = \frac{günstige\ Fälle}{mögliche\ Fälle}$$

hat somit einen präzisen Sinn bekommen. Sie wird erst exakt bei „einer großen Anzahl" von Versuchen. „Je größer die Anzahl n der Beobachtungen, desto seltener wird eine Abweichung der beobachteten Häufigkeit von der „wahren" Häufigkeit. Dieser Syllogismus wird häufig als „Cournot'sche Brücke" bezeichnet, weil man die

Cournot'sche Fassung des Gesetzes für geeignet hält, die Wahrscheinlichkeitstheorie mit der Welt der Tatsachen zu verbinden" (G. Menges).

Bei wenigen Versuchen ist unsere Formel also sinnlos.

5. Verteilungen:

Betrachten wir noch einmal das „Galton'sche Nagelbrett". Wir lassen hier nun einzelne Kugeln in diesem herablaufen. Jede Bewegung dieser Kugeln ist vollkommen dem „Zufall", keiner Regel unterworfen. Doch wenn wir diese fortlaufend gemäß dem „Gesetz der Großen Zahlen" eingeben, zeigt sich eine wunderbare Ordnung: „Gesetzmäßigkeiten, die für die Einzelobjekte nicht formuliert werden können" (Meyers Enzyklopädisches Lexikon). Die Kugeln werden sich tatsächlich im Verhältnis der Binomialkoeffizienten wie 1 : 4 : 6 : 4 :1 verteilen. Verbinden wir dies durch eine gedachte Kurve, so wird sie von links unten langsam ansteigend, in der Mitte ihren Hochpunkt erreichen und schließlich wieder symmetrisch abfallen.

DeMoivre und Laplace haben dann derartige Bernoulliverteilungen auf „unendlich viele" derartige „Auffangbehälter" verallgemeinert. Schließlich hat Carl Friedrich Gauß dies zur berühmten „Gauß'schen Normalverteilung" perfektioniert. Damit war das wichtigste Instrument für die empirischen Wissenschaften kreiert. Ohne diese Theorie wären diese nicht möglich. Ebenso gilt dies für die Industrie und Technik mit ihren Prüfverfahren. Doch nicht nur dort. Praktisch alle problematischen Fehlschlüsse in dem Buch von Kahneman beruhen darauf, dass uns „die Alltagserfahrung keine statistischen Prinzipien lehrt, weil wir kein Sinnesorgan für Wahrscheinlichkeiten haben" (D. Kahneman). Somit unterlaufen uns immer wieder Trugschlüsse, infolge eines „weit verbreiteten Missverstehens des Zufallsbegriffes mit manchmal weitreichenden Folgen" (D. Kahneman).

Die berühmte Gauß'sche Glockenkurve hat ihren Hochpunkt in dem wahrscheinlichsten Wert, den der Prozess annehmen wird, dem Erwartungswert. In den Wendepunkten liegen die Werte für die Standardabweichung, die ein Maß für die Streuung um den Erwartungswert ist. Mit den beiden Angaben für den Erwartungswert und die Standardabweichung, also mit zwei Zahlen, kennen wir die Verteilung insgesamt. Die Wahrscheinlichkeit für jeden anderen Wert lässt sich dann exakt berechnen. Der Leser möge sich an Hand von „Wikipedia“ noch einmal den typischen Kurvenverlauf vergegenwärtigen.

Wir betonen aber noch einmal die für das folgende wichtige Voraussetzung: Die „Gauß'sche Normalverteilung“ ist das Ergebnis einer Verallgemeinerung der „Bernoulli Prozesse“ und diese setzen die „Unabhängigkeit“ der jeweiligen Ereignisse voraus; dies gilt dann insbesondere auch für die „Normalverteilung“.

Daneben gibt es noch weitere Verteilungskurven, jeweils speziellen Problemen angepasst. Doch der „Zentrale Grenzwertsatz“ des Mathematikers A. M. Ljapunow (1857 bis 1918) zeigt, dass unter sehr allgemeinen Bedingungen jeder Zufallsprozess gegen die „Normalverteilung“ konvergiert. Sie ist tatsächlich die Königin der Wahrscheinlichkeitstheorie und Statistik.

3.3.5.3. Statistisches Denken

„Vertraue keiner Statistik, die du nicht selbst gefälscht hast“ (Winston Churchill).

Einerseits sind wir fast alle ebenfalls der Meinung von Sir Winston, andererseits haben wir aber auch gesehen, dass gerade das statistische Denken uns vor den Trugschlüssen des Systems 1 bewahren soll. Inwiefern nun eine Statistik „gefälscht“, also „falsch“ sein soll, können wir also nur an Hand eines Kriteriums bestimmen, das objektiv die „Wahrheit“ bzw. „das Falsche“ entscheidet. Und da dieses Kriterium allgemein für jede denkbare Statistik gelten soll, kann es nur ein „Platonisches“ sein. Wir müssen also die Statistik in ihren allgemein gültigen Prinzipien näher untersuchen.

„Statistik befasst sich mit der mathematischen Erfassung und Auswertung von Massenerscheinungen“ (Meyers Enzyklopädisches Lexikon). Beispiele: „Die Moleküle eines idealen Gases in einem Würfel mit einer Kantenlänge von 10 cm“; „Die Produktionsmenge des Gutes x im Werk y in 24 Stunden“; „Die wahlberechtige Bevölkerung der Stadt Y". Allgemein legen wir unabhängig von jeder konkreten Bedeutung ganz allgemein eine Menge mit einer „großen Anzahl" von Objekten zugrunde, die durch eine logische Aussage definiert sind. Dabei ist die „Menge" ein mathematisch-logischer Begriff. Somit ist das theoretische Fundament der Statistik unabhängig von jeder konkreten Anwendung.

Für die Statistik ergeben sich dann zwei Grundaufgaben:

1. Deskriptive Statistik:

Bereitstellung geeigneter Methoden zur Beschreibung derartiger Massen. Im letzten Beispiel der „Wahlberechtigten" sind dies Tabellen, Diagramme, Schaubilder. Dieser Fall ist für uns weniger interessant. Sonst, bei „sehr vielen" Objekten, können wir das „Gesetz der Großen Zahlen" anwenden und somit eine entsprechende wahrscheinlichkeitstheoretische Verteilung. Wir wissen, kennen wir dort den Erwartungswert und die Standardabweichung, so ist die Masse vollständig beschrieben. Wir wissen dann den wahrscheinlichsten Wert; die Streuung um diesen und für jeden anderen Zustand können wir die entsprechende Wahrscheinlichkeit berechnen.

2. Hypothesenprüfung:

Hierbei verbinden wir die platonische Welt des „Idealen" mit der Sinneswelt des „Realen". Neben der Logik wird somit die Statistik zum wichtigsten Instrument der Erkenntnis für die empirischen Wissenschaften. Diese wären ohne Statistik nicht möglich.

Beispiel:

Wir betrachten folgende Hypothesen:

Ökonomie im Rahmen der Geldtheorie: „Eine Änderung der Geldmenge um die Größe x wird innerhalb von sechs Monaten eine Zunahme des Sozialproduktes um y % bewirken."

Medizin: „Das Krankheitsbild X zeigt sich in folgendem „Idealen Muster".

Zunächst sind diese im Rahmen einer „idealen Theorie" formuliert, gehören also der „Idealen Welt" an. Inwiefern sich derartige Hypothesen tatsächlich in der Realität nachweisen lassen, ist nun eine Frage des statistischen Tests. Zunächst hat dieser folgende Kriterien zu erfüllen:

a) Objektivität:

Egal wer den Test durchführt, wann und wo, im Reich der Azteken, im Indien der Gupta, momentan in Chile. Er muss immer dieselben Resultate liefern. Genauer: Der Test darf weder von den handelnden Personen noch von Raum und Zeit abhängig sein.

b) Validität:

Der Test muss genau die in Frage stehenden Variablen messen. Somit müssen sämtliche „Störfaktoren“, die das Ergebnis möglicherweise verfälschen könnten, ausgeschlossen sein. Er muss aber auch das gegenteilige Ergebnis ausweisen. Soll beispielsweise das Vorliegen der Krankheit x geprüft werden, so darf der Test keine andere Deutung zulassen; er muss aber auch anzeigen, wann diese nicht vorliegt.

c) Reliabilität:

Bei jeder Wiederholung muss der Test dieselben Ergebnisse zeigen.

Die nächste Frage betrifft die konkrete Durchführung des Tests. Inwiefern sind die Aussagen der Hypothese in der „Statistischen Masse“ realisiert? Da diese „sehr viele“ Elemente enthält, kommt nun die Wahrscheinlichkeitstheorie ins Spiel. Beschränken wir uns hier exemplarisch auf die zweite Hypothese des „Idealen Musters“. Dann sind zwei Fälle zu unterscheiden:

Fall 1:

Wir nehmen an, das „ideale Muster“ sei bekannt. Also beim „Galton'schen Nagelbrett“ 1 : 4 : 6 : 4 : 1. Der Test muss nun zeigen, inwiefern dieses durch die Testmasse realisiert wird. Eine eventuell mögliche exakte Übereinstimmung kann sich aber erst nach „unendlich vielen“ Fällen einstellen.

Fall 2:

Das „ideale Muster“ ist nicht bekannt. In diesem Fall können wir uns ein Intervall vorgeben, ein Konfidenzintervall, sowie eine Wahrscheinlichkeit, dass das tatsächliche „ideale Muster“ nach „unendlich vielen“ Versuchen innerhalb des Konfidenzintervalls mit der vorgegebenen Wahrscheinlichkeit zu liegen kommt. Man sieht hier zwei Probleme: Das „ideale Muster“ kann nur innerhalb eines Intervalls, also nicht exakt, bestimmt werden; zweitens würden wir wie im Fall 1 „unendlich viele“ Versuche benötigen. Übrigens ist dies der Fall bei einem der wichtigsten Probleme der „Künstlichen Intelligenz“, wir werden darauf zurückkommen.

Da wir also „strenggenommen nur für den praktisch unmöglichen Fall unendlich vieler Beobachtungen exakte Werte erhalten, sowie keine Angaben über den Einzelfall, gelten folgende Fundamentalregeln:

1. Die Anwendung einer statistischen Aussage auf den Einzelfall ist unzulässig.
2. Jede statistische Aussage ist mit einer zwar abschätzbaren, aber prinzipiell unvermeidbaren Unsicherheit behaftet. Dieses „Ungefähr“ ist nicht zu beseitigen“ (Meyers Enzyklopädisches Lexikon)

Man kann nun aber mathematisch zeigen, dass, wenn wir uns eine gewisse Abweichung vorgeben, wir dann eine endliche Zahl n bestimmen können, sodass wir dann innerhalb der vorgegebenen Toleranz verbleiben. Üblicherweise so, dass sich sämtliche Werte der „Normalverteilung“ mit einer 95%igen Wahrscheinlichkeit um den Erwartungswert streuen.

Somit ist also nicht die Statistik „falsch“. Tatsächlich erfüllt die Statistik die Bedingungen des Systems 2. Diese garantieren uns, dass wir die Statistik auf Biologie, Ökonomie, Pädagogik usw. anwenden können, das heißt, dass die Statistik auf einer abstrakten, von jeder konkreten Anwendung unabhängigen „Platonischen Idee“ beruht. Dies drückt sich auch in den obigen Bedingungen der „Objektivität“, „Validität“ und „Reliabilität“ aus. Des Weiteren ist die „Statistische Masse“ durch eine exakt logisch definierte Menge bestimmt, das theoretische Instrumentarium der Wahrscheinlichkeit ist axiomatisch in der Mathematik verankert.

„Falsch" wird die Statistik erst aus zwei Gründen:

1. Fehlerhafte Anwendung:

Oft ist die Hypothese unklar formuliert, bisweilen nicht einmal in der Theorie, in deren Rahmen sie beansprucht, begründet zu sein. Wenn zum Beispiel behauptet wird, klassische Musik biologisch im Rahmen der darwinistischen Theorie erklären zu können, so ist dies blanker Unsinn. Wir werden darauf ausführlich im Rahmen der Vergewaltigung einer Theorie zu sprechen kommen. Des Weiteren ist oft die statistische Masse nicht exakt definiert.

Ein typischer Fehler ist auch, dass das für die Anwendung notwendige „Gesetz der großen Zahl" ignoriert wird. „Forscher, die eine zu kleine Stichprobe wählen, liefern sich dem Glück einer ‚zufällig' passenden Stichprobe aus" (Kahneman). Wie wir sahen, beruhen derartige Fehler auf dem „Gesetz der kleinen Zahl" von Kahneman. Dieser hebt dies pointiert hervor, indem er sagt:

„Große Stichproben liefern präzisere Ergebnisse als kleine Stichproben."

Kleine Stichproben führen häufiger zu extremen Ergebnissen als große Stichproben.

Dic erste Aussage hört sich wahr an, aber solange Ihnen die zweite Aussage nicht intuitiv einleuchtet, haben Sie die erste nicht richtig verstanden." (D. Kahneman)

Dabei räumt auch Kahneman ein, dass „sich hierdurch einige Schwierigkeiten erklärten, die ich bei meinen Forschungsprojekten gehabt hatte. Wie die meisten Psychologen hatte ich routinemäßig Stichproben ausgewählt, die zu klein waren, und ich hatte Ergebnisse erhalten, die keinen Sinn ergaben" (D Kahneman). Eine Schwalbe macht noch keinen Sommer!

Die nächste Frage betrifft die Anwendung der entsprechenden mathematischen Verteilung. Je nach entsprechender Problemlage werden wir hierfür eine passende Verteilungsfunktion anwenden. Welche ist die richtige? Wegen ihrer überragenden Bedeutung wird dies im Allgemeinen die „Gauß'sche Normalverteilung" sein. Somit haben wir hier die nächste Fehlerquelle. Wie wir uns nämlich erinnern, ist die Unabhängigkeit hier Voraussetzung. Dies können wir natürlich bei den Molekülen eines Gases annehmen, Moleküle kennen sich nicht. Gilt dies aber auch für Menschen in den Sozialwissenschaften? Sind diese „normalverteilt"? „Gerade in den Sozialwissenschaften berechtigt nichts zu der Annahme, die Phänomene gehorchten der Normalverteilung. Trotzdem ist sie dort zum „deus ex machina" geworden" (G. Menges). Härter urteilt Geary (1896 bis 1983): „Normality is a myth; there never was, and never will be a normal distribution."

2. Prinzipielle Probleme:

Diese treten genau dann auf, wenn die „ideale Theorie" mit der empirischen Realität konfrontiert wird. Wir werden hierüber im Zusammenhang mit den Anwendungen empirischer Wissenschaften ausführlich reden.

TEIL 4
Das schwache System 2

„Ein platonisches Element wird man nicht entfernen können, ohne die Wissenschaft zu ruinieren“ (J. Monod).

4.1. Denken im Schwachen System 2

„Glaubhaftes, glaubhaftes und unwidersprochenes Wissen" (Arkesilaos und Karneades).

Mit der Mathematik, der Theoretischen Informatik und der Theoretischen Physik mit ihren vier Bereichen Mechanik, Elektrodynamik einschließlich spezieller Relativitätstheorie, der Thermodynamik und der Quantenmechanik, ist das exakte Wissen des Systems 2 erschöpft. Hierdurch sollen jedoch keinesfalls die übrigen Wissenschaften in ihrem Wert, ihrer Bedeutung, verkannt werden. Im Gegenteil, sie haben unser Wissen in ungeahnter Fülle bereichert, das Denken der Menschheit in die höchsten Höhen gehoben. Ihre Ergebnisse sind eben im Gegensatz zum Exakten System 2 nicht in einem Axiomensystem verankert. Wir lösen von den beiden Grundbedingungen des Systems 2 somit die Axiomatisierung, behalten aber nach wie vor den Platonismus als notwendige Bedingung bei, denn „ein platonisches Element wird man nicht entfernen können, ohne die Wissenschaft zu ruinieren" (J. Monod). Demzufolge definieren wir das „Schwache System" als eine Theorie, die auf den „Platonischen Ideen" beruht.

Obwohl also die Wissenschaften des „Schwachen Systems 2" ihre Aussagen nicht im Sinne der exakten Logik begründen können, verfügen sie dennoch über grundsätzliche Denkschemata, von denen wir einige wichtige von allgemeiner Bedeutung nennen werden.

4.2. Deduktives Denken

„Wir gehen mittels schrittweiser Erörterung weiter von Schluss zu Schluss" (Galilei).

Wir verdanken dieses Denkschema Aristoteles. Schlagwortartig wird es das Prinzip „vom zum Allgemeinen zum Besonderen" genannt. Beispielsweise bestimmt Aristoteles das Lebendige als ein Wesen, das beseelt ist und insbesondere der möglichen Formen der Bewegung fähig ist. Dabei versteht Aristoteles unter Bewegung bzw. Veränderung drei mögliche Formen, die qualitative, die quantitativ und die Ortsbewegung.

Zum ‚Besonderen' kommen wir nun, indem wir fortlaufende Spezialisierungen vornehmen. So verfügen die Pflanzen über eine „vegetative Seele", die ihnen den Stoffwechsel ermöglicht, die Tiere wiederum haben eine „sensitive Seele", die sie zum Beispiel der Sinneswahrnehmung befähigen, schließlich verfügt der Mensch über die „Vernunftseele" die ihn zum ‚Homo sapiens' macht. Außerdem verfügen die Tiere und der Mensch über sämtliche der drei möglichen Bewegungsmodi, dagegen kommt die Ortsbewegung den Pflanzen nicht zu.

Somit sind die Pflanzen definiert als der qualitativen und quantitativen Veränderung fähige organische Formgebilde. Durch weitere Spezialisierung können wir dann hieraus die Bäume, Sträucher, Blumen gewinnen. Letztere definieren sich als Blütenpflanzen, die weitere Spezialisierung hierbei führt dann unter anderen zu den Röhrenblumen, Scheibenblumen, Glockenblumen. In den Glockenblumen finden sich dann als Unterart die Nelken usw.

Wir sehen also, die ‚Deduktion' ist die Logik des Begriffes. Wir gehen aus vom Oberbegriff und bilden durch fortlaufende Konkretisierung die jeweiligen Unterbegriffe oder in der Sprache des Aristoteles, die Gattung, die Art, die Unterart usw. Inwiefern nun ein konkret Gegebenes unter den Oberbegriff fällt, entscheidet der uns bekannte Syllogismus:

X ist eine Tulpe	(Voraussetzung 1)
Aus Tulpe folgt Blume	(Voraussetzung 2)
X ist eine Blume	(Schlussfolgerung)

Neben den erwähnten Formulierungen in Begriffen bzw. Gattung und Art ist die Mengenlehre eine weitere Sprache für die in Frage stehenden Sachverhalte. Hierzu greifen wir ein weiteres Beispiel auf. Gegeben seien vier Punkte A, B, C und D derart, dass wir sie durch Strecken AB, BC, CD und DA entgegengesetzt zum Uhrzeigersinn verbinden können. Hierdurch ist die Menge der Vierecke definiert.

Nach Zermelo (1871 bis 1953) wählen wir hier nun eine Untermenge aus, indem wir für die Vierecke zusätzlich verlangen, dass die gegenüberliegenden Winkel gleich groß seien. Sämtliche derartige Vierecke bilden die Menge der Parallelogramme. Nun verlangen wir zusätzlich, dass alle vier Winkel gleich groß seien. So erhalten wir die Menge der Rechtecke als eine Untermenge der Menge der Parallelogramme. Als weitere Bedingung wird nun gefordert, dass zusätzlich auch noch alle vier Seiten gleich lang sein mögen. So erhalten wir die Menge der Quadrate.

Also: Das ‚Allgemeine' ermöglicht das ‚Besondere'. Es muss das allgemeine Viereck als solches geben, damit wir überhaupt das Rechteck bilden können. Dabei sind die jeweiligen Begriffe von rein logischer Struktur. Die Definition des Parallelogramms umfasst sämtliche möglichen Parallelogramme in einer idealen Ebene, auf dem Sirius ebenso wie auf dem Mars oder in Kanada. Und obgleich wir diese nie sehen werden; der Satz, dass in einem Parallelogramm gegenüberliegende Seiten gleich groß und parallel sind, gilt auch für jene. Alles, was wir zeichnen, ist kein Rechteck. Denn tatsächlich verbinden wir vier Punkte auf der Erde, also einer „Kugel", und dort sind die gegenüberliegenden Seiten keineswegs parallel.

Wir haben diese logische Idealität, auf die wir schon in anderem Zusammenhang mehrfach hingewiesen haben, nur noch einmal hervorgehoben, um zu betonen, dass dies natürlich allgemein für jedes derartige Schema gilt. Die „Pflanze" als allgemeiner Oberbegriff ermöglicht die Tanne als einen speziellen Baum. Wir haben im Wald einen bestimmten Sinneseindruck und transformieren diesen in das logische Urteil: „Das was ich sehe, ist eine Tanne". Wir subsumieren also den konkreten Sinneseindruck unter den Begriff „Tanne". Den Begriff „Tanne" sehen, riechen, schmecken, fühlen oder tasten wir jedoch nicht. Er umfasst vielmehr alle möglichen Tannen überhaupt. Diejenigen, die die Römer zum Zwecke des Schiffsbaus verwendeten, ebenso wie solche, die im Schwarzwald im Jahr 2030 angepflanzt werden. Und wenn wir sämtliche Wälder abgeholzt haben werden, so wird die Tanne immer noch ein exakter logischer Begriff sein.

Insbesondere haben wir noch nie die „Pflanze" als solche wahrgenommen. Da sie jedes denkbare Gewächs ermöglichen soll, muss sie ein völlig abstrakter Begriff sein. Goethe sprach in diesem Zusammenhang von der „Urpflanze". Ebenso kann die ‚Prima Materie' des Aristoteles, die als Substanz allem zugrunde liegt, nicht sinnlich wahrgenommen werden. Aber sie ermöglicht, zur Form geworden, die tatsächliche Welt. Die Alten sprachen deshalb von der „Ur-Sache". Hieraus wurde in der Moderne allgemein aus dem Oberbegriff die Ursache, in der die jeweiligen Fakten „be–gründet" sind.

Dabei gilt das alte griechische Grundprinzip: „Die Ursache enthält stets mehr als die daraus folgende Wirkung" (Empedokles). So folgern wir von „Lebewesen" auf „Säugetiere" und schließen dabei beispielsweise die „Reptilien" aus. Aus „Säugetiere" schließen wir dann auf „Affen", schließen somit die „Pferde" aus; weiter von „Affen" auf „Gorilla" und schließen die „Schimpansen" aus usw.

Betrachten wir als weiteres Beispiel die Rechtswissenschaft. Oberster Grundbegriff bildet die gewisse zugrunde liegende Rechtsauffassung, beispielsweise das Naturrecht, der Rechtspositivismus. Das Grundgesetz beruht auf den Grundrechten, den Menschenrechten. Hieraus leiten sich das Öffentliche Recht, das Privatrecht und das Strafrecht ab. Wie nun das Rechteck als Unterbegriff nicht die Gesetze des Parallelogramms negieren kann, so beispielsweise das Strafrecht nicht diejenigen Normen des Grundgesetzes. Insofern ist beispielsweise die Schuldfähigkeit eines Delinquenten zu prüfen und hieraus die entsprechenden Folgerungen für ein mögliches Strafmaß zu ziehen.

Wir können die „Deduktion" auch von der anderen Seite her betrachten. Die Menge der Quadrate ist eine Teilmenge der Menge der Rechtecke. Wir können also logisch schließen: Ist ABCD ein Quadrat, dann ist ABCD auch ein Rechteck, kurz, aus Quadrat folgt Rechteck. Der Kehrschluss ist natürlich falsch. Wenn ein Rechteck vorliegt, können wir nicht behaupten, es sei ein Quadrat. Ebenso folgt aus „Pferd" das „Säugetier", wieder ist der Kehrschluss falsch. Oder, ist X eine Blume, so ist X eine Pflanze usw.

Allgemein bezeichnet die moderne Logik ein Schema der Form:

(aus p folgt q) & (aus q folgt r) & (aus r folgt u) & (aus u folgt v),

als eine Deduktion, wenn für jede Klammer nach dem Syllogismus gilt:

x ist wahr	(Prämisse 1)
aus x folgt y ist wahr	(Prämisse 2)
y ist wahr	(Schlussfolgerung)

Der Unterschied zur formalen Logik des ‚Systems 2' ist hier, dass die Aussage p an der Spitze der Kette kein Axiom ist. Ist p ein Axiom, das heißt gilt $p = a$, so geht die allgemeine Deduktion des „Schwachen Systems 2" in das „Starke System 2" über.

Tatsächlich ist dieses allgemeine Prinzip praktisch für jede Wissenschaft von grundsätzlicher Bedeutung. Betrachten wir beispielsweise die Volkswirtschaftslehre. Wir setzen einen offenen Markt voraus; jeder Teilnehmer hat vollständige Transparenz. Sowohl die Nachfrager als auch die Anbieter gehen davon aus, dass ihre jeweiligen Entscheidungen hierbei irrelevant für die jeweils Übrigen seien, also ein vollkommenes Polypol. Man beachte übrigens den Platonismus hierbei. Nun schließen wir deduktiv mittels ökonomischer Aussagen, dass sich auf diesem Markt dann nur genau ein Preis bilden kann, sowie dass die Anbieter keinen Gewinn über die brancheübliche Verzinsung erhalten können. Es ist aber auch hier klar, dass die Schlüsse nur dann korrekt sind, wenn sich Begriffe wie „Polypol" als „Unterbegriff" in das allgemeine Schema der Ökonomie als „Oberbegriff" einordnen lassen.

In der Soziologie wird aus der Voraussetzung, dass wenn in der Gruppe A die soziale Isolierung stärker ist als in der Gruppe B, geschlossen, dass dann die Selbstmordrate in der Gruppe A höher ist als in der Gruppe B. Oder in der Pädagogik: Wir schließen für ein neues Lernverfahren auf Grund lernpsychologischer Theoreme, dass man hierdurch bessere Ergebnisse erzielen kann als im Vergleich zu einem weiteren alternativen Verfahren.

Und trotzdem werden gerade hier oft gravierende Fehler begangen. Zum Beispiel: Die Voraussetzung, aus der geschlossen wird, gehört überhaupt nicht der Theorie an, aus der im Weiteren die Folgerungen gezogen werden; sie ist also gar nicht in der Sprache der jeweiligen Theorie formuliert. So haben wir schon bei der Aufklärung gesehen, dass sie ihrem Materialismus die Mechanik Newtons zugrunde gelegt hat. La Mettrie schloss beispielsweise hieraus, dass „die Natur eine Maschine gemacht hat, die denkt". Doch aus keinem der Newton'schen Axiome lässt sich auch nur im Entferntesten ein solcher Satz ableiten. Selbstverständlich ist „denken" ein der Mechanik völlig fremder Begriff. Wir werden im Zusammenhang mit weiteren Beispielen hierauf noch ausführlich eingehen.

4.3. Induktives Denken

„Sinnliches Wahrnehmen erstreckt sich notwendig auf das Einzelne, Wissenschaft aber ist Erkennen mit Hilfe des Allgemeinen" (Aristoteles).

Auch die Induktion verdanken wir Aristoteles. Im Gegensatz zur Deduktion gehen wir hierbei gerade den umgekehrten Weg: „Vom Besonderen zum Allgemeinen". Wie wir gesehen haben, ging nämlich Aristoteles, da „die Phänomene gerettet werden sollen" (Aristoteles), zunächst vom konkret Einzelnen aus. Um aber dieses „Allgemeine" erkennen zu können, war eine „genügend große Zahl" von singulären Beobachtungen nötig, um gemäß dem Prinzip der Induktion „Vom Besonderen auf das Allgemeine" schließen zu können.

Tatsächlich stützte sich Aristoteles bei zahlreichen seiner Arbeiten auf fremde oder eigene Beobachtungen. Für seine Staatenlehre legte er 158 verschiedene mögliche Staatsformen zugrunde, die er gesammelt hatte. Er erwähnte, dass bei jungen Vögeln, denen man die Augen ausgestochen hatte, diese wieder nachgewachsen seien. Er widerlegte die These, der rechte Hoden produziere männliche, der linke weibliche Nachkommenschaft, indem er bemerkte, dass einem Mann, dem ein Hoden entfernt wurde, dieser trotzdem Nachkommenschaft beiderlei Geschlechtes hatte. Inwieweit er seine Bemerkung, dass „bei beiden Geschlechtern das Pferd nach dem Menschen das geilste Tier ist“, auf konkrete Beobachtung stützte, mag hier offen bleiben.

Tatsächlich hat hier Aristoteles einen weiteren Markstein von überragender Bedeutung gesetzt. Es „wurde als erstes das Prinzip des Empirismus durch die Forderung vertreten, es komme auf die ‚Zusammenstimmung‘ der allgemeinen Prinzipien mit den beobachteten Tatsachen an“ (Ernst Hoffmann). Aristoteles sagt nämlich, dass in der Naturwissenschaft Theorien ohne Beobachtung „leer“ seien. Man glaubt Kant zu hören. Mit dem Induktionsprinzip und der Begründung der Empirischen Wissenschaften hat Aristoteles, neben der Logik, den zweiten Weg zu den modernen Wissenschaften erschlossen.

Da die Griechen während des Hellenismus nicht am Konkreten interessiert waren, die Philosophie des Mittelalters, die Scholastik, platonisch mit der Frage nach Gott rang, dauerte es bis zum 16. Jahrhundert, bis das Denkprinzip der Induktion von Francis Bacon erneut in den Mittelpunkt der Erkenntnistheorie rückte. In konsequenter Befolgung der Prinzipien des Realismus wollte er „zu den Sachen direkt vordringen“ (F. Bacon), ohne Belastung durch irgendwelche vorgefassten Ideen. Platon nannte er einen „schwülstigen Poeten“, einen „tollen Theologen“, selbst Aristoteles wurde scharf kritisiert.

Sein Anspruch bestand darin, den Wissenschaften eine sichere, feste Grundlage zu geben. Dazu wäre aber erforderlich gewesen, das vorhandene Material zu sichten, zu ordnen und zu klassifizieren. Hierzu hätte er aber über eine entsprechende Methode verfügen müssen. Da er jedoch sowohl Platon als auch Aristoteles ablehnte, er diesen aber kein eigenes Konzept entgegensetzen konnte, musste er folgerichtig sein Material ohne einen bindenden Leitfaden zusammentragen. Er findet es „durch eine gelegentliche Beobachtung, bald nach einer Bemerkung in einem wissenschaftlichen Werk, dann wieder in einer Reisebeschreibung, bald eine Behauptung, die er vom Hörensagen hinnimmt“ (Ernst Cassirer). Harvey, der Entdecker des Blutkreislaufes, bemerkte hierzu spöttisch: „Er betreibt Naturlehre wie ein Lordkanzler.“

Das Fehlen eines allgemein klassifizierenden, ordnenden Prinzips bei Francis Bacon wird so offensichtlich; „seine induktive Methode krankt daran, dass er der Hypothese zu geringen Wert beimaß" (Bertrand Russel) und „damit bleiben ihm die gedanklichen Instrumente fremd, mit denen die neue Wissenschaft arbeitet" (Ernst Cassirer). Man sieht, wie das philosophische Niveau hinter den großen Griechen zurückgeblieben ist.

„Somit ist klar, dass die Induktion an und für sich kein Wissen, ja nicht einmal eine moralische Gewissheit hervorbringt ohne die Stütze anderer Sätze, die nicht auf Induktion, sondern auf allgemeinen Vernunftgründen beruhen", sagt Leibniz. Folglich erkennen wir das entscheidende Problem, nämlich dass das „Allgemeine" der Induktion nur durch den Sprung vom sinnlichen Realismus zu den allgemein gültigen „Platonischen Ideen" erreicht werden kann. Was natürlich einem Mann wie Aristoteles ohne Weiteres klar war, wenn er sagt: „Durch bloße Sinneserkenntnis ergibt sich kein Wissen, (...) sinnliches Wahrnehmen erstreckt sich notwendig auf das Einzelne, Wissenschaft aber ist Erkennen mit Hilfe des Allgemeinen." Und weiter: „Im Stoff liegt das Notwendige, aber das Wozu liegt im Geist." (Aristoteles).

Wir erläutern dies an zwei Beispielen:

An den seinerzeitigen ökonomischen Verhältnissen glaubte Karl Marx feststellen zu können, dass eine „Industrielle Reservearmee" stets bereitstehe, um jederzeit dafür zu sorgen, dass der Lohn nie über das Existenzminimum hinausreichen kann. Denn sowie dieser über jenes hinausreicht, kann der Kapitalist durch Entlassungen bzw. Neueinstellungen jederzeit den Lohn auf das Minimum zurückführen. Da der Kapitalist aber nur dann Arbeiter einstellt, wenn sie über ihre Produktivität auch noch einen zusätzlichen „Mehrwert" erzeugen, fällt dieser ausschließlich dem Kapitalsten zu. Bis jetzt sind wir immer noch im System 1 der sensualistischen Induktion. Unsere Beobachtungen stützen sich auf konkrete Daten, Bilanzen, Statistiken und Ähnliches.

Nun folgt der Sprung in das Reich Platons, wenn der Mehrwert, abgehoben von jedem Konkreten, als allgemeine Idee in die Theorie eingeht. Auf dieser neuen Bedeutung des „Mehrwerts“, als allgemeines „Faktum“, bauen sich dann als Basis die weiteren Theorien wie „Akkumulationstheorie“, „Verelendungstheorie“, „Zusammenbruchstheorie“ auf. Man beachte den Unterschied: Solange wir im Konkreten verbleiben, hatten die Aussagen nur Bedeutung für diese bestimmte historische Situation in England. Erst als daraus durch den „Platonismus“ eine allgemeine Idee wurde, konnten Karl Liebknecht (1871 bis 1919), Rosa Luxemburg (1871 bis 1919) und Lenin (1870 bis 1924) behaupten, dass sie auch für ihre Verhältnisse gültig sei.

In der Volkswirtschaftslehre ist eines der Fundamentalregeln das „Gesetz vom abnehmenden Ertragszuwachs“. Wir finden es überall, ob bei der Arbeitsproduktivität oder bei der Keynes‘schen Begründung des Zinssatzes als obere Grenze für die Investition. Wie wird dieses Gesetz begründet? Nach Walter Eucken (1891 bis 1950) ist es ein reines Erfahrungsgesetz. Unzählige Statistiken weisen nach, dass mit zunehmendem Faktoreinsatz der Ertrag zwar noch zunimmt, die Rate der Zunahme aber ab einem gewissen Punkt kontinuierlich abnimmt. Doch trotz der vielen Statistiken sind wir noch im Konkreten, das Gesetz ist eben nur für genau diese Statistiken nachgewiesen. Jetzt kommt der Sprung in das „Ideale“. Wir setzen dieses Gesetz als allgemeingültig voraus. Der Student der Ökonomie lernt nun nicht mehr die Statistiken, sondern nur noch dieses Gesetz und setzt bei seiner beruflichen Tätigkeit dessen Gültigkeit automatisch voraus.

Wir könnten die Beispiele aus der Pädagogik, Medizin, Soziologie u.v.a. beliebig erweitern. Übrigens sollten wir immer skeptisch bleiben, wenn eine Analyse mit dem Satz: „Die Erfahrung hat gezeigt“ beginnt. Welche „Erfahrung“, wie kam sie zustande, wie viele Objekte wurden untersucht usw.? Wir werden später diese Frage ausführlich aufgreifen.

4.4.Denken nach den Prinzipien der Isolation und Superposition

„Unsere Forschung muss darauf gerichtet sein, aus einfachen Komponenten, die wir selbst zusammenfügen, aus Bedingungen, die wir erschaffen, deduktiv ein Ergebnis abzuleiten, das den Erscheinungen durchgehend entspricht“ (Ernst Cassirer).

Wir verdanken dieses Prinzip dem Begründer der modernen Wissenschaften: Galilei. Anhand des „Freien Falls“ des ersten Problems, das auf neuzeitliche moderne Art und Weise gelöst wurde, entwickelte er seine bahnbrechenden Methoden. Dabei war klar, dass alleine der momentane sinnliche Eindruck keine validen Ergebnisse könne und die bisherige Annahme von Aristoteles, schwere Körper fallen schneller als leichte, widerlegt werden müsse „non si puo dar ferma scienza“ – „Es gibt keine feste Wissenschaft“ (Galilei). „Über alle Zufälligkeiten des konkreten Falles“ (Ernst Cassirer), wie momentane Luftbewegungen, unterschiedliche Fallkörper usw. soll separat entschieden werden, um herauszufinden, welche Wirkung die eigentliche Ursache des Falls hat, nämlich die Schwerkraft. Mit anderen Worten, wir isolieren den Prozess von sämtlichen Einflussfaktoren, die nicht eigentlich für den „Freien Fall“ relevant sind.

Wir kennen das Ergebnis: Unabhängig von ihrer Masse fallen alle Körper gleich schnell. Damit sehen wir, dass wir wieder im Reich Platons sind. Denn der sinnliche Eindruck, der bereits in der ersten Stunde des Physikunterrichts die Schüler vor große Probleme stellt, ist natürlich, dass eine Feder um ein Vielfaches langsamer fällt als eine Eisenmurmel. Wir müssen also auch hier streng zwischen theoretischem Ergebnis und sinnlicher Anschauung trennen.

Wir halten somit als erstes Ergebnis fest: Wir untersuchen einen Prozess alleine unter bestimmten exakt definierten Voraussetzungen. Alle anderen Faktoren ignorieren wir gemäß dem „Isolationsprinzip“. Dieses trennt, „isoliert“, also den Prozess von gewissen weiteren Einflussfaktoren. Dabei kann das „Isolationsprinzip“ nicht sinnlich wahrgenommen werden, es ist also eine „Platonische Idee“.

Scheinbar haben wir uns somit in der Theorie verloren; die reale Welt ist uns offenbar aus den Händen geglitten. Doch nun untersuchen wir die Störfaktoren nach dem gleichen Prinzip. Der Körper möge in einer Flüssigkeit oder im Luftmedium fallen. Wir ignorieren nun die Schwerkraft und untersuchen, welche Bewegung der Körper ausführen würde, wenn er beispielsweise nur einem gewissen Luftwiderstand ausgesetzt wäre. Somit erhalten wir eine weitere Bewegung.

Nun greift unser zweites Prinzip, die „Superposition", das Newton später als erstes Axiom seiner Mechanik zugrunde legen wird. Wir „überlagern" also die beiden Bewegungen und erhalten so die tatsächliche. Mathematisch geschieht dies durch die Vektorrechnung.

Auf diesen beiden Prinzipien beruht praktisch die gesamte Physik. Beispielsweise wissen wir, dass ein Ton durch Luftschwingungen entsteht, also durch Wellen mit einer bestimmten Frequenz, das heißt der Anzahl der Schwingungen pro Zeiteinheit, im Allgemeinen pro Sekunde, die wir in Hertz (Hz) messen. In Anlehnung an Pythagoras, von dem wir wissen, dass er als Erster die Verhältnisse an einer schwingenden Saite erkannt hat, nennt man dies in der Mathematik die „Harmonische Analyse". Wir „isolieren" den ersten Grundton, in der Musik allgemein eine Schwingung von 440 Hz. Wie bei Pythagoras betrachten wir nun den ersten Oberton von 880 Hz. Weiter: 1760 Hz usw. Nun „überlagern" wir sämtliche Schwingungen nach dem „Superpositionsprinzip". Je nachdem, wie die Obertöne zusammengesetzt sind, ergeben sich dann die Klangfarben der verschiedenen Instrumente: Geige, Trompete, Fagott.

In der Elektrodynamik „isolieren" wir die idealen Elemente „Kondensator", „Widerstand" und „Induktion", „überlagern" diese und können so den Schwingkreis studieren. Jedes Physikbuch liefert uns auf jeder Seite weitere Beispiele, so heißt es bei Landau-Lifschitz: „Das Superpositionsprinzip ist ein grundlegendes Prinzip der Quantenmechanik."

Dabei sind die Prinzipien keineswegs auf die Physik beschränkt. Wie gesagt, nachdem diese ihre Triumphe feierte, war es klar, dass auch die übrigen Wissenschaften diesem Ideal nachstrebten. Auguste Comte (1798 bis 1857), der Begründer der Soziologie, bezeichnete sich als den „Galilei der Soziologie". Wenn Max Weber den Idealtypus definiert „als gewonnen durch einseitige Steigerung eines oder einiger Gesichtspunkte ... ", so haben wir hier nichts anderes als das Isolationsprinzip in der Soziologie. In der Nationalökonomie spricht Walter Eucken, der die theoretischen Grundlagen für die Soziale Marktwirtschaft der Bundesrepublik Deutschland entwickelte, im selben Zusammenhang von „reinen Formen, echten Idealtypen, von denen jeder einzelne nur *eine* Seite der Tatsachenbefunde wiedergibt." Solche sind die Wirtschaftssysteme, die Marktformen und die Geldsysteme. Allgemein kennen wir dieses Prinzip in der Ökonomie als die „Ceteris Paribus Klausel". Also bei einer ökonomischen Untersuchung ignorieren wir alle „Übrigen Teile" und analysieren lediglich einen bestimmten „pointiert herausgehobenen" (Walter Eucken) Vorgang. Betrachten wir beispielsweise in einem makroökonomischen Modell (Platonismus!) zunächst lediglich die Sektoren Haushalt, Unternehmen und Banken. In einem weiteren „Zwei-Länder-zwei-Güter-Modell" werden die Auswirkungen des Außenhandels auf den Wechselkurs analysiert. Allgemein zeigt sich in jeder Wissenschaft offenbar gerade darin das entscheidende Talent, die hierfür relevanten Merkmale zu erfassen, „in der Beschränkung zeigt sich erst der Meister" (Goethe).

Während wir also das „Isolationsprinzip" in nahezu allen Wissenschaften wiederfinden, ist die Anwendung des zweiten, des „Superpositionsprinzips" problematischer. Erinnern wir uns an dessen Formulierung im ersten Newton'schen Axiom: „Bewegungen überlagern sich ungestört." Beispielsweise können wir beim „Waagrechten Wurf" diesen nach dem „Isolationsprinzip" in eine senkrechte und waagrechte Komponente zerlegen, diese dann, ohne dass dies Rückwirkungen auf diese einzelnen Bewegungen hat, vektoriell zur endgültigen Bewegung „überlagern".

In den Sozialwissenschaften ist jedoch dieses „ungestört" das Problem. In unserem obigen Beispiel des Wirtschaftskreislaufes erfassten wir zunächst, „Ceteris Paribus" Unternehmen, Haushalte, und Banken in einem Modell; in einem weiteren „Ceteris Paribus" die Auswirkungen des Außenhandels auf den Wechselkurs. Würden wir nun einfach „ungestört überlagern", so würden wir falsche Ergebnisse erhalten. Denn offenbar würde sich der Außenhandel rückwirkend auf die Unternehmen und Haushalte auswirken, deren Verhalten aber auch wieder den Außenhandel beeinflussen.

Andererseits ist die „Superposition" in anderem Zusammenhang durchaus sinnvoll. Bei Walter Eucken ist „die Wirtschaftordnung die Gesamtheit der Formen, in denen die Lenkung des alltäglichen Wirtschaftprozesses in concreto – hier und dort, in Gegenwart und Vergangenheit – erfolgte und erfolgt." Wir wissen, dass diese Formen, die Wirtschaftssysteme, die Marktformen und die Geldsysteme ideale Typisierungen sind, die jeweils „isoliert" analysiert werden und durch eine gewisse „Überlagerung" zur bestimmten Wirtschaftsordnung sich finden.

4.5. Organisches Denken

„Das Ganze ist mehr als die Summe seiner Teile" (Aristoteles).

„Im lebendigen Organismus liegen die Teile nicht bloß nebeneinander, sondern wirken auch gegenseitig aufeinander, wobei alle auf einen gemeinschaftlichen Zweck hin arbeiten (...). Es gibt keine Verrichtung, die nicht der Hilfe und des Zusammenwirkens nahezu aller Übrigen bedürfe", sagt Cuvier. Das Lebendige ist also eine „Totalität". Wir werden sehen, dass gerade an diesem Problem der Darwinismus mit seinen Prinzipien der „Mutation" und „Selektion" seine Grenzen erfährt. Das Problem der „Ganzheit" kann hiermit nicht gelöst werden.

Aber auch die Physik kann diese Frage „mit Schrauben und Hebeln" (Goethe) nicht klären. Die moderne Physik, die auf dem Atombegriff beruht, kommt zu dem Ergebnis, dass „die bloße Feststellung der Wichtigkeit des Atombegriffs nicht ausreicht, um biologische Phänomene zu erklären", sagt Nils Bohr (1885 bis 1962). Und Erwin Schrödinger (1887 bis 1961) vermutet ebenfalls, dass hier „noch andere, unbekannte physikalische Gesetze" wirksam sind. Wolfgang Pauli „steht der Auffassung, nach der die Entwicklung der Arten alleine durch Physik und Chemie zustande gekommen sein soll, äußerst skeptisch gegenüber. Er empfindet dieses Schema als zu eng" (Werner Heisenberg).

Dass das Leben nicht durch die Atome Demokrits, mit dem Prinzip der rein „mechanischen Notwendigkeit" (Demokrit), also physikalisch, nicht erklärbar ist, war Aristoteles ohne weiteres klar. Denn „der Naturforscher hat es mit einer Synthesis und Ganzheit eines Wesens zu tun" (Aristoteles). Somit hat er den hier für alle Zeiten prägenden Begriff des „Organismus" geschaffen. Also eine „Bezeichnung für das Gesamtsystem der Organe des lebenden Körpers, das sich aus verschiedenen, der Entwicklung, Erhaltung und Vermehrung des Lebens dienenden funktionellen Einheiten aufbaut" (Meyers Enzyklopädisches Lexikon).

Doch wir können diesen Begriff auf beliebige Strukturen ausdehnen. Denn „die Kategorien bilden keinen ungeordneten Haufen, sondern ein organisch zusammenhängendes Ganzes, in welchem jedes Glied eine bestimmte Stelle einnimmt und in abgestufter Beziehung der Verwandtschaft und Unterordnung zu jedem anderen steht", sagt Hegel. Somit verstehen wir unter „Organischem Denken" ein Denken in diesem Sinne.

Wie sind nun die Verhältnisse zwischen biologischem und physikalischem Denken? Zunächst gilt für die Biologie das Prinzip der „Ganzheit". Wie wir jedoch gesehen haben, trifft dies auch für die Physik zu. Erinnern wir uns an Pierre Duhem, wenn er sagt: „Die Physik ist keine Maschine, die sich auseinandernehmen lässt(...). Die physikalische Wissenschaft ist ein System, das man als geschlossenes Ganzes nehmen muss; sie ist ein Organismus, von dem man keinen Teil einzeln funktionieren lassen kann, ohne dass damit auch alle anderen, noch so entfernten Teile, die einen mehr, die anderen weniger, aber jeder in einem bestimmten Grade, in Wirklichkeit treten" (P. Duhem). Für Werner Heisenberg gilt eine physikalische Theorie als abgeschlossen, wenn sie auf einem widerspruchsfreien vollständigen Axiomensystem aufgebaut ist, wobei kein Begriff weggelassen oder hinzugefügt werden darf, ohne dass die Theorie ihre Aussagekraft verliert. Man gelangt somit „nur dann zu einer brauchbaren Darstellung der Gesetzmäßigkeiten, wenn man die physikalischen Gebilde als Ganzes betrachtet", sagt Max Planck

Weiter haben wir für die Physik das „Isolationsprinzip" als konstitutiv erkannt. Doch wir finden das auch in der Biologie. Beispielsweise „isolieren" wir in einer mechanischen Uhr die Feder als Energiespeicher für deren Ablauf. Ebenso „isoliert" man eine Fettzelle im Körper als Energiespeicher und analysiert ihre Eigenschaften. Insofern besteht auch hier eine Gemeinsamkeit.

Doch bei dem weiteren Grundprinzip der Physik, dem „Superpositionsprinzip", haben wir bereits Schwierigkeiten im Zusammenhang mit der Ökonomie gesehen. Diese werden erst recht in der Biologie signifikant. Denn während wir bei der Uhr Feder und Räderwerk zunächst jedes in seinen typischen Eigenschaften „isoliert" analysieren können und dann durch „Superposition" die „ungestörte Überlagerung" vornehmen können, ist dies in der Biologie nicht möglich. Wenn wir nämlich beispielsweise Lunge und Herz „isoliert" analysieren, so wirkt in der folgenden Zusammensetzung des organischen Körpers jedes Teil auf jedes, von „ungestört", kann keine Rede sein.

Hinzu kommt ein weiteres. „Isolieren" wir in der Physik, so behält jedes Teil seine grundsätzlichen Eigenschaften bei. Beispielsweise sind die Eigenschaften einer Feder im obigen Sinne völlig unabhängig von ihrer Funktionsweise in der Uhr. Wir können ihre elastischen Eigenschaften ebenso im Zusammenhang zur Federung im Fahrwerk eines Kraftfahrzeuges verwenden. Ebenso wenig hängen die Eigenschaften eines Hebels lediglich am Heusinger-Gestänge einer Dampflokomotive. Die Hebelgesetze des Gleichgewichts von Galilei sind völlig unabhängig von dem übrigen Mechanismus der Lokomotive.

Doch die grundlegende Eigenschaft der Physik, dass bei der „Isolation" „jedes Teil seine Fundamentaleigenschaften beibehält", trifft in der Biologie gerade nicht zu. Denn der Naturforscher hat es „mit einer Ganzheit zu tun, aber nicht mit Teilen, die abgetrennt von dem Wesen, zu dem sie gehören, gar nicht existieren" (Aristoteles). Ein einzelnes Bein mag es in gewissen Phantasiefilmen geben, nie hat sich in der Natur etwas Derartiges entwickelt; ebenso wenig ein singuläres Auge, das sieht. Für wen auch? Erst im Zusammenspiel mit einem Organismus erhält es seinen Sinn.

Halten wir fest:

Die Physik ist ein organisches Ganzes, charakterisiert durch folgende Merkmale: 1. Die Existenz eines vollständigen widerspruchsfreien Axiomensystems, welches nur logisch streng beweisbare Aussagen zulässt. 2. Ergänzt durch die Galilei'schen Prinzipien der „Mathematisierung", „Isolation" und „Superposition". Diesbezügliche Aussagen sind nur im Rahmen der Physik möglich. Dagegen unterliegen biologische, psychologische, soziologische, ökonomische Aussagen nicht diesen Prinzipien. Hieraus folgt insbesondere, dass diese Wissenschaften, also Biologie, Soziologie usw. nicht physikalisch begründet werden können und somit eigene Erkenntnisprinzipien nachweisen müssen. Insbesondere gilt in der Biologie streng das organische Denken, dabei verlieren die jeweiligen Organe, isoliert betrachtet, ihren Sinn.

Der Konflikt zwischen ganzheitlich organischem und analytisch-mathematisch-logischem Denken durchzieht die gesamte moderne Wissenschaftsgeschichte. Für die Sozialwissenschaften gilt einerseits das Vorbild der Naturwissenschaften, insbesondere das der Physik, als Orientierungspunkt. Doch während dort die Atome in ihren Eigenschaften identische unabhängige Objekte sind oder zumindest durch allgemeine gültige Gesetze verbunden sind, ist in den Sozialwissenschaften der Mensch der Erkenntnisgegenstand. Dieser hat aber einen freien Willen, anders ist Moral nicht möglich, untersteht also keinem Gesetz analog zu den Atomen. Des Weiteren ist er auch „ein soziales Wesen" (Aristoteles), also eines, das in eine Gesellschaft eingebunden ist. Dabei unterliegt er hier gewissen Normen und die Frage ist, ob diese analog zu den Naturgesetzen erfasst werden können. Je nachdem sehen für die verschiedenen Wissenschaftler die Antworten anders aus.

In der Ökonomie bestreitet Walter Eucken die Anwendung der Mathematik zwar grundsätzlich nicht, fügt aber an, dass „ihre Ansätze oft, bei formal-logischer Richtigkeit, mit der realen Wirtschaft wenig oder nichts zu tun haben". Streng urteilt Keynes, wenn er sagt,

„Zweck unserer Analyse ist es nicht, eine Maschine oder eine blind anwendbare Methode bereitzustellen, die eine unfehlbare Antwort liefert, sondern eine organisierte und geordnete Methode aufzubauen, mit der wir besondere Probleme ausdenken können(…). Es ist ein großer Fehler der symbolischen pseudomathematischen Methoden, die ein System wirtschaftlicher Analyse formalisieren(…) dass sie ausdrücklich strenge Unabhängigkeit zwischen den bezüglichen Faktoren voraussetzen(…). Ein allzu großer Teil jüngster (Erscheinungsjahr des Buches 1935!) „mathematischer" Wirtschaftslehren ist ein bloßes Gebräu, so ungenau wie die anfänglichen Voraussetzungen, auf denen sie beruhen und welche dem Autor erlauben, die Verwicklungen und gegenseiteigen Abhängigkeiten der wirklichen Welt in einem Gebräu anmaßender und nutzloser Symbole aus dem Gesicht zu verlieren" (J. M. Keynes).

Andererseits empfehlen Henderson und Quandt „ihren Studenten, ihre mathematischen Kenntnisse aufzufrischen und bestehende Lücken zu füllen." Denn für ihre Theorie sei die „Differenzialrechnung das mathematische Hauptinstrument. Eine Betrachtung einfacher Differenzialgleichungen wurde angefügt. Das Konzept konvexer und konkaver Funktionen, die in der ökonomischen Literatur große Bedeutung gewonnen haben, wird vorgestellt" (Henderson Quandt).

Großes Aufsehen erregte in der Soziologie der sogenannte „Positivismusstreit". Ausgehend von einem Aufsatz von Max Horkheimer (1895 bis 1973) mit einer Kritik an dem logischen Positivismus des Wiener Kreises, standen sich auf der einen Seite Hans Albert (geb. 1921) und Karl Popper (1902 bis 1994), auf der anderen Theodor Adorno (1903 bis 1969) und Jürgen Habermas (geb. 1929), die sogenannte „Frankfurter Schule", gegenüber. Vereinfacht gesagt ging es um die Frage, ob gewisse soziale Probleme im Sinne des „Isolationsprinzips" analysiert werden können und es somit möglich wird, sie theoretisch jeweils einzeln zu bearbeiten, was die Position von Albert und Popper war. Letzterer vertrat hier die prinzipielle Einheit von Natur- und Sozialwissenschaften. Dagegen vertraten Adorno und Habermas die These, dass wir ein soziales System als Ganzes sehen müssen. Die politischen ebenso wie die ökonomischen Machtverhältnisse, das Erziehungs- und Bildungssystem in Schule und Universität, die Massenmedien, soziale Gruppen wie die Familie, soziale Aggregate wie der Wohnbezirk usw., dass diese alle im Sinne des Organischen verbunden seien. Somit sind also die Probleme nicht im Einzelnen, sondern nur für die Gesellschaft als Ganzes zu lösen.

4.6. Denken in den Prinzipien Mutation und Selektion

„Am Leben gehen dem Denken, das sich an Bestimmungen der Reflexions-Verhältnisse und des formalen Begriffs hält, schlechthin alle seine Gedanken aus, ... (es ist) ein unbegreifliches Geheimnis" (Hegel).

„On the Origin of Species by Means of Natural Selection or the Preservation of Favoured Races in the Struggle of Life", lautet der Titel des Buches, das wie kaum ein zweites die Welt in seinen Grundfesten erschüttern sollte. „Verstanden wollte dies sein als ein Vorschlag, ein wissenschaftliches Problem zu fördern. Und zweifellos ist dies in einem unerwarteten Maß gelungen" (Alfred Heuß). Und sogar ein in derartigen Dingen so skeptischer Geist wie Helmuth Plessner (1892 bis 1985) sagt, dass die Theorie „Zusammenhänge innerhalb der Tier- und Menschenwelt aufgedeckt hat, die als Tatsachen zu respektieren sind."

Im Gegensatz zu den französischen Philosophen, die ihre geistreichen Theorien mit Perücken in eleganten Salons parfümierten Damen in charmantem Gespräch vortrugen, war „die Art, in der Darwin seine Lehre gefunden und in der er sie begründet und dargestellt hat, ein Musterbeispiel echt induktiver Forschung und Beweisführung" (Ernst Cassirer). Jede Aussage ist auf ein gewaltiges Beobachtungsmaterial, das er auf seinen Reisen gesammelt hatte, gestützt. Jedermann kennt die Fahrt auf der „Beagle" zu den Galapagos-Inseln. Dabei „spricht er stets mit großer Zurückhaltung und erlaubt sich keine spekulativen Ausblicke" (Ernst Cassirer).

Somit liefert der Darwinismus bis zum heutigen Tage die einzige, bis auf wenige Ausnahmen, allgemein akzeptierte biologische Theorie, die für das Entstehen des Lebens, seinen Variationen in den verschiedensten Richtungen, in Anspruch genommen wird. Doch auch Darwin blieb das Schicksal nicht erspart, dass seine Theorie verwässert, banalisiert wurde, was zu den albernsten Konsequenzen führen sollte. „Wenn mit der Wissenschaft verbundene Ideen in ein anderes Gebiet gezerrt werden, werden sie gewöhnlich vollständig entstellt", sagt Richard Feynman. Schließich muss man geradezu von einer Vergewaltigung der Darwin'schen Ideen sprechen, wenn hierdurch die schlimmsten Verbrechen der Menschheit „gerechtfertigt" wurden, doch davon später.

Inwiefern aus einer Theorie korrekte Aussagen geschlossen werden können, ergibt sich dies aus ihren Voraussetzungen. Denn es ist ein logisches Grundprinzip, dass jede Theorie nur so viel an Geltung beanspruchen darf, als diese aus ihren Voraussetzungen ableitbar sind. Insofern werden wir diese ausführlich analysieren:

Zunächst die allgemeinen gesellschaftlichen Bedingungen:

1. Geologie:

Bereits seit Jahrtausenden war klar, dass die Erde gravierenden Veränderungen unterworfen sein musste. Schon Xenophanes (um 580 vor Chr.) sowie Empedokles (495 bis 435 vor Chr.) wunderten sich über die versteinerten Fossilien, Meeresschnecken, die sie in den Gebirgen fanden, und zogen die entsprechenden Schlüsse; ebenso wie später Leonardo da Vinci (1452 bis 1519). Cuvier folgerte daraus in seiner „Katastrophentheorie", dass diese Umbrüche plötzlich, mehr oder weniger spontan, erfolgt seien. Doch Lyell (1797 bis 1875) hatte gezeigt, dass diese gravierenden Veränderungen keineswegs in plötzlichen Katastrophen abliefen, sondern einem unendlich langsam ablaufenden Prozess geschuldet sind, der auch heute noch abläuft. So bewirken zum Beispiel tektonische Verschiebungen, von Afrika ausgehend, die Faltungen der Alpen. Gerade wegen dem nahezu unendlich langsamen Ablauf nehmen wir diesen infolge der Kürze unseres Lebens nicht wahr, wie praktisch das Standbild eines Filmes.

2. Soziologie:

Malthus (1766 bis 1834) behauptete, dass infolge des medizinischen und allgemeinen Fortschritts die Weltbevölkerung geometrisch exponentiell zunehmen würde, also wie 1, 2, 4, 8, 16 , ... , allgemeine wie 2^n. Dagegen würde die Nahrungsmittelproduktion infolge des technischen Fortschritts nur arithmetisch zunehmen, also wie 1, 2 ,4, 6, 8, ... , allgemein wie $2 \cdot n$. Ein unvermeidlicher Kampf ums Dasein sei die Folge.

3. Züchtung:

Dass bestimmte Rassen Veränderungen unterworfen sein können, war schon lange durch Züchtungen bekannt. Beispielsweise wurde bei Hunden und Tauben festgestellt, dass immer wieder kleine Variationen im Erscheinungsbild auftraten. Da solche Variationen selten auftraten, war natürlich eine große Zahl von Versuchstieren erforderlich. Wurden nun nur diese für die weitere Züchtung verwendet, so konnte man beim erneuten Vorkommen dieser Variationen, bereits in markanterer Form, ganz bestimmte gewünschte neue Rassen züchten.

4. Philosophie:

Hume hatte gezeigt, dass aus den Voraussetzungen des Sensualismus logische Prinzipien nicht zu begründen sind. Jeremy Bentham (1748 bis 1832) und John Stuart Mill fundierten ihr philosophisches System im Hinblick auf das Nützliche, den Zweck, den sogenannten „Utilitarismus", dass also letztlich jedem Mittel ein bestimmter Zweck zugrunde liegt.

Im Einzelnen zog hieraus Darwin folgende Schlüsse:

a) Geologie:

Mit den Veränderungen der Umwelt müssen Veränderungen der lebenden Organismen verbunden sein. Wandelte sich eine Waldlandschaft in eine Steppe um, so mussten die Tiere, die in ihrer Lebensweise optimal dem Wald angepasst waren, sich entweder ändern oder zugrunde gehen. Da die geologischen Änderungen „unendlich" langsam abliefen, musste dies auch für die biologischen gelten.

Auch sie würden sich auch heute noch vor unseren Augen abspielen, auch hier würden wir nur ein Standbild des Filmes wahrnehmen.

b) Soziologie:

Analog zu dort wächst auch die Nachkommenschaft der Tiere exponentiell an. Darwin errechnete, dass sich aus einer einzige Elephantenehe bei einer Lebensdauer von hundert Jahren und einer Nachkommenschaft von sechs Jungen nach 750 Jahren neunzehn Millionen Tiere ergeben würden, obwohl es sich hierbei um die sich am langsamsten fortpflanzende Spezies handelt . Ein Fliegenweibchen legt hundert Eier. Würden die hieraus sich ergebenden Nachkommen gepflegt wie unsere Babys, so würden sich hieraus 50 Fliegenehen ergeben. Verfährt man nun genauso mit diesen Nachkommen, so haben wir in der nächsten Generation schon 5 000 Fliegen und 2 500 Pärchen. Im Durchschnitt haben nun die Fliegen pro Jahr fünfzig Bruten. Würden wir genauso fortfahren wie für die ersten beiden, so könnten wir nach 9 Monaten bereits die gesamte Erde mit unserem Nachwuchs bedecken. „Nach einem Jahr würden dann nur noch die Spitzen der Kirchtürme aus diesem Fliegenmeer hervorragen" (Karl von Frisch). Somit ist klar, dass 98% der jeweiligen Nachkommenschaft zugrunde gehen muss.

c) Züchtung:

So wie der Züchter die jeweiligen Individuen für das Weitere auswählt, so muss auch ein System wirksam sein, das gerade diejenigen Individuen präferiert, die der jeweils neuen Situation am besten angepasst sind. Analog zur Züchtung erfordert dies eine große Anzahl von Individuen.

d) Philosophie:

Gemäß dem Utilitarismus liegt dem ganzen Prozess ein gewisser Zweck zugrunde, und zwar in dem Sinne, dass sich eben jeweils dasjenige fortpflanzt, das den jeweiligen Bedingungen am optimalsten angepasst ist. Aus den Hume'schen Überlegungen schließt aber Darwin, dass der ganze Prozess nicht streng im Sinne der Logik abläuft, sondern ausschließlich dem Zufall geschuldet ist. Der Zufall gehört aber dem Reich der Wahrscheinlichkeit an und unterliegt deren Gesetze. Diese, insbesondere das Gesetz der großen Zahl, erfüllt die Darwin'sche Theorie gemäß b) und c). Anders gesagt, Darwin hat als einer der Ersten die Statistik als grundlegendes Erkenntnismittel erkannt und wurde dadurch zu einem modernen Wissenschaftler.

Die eigentliche Theorie präzisiert dann Darwin, aufbauend auf das oben Gesagte, durch drei Prinzipien bzw. Axiome:

a) Vererbung:

Dabei versteht man unter Vererbung, dass die Nachkommen dieselben Merkmale haben wie die Eltern.

b) Mutation:

Bei der Vererbung können sich spontane Änderungen ergeben; diese erfolgen ausschließlich nach dem Gesetz des Zufalls.

c) Selektion:

Diejenigen Mutationen, die dazu beitragen, dass das Individuum der Umwelt besser angepasst ist, haben eine erhöhte Chance, ihr Erbgut zu tradieren und so die durch die Mutation bewirkte Veränderung im Erbgut der Nachkommen zu tradieren.

Man sieht, die bewusste Auswahl des Züchters wird nun von der Natur durch die Anpassung an die jeweilige Umgebung übernommen.

Viele Missverständnisse, Fehldeutungen, irrelevante Anwendungen des Darwinismus beruhen auf Missachtung der grundlegenden Prinzipien der Theorie. Deshalb halten wir für später bereits jetzt aus dem Gesagten Folgendes fest: Der Prozess läuft „unendlich" langsam ab, er erfordert eine große Anzahl von Individuen und erfolgt in „kleinen Schritten, (...) die Natur kann keine jähen Sprünge machen" (Darwin). Wenn uns die einzelnen Arten als ununterscheidbar erscheinen, so können die tatsächlichen Zwischenräume „je tausend oder gar zehntausend Generationen entsprechen" (Darwin).

Wir erläutern nun das Gesagte an drei Beispielen:

1. Die Taufliege (Drosophila):

Hier wurden erstmalig die Darwin'schen Prinzipien experimentell nachgewiesen. Morgan (1866 bis 1945) zeigte an Hand vieler Millionen Individuen die unterschiedlichsten Mutationen. Dabei waren auffällige Merkmale, wie stummelflügelige Tiere, sehr selten, dagegen zeigten sich viele „kleine Abänderungen, die ebenso erblich waren wie jene und sich nur durch ihre Geringfügigkeit unterschieden. Sie konnten alle Organe und Eigenschaften betreffen, bald die Beschaffenheit der Augen oder der Äderung der Flügel, bald die Zahl und Verteilung der Körperborsten, bald die Gliederung des Körpers oder seine Färbung und Zeichnung und viele andere Merkmale" (Karl von Frisch).

2. Die Kerguelen (Inselgruppe):
Diese sind weit vom Festland entfernt und ständigen Stürmen ausgesetzt. Tatsächlich sind dort alle einheimischen Insekten, aber auch Schmetterling und Käfer, flugunfähig. Das, was auf dem Festland ein großer Nachteil wäre und zum Untergang führen würde, ist gerade dort lebensnotwendig. Denn jeder Flug würde infolge der Stürme auf dem offenen Meer und damit mit dem Tod enden.

3. Der Birkenspanner:
Wie bereits dargelegt, erfolgt ein sichtbarer Zusammenhang erst nach unendlich langen Zeiten. Ein demonstratives Beispiel, das diesen Prozess in einer vergleichsweise minimalen Zeit zeigt, ist der Birkenspanner, ein Schmetterling. Dieser ist weiß mit leicht gesprenkeltem Schwarz, also optimal der Farbe der Birkenrinde angepasst. Tritt nun eine Mutante auf, bei der das Schwarz überwiegt, wird diese sofort von den Vögeln erkannt, mit dem naheliegenden Ausgang der negativen Selektion. Im England der industriellen Revolution änderten sich jedoch die Verhältnisse. Infolge des Kohleabbaus war die ganze Umwelt in eine schwarze Farbe eingehüllt, insbesondere die Birken. Nun hatten die Mutanten eine erhöhte Überlebenschance. Tatsächlich war es nach gewisser Zeit der Regelfall, dass die Schmetterlinge überwiegend schwarz waren.

Wir haben etwas vorgegriffen. Tatsächlich kam der Darwinismus unmittelbar nach seiner Formulierung in eine tiefe Krise. Einerseits glaubte man die Veränderung der Arten auch anderweitig begründen zu können. Insbesondere stand man aber vor dem Problem, wie die Mutationen erklärt werden können. Wir brauchen jetzt die Wege im Einzelnen nicht zu verfolgen; die Lösung kam durch die Chemie.

Tatsächlich ergab es sich, dass die Vererbung durch ein gewaltiges Molekül, die Desoxyribonukleinsäure (DNS oder auch DNA) gesteuert wird. Dieses hat die Form einer Wendeltreppe, an den Rändern, dem „Geländer", befindet sich auf jeder „Stufe" je ein Molekül aus Phosphorsäure und Zucker, die „Treppe" bilden zwei paarweise aneinandergekoppelte Basen. Diese Basen sind vier Moleküle, die bestimmte Kopplungen eingehen können und sie sind es, die den ganzen Aufbau des Lebewesens determinieren. Dabei definiert sich ein einzelnes Gen durch eine bestimmte Kombination dieser Basen in der DNS. Und genau diese Gene sind die Erbträger bestimmter Eigenschaften. Ähnlich wie sich das Morsealphabet durch die alternativen Kombinationen von " . " und " – " bildet und wir so eine komplexe Information verschlüsseln können, so sind sämtliche Information für das Lebewesen in der DNS enthalten. Man spricht vom genetischen Code.

Bei der Paarung spaltet sich die Wendeltreppe von Mutter und Vater in je zwei Hälften auf, „vergleichbar dem Auflösen eines Reißverschlusses"(K. v. Frisch). Nun werden diese halben Teile jedes Elternteils in der Eizelle zu einer neuen Wendeltreppe vereinigt. So geht von jedem Elternteil der entsprechende Informationssatz ein und wird auf den Nachkommen übertragen. Die Mutationen ergeben sich dann so, dass bei dieser Reduplikation oder aus sonstigen Gründen kleine Fehler auftreten können. Dies ergibt dann eine Abweichung im Erscheinungsbild, dem Phänotypus des Nachkommen.

Auch die weitere Voraussetzung des Zufalls hat sich erfüllt. Tatsächlich ist der Aufbau dieser komplexen Systeme „ein völlig blindes Spiel" (J. Monod), der reine Zufall und nichts als der Zufall. „In dem Sinne, als es unmöglich ist, irgendeine theoretische oder empirische Regel zu formulieren, mit der sich aus der Kenntnis von hundertneunundneunzig eines aus zweihundert Bausteinen bestehenden Proteins die Beschaffenheit des restlichen, noch nicht durch die Analyse festgestellten Bausteines vorhersagen ließe" (J. Monod).

Somit hat sich die Theorie Darwins glänzend bestätigt. Doch trotz der durch raffinierteste und genialste Methoden erworbenen Erkenntnisse der Wissenschaftler, der weltweiten Forschung, bleiben noch viele Fragen offen, ja, bei den eigentlichen stehen wir immer noch am Anfang. Wenig erstaunlich, denn wir stehen hier vor dem komplexesten, schwierigsten und umfangreichsten Erkenntnisobjekt, dem Leben. Liegt ein Forschungsergebnis vor, so ergeben sich sofort zwei neue Probleme und vier ungelöste Fragen. Es ist wie bei der Hydra, schlägt man einen Kopf ab, so wachsen zwei neue nach. Wir erläutern die Problematik an Hand einiger Beispiele:

1. Wir wissen, der Informationsgehalt für den Aufbau eines Lebewesens ist in der DNS codiert. Ein Teelöffel DNS würde den 35-fachen Informationsgehalt für die gesamt Weltbevölkerung enthalten.

2. Ein erwachsener Mensch hat zwischen 10^{13} und 10^{14} Zellen, die sukzessive in ihrem Aufbau von der DNS gesteuert werden. Zahlen, die wir uns nicht vorstellen können. Wir wollen dies durch einen Vergleich veranschaulichen. Die Zellen haben durchschnittlich einen Durchmesser von $\frac{1}{40}$ mm, also 40 Zellen ergeben einen Millimeter. Mit keinem noch so fein gespitzten Bleistift könnten wir sie durch einen Punkt auf dem Papier darstellen. Würden wir dennoch diese, nur unter dem Mikroskop sichtbar gemachten Zellen, also die ca. 10^{13} Zellen, sorgfältig aneinanderfügen, wobei wir annehmen, wir würden jeweils eine Sekunde benötigen, so würden wir das Ziel nach 60 Millionen Jahren erreichen und könnten sie dann sechzigmal um die Erde führen. Die Griechen hatten Recht, wenn sie alles, was mehr als 12 000 war, als unendlich bezeichneten. Nun kommt noch hinzu, dass der Mensch mit den Bakterien eine Symbiose bildet, also ohne diese nicht lebensfähig ist. Dabei ist die Zahl dieser Bakterien von der Größenordnung 10^{14}; also auf jede Zelle kommen so durchschnittlich noch 10 Bakterien.

3. Die Länge der in jeder Zelle des Menschen vorhandenen DNS beträgt ca. 1,80 Meter. Würden wir dann die in einem Menschen vor-

handene DNS Stück für Stück aneinanderfügen, so würden wir die tausendfache Länge der Entfernung Erde Sonne erhalten. Ein Lichtsignal vom Anfang ausgesandt, würde das Ende der Kette nach ca. 5, 5 Tagen erreichen.

Schwer vorstellbar, dass alleine die Prinzipien Zufall, Mutation und Selektion ausreichen, um derartige komplexe Systeme zu erklären. Wir haben schon im Zusammenhang mit dem organischen Denken gesehen, wie hier die großen Physiker ihre Bedenken formulierten „Aus Steinwürfen entsteht kein Pantheon" (Gustav Wolf). Ähnlich hatte sich Cicero schon vor mehr als 2000 Jahren geäußert. Epikur hatte die Atomtheorie Demokrits übernommen und dessen Kausalprinzip, also dass alles streng nach Folge und Wirkung abläuft, durch den Zufall ersetzt. Andererseits hatte schon Anaximander (610 bis 545 vor Chr.) die Hypothese aufgestellt, dass „auch der Mensch aus anfänglich primitiven Strukturen entstand. Seine unmittelbaren Vorfahren seien Fische gewesen, die ehedem wie der Hai im Wasser lebten und erst, als sie auf dem Trockenen zu existieren vermochten, an das Land stiegen" (J. Hirschberger). Beides kombinierte Lukrez in einem philosophischen Gedicht zu der Hypothese, dass der Mensch ein rein zufälliges Ergebnis des Zusammenspiels der Atome sei. Cicero bemerkte hierzu spöttisch, er halte dies für ebenso wahrscheinlich, wie wenn man eine Menge Buchstaben in die Luft würfe und diese würden sich dann spontan zu den Annalen des Ennius (239 bis 169 vor Chr.) vereinen.

Hinzu kommen:

1. Logische Probleme:

„Für den Biologen beginnt das Leben erst dort, wo das genetische Programm entstehen konnte" (F. Jacob). Doch der Code, der das Programm des Lebens steuert, stellt selbst ein ungelöstes Problem dar. Ja, „man dürfte nicht von einem ‚Problem', man müsste eher von einem wirkliche Rätsel sprechen" (J. Monod). Denn dieser Code enthält Bausteine, die eben durch diesen bereits codiert wurden. Es ist die moderne Form der Frage: Was war zuerst da, die Henne oder das Ei?

„Die Atomisten haben es leichtfertig unterlassen zu sagen, was der ‚Anfang' sei" (Aristoteles). In der Tat, der ganze atomare Prozess läuft nach Demokrit streng nach dem Kausalprinzip ab. Jeder Moment ergibt sich eindeutig aus dem unmittelbar Vorangegangenen und definiert eindeutig den nächstfolgenden. Offenbar muss es aber einen ersten Zustand gegeben haben, aber wer hat diesen festgelegt? Damit stehen wir aber vor dem Grundproblem jeder prozessualen Theorie.

Dasselbe Problem hatte auch Newton. Seine Gleichungen erklären in perfekter Harmonie den Lauf der Planeten. Doch wer hat diesen in Gang gesetzt? Was stand am Anfang des Systems? Dies fragte sich auch Darwin. Was stand „an der Morgenröte des Lebens", wie waren die organisierten Wesen, die „von allereinfachster Gestalt waren?" (Darwin). Newton und Aristoteles lösten das Problem durch Gott. Dieselbe Antwort fand auch Darwin, indem er „für die Entstehung der Urorganismen noch das Eingreifen der Schöpfermacht annahm" (J. Hirschberger).

Natürlich konnte sich die moderne Wissenschaft hiermit nicht zufrieden geben. 1953 simulierten Urey (1893 bis 1981) und Miller (1930 bis 2007) im Labor Zustände, wie sie möglicherweise in der Uratmosphäre geherrscht haben mögen, die „Urey Suppe". Sie wiesen durch Energiezufuhr mit simulierten Gewittern nach, dass dann tatsächlich Makromoleküle entstanden. Doch das Experiment war heftiger Kritik ausgesetzt. Es sei „undenkbar, dass sich alle Teile unabhängig voneinander in einem primitiven Ozean hätten bilden können, um sich eines Tages zufällig zu begegnen und sich spontan zu einem derartigen System zusammenzufügen", sagt F. Jacob (1920 bis 2013). Von anderer Seite wurde angeführt, dass grundlegende physikalische Gesetze ignoriert worden seien.

Tatsächlich sind in der Folge derartige Experiment nicht mehr weiter unternommen worden. Als dann in den sechziger Jahren die Raumfahrt aufkam, wurde die Hypothese geäußert, die für das Leben erforderlichen Makromoleküle hätten ihren Ursprung in den Weiten des Weltraumes und seien „irgendwie" zu uns gekommen. Abgesehen von der Absurdität dieser Theorie; das eigentliche Problem wäre nur an einen anderen Ort verschoben worden. Schließlich glaubte man in den Viren den Schlüssel des Problems gefunden zu haben. Tatsächlich nehmen diese ja eine Mittelstellung zwischen dem Belebten und Unbelebten ein. Nur: Viren brauchen das bereits Lebendige, um sich entwickeln zu können. Einer der großen Biologen unserer Zeit „muss bekennen, dass für mich das Rätsel des menschlichen Ursprungs, wie das der Ursprünge überhaupt, von den angebotenen Theorien nicht gelöst ist“ (Adolf Portmann). Vielleicht war es eben doch Gott?

2. Die Ganzheit:

Wir können ohne Weiteres, auf Grund der Darwin'schen Prinzipien Mutation und Selektion, verstehen, wie sich die Farbumwandlung bei dem Birkenspanner vollzogen hat. Aber der Schmetterling ist ein systematisches Ganzes und das Ganze ist mehr als die Summe seiner Teile.

Wir haben schon gesehen, wie Cuvier die Situation wie folgt charakterisiert hat, dass nämlich „diese Teile nicht bloß nebeneinander liegen, sondern alle zusammen auch auf einen einheitlichen Zweck hin wirken (...) Es gibt keine Verrichtung, die nicht der Hilfe und des Zusammenwirkens nahezu aller übrigen bedürfe“ (Cuvier). Und Claude Bernard (1813 bis 1878) veranschaulicht die Problematik in der Sprache seiner Zeit wie folgt: „Der Organismus stellt dar, was zum Beispiel in einer Gewehrfabrik geschieht, wo jeder Arbeiter einen Teil unabhängig von einem anderen Arbeiter herstellt, der seinerseits einen anderen Bestandteil herstellt, ohne das Ganze zu kennen, für welches die Teile bestimmt sind. Dann scheint es einen Monteur zu geben, der alle Teile aufeinander abstimmt“ (C. Bernard). Und genau dieser Monteur ist das Problem!

Aristoteles hat in Kontrast zu den mechanischen Atomisten das Problem klar gesehen und in diesem Zusammenhang den fundamentalen Begriff des Organismus eingeführt. Dieser ist ein harmonisches Ganzes, das aus Organen besteht, die ihrerseits wieder ein vollständiges Ganzes sind. Dabei haben diese nur einen Sinn in Bezug auf das Ganze, denn „der Naturforscher hat es mit der Synthesis und Ganzheit eines Wesens zu tun, aber nicht mit Teilen, die abgetrennt von dem Wesen, zu dem sie gehören, gar nicht existieren" (Aristoteles).

Wie das Auge, so hat auch das Ohr nur Sinn für ein Lebewesen. Ohne ein solches sind sie sinnlos, wären in der Evolution nie entstanden. Das Gleiche gilt für die Leber. Jede Leberzelle existiert nur im Zusammenhang mit der Leber als Ganzes. Abgesehen davon, dass eine Zelle alles andere als eine einfache Einheit ist, sondern ein höchst kompliziertes Ganzes, das aus Ribosomen, Golki-Körperchen, Mitochondrien, Ribonukleinsäueren und mehr besteht, wobei diese alle in einem funktionellen Zusammenhang zueinander stehen.

Konrad Lorenz (1903 bis 1989) übertrug die Darwin'schen Prinzipien mit großem Erfolg auf das tierische Verhalten. Er war ein kompetenter Kenner und großer Anhänger der Darwin'schen Prinzipien, wobei er sich sogar dem Vorwurf ausgesetzt hatte, sie in unzulässiger Art und Weise auf den Menschen zu übertragen. Doch auch er musste einräumen, dass das Problem der Ganzheit etwas Neues erforderte und führte hierzu den Begriff der „Fulguration" ein. In Analogie zu der mittelalterlichen Fulguratio, der Blitz, ausgesandt von Gott, soll „dieser Terminus den Vorgang des „In-Existenz-Tretens" von etwas vorher nie ‚Dagewesenem' zum Ausdruck bringen" (K. Lorenz). In ähnlichem Sinne äußern sich auch einige neuere Wissenschaftler. Wir überlassen es den Fachgelehrten, wie sie derartige Begriffe mit dem reinen Darwinismus zu einer geschlossenen Theorie vereinen. Mit den Darwin'schen Prinzipien der Mutation und Selektion sind sie jedenfalls nicht zu erklären. Wir verweisen auf das oben Gesagte.

3. Vollständigkeit:

Gibt es Erscheinungen, die sich eigentlich im Rahmen der Darwin'schen Theorie bewegen könnten, aber hier nicht erklärbar sind? Der Biologe Alfred Portmann (1897 bis 1982) weist in diesem Zusammenhang auf Phänomene im Rahmen der von ihm so genannten „Selbstdarstellung" hin. „Ein Name für die Tatsache , dass ein lebendiges Wesen, Tier oder Pflanze, nicht nur Stoffwechsel treibt und als Gefüge von lebenserhaltenden Strukturen zu erklären ist, sondern dass der Organismus über bloße Fristen des Lebens hinaus, über alle Notwendigkeit hinaus, eine Form aufbaut, welche das Besondere gerade dieser Art darstellt." (A. Portmann). Als eines der vielen Beispiele weist er „auf eine Gruppe niederer Tiere, Polypen, Seeanemonen, Seerosen, Seenelken und so weiter hin, also eine Gruppe von meist maritimen Hohltieren, die unter anderem wunderbar gefärbte Formen haben. Kein Biologe hat jemals den Versuch unternommen, diese Formen in Hinsicht auf ihre Musterung als ein Ergebnis einer Selektion von anschauendem Auge zu betrachten. Ihre ganze Lebensart verbietet diese Erklärung. Trotzdem sind sie da!" (A. Portmann).

Weitere Beispiele nennt der Paläontologe Otto H. Schindewolf (1896 bis 1971). Beispielsweise sei „zu bestreiten, die Stammesentwicklung sei eine Summe von Anpassungen. Der fossile Stoff lehrt vielmehr, dass die Anpassungsspezialisierung unaufhaltsam zu einer Überspezialisierung und schließlich zum Aussterben führt" (O. H. Schindewolf).

Allerdings hätte man mit diesen Einwänden Darwin nichts Neues gesagt. Bereits Nägeli (1817 bis 1891) machte ihn darauf aufmerksam, dass gerade die wichtigsten morphologischen Merkmale der Pflanzen, nämlich diejenigen, die für ihre Charakterisierung unentbehrlich seien, keinen erkennbaren Nutzen und damit auch keinen Selektionswert besitzen.

Mit der Souveränität des großen Forschers nahm Darwin diesen Einwand sehr ernst und gab zu, dass er gewisse Strukturverhältnisse, welche, soweit wir beurteilen können, weder wohltätig noch schädlich zu sein scheinen, nicht ausreichend beachtet zu haben. Dies „sei eines der größte Versehen" (Darwin), die er bis jetzt in seinem Werk entdeckt habe.

„Wo aber von Abstammungslehre die Rede ist, wird der Name Darwin unlösbar damit verbunden bleiben, solange es Biologie und Paläontologie gibt" (O. H. Schindewolf).

Wir erläutern nun die Problematik an einem Beispiel:

Das Colibazillus ist das einfachste bekannte Lebewesen, das wir kennen, es ist eines von den 10^{11} Bakterien, die sich in unserem

Darm befinden. Das Einzige, was dieses Bakterium „kann“, ist während seiner zwanzigminütigen Lebenszeit sich zu teilen, sonst nichts. Man könnte nun glauben, hier eine Art Urform des Lebens vor sich zu haben, eines der organisierten Wesen „von allereinfachster Gestalt“, von denen Darwin sprach. Eine Möglichkeit, die Ursprünge des Lebens zu studieren und sich so eine Vorstellung machen zu können, „wie alles angefangen hat“.

Doch „trotz ihrer verhältnismäßigen Einfachheit enthält die Bakterienzelle schon eine komplexe chemische Vielfalt, sie ist bereits derart komplex, dass die Anordnung ihrer Bestandteile in ihrer Gesamtheit kaum überblickt werden kann“ (F. Jacob). In ihrer DNS sind zehn Millionen Zeichen kombiniert. Im Laufe ihres „Lebens“ führt sie zweitausend chemische Operationen aus. Dieselben in einem chemischen Laboratorium ausgeführt, würden „eine kostspielige Apparatur von sperrigem Umfang, einen lächerlichen Wirkungsgrad, Bedingungen der Temperatur, des Drucks, der Azidität erfordern, die fast immer mit dem Leben unvereinbar sind“ (F. Jacob). Unsere Bakterienzelle führt diese Reaktionen, die sich überkreuzen, nahezu im Sekundentakt aus, ohne sich je zu verwirren, alles mit einem fast hundertprozentigen Wirkungsgrad. „Was bei diesen Reaktionen vielleicht am meisten überrascht, ist ihre Genauigkeit“ (F. Jacob).

Das Bakterium ist eine in Perfektion verwirklichte Totalität. Keine Substanz, die man aus ihm extrahieren kann, hat die Eigenschaft der Fortpflanzung. Nur das Ganze kann sich reproduzieren. „Jeder Austausch von Materie und Energie muss im Detail reguliert werden, damit sich der Zweck der Bakterie erfüllt: Zwei Bakterien zu bilden“ (F. Jacob).

„Es ist hoffnungslos, dass wir jemals jede einzelne Etappe aufspüren könnten, in deren Verlauf, während Milliarden von Generationen vielleicht, die Atome nach und nach so angeordnet worden sind, um das großartige Gebäude zu errichten, das die Bakterienzelle darstellt (...). Selbst wenn das Einzelschicksal eines jeden vergangenen Wesens rekonstruierbar wäre, könnten daraus unmöglich die Gesetze der Variation und Evolution abgeleitet werden“ (F. Jacob).

Bekanntlich beruhen diese Gesetze auf dem Prinzip des Zufalls und dieser gehört dem Reich der Wahrscheinlichkeit an. Genau an dieser Stelle setzt Wolfgang Pauli an, „der allgemein als der mathematisch anspruchsvollste unter den Fachgenossen angesehen wird, die zur Entwicklung der Quantenmechanik beigetragen haben" (Max Born). Er macht geltend, „dass dieses Modell bisher durch keine positive Wahrscheinlichkeitsbetrachtung gestützt ist. Eine solche müsste in einem Vergleich der theoretischen Zeitskala der Evolution mit ihrer empirischen Zeitskala bestehen: Es müsste gezeigt werden, dass auf Grund des angenommenen Modells de facto vorhandenes Zweckmäßiges eine genügende Chance hatte, innerhalb der empirischen Zeit zu entstehen. Eine solche Betrachtung wird jedoch nirgends versucht" (W. Pauli).

„Sollte im Verlauf eines Roulettespieles, Schlag auf Schlag, Untereinheit auf Untereinheit, jede der Hunderttausende von Proteine gewonnen werden, aus denen der Körper eines Säugetiers besteht, so wäre eine Zeit notwendig, die weit über die dem Sonnensystem zugeschriebene Dauer hinausgehen würde. Damit wird klar, wie illusorisch jeder Versuch sein muss, die Dauer oder die Wahrscheinlichkeit der Evolution abschätzen zu wollen", sagt Francois Jacob, Nobelpreisträger und einer der kompetentesten Kenner des Darwinismus.

Ein so skeptischer Geist, „aller Teleologie so spöttischer Autor" (Hermann Weyl), wie Julian Huxley (1887 bis 1975), sagt, „der biologische Prozess, der in diesem Evolutionsaugenblick in der Herrschaft des Homo sapiens kulminiert, könnte scheinbar keinen anderen Verlauf eingeschlagen haben als den, welchem er historisch gefolgt ist: oder wenn es unmöglich wäre, ein so umfangreiches und allgemeines Negativum zu verfechten, so können wir wenigstens sagen, dass unter den wirklich vergangenen und gegenwärtigen Bewohnern der Erde keine anderen Linien eingeschlagen worden sein konnten, die die Sprache und das begriffliche Denken hervorgebracht hätten, welche die Eigenschaften sind, die die Grundlage der biologischen Herrschaft des Menschen bilden" (J. Huxley).

Wir sind den langen Weg gegangen, um uns nun unserer eigentlichen Frage zuwenden zu können: der biologischen Möglichkeit des Denkens. Wir wissen, dass der Mensch als Lebewesen durch das Denken definiert ist, „Gedanken durchdringen die gesamte menschliche Existenz“ (H. Arendt). Niemand weiß, wie sich die hierfür notwendigen Strukturen infolge der Darwin'schen Prinzipien gebildet haben sollen.

Die Rechenkapazität des Gehirns entspricht derjenigen der bekannten Supercomputer. Doch während diese den Raum von ganzen Hallen in Instituten beanspruchen, ihr Strombedarf im Megawattbereich liegt, hierfür ein kleines Kraftwerk erforderlich ist, hat unser Gehirn die Größe einer etwas umfangreicheren Wasserflasche und einen Strombedarf von 20 Watt, weniger als eine Glühbirne.

Unser Gehirn enthält rund 10^{10} Nervenzellen oder Neuronen. Eine ausgewachsene Fichte hat ca. 15 Millionen Nadeln. Wir müssten also einen Wald von ca. 660 Bäumen durchwandern und uns klarmachen, dass jeder Nadel ein Neuron unseres Gehirns entspricht. Doch der Vergleich ist ungenügend. Während die Nadeln ein weitgehend isoliertes Dasein führen, sind unsere Neuronen in einer ungeheuren Anzahl von Synapsen vernetzt. Manche bis zu 10.000, im Durchschnitt 1.000, wobei die einzelnen Neuronen über Nervenstränge verbunden sind. Diese sind hauchdünn, müssen sie sein, denn würden wir sie wie bei der DNS zu einem Band zusammenfügen, so könnten wir sie 145 Mal um den Globus führen. Da „Denken“ bereits ein komplexes Ganzes voraussetzt, zeigen sich gerade hier die bereits angesprochenen Probleme des „Anfangs“, sowie der „Ganzheit“, in aller Schärfe.

Zunächst ist die Erforschung der Evolution des Gehirns mit außerordentlichen Schwierigkeiten verbunden. Erstens versteinert das Innere des Gehirns nicht, so dass man auf die Interpretation der äußeren Form des Schädels beschränkt ist. Weiter ist man auf einzelne Funde angewiesen, so dass das Fundamentalinstrument der empirischen Wissenschaften, die Statistik, nicht anwendbar ist.

Trotzdem wurden hier beeindruckende Ergebnisse erzielt, wobei wir, ohne auf Einzelheiten einzugehen, uns auf das für uns Wesentliche beschränken: Die Gehirnform des frühesten bekannten Vertreters unserer Art liegt ca. 300 000 Jahre zurück und befand sich in Afrika. Dort lebte diese Art ca. 200 000 Jahre, vor 100 000 Jahren begann sich die Menschheit über diesen Kontinent hinaus zu verbreiten. In letzter Konsequenz sind wir also alle Afrikaner! In weiteren 75 000 Jahren entwickelte sich das Gehirn zu seiner heutigen Form. Dazwischen lag, möglicherweise vor 50 000 Jahren, der Erwerb der Sprache, dem wichtigsten Organ des Denkens. Vor ungefähr 35 000 Jahren ereignete sich im Gehirn ein weiterer entscheidender „Sprung". Hierdurch wurde die Darstellung formaler Kulturwerte möglich. Beispielsweise kennen wir die Höhlenmalereien des Cro-Magnon-Menschen in Südfrankreich, die um diese Zeit datieren. Schließlich soll sich vor 6 000 Jahren erneut ein „Sprung" ereignete haben, der die Schrift möglich gemacht hatte, sowie weitere höhere Kulturwerte.

Mit den Darwin'schen Prinzipien sind diese Ereignisse nicht zu erklären. War es bereits bei dem einfachsten bekannten Lebewesen, dem Colibazillus, „unmöglich (dass) die Gesetze der Variation und Evolution abgeleitet werden" (F. Jacob), so haben wir hier erst recht Probleme. Nämlich zu verstehen, wie ein derartig komplexes Ganzes wie das Gehirn durch „Zufall und Notwendigkeit" (Monod) entstanden sein soll? Monod selbst, einer der konsequentesten Vertreter der Darwin'schen Prinzipien, räumt selbst ein: „Zu den schwierigsten und bedeutendsten Problemen (...) gehört das Zentralnervensystem, das für uns immer noch ein Wunder bleibt" (J. Monod). Und selbst der in diesen Fragen unbekümmerte Konrad Lorenz gesteht, dass „hier noch ein unerklärbarer Rest bleibt" (K. Lorenz). Von der Skepsis der großen Physiker haben wir schon gehört.

Oben haben wir skizziert, wie sich die Entwicklung des Gehirns nach dem allgemein akzeptierten Zeitschema im Wesentlichen darstellt. Doch letztendlich sind auch hier die Aussagen weitestgehend pauschal: „möglicherweise lag vor 50 000 Jahren der Erwerb der Sprache", oder „vor ungefähr 35 000 Jahren wurde die Darstellung formaler Kulturwerte wie die Höhlenmalereien des Cro-Magnon-Menschen in Südfrankreich möglich" und schließlich „soll vor 6 000

Jahren ein weiterer „Sprung“ die Schrift ermöglicht haben, sowie weitere höhere Kulturwerte.“

Zwar scheint es als sicher zu gelten, dass hier Mutationen gewisser Gene wirksam waren, doch niemand kann bisher sagen, wie beispielsweise derartige Gene mit der künstlerischen Gestaltung korrelieren, wie sich die nur als Ganzes verständliche Sprache konkret aus den Prinzipien Mutation und Selektion gebildet haben soll. Solange derartige Aussagen nicht durch einen exakten statistischen Test, der den Gütekriterien genügt, unterworfen sind, befinden wir uns hier im Reich der Vermutungen und Spekulation.

Jedenfalls stellen die genannten Ereignisse, Voraussetzungen für die Hochkulturen, extrem kurzfristige Umwälzungen dar. Sollen sie durch Mutationen erklärt werden, so müssen diese spontan in „Sprüngen“ mit unabsehbaren Konsequenzen erfolgt sein. Wieder stoßen wir an die methodischen Grenzen des Darwinismus: „von kleinen Schritten“, „unendlich langsam, (...) Zwischenräume, die je tausend oder gar zehntausend Generationen entsprechen“ (Darwin), kann hier nicht die Rede sein. Ebenso wenig war die Bedingung der „Großen Zahl“ erfüllt. Bei der Toba-Katastrophe vor ca. 70 000 Jahren soll die Menschheit auf einige wenige 1 000 reduziert worden sein, bei einer Katastrophe vor ca. 125 000 Jahren gar auf wenige Hundert.

Egal wie, jedenfalls lebten die Menschen immer in relativ kleinen Verbänden zusammen. Die Darwin‘sche Theorie verlangt aber, dass sich die Mutationen bei einer „großen Zahl“ von Individuen mehr oder weniger gleichzeitig ereignen. Die Mutanten müssen nämlich die Möglichkeit der Paarung haben, um so die mutierte Eigenschaft auf ihre Nachkommen übertragen zu können. Nur so entsteht eine Teilpopulation, die auf Grund ihrer besser angepassten Chancen schließlich infolge der Selektion die Nichtmutierten verdrängen können. Somit ist auch diese Bedingung hier nicht erfüllt.

Geradezu mystisch wird es für die Mutationen in den letzten 35 000 Jahren. Denn wie wir wissen, verbreitete sich der Mensch von Afrika aus. Die beschriebene kulturelle Umwandlung ereignete sich jedoch nicht nur in Südfrankreich; in sämtlichen Verbreitungsgebieten lassen sich ähnliche kulturelle Erscheinungen nachweisen. Diese extrem unwahrscheinlichen Mutationen hätten also in geografisch weit entfernten Bereichen gleichzeitig stattfinden müssen. Wir erinnern hier noch einmal an den Morgan'schen Test der Drosophila, der zeigte, dass „extreme Abweichungen sehr selten waren" (K. v. Frisch).

Fügen wir den Beispielen ein weiteres hinzu: Karl Jaspers (1883 bis 1969) definierte als das prägende Moment in der Kulturgeschichte der Menschheit die „Achsenzeit" um 800 bis 200 vor Christus. Tatsächlich waren hier in vier unabhängigen Kulturräumen Menschen auf der Welt, die grundsätzlich für das Leben, Denken usw. über Jahrtausende, bis zum heutigen Tage, maßgebend geworden sind: Buddha , Konfuzius, Pythagoras und Zarathustra (um 600 vor Chr.).

Welche Mutation soll die Ursache sein? Wie steht es um die Vererbung dieser Gene? „Die erste Generation baut auf, die zweite verwaltet und die dritte studiert Kunstgeschichte", sagt Bismarck (1815 bis 1898). Natürlich gibt es berühmte Familien, in denen gewisse Fähigkeiten über Generationen belegt sind, beispielsweise die Familien Bach oder die Bernoulli. Andererseits fragte Sokrates, wieso die fähigsten und ehrenhaftesten Männer wie Perikles so missratene Zöglinge haben können.

Wären jedenfalls besondere geistige Leistungen genetisch verankert, so müssten sie sich gemäß den Mendel'schen Gesetzen nachweisen lassen. Die genauere Erklärung hierzu verschieben wir auf später. Doch der Leser möge in „Wikipedia" an Hand des Stammbaumes von Königin Viktoria von England nachverfolgen, wie sich gesetzmäßig genetische Eigenschaften vererben. Diese litt an der Hämophilie, der Bluterkrankheit. Man kann hier genau den nach Mendel bestimmten Verlauf der dominanten und rezessiven Merkmale verfolgen.

Ähnliches findet sich bei keiner geistigen Eigenschaft. Egal, welche Linie man verfolgt. Das Julisch-Claudische Geschlecht brachte mit Cäsar, Augustus die hervorragendsten Römer hervor, was folgte war Tiberius (42 vor Chr. bis 37 nach Chr.), Caligula (12 bis 41), Claudius

(10 vor Chr. bis 54 nach Chr.), Nero (37 bis 68). Erst als Rom von der direkten Genealogie zu den Adoptivkaisern überging, begann die eigentliche „pax romana". Bis dann Mark Aurel (121 bis 180), benebelt durch väterliche Gefühle, seinen Sohn Commodus (161 bis 192) als Nachfolger einsetzte und die Katastrophe ihren Lauf nehmen konnte.

Zeigen sich mit dem Gehirn bereits bei den physischen Voraussetzungen des Denkens unüberwindbare Schwierigkeiten, diese im Rahmen der Darwin'schen Prinzipien zu erklären, so stehen wir bei unserem eigentlichen Problem, dem mental-geistigen, vor einem weiteren Rätsel. Denn auch bei den höheren Säugetieren finden wir hochentwickelte Formen des Gehirns. Während wir jedoch das menschliche Gehirn als eine gewisse Weiterentwicklung dieser Formen verstehen können, kann zu den Vorformen des Denkens, wie wir sie eventuell bei den Tieren vermuten können, zum menschlichen Denken mit der damit verbundenen Sprache, keinerlei Bezug hergestellt werden. Tatsächlich tritt hier etwas völlig Neuartiges in Erscheinung, eben das, was den Menschen als das Eigentliche definiert.

Wir können somit festhalten: Wir können das Leben nicht biologisch aus den Darwin'schen Prinzipien und das diesen steuernden Code, der DNS, ableiten. Es stellt ein ungelöstes Problem dar. Ja „tatsächlich dürfte man nicht von einem ‚Problem' reden, man müsste von einem wirklichen Rätsel sprechen", wie Jacques Monod offen einräumt. Insbesondere gilt für das Gehirn, dass es „für uns immer noch ein Wunder bleibt" (J. Monod). Doch selbst wenn wir das Gehirn in allen seinen Funktionen, in seiner vollständigen Architektur, kennen würden, so würden wir hiermit erst vor dem eigentlichen Problem stehen. Nämlich, wie ist das Denken in dieser Struktur möglich?

Erläutern wir dies durch folgenden Vergleich: Wir können eine CD in ihrem Aufbau vollständig verstehen. Die materielle Seite mit physikalisch-chemischen Kategorien, die digitale Speicherung im Rahmen der Informatik. Nun hören wir eine Beethoven Sonate, gespielt von Alfred Brendel, und sofort erfahren wir, dass „die Seele erschrickt, sie erschaudert beim Anblick des Schönen, da sie spürt, dass etwas aufgerufen worden ist, was ihr nicht von außen durch die Sinne zugetragen worden ist, sondern das in ihr in einem tief unbewussten Bereich schon immer angelegt war“ (Platon). Somit sind wir jetzt in einer ganz anderen Dimension, im Ästhetisch-Transzendenten. Wir erinnern hier auch noch einmal an Albert Einstein mit dem physikalischen Vergleich der Darstellung einer Beethoven-Symphonie in Form einer Luftdruckkurve. „Wenn also einer fragt: ‚Wozu sollen wir (...) schöne Musik machen, (...) so wird man ihm sagen müssen: ‚Wenn du es nicht spürst, kann es dir niemand erklären. Ohne dies sind wir nichts und lebten am besten gar nicht“ (Einstein).

Im selben Sinn sagt Walter Heitler (1904 bis 1981): „Mathematische Tatsachen und Physikalische Gesetze haben eine Realität, deren Heimat weder die materielle Welt noch die Gehirnzellen noch so genialer Forscher ist. Sie sind nicht erfunden. Ihre Heimat ist die Transzendenz – wie bei allem Geistigen“ (Walter Heitler). Angeregt durch die unerklärliche Inspiration von Johannes Kepler vertritt Wolfgang Pauli in seiner Monographie „Der Einfluss archetypischer Vorstellungen auf die Bildung naturwissenschaftlicher Theorien bei Kepler“ dieselbe Auffassung.

Wir können diese Aussagen auf sämtliche Dimensionen des Denkens beziehen, auf die großen Philosophen wie Kant, die großen Denker wir Buddha oder Konfuzius, die großen Künstler wie Rembrandt (1606 bis 1669), aber auch auf uns Sterbliche im Rahmen unserer einfachen Möglichkeiten. Während wir uns also bei der, einmal vorausgesetzten, vollständigen Beschreibung des Gehirns im Bereich biologisch-chemisch-physikalischer Kategorien befinden, sind wir im Bereich des Denkens in einer ganz anderen Sphäre, der transzendental–geistigen.

4.7. Denken im Schema der Dialektik

„Omnis determininatio est negatio" (Hegel).

„Es wird sich zeigen, dass in der griechischen Philosophie die weltanschaulichen Denkmöglichkeiten grundsätzlich erschöpft, die bis heute gültigen Probleme aufgefunden und diejenigen Wege zu ihrer Lösung gewiesen sind, die wir heute noch gehen" (Ernst Hoffmann).

Insofern finden wir auch bei den großen Griechen die Quellen, aus denen Hegel geschöpft hat. Er selbst nennt hierbei drei: zunächst Parmenides, „worauf Hegel lobend verweist" (J. Hirschberger). Wir wissen, dass für diesen Denken und Sein identisch sind. Also, Wirklichkeit ist nur das nur das, was wir denken können, und jeder echte Gedanke ist Wirklichkeit. Als weiteres „den tiefsinnigen Heraklit, der den vollendeten Anfang der Philosophie heraufführt" (Hegel). und der mit dem von ihm begründete „Logos", die „Gegensätze, die er umspannt, zur Einheit zusammenzwingt" (Ernst Cassirer).

Heraklit führte als Erster das für Hegel so bestimmende „Widerspruchsprinzip" in das Denken ein. Tatsächlich geht in dem berühmten „panta rei"(alles fließt) des Heraklit das ganze Sein, die Welt, in einem stetigen Wandel der Gegensätze auf. „Lebendes und Totes, das Wache, das Schlafende, Jung und Alt; wenn es umschlägt, ist dieses jenes und jenes wiederum, wenn es umschlägt, dieses." Weiter, „Meerwasser ist das reinste und scheußlichste: für Fische trinkbar und lebenserhaltend, für Menschen untrinkbar und tödlich" (Herakalit). Und mit dem Satz: „Den Seelen ist es Tod zu Wasser zu werden, dem Wasser aber Tod, zu Erde zu werden, aus Erde aber Wasser wird, aus Wasser aber Seele" (Heraklit), so spricht hier schon Hegel: „Er hat selbst bemerkt, dass es keinen Satz von Heraklit gäbe, den er nicht in seine Logik aufgenommen hätte" (J. Hirschberger). Schließlich bemerken wir noch, „dass Platons Dialektik für Hegel bestimmend und vorbildlich geworden ist, das ist unverkennbar" (Ernst Cassirer).

Halten wir also fürs Erste folgende Charakteristika des Hegel'schen Denkens fest: Denken ist Wirklichkeit und alles Denken ist Wirklichkeit. Hegels Philosophie beruht also ausschließlich auf der „Idee“, ist also reiner „Idee-alismus“. Dabei ist dieses Denken ein dynamisches und wird vom „Prinzip des Widerspruchs“ geleitet.

Nun müssen wir genauer nach der konkreten Form des Denkens fragen. Von Kant wissen wir, dass wir keinen „Intuitiven Verstand“ haben, also ein Verstand, der eine organische Ganzheit spontan in ihren gesamten Beziehungen „er-fasst“, sondern einen „Diskursiven“, also einen, der in Begriffen denkt. Es ist aber das Wesen des Begriffes, dass er, indem er eine Sache „be-greift“, alle anderen ausschließt. Bezeichne ich meinen momentanen Sinneseindruck als „Hund“, so sage ich damit, dass er weder „Katze“ noch „Pferd“ noch sonst etwas sei. „Omnis determinatio est negatio“.

Diese Vorüberlegungen führten Hegel nun zu der Dialektik von Fichte, die er weiterentwickelte „und mit einzigartiger Meisterschaft die dialektische Methode auf allen Gebieten des Philosophischen Wissens handhabte“ (J Hirschberger). Da es uns im Sinne unserer allgemeinen Problemstellung jedoch nur auf die grundsätzlichen Denkschemata ankommt, vernachlässigen wir weitere Einzelheiten und nennen nur das eigentliche Schema:

Dieses erfolgt bekanntlich in einem Dreischritt: These → Antithese → Synthese.

Dabei müssen wir uns dieses System als dynamisch denken. Die These und die Antithese gehen somit, sowohl These als auch Antithese bewahrend, in einer höheren Einheit, der Synthese, auf. Die Synthese wird dann im nächsten Schritt wieder zur These und das ganze Schema setzt sich von neuem fort. Wir erläutern dies an einem Beispiel, wobei wir hoffen, dass der große Meister im Olymp wegen dessen Trivialität Nachsicht walten lassen möge:

Wir betrachten ein Sinnliches und sagen, dies sei eine „Tulpe“ (These, determinatio). Damit sagen wir sofort, dass es keine „Rose“ ist (Antithese, negatio), beide gehen dann in der höheren Einheit „Blume“ auf. Damit wird „Blume“ zur neuen These; wir schließen somit den „Baum“ aus (Antithese) und beide führen zur neuen Synthese „Pflanze“. Diese schließt als These dann den „Stein“ aus usw.

Abgesehen von solchen Banalitäten, die der Olympier, wie gesagt, gnädig übersehen möge, entwickelte Hegel dann in konsequenter Anwendung des dialektischen Schemas sein eigentliches Thema, „die denkende Betrachtung der Gegenstände überhaupt“ (Hegel). Dabei wird, ausgehend vom reinen „Nichts“, dialektisch der „Gegenstand“ als notwendig erwiesen, im Weiteren gezeigt, wie sich hieraus die „Logik“ entwickelt, dann fortschreitend „Natur“, „Ästhetik“, „Geschichte“, „Recht“, „Moral“, „Staat“ und „Religion“ dem System eingegliedert, um rein durch den „Geist“ bestimmt zu werden. Bis schließlich der „absolute Geist“ von allen Widersprüchen frei zu sich selbst gekommen ist. Jeder Zwiespalt zwischen Subjekt und Objekt, Denken und Sein, Endlichem und Unendlichem ist aufgehoben. Der Geist ist frei und versöhnt mit sich selbst, damit ist aber auch die Philosophie an ihr Ende gekommen.

„Hegels Philosophie war ein großer Erfolg, sie wurde zum Zeitgeist. Bis in etwa Mitte des 19. Jahrhunderts besaß sie die klare Führung an den Universitäten“ (J. Hirschberger). Doch schon bald zerfielen die Anhänger in die Gruppe der „Althegelianer“ wie Johann Eduard Erdmann (1805 bis 1892), Benedetto Croce (1866 bis 1952) sowie die Geschichtsphilosophen A. J. Toynbee (1889 bis 1975) und Karl Jaspers und andererseits in die linken „Junghegelianer“.

Dabei zeigten sich bei den „Junghegelianern“ Folgen, die Hegel wohl so nicht voraussah und auch kaum gebilligt haben würde. Beispielsweise führten sie bei David Friedrich Strauß (1808 bis 1874) zu einer radikalen Religionskritik, die bei Ludwig Feuerbach (1804 bis 1872) schließlich beim totalen Atheismus endete. Von eigentlicher weltgeschichtlicher Bedeutung wurde dann die Richtung, als sie die „Bibel“ der Revolutionäre wurde. „Hegel ist die Algebra der Revolution“, sagte Alexander Herzen (1812 bis 1870). Ferdinand Lassalle (1825 bis 1864), einer der Gründerväter der SPD, sah „in der Philosophie Hegels stets die einzig wahre Philosophie“. Bakunin (1814 bis 1876) verließ die Armee des Zaren, um bei den Männern zu studieren, die unser dialektisches Schema zur Weltpolitik revolutioniert haben, zu Karl Marx und Friedrich Engels. Hiermit wollen wir uns noch etwas näher beschäftigen.

„Marx hat sich einen umgestülpten Hegelianer geheißen" (J. Hirschberger). Denn beeinflusst von den französischen Frühsozialisten wie Saint Simon (1760 bis 1827), unter dem Eindruck der sozialen Gegebenheiten in England, setzte sich bei ihm der Eindruck durch, „Hegel vom Kopf auf die Füße stellen" (Marx) zu müssen. Insbesondere die menschenunwürdigen Arbeitsverhältnisse veranlassten ihn, gerade die Arbeit in den Mittelpunkt zu stellen, „sie ist die erste Grundbedingung alles menschlichen Lebens, und zwar in solchem Grade, dass wir sagen müssen: Sie hat den Menschen selbst geschaffen" (Friedrich Engels). Aus dem „Homo sapiens" wurde ein „Animal laborans" (Hannah Arendt).

Jedenfalls wird diese Arbeit von Marx in der Auseinandersetzung mit der Natur gesehen, diese wird aber unter dem Einfluss Feuerbachs als materiell beurteilt, insofern wird also aus dem Hegel'schen Idealismus der Materialismus. Allerdings kein „Vulgärmaterialismus", so abwertend Friedrich Engels über den Materialismus eines Büchner, (1824 bis 1899) Moleschott (1822 bis 1893) oder Vogt (1817 bis 1895), auch nicht ein statischer, wie bei Feuerbach, sondern ein dynamischer. Dabei erfolgt diese dynamische Bewegung im Rahmen der Hegel'schen Dialektik, womit der „Dialektische Materialismus" als Abgrenzung zu den anderen Theorien gewonnen wurde.

Was ist nun das Prinzip, das das System jeweils dynamisch weitertreibt? Es ist der „Klassenkampf". Denn so wie die Arbeit den Menschen zunächst geformt hat, so die ökonomischen Verhältnisse die gesamte Gesellschaft. Und diese war bis dato durch zwei Pole geprägt: diejenigen, die über die Produktionsmittel verfügen versus diejenigen, die in ihren Arbeitsverhältnissen hiervon abhängig sind. Dass somit die jeweiligen Systeme in unauflösbare Widersprüche geraten würden, war für Marx selbstverständlich, zumal die Geschichte zahllose Belege hierfür lieferte.

Nennen wir nun einige Beispiele im Rahmen der Marx-Engel'schen Dialektik. Zunächst wird der Anspruch erhoben, die Geschichte als eine Historie der Klassenkämpfe dialektisch erklären zu können. Beispielsweise war das Altertum eine „Sklavenhaltergesellschaft", am einen Pol die Latifundien der Großgrundbesitzer, am anderen die

Sklaven, die diese bewirtschafteten (These). Die Widersprüche, die sich aus dieser Konstellation ergaben, brachen immer wieder in zahllosen Sklavenaufständen hervor, einer der bekanntesten war derjenige des Spartakus (111 bis 71 vor Chr.) (Antithese). Schließlich, gegen Ende des römischen Reiches, waren die Widersprüche nicht mehr zu kaschieren, die Sklaven wurden entlassen, Großgrundbesitzer machten sich von der Zentralgewalt unabhängig, das Zeitalter des Adels mit seinen abhängigen Bauern begann (Synthese). Es ist klar, dass sich durch diesen Wandel sowohl die gesamten materiellen Lebensbedingungen als auch die sinnliche Erfassung der materiellen Welt geändert haben, was also die Dynamik des Materialismus aussagen soll.

Doch nun beginnt der Prozess von neuem. Denn die Widersprüche sind keineswegs aufgehoben, was zu erneuten Klassenkämpfen führt, die zahllosen Bauernkriege brauchen nicht extra erwähnt zu werden. Es folgt die nächste Stufe, der bürgerliche Kapitalismus mit dem Kapitalisten als dem einen Pol, das besitzlose Proletariat am anderen.

Hier finden wir nun eine weitere Anwendung unseres dialektischen Schemas, indem Marx konkret zeigt, wie hier der Prozess zur nächsten Stufe führen wird. Dies erfolgt im Rahmen eines „Wissenschaftlichen Materialismus", angelehnt an die „Naturwissenschaftlichen Methoden", um sich so von dem „Utopischen Sozialismus" der französischen Sozialreformer abzugrenzen.

Ausgangspunkt ist hierbei der schon an anderer Stelle erwähnte Begriff des „Mehrwerts". Der Arbeiter leistet zu dem Produkt einen bestimmten Beitrag und schafft somit einen bestimmten „Wert". Der eigentliche „Wert" der Ware resultiert jedoch aus seinem „Tauschwert", welcher den „Wert" des Arbeiters übertrifft, denn sonst würde der Kapitalist den Arbeiter eben gar nicht beschäftigen. Die Differenz zwischen „Tauschwert" und „Arbeitswert" definiert dann den „Mehrwert" und dieser fließt voll dem Kapitalisten zu (These!).

Da aber die Arbeiter infolge der „Industriellen Reservearmee" gezwungen sind, immer nur für einen Lohn in der Größe des minimalen Lebensunterhalts zu arbeiten, verelendet die arbeitende Klasse zusehends. Andererseits zeigen sich aber auch bei der Kapitalistenklasse zunehmend Probleme. Infolge der sich aus den Löhnen ergebenden finanziellen Situation der Arbeiterklasse fehlt die Nachfrage. Eine weitere Steigerung des „Mehrwertes" ist praktisch nicht mehr möglich (Antithese). Somit ist nur noch eine Steigerung durch den Zusammenschluss verschiedener Unternehmen möglich, also die Synergieeffekte bei den Kosten! Des Weiteren zeigen sich einige dieser, infolge ihrer Struktur, dem Konkurrenzkampf nicht gewachsen. Somit kommt es im Rahmen der Konzentrationstheorie zur Akkumulation des Kapitals (Synthese). Doch letztlich lassen sich auch hier die Widersprüche nicht mehr kaschieren.

Nachdem aber der zunächst vorausgesagte Zusammenbruch des Systems nicht erfolgte, ergänzte es Lenin noch im nächsten Schritt zur „Imperialismustheorie". Denn im Rahmen der „Konzentrationstheorie" wurde es für den Kapitalisten immer schwieriger, die Produkte abzusetzen. Die Folge war der Kampf um die „Weißen Flecke" der Erde, um die Eroberung dieser Märkte. Doch nach wie vor bestand der Klassengegensatz, und zwar nun in verschärfter Form. Indem aber dieser in der letzten Stufe, der vollendeten Synthese, im Kommunismus aufgehoben wird, hat auch das Schema sein Ende gefunden. Einzelheiten, wie das Leben in dieser klassenlosen Gesellschaft, dieser Synthese, konkret erfolgt, haben weder Marx noch andere Sozialisten erwähnt. Nur so viel ließ Marx verlauten, dass im bürgerlichen Staat die Existenz außerhalb der gemeinschaftlichen Existenz liege, im Kommunismus aber Gemeinschaft und Individualität zusammenfallen würden.

Im Marxismus wird der Mensch zunächst durch die Arbeit definiert und dann konsequenterweise die ganze Gesellschaft durch die ökonomischen Verhältnisse bestimmt. Insbesondere legen diese auch den kulturellen Überbau fest. In welcher Art und Weise ergibt sich dann aus den jeweiligen Machtverhältnissen und diese werden natürlich durch die ökonomischen bestimmt.

Insofern können wir nun die wesentlichen Unterschiede der Hegel'schen zur Marx-Engel'schen Dialektik wie folgt festhalten: Während bei Hegel das Bewusstsein das Sein bestimmt, ist es bei Marx

„umgekehrt, das gesellschaftliche Sein ist das, was das Bewusstsein bestimmt“ (Karl Marx). Gegenstand der Hegel'schen Philosophie ist „die denkende Betrachtung der Gegenstände überhaupt“ (Hegel), also das Denken, und somit ist seine Philosophie „Idealismus“, den reinsten überhaupt in der ganzen Philosophiegeschichte. Dagegen stellt Marx Hegel „vom Kopf auf die Füße“: „Die Betrachtungsweise ist nicht voraussetzungslos. Sie geht von den wirklichen Voraussetzungen aus(...). Ihre Voraussetzungen sind die Menschen“ (Karl Marx) und diese in ihrer materiellen Wirklichkeit. Somit wird seine Philosophie zum Materialismus und ist deshalb dem „Realismus“ zuzuordnen. Während bei Hegel der Geist das letzte Prinzip ist, das die Dialektik bestimmt, sind es bei Marx die ökonomischen Verhältnisse, die zum Widerspruch führen und den dialektischen Dreiklang festlegen. Schließlich ist es das auf dem Geist beruhende Denken, das bei Hegel, ausgehend vom reinen „Nichts“, dialektisch die großen Kulturwerte wie „Logik“, „Ästhetik“, „Geschichte“, „Recht“, „Moral“, „Staat“ und „Religion“ entwickelt, bei Marx werden diese durch die jeweiligen ökonomischen Gegebenheiten einer Epoche bestimmt.

Wir müssen als Letztes fragen, inwiefern der dialektische Marxismus das Kriterium der Wissenschaftlichkeit erfüllt. Wir haben dies durch das Denken im System 2 definiert, wobei wir im „Schwachen System 2“ lediglich noch den Platonismus forderten. Marx wird nicht müde, gegen einen wie auch immer gearteten weltfremden „Idealismus“ zu polemisieren. So sei die Geschichte nichts anderes als „eine eingebildete Aktion eingebildeter Subjekte wie bei den Idealisten“ (Karl Marx).

An anderer Stelle sagt er jedoch, „dass eine Spinne Operationen verrichtet, die denen des Webers ähnelt, und dass eine Biene durch den Bau ihrer Wachszellen manchen menschlichen Baumeister beschämt. Was aber von vornherein den schlechtesten Baumeister von der besten Biene auszeichnet, ist, dass er die Zelle in seinem Kopf gebaut hat, bevor er sie in Wachs baut. Am Ende kommt ein Resultat heraus, das beim Beginn desselben schon in der Vorstellung des Arbeiters, also schon ideell vorhanden war“ (Karl Marx). Das ist aber reiner „Platonismus". Schon das Wort „‚ideell' wird durchaus in der platonischen Prägung benutzt" (Hannah Arendt).

In der Tat orientierte sich das platonische Denken gerade an Fragen der Modellbildung des Handwerks, wenn „der eine die Betten, der anderer die Tische, die wir gebrauchen, diese im Hinblick auf das Urbild schaffen, (...) denn das Urbild selbst verfertigt doch keiner dieser Handwerker" (Platon). Tatsächlich kann auch Marx nicht dem „Platonismus" entgehen, denn alleine schon „Materialismus" und „Realismus" sind Platonische Begriffe.

Andererseits geht es aber Marx primär um den Menschen, dessen Elend er in den Industriestädten Frankreichs und Englands kennengelernt hatte. Ist dann das politische Ziel, der Kommunismus, mit seiner klassenlosen Gesellschaft, erreicht, so ist auch der philosophische Prozess am Ende. Man kann so fragen, ob „Marx nicht mehr Revolutionär ist denn Philosoph?" (J. Hirschberger). Wenn beispielsweise im Rahmen der aufkommenden Sozialgesetzgebung das Proletariat möglicherweise von seinen „wahren Interessen" abgelenkt werden sollte, so gelte es erneut, „den Deutschen keinen Augenblick der Selbsttäuschung und Resignation zu gönnen. Man muss den wirklichen Druck noch drückender machen, indem man das Bewusstsein des Druckes hinzufügt, die Schmach noch schmachvoller, indem man sie publiziert" (Karl Marx). Sätze, die doch mehr an den Agitator denn an den Philosophen denken lassen.

Herbert Marcuse, selbst Marxist, bestreitet, dass es sich bei Marx um Philosophie handelt. Alle „philosophischen" Begriffe der Marx'schen Theorie seien gesellschaftlich-ökonomische Kategorien. „Selbst die Marx'schen Frühschriften sind nicht philosophisch, obgleich noch in philosophischer Sprache" (Herbert Marcuse). Doch überlassen wir die weitere Diskussion gelehrten Professoren.

Wieder sehen wir, wie die Wege des Geistes sonderbar sind. Von den Vorsokratikern Parmenides, Heraklit, dem Idealisten Platon, führt der Weg zu Kant und weiter zu Hegel, hier zu Marx, weiter zu den russischen Revolutionären wie Lenin und Stalin und zu Mao. Kein Glied in der Kette hätte ausfallen dürfen, sonst könnte das heutige China nicht auf dem Platz des Himmlischen Friedens seine Parteitage zelebrieren.

4.8. Denken im Prinzip der Hermeneutik

Hermes, der Götterbote

„Der wesentliche Unterschied zwischen den Naturwissenschaften und den Geisteswissenschaften beruht darauf, dass es auf dem Gebiet der Naturwissenschaften verhältnismäßig leicht gelinget, die Einzelfälle der Beobachtung und Erfahrung zu allgemeinen Gesetzen von unbedingter Gültigkeit und außerordentlichem Umfang zu vereinigen, während gerade dieses Geschäft in den Geisteswissenschaften unüberwindliche Schwierigkeiten bereitet(...). Indem ich die Behauptung aufgestellt habe, dass namentlich in den mathematisch ausgebildeten Teilen der Naturwissenschaften die Lösung der Aufgabe näher gekommen ist als im Allgemeinen in den übrigen Wissenschaften, so bitte ich nicht zu glauben, dass ich diese gegenüber den Naturwissenschaften herabsetzen will, wenn diese die größere Vollendung in der wissenschaftlichen Form voraushaben, so haben die Geisteswissenschaften ihnen voraus, dass sie einen reicheren, den Interessen der Menschen(...) näher liegenden Stoff zu behandeln haben. Sie haben die höhere und schwerere Aufgabe, aber es ist klar, dass ihnen das Beispiel derjenigen Zweige des Wissens nicht verloren gehen darf, welcher des leichter zu bezwingenden Stoffes wegen in formaler Beziehung weiter fortgeschritten sind" (Hermann von Helmholtz).

Für Mommsen (1817 bis 1903) „gehört der Geschichtsschreiber vielleicht mehr zu den Künstlern als zu den Gelehrten." Schon alleine, dass die Darstellung nicht in einer Formalsprache, nicht in der formalen Logik, darstellbar ist; „die Geschichte lässt sich nicht deduzieren" (A. Comte), erfordern die Geisteswissenschaften andere Methoden. Welche? Walter Eucken, in Anlehnung an seinen Vater, den Nobelpreisträger und „Nestor der deutschen Philosophie" (R. Falckenberg), Rudolf Eucken (1846 bis 1926), verlangt für das Erfassen des geschichtlichen Charakters: „Anschauung, Intuition, Synthese,

Verstehen, Einfühlung in das individuelle Leben“ (W. Eucken). Also genügt es nicht, wenn wir bei Caesar beim Überschreiten des Rubikon lediglich die Jahreszahl 49 vor Christus lernen.

Somit ist der Fokus auf das „Verstehen“ ausgerichtet. „Die Natur erklären wir, das Seelenleben verstehen wir“ (Wilhelm Dilthey). Ganz allgemein ist somit der entscheidende Prüfstein geisteswissenschaftlicher Probleme genannt. Geschichte, Bildende Kunst, Musik erfordern ebenso wie die großen Tugenden Mäßigung, Gerechtigkeit, Weisheit, Tapferkeit das „Verstehen“. Dasselbe gilt für die Werte, als eine „zureichende Grundlage für ein Verständnis unseres Lebenssinnes“ (Max Frischeisen-Köhler).

Mit den ersten Werken der Weltliteratur entstanden bereits die Auslegungsprobleme. Hesiod (um 700 vor Chr.) hatte in seiner Theogonie die Götterwelt auf dem Olymp plastisch dargestellt, Zeus, Hera, Aphrodite, Apoll, dessen Bruder Herakles, Ares und weitere. Xenophanes (um 550 vor Chr.) hatte für diesen Anthropomorphismus nur Spott und Hohn übrig. „Die Äthiopier bilden ihre Götter schwarz und stumpfnasig, die Thraker blauäugig und rothaarig – und wenn die Ochsen oder Löwen oder Pferde Hände hätten und malen könnten, so würden die einen ochsenähnlich, die anderen ross- und löwenähnliche Göttergestalten bilden“ (Xenophanes). Homers „Ilias“ und „Odyssee“ stellen heute noch die Exegeten vor Probleme.

Wie sind derartige Texte also zu verstehen, was bedeutet überhaupt „Verstehen“? Wir wissen, dass „sich bei Platon das Seinsproblem und das Bedeutungsproblem verschieben: dass ihm das Bedeutungsproblem zur eigentlichen „Arche“, zum Anfangspunkt des Philosophierens wird“ (Ernst Cassirer) Dabei sind „die Ideen diejenigen Gebilde, die selbst keines unmittelbaren Daseins fähig, alles erscheinenden Dasein erst begründen; das heißt, sie sind innerhalb jedes Einzelgebietes die bedeutungsgebenden Momente“ (Ernst Cassirer). Oder mit Berkeleys Worten sind die Ideen „kein träges, untätiges Objekt des Denkens, sondern sind mit Ursache und Prinzip gleichbedeutend“ (G. Berkeley).

Insofern bedeutet „verstehen" die dem jeweiligen Inhalt zugrundeliegende „Idee" aufzuzeigen. Wenn wir also durch die „Aussagen vom Wesen der Dinge in leidenschaftsloser Belehrung berichtigt werden, und wenn wir hierbei ohne leidenschaftliche Rechthabereit die rechte dialektische Methode anwenden, dann erst geht uns das Licht der rein geistigen Wahrnehmung und der reinen Vernunftauffassung des inneren Wesens der Dinge auf" (Platon). Alle späteren Lösungsversuche dieser Frage kreisen somit um das Problem der „rechten dialektischen Methode". Insofern sind sie „lediglich Fußnoten zu Platon" (A. N. Whitehead).

Die Frage des „Verstehens" wurde zunehmend für die Religion zum Problem, zunächst entstanden durch die Berührung des Judentums mit der griechischen Philosophie im weltoffenen hellenistischen Kosmos. Wie ist der Wortlaut der „Heiligen Schrift" zu verstehen?, fragte Philon von Alexandrien (25 vor Chr. bis 40 nach Chr.). Da er fälschlicherweise annahm, dass die griechischen Philosophen das „Alte Testament" gekannt hätten, sah er kein Problem, sich auf Platon zu beziehen. „Man sagt über ihn bei den Griechen, dass Platon entweder ein Philon oder Philon ein Platon sei, so groß ist die Ähnlichkeit der Begriffe" (Hieronymus). Somit kann bei Philon „sein ganzes Denken um den platonischen Begriff des „Logos" kreisen" (J. Hirschberger). Dieser ist „die Idee der Ideen, die Kraft der Kräfte, der oberste Engel, der Stellvertreter und Gesandte Gottes, der erstgeborene Sohn Gottes" (J. Hirschberger).

Auch für die junge christliche Kirche drängte sich zunehmend die Frage der allegorischen Auslegung der Bibel auf. „Welcher vernünftige Mensch wird zum Beispiel glauben, dass der erste, zweite und dritte Tag, Abend wie Morgen, ohne Sonne, ohne Mond und Sterne geworden sei? Wer ist ferner so einfältig zu glauben, dass Gott nach Art eines landbauenden Menschen ein Paradies in Eden gepflanzt habe?" fragt Origines (185 bis 254), „der größte Gelehrte des antiken Christentums, von dem alle späteren zehrten" (Karl Schneider). Demnach überdeckte „Origines die wörtliche Bedeutung der Schrift durch zwei tiefere Bedeutungsschichten, die ethische und die geistige, die nur den gebildeten Wenigen zugänglich waren" (W. Durant).

Aus derselben Quelle wie Philon schöpfend, „Platon war sein immerwährender Begleiter“ (Porphyrios), ergibt sich somit wie bei diesem auch für Origines ein analoger Logosbegriff im Christentum. „Gott ist deshalb nicht Jahve, sondern das Urprinzip aller Dinge. Christus nicht die menschliche Gestalt des Neuen Testaments, sondern der Logos, die Vernunft, die die Welt in ein System bringt“ (W. Durant). Der Logos „enthält in sich die Anfänge und Formen und Ordnung aller Kreatur“, sagt Origines. „Kein christlicher Schriftsteller hat wieder die Tiefe, Kühnheit und Geschlossenheit des originistischen Systems erreicht, und keiner hat es ganz verstanden“ (Carl Schneider). Tatsächlich ist ohne Platon die christliche Theologie nicht verständlich. „Keiner ist uns so nahe gekommen wie die Platoniker“ (Hl. Augustin), Bernhard von Chartres (gestorben 1124) war „der Erste unter den Platonikern unseres Jahrhunderts“ (Bernhard von Salesbury).

Erst mit Luther wird die Dominanz der philosophischen Deutung der Bibel zu Ende gehen. Dieser kehrt zur wörtlichen Auslegung zurück. Somit kann er auch in der Auseinandersetzung mit Kopernikus sagen: „Es ward gedacht eines neuen Astrologen, der wollte beweisen, dass die Erde bewegt würde und umginge, nicht der Himmel und das Firmament, Sonne und Mond. Der Narr will die ganze Kunst der Astronomie umkehren. Aber wie die Heilige Schrift anzeigt, so hieß Josua die Sonne still stehen und nicht das Erdreich“ (M. Luther). Allein der Glaube ist das verstehende Prinzip.

Dafür treten mit der Renaissance neue Probleme in den Fokus. Nachdem die Texte der „Großen Alten“, Aristoteles und Platon, nun im Original zugänglich waren, stellte sich zunehmend das Problem der Deutung, des „richtigen Verstehens“ dieser Schriften. Johann Conrad Dannhauer (1603 bis 1666) entwickelte hierfür eine eigene wissenschaftliche Erkenntnismethode, die er „Hermeneutik“ nannte, in Anlehnung an Hermes, der als Götterbote die Weisheit der Götter den Menschen vermittelt. Dabei sind seine Botschaften keine bloßen Mitteilungen, sondern fordern Einsicht und Verständnis. Die „Hermeneutik“ ist somit die Kunst bzw. die Theorie des Verkündens, Übersetzens, Erklärens und Auslegens.

Neue, entscheidende Impulse kommen dann von Friedrich Schleiermacher (1768 bis 1834). „In seiner allgemeinen „Kunstlehre des Verstehens" schränkt er die „Hermeneutik" streng auf den Begriff des „Verstehens" ein" (Meyers Enzyklopädisches Lexikon), und zwar in dem Sinn, „dass wie das Ganze aus dem Einzelnen verstanden wird, so doch auch das Einzelne nur aus dem Ganzen verstanden werden könne" (Friedrich Schleiermacher). Der Interpret versucht also sich in das Denken, Fühlen des Autors bzw. Künstlers einzuleben, dessen schöpferischen Akt nachzuvollziehen und auf diese Art und Weise den möglichen Sinn des Kunstwerkes aufzudecken. Dabei besteht eine grundsätzliche Differenz zwischen Schöpfer und Nachvollziehenden. Es ist Aufgabe der „Hermeneutik" diese Kluft, soweit möglich, zu überwinden.

Der Historiker Johann Gustav Droysen (1808 bis 1884) hat dann das „Verstehen" erstmalig als wissenschaftlichen Begriff in den Geschichtswissenschaften eingeführt und damit diesen als die hierfür maßgebliche Methode begründet. Unter dem Eindruck der dominierenden Naturwissenschaften kam es Wilhelm Dilthey (1833 bis 1911) darauf an, die „Hermeneutik" überhaupt als grundsätzliche Methode der Geisteswissenschaften zu etablieren, „als Kunstlehre schriftlich fixierter Äußerungen". „Wir gehen im „Verstehen" vom Zusammenhang des Ganzen, der uns lebendig gegeben ist, aus, um das Einzelne fassbar zu machen" (Wilhelm Dilthey). Weiterentwicklungen erfolgten durch Herman Nohl (1879 bis 1960) und Eduard Spranger (1882 bis 1963), „als Interpretation des Lebens und der Welt, zum philosophischen und geisteswissenschaftlichen Verfahren überhaupt" (Meyers Enzyklopädisches Lexikon). „Als einflussreichste und bis heute maßgebende Darstellung" (von Aster) gilt das Hauptwerk von Hans-Georg Gadamer (1900 bis 2002), „Wahrheit und Methode".

Es ist klar, dass bei der Komplexität der Fragestellung zahlreiche weitere Varianten der „Hermeneutik" kreiert wurden. Nahezu jeder Philosoph des zwanzigsten Jahrhunderts hat sich entsprechend seinem Thema hiermit auseinandergesetzt, Martin Heidegger (1889 bis 1976) für die Existenzphilosophie, Herbert Marcuse und Jürgen Habermas im Rahmen der Frankfurter Schule, sowie viele andere. Es ist hier nicht möglich, alle diese Stränge zu verfolgen. Allgemein gilt aber auch hier: Die „Hermeneutik“ ist „die Lehre von der Auslegung und Erklärung eines Textes oder eines Kunst- oder Musikwerkes sowie das Verstehen von Sinnzusammenhängen in Lebensäußerungen aller Art aus sich selbst heraus (z. B: Kunstwerken, Handlungen, geschichtlichen Ereignissen)“ (Oxford Languages).

TEIL 5
Empirisches Denken

„Glaubhaftes und allseitig geprüftes Wissen“ (Arkesilaos und Karneades)

5.1. Prinzipien des Empirismus

„Die Folgerungen, welche die Tiere ziehen, stehen auf derselben Stufe wie diejenige von reinen Empirikern" (G. F. Leibniz).

5.1.1. „Der gemeine Empirismus" (Friedrich Schiller)

„Der Schwindel einer sich immer erzeugenden Unordnung" (Hegel).

„Das System von Thomas Hobbes ist das erste geschlossene System der Erfahrungsphilosophie, das unter Anerkennung der Methoden des kontinentalen Rationalismus, aber unter grundsätzlicher Ablehnung ihrer idealistischen Interpretation und mit radikalem Verzicht auf irgendwelche Anknüpfung an religiöse oder transzendente Werte die neue Wirklichkeit, die das 17. Jahrhundert entdeckt hatte, methodisch erobern und beherrschen will" (Max Frischeisen-Köhler).

Mit dem Empirismus beginnt die Philosophie der Neuzeit, „ein radikaler Bruch mit der Tradition der platonisch-aristotelischen Metaphysik, die bisher die abendländische Geistesgeschichte beherrschte" (J Hirschberger). Es gibt hier keine Metaphysik, keine Transzendenz, insbesondere keine „Ewigen Wahrheiten". Konsequenterweise ist hierbei die Sinneserfahrung die einzige Erkenntnisquelle. Alleine die „Ein-drücke" auf die „Tabula-rasa" können Wissen vermitteln, bestimmen, was Wahrheit, Recht, Ideal und Religion sind.

Da nun die Sinne zunächst nur Materielles wahrnehmen, führt dies konsequenterweise zum Materialismus, „bei Hobbes in der Form der antiken Atomisten" (J. Hirschberger). Insofern wäre es auch möglich, dass Körper denken können. In der Folge wirkt diese materialistische Konzeption bis zum dialektischen Materialismus hin; „Denken ist ein Produkt der Materie" (Stalin).

Eine weitere Konsequenz dieses Materialismus „ist die schroffe Ablehnung jedes Gedankens einer Willensfreiheit" (Ernst von Aster). Er ist somit nicht frei und unterliegt demselben mechanistischen Schema wie die ganze Natur, ebenso wie „die Tiere" (Leibniz). Es ist klar, dass hierbei auch eine verantwortliche Moral nicht möglich ist. Da es keine höheren Werte gibt, bemisst sich die Erkenntnis alleine nach dem Nutzen; wir sehen hier den Weg zu dem „Utilitarismus“ von Jeremy Bentham und John Start Mill. Auch der Staat, dem Hobbes den Namen des biblischen Ungeheuers „Leviathan“ gegeben hat, ist im Sinne des Materialismus „ein solches Ungeheuer, eine ungeheure Maschine, die den Willen des Einzelnen beherrscht“ (Ernst von Aster). Religion wird hier zum „staatlich konzessionierten Aberglauben“ (Ernst von Aster).

Das eigentliche Problem für das konsequent empirische Denken liegt darin, dass es keine exakten Kenntnisse ermöglichen kann. „Unsere Sinne sind uns lediglich zur Erhaltung des Lebens, nicht zur Erkenntnis der Wahrheit gegeben“ (Malbranche). Für diese ergibt sich nichts anderes als „ein Haufe von Vorstellungsinhalten“, sagt Berkeley, selbst ein konsequenter Sensualist. „Der gemeine Empirismus geht nicht über die empirischen Phänomene hinaus“, sagt Friedrich Schiller, so sind die Wahrnehmungen „immer einzeln und akzidentell, (…) ein einziges Element der Erfahrung und mithin keine Erfahrung“ (Friedrich Schiller). Somit verbleibt stets „der Schwindel einer sich immer erzeugenden Unordnung“ (Hegel). Kurz: „Das Einzelne habt ihr in der Hand, allein es fehlt das geistige Band“ (Goethe). Da der „Reine Empirismus“ auf der leeren „Tabula rasa“ beruht, ist ein derartiges „Band“ hier gar nicht möglich. Soll also die empirische „Realität“ überhaupt bis zu einem gewissen Grad erkannt werden, so ist das nur durch Sätze möglich, die „auf allgemeinen Vernunftgründen beruhen“ (G. Leibniz).

5.1.2 „Der Rationale Empirismus“ (Friedrich Schiller)

„Wenngleich alle unsere Erkenntnisse mit der Erfahrung anheben, so entspringen sie darum doch nicht eben alle aus der Erfahrung“ (I. Kant).

Der „Rationale Empirismus“ bei Schiller vereinigt dann den „Gemeinen Empirismus“ mit dem „Rationalismus“. Dieser sucht „nach der Kausalität in den Erscheinungen und ist nach meinem Urteil notwendig und conditio sine qua non aller Wissenschaft. So finden wir auch, dass nur gebreiteste Wirksamkeit sinnlichen Wahrnehmungsvermögens zu einer wissenschaftlichen Erkenntnis führt", wie Schiller in einem Brief an Goethe schreibt.

Prinzipieller Unterschied zwischen dem Rationalismus und dem Empirismus besteht in der Bewertung der Erfahrung. Für letzteren ist diese der alleinige Maßstab, der Rationalismus kennt diese in gewissem Sinn ebenfalls an. Sowohl Descartes als auch Leibniz haben sich in der Auseinandersetzung mit Hobbes hierzu ausführlich geäußert. Dabei bestreitet Leibniz keineswegs die Bedeutung der Sinne: „Die Sinne sind uns zwar für unsere wirklichen Erkenntnisse notwendig, aber nicht hinreichend, um uns diese Erkenntnis in ihrer Gesamtheit zu geben." Dies ist wieder ganz platonisch gedacht. Auch dieser spricht davon, „die Sinne zu gebrauchen", die allgemeinen „Ewigen Ideen" werden „von den Sinnen ausgehend" (Platon), bewusst.

Jedem empirischen Denken liegen folgende Postulate zugrunde:

1. Es gibt eine vom Subjekt unabhängige Außenwelt. Oder die Objekte sind zumindest unabhängig vom untersuchenden Subjekt, da anders kein „Objektives Denken" möglich ist.
2. Die für die Theorie erforderlichen Daten werden durch die fünf Sinne gewonnen.
3. Jedes Resultat der Theorie muss sich in der Erfahrung rechtfertigen.

Da die Sinneseindrücke immer nur endlich viele Daten zur Verfügung stellen, gewinnt die Theorie ihre allgemeinen Aussagen, indem sie nach Auswertung dieser Datenmenge einen Schluss auf das allgemeine Gesetz folgert. Also durch die bereits von dem Begründer der Empirie, von Aristoteles, eingeführte „Induktion". Wir haben bereits erwähnt, wie diese von Francis Bacon für die Neuzeit wieder verfügbar gemacht wurde. Da seine Art der „Induktion" jedoch lediglich eine wahllose Zusammenfassung von Fakten war, „blieben ihm die gedanklichen Instrumente, mit denen die neue Wissenschaft arbeitet, fremd." (Ernst Cassirer), so dass „seine Methode daran krankt, dass er der Hypothese zu geringen Wert beimaß" (B. Russel).

Dagegen hatte der zur gleichen Zeit lebende Johannes Kepler das Prinzip der „Induktion" klar erfasst. Dies hieß nämlich nicht ein wahlloses Sammeln von Fakten, sondern, in Anlehnung an den großen griechischen Arzt Hippokrates (460 bis 370 vor Chr.), ein exakt definiertes Problem mit einer genau präzisierten Fragestellung angehen und, hier folgt Kepler wortwörtlich Hippokrates, „es wie in einer Folter zur Antwort zwingen" (Hippokrates).

Somit ist klar, erster Schritt der empirischen Erkenntnis ist die konkrete, exakte Frage; erst auf dieser Basis ist dann eine sinnvolle Induktion möglich. Dies war natürlich Aristoteles völlig klar, wenn er zum Beispiel nach dem „eigentümlichen Sein eines ganz bestimmten konkreten Körpers" fragt. Und damit wird auch klar, dass am Anfang der empirischen Forschung die Theorie steht, denn nur in einem solchen Rahmen kann eine Frage sinnvoll formuliert werden.

Alle diese Bausteine hat dann Galilei in genialer Art und Weise systematisiert und das Schema vorgegeben, das zukünftig jeder Erfahrungswissenschaft den Weg für methodisches Vorgehen weisen wird:

1. Aufstellen einer präzise definierten Hypothese.
2. Experimentelle Überprüfung der Hypothese.
3. Exakte mathematische Formulierung der Hypothese.
4. Experimentelle Überprüfung des mathematischen Gesetzes.

Ad 1.: Wie bereits Kepler sagte: Formulieren einer exakten Hypothese im Rahmen einer jeweiligen Theorie.

Beispiele:

Ökonomie: „Eine Senkung des Zinsfußes in Verbindung mit einer Erhöhung der Geldmenge bewirkt eine Zunahmen der Beschäftigung" (J M. Keynes).

Soziologie: „Die Nichterfüllung des Bedürfnisses nach sozialem Aufstieg bewirkt, dass das soziale Ansehen und die Selbstachtung erschüttert werden" (Karl Mannheim).

Ethologie: „Bei längerem Still-Legen einer instinktiven Verhaltensweise sinkt der Schwellenwert der sie auslösenden Reize" (Konrad Lorenz).

Psychologie: „Die Einschätzung von Todesursachen wird durch die Medienberichterstattung verzerrt. Die Berichterstattung wird ihrerseits durch Neuigkeit und Prägnanz verzerrt“ (D. Kahneman).

Physik: „Nimmt ein Gas eine Temperatur oberhalb der kritischen an, die durch die kritischen Punkte von Volumen und Druck definiert wird, so kann das Gas nicht verflüssigt werden“ (J. C. Maxwell).

Pädagogik: „Ein sozial-integrativer Führungsstil erzeugt in einer Klasse ein signifikant besseres Lernergebnis als ein autoritärer Führungsstil“ (Tausch A., Tausch, R.).

Man sieht: Jede Hypothese erfordert exakt definierte Begriffe der jeweiligen Theorie. Dies ist auch eine notwendige Voraussetzung für die Testbarkeit der Theorie. Andererseits haben aber auch gravierende Fehler hierbei eine wesentliche Ursache. Insbesondere dann, was erstaunen mag, wenn die jeweilige Hypothese gar nicht in der Theorie formuliert ist, in der sie begründet zu werden beansprucht.

Ad 2.: Die experimentelle Überprüfung, der Hypothesentest, erfolgt dann mit den bereits besprochenen Methoden der Statistik. Insbesondere erinnern wir noch einmal an die möglichen Fehlerquellen hierbei. Weiter sehen wir noch einmal, wie einerseits die theoretischen Aussagen, andererseits die Statistik, die unentbehrlichen Instrumente wissenschaftlichen Denkens sind.

Ad 3.: Jetzt befinden wir uns im Reich Platons. „Sobald man versuche, sinnliche Qualitäten zu erklären und Vernunftschlüssen zugänglich zu machen, müsse man zu mathematischen Ideen greifen“, sagt Leibniz. Wir wissen, dass die „Mathematisierung“ das Grundprinzip der Physik Galileis ist. Insofern ist die Hypothese in die Sprache der Mathematik zu übersetzen. „Der echte Gegenstand der Natur wird erst gewonnen, wenn wir im Wechsel und Wandel unserer Wahrnehmungen selbst die notwendigen und allgemeingültigen Regeln festzuhalten lernen“ (Ernst Cassirer). Und diese sind eben hier die mathematischen.

Allgemein können wir die „harte Bedingung der Mathematisierung“ für die übrigen Wissenschaften etwas lösen, obwohl „ihnen das Beispiel derjenigen Zweige des Wissens nicht verloren gehen darf, welcher des leichter zu bezwingenden Stoffes wegen, in formaler Beziehung weiter fortgeschritten sind" (Hermann von Helmholtz).

Exaktes Wissen bedeutet somit, dass wir die Hypothese im Rahmen der jeweiligen Theorie begründen können; erst dann haben wir die Hypothese verstanden. Keynes muss also im Rahmen der volkswirtschaftlichen Theorie exakt begründen können, dass „eine Senkung des Zinsfußes in Verbindung mit einer Erhöhung der Geldmenge eine Zunahmen der Beschäftigung bewirkt."

Ad 4.: Wieder müssen wir die Mathematische Formulierung experimentell mit den Methoden der Statistik überprüfen.

Wir erläutern das Gesagte am ersten wissenschaftlich exakt gelösten Problem, dem „Freien Fall":

1.) Hypothese:

„Alle Körper fallen, soweit sie alleine der Schwerkraft unterworfen sind, gleich schnell."

Bemerkungen:

Bereits hier haben in den ersten Physikstunden die Schüler unübersehbare Verständnisschwierigkeiten. Jeder sieht, dass Körper unterschiedlich schnell fallen. Also muss die Physik falsch sein. Hier ist jedoch bereits das tiefere Verständnis gefordert. Ähnlich wie bei der erwähnten Diskussion zwischen Platon und Protagoras müssen wir streng zwischen sinnlicher und logischer Erkenntnis unterscheiden. Der entscheidende Punkt in der Hypothese ist hier die adverbiale Ergänzung, „soweit sie alleine der Schwerkraft unterworfen sind", also dass nach dem Isolationsprinzip sämtliche weiteren Einflussfaktoren ignoriert werden. Der Prozess soll alleine nach dem untersucht werden, was letztlich die Ursache des Falles ist.

2.) Experimentelle Überprüfung:

Auf Grund seiner damaligen Möglichkeiten war es Galilei versagt, die exakte Aussage zu testen. Heute verfährt man so, dass man in einer Glasröhre zwei Körper verschiedener Massen, eine Feder und eine kleine Bleikugel, zum Fall bringt. Zunächst fallen die Körper natürlich eklatant unterschiedlich schnell. Nun wird die Röhre evakuiert und die Differenz der Fallgeschwindigkeit ist für das bloße Auge nicht erkennbar.

Bemerkung: Das allgemein logische Gesetz ist jetzt mit der empirischen realen Welt verknüpft. Man erkennt aber auch sofort den Wahrscheinlichkeitscharakter der Empirie. Denn „für das Auge" mag der Unterschied nicht erkennbar sein, jede feinere Untersuchung mag aber doch eine Differenz feststellen. Dass nämlich nicht alleine der Luftwiderstand für die beobachtete Abweichung verantwortlich war, möglicherweise müsste man weitere Masseanziehungen berücksichtigen usw. Weiter müssen wir bedenken, dass wir nach dem Gesetz der „Induktion" immer nur endliche viele Versuche durchführen können. Nach n Experimenten kann sich die Sache beim (n+1)-ten wieder ganz anders verhalten; hat sie sich hier bestätigt, so hat sich die Wahrscheinlichkeit bis zu einem gewissen Grad erhöht, aber wir wissen dann nicht, was beim (n+2-ten) Vorgang geschehen wird.

3.) Mathematische Formulierung:

Hier liegt oft die größte Schwierigkeit. Letztlich „gibt es hier keine frei erlernbare Methode, die zum Ziele führt" (A. Einstein). Andererseits war Galilei „schon im Besitz von instinktiven Erfahrungen, bevor er an das Experiment geht" (Ernst Mach). Dem Genie kann „ein Fall für tausende gelten", sofern er an einem das Gesetz erschauen kann, das das Ganze beherrscht, sagt Goethe.

Jedenfalls formulierte Galilei das Gesetz: Die Fallgeschwindigkeit ist proportional der Fallzeit: $v \sim t$. Hieraus folgt dann mathematisch: Der Fallweg ist proportional dem Quadrat der Fallzeit: $h \sim t^2$ und schließlich die berühmte Formel: $h = \frac{g}{2} \cdot t^2$, wobei g die Fallbeschleunigung bedeutet; die erste exakt abgeleitete Formel der theoretischen Physik.

Bemerkungen:

a) Man sieht hier den Bedeutungssprung gegenüber der allgemeinen Hypothese in 1.). Was soll „schnell" dort überhaupt genau bedeuten? Was heißt „Geschwindigkeit" exakt? Wie soll „schnell" getestet werden? Erst jetzt, wo wir eine klare, in Zahlen ausgedrückte

Beziehung haben, wird dies möglich. Weiter, die Formel ist eine rein „Platonische Idee“. Sie gilt immer, unabhängig von Raum und Zeit. Als dem Steinzeitmenschen sein Werkzeug zu Boden fiel, war dieser Prozess durch die Galilei'sche Formel bestimmt. Als Armstrong aus seinem Raumfahrzeug auf den Boden des Mondes sprang, erfolgte dies ebenso nach diesem Gesetz wie, als beim Prager Fenstersturz die Ratsherren Martinitz und Slawata auf einen Misthaufen fielen. Das Gesetz kann nie empirisch gefunden werden. Wenn momentan im brasilianischen Regenwald ein Blatt vom Baum fällt, gehorcht es diesem Gesetz, gleichwohl ob dieser Vorgang niemals beobachtet wurde.

b) Wir können also erst mit der exakten mathematischen Formulierung das Gesetz präzise formulieren.

4.) Experimentelle Überprüfung:

Galilei zeigte zunächst, dass die Fallgeschwindigkeit unabhängig vom durchfallenen Weg ist. Somit konnte er den Fallvorgang verzögert auf der „Schiefen Ebene“ überprüfen und bestätigen. Wir sind auch hier wieder im Realen und im Reich der Wahrscheinlichkeiten.

Bemerkungen:

a) Mit diesem Procedere hat Galilei das Idealbild für den Erkenntnisprozess der empirischen Wissenschaften vorgegeben. In genialer Manier werden hier die Ideale der Theorie mit denjenigen der Empirie vereint und so der ‚Rationale Empirismus‘ zur Vollendung geführt.

b) Infolge der überragenden Erfolge der Physik wurde diese das Paradigma für alle empirischen Wissenschaften. Wenn Studenten heute nicht verstehen, wieso sie in Volkswirtschaftslehre, Soziologie, Pädagogik, Psychologie usw. einen oder zwei Scheine in „Mathe“ und Statistik machen müssen, so haben sie dieses „Ärgernis“ Galilei zu verdanken.

Tatsächlich hat Galilei mit dem scheinbar trivialen Problem des „Freien Falls“ die modernen Wissenschaften begründet. „Es handelte sich dabei zunächst um eine naturwissenschaftliche Methode; aber sie beeinflusste bald den Wissensbegriff überhaupt und wirkte mehr dahin aus, die ganze Philosophie nach ihrem Muster umzubilden, was schließlich zu weittragenden Konsequenzen führte, nämlich zu einem neuen Bild von Mensch und Kosmos" (J. Hirschberger).

War im Mittelalter das Weltbild durch den christlichen Glauben auf Europa, durch die Philosophie des Konfuzius auf China, durch die Brahmanen und Buddha auf Indien beschränkt, so umspannt das heutige wissenschaftliche Weltbild den ganzen Globus. Kein Mensch hat einen größeren Einfluss auf die Menschheit gehabt als Galilei.

5.2. Empirisches Denken im System 2

„Die Mathematik alleine befriedigt den Geist durch ihre außerordentliche Gewissheit" (Johannes Kepler).

Wir werden hier das theoretische System aus Teil 3 prüfen, inwieweit wir hierdurch „Glaubhaftes und allseitig geprüftes Wissen" (Arkesilaos und Karneades) über die Realität erlangen können. Während also die Aussagen aus Teil 2 im „Idealen", in den „Platonischen Ideen", beheimatet waren, steht jetzt der Fokus auf der „Realität". Inwiefern ist hier Wissen möglich, inwiefern können die theoretischen Instrumente des „Langsamen Denkens" dies so weit wie möglich gewährleisten?

5.2.1. Mathematik

„Zur Ehre des Menschlichen Geistes" (C. G. Jacobi).

Die Frage des empirischen Äquivalents zur Mathematik ist sofort beantwortet. Es gibt Derartiges nicht. Die Mathematik ist und verbleibt rein im „Idealen", sie hat keinerlei Bezug zum „Realen". Um dies zu unterstreichen, sagte Hilbert einmal scherzhaft, man müsse „anstelle von Punkten, Geraden, Ebenen auch jederzeit Tische, Stühle oder Bierseidel sagen können" (David Hilbert). Dies mag überraschen, wenn wir an den üblichen Mathematikunterricht denken. Wir werden darauf zu sprechen kommen.

Wir haben bereits gesehen, dass die Grundelemente der Geometrie, Punkt und Gerade rein ideale Objekte sind, die niemals empirisch erkannt werden können. Erst durch die „Platonischen Ideen" werden die Begriffe der Geometrie verständlich. Leibniz verweist in diesem Zusammenhang auf das platonische Beispiel, dass der Kreis auf dem Papier nicht der wirkliche Kreis, sondern nur ein Symbol für den intelligiblen mathematischen Kreis ist. So dass man hierdurch erst den sinnlichen Kreis auf dem Papier verstehen kann. „Daher hat Platon mit Recht das Denken von diesen verworrenen Vorstellungen fort zu den reinen Begriffen hingelenkt und behauptet, dass alles Wissen mit dem Ewigen zu tun habe und dass die universalen Begriffe oder die ewigen Wesenheiten höhere Realität besitzen als die Einzeldinge, die am Zufall und an der Materie teilhaben und in einem ewigen Fluss bestehen" (G.F. Leibniz). Gerade in Bezug auf die Geometrie hat ja Platon seine ideelle Philosophie entwickelt. „Keiner ohne Geometrie möge hier eintreten", stand warnend an der Eingangspforte der platonischen Akademie, nur so sind die höheren Wahrheiten zugänglich.

Was für die Geometrie gilt, trifft auch für die Zahlen zu, auch sie sind „unseres Geistes Produkt" (G. F. Gauß). Betrachten wir das „Kommutativgesetz":

$$a + b = b + a$$

Zunächst könnte man glauben, dass sich dieses empirisch begründen ließe. Wir betrachten zwei Körbe, Korb 1 mit zwei Äpfeln, Korb 2 mit drei Äpfeln. Nun nehmen wir einen dritten Korb, legen zuerst die zwei Äpfel des Korbes 1, dann die drei Äpfel des Korbes 2 hinein. Wir zählen die Äpfel in dem neuen Korb und ziehen den Schluss:
$2 + 3 = 5$. Nun nehmen wir die umgekehrte Reihenfolge vor und kommen zu dem Ergebnis: $3 + 2 = 5$. Also $2 + 3 = 3 + 2$.

Es sieht nun so aus, als ob wir auf diese Art und Weise die fragliche Regel allgemein bestätigen könnten. Doch nun betrachten wir eine neue Situation: Die infrage stehenden Zahlen seien 10^{50} und 10^{70}. Wir rechnen wieder, da wir das Kommutativgesetz als allgemeingültig voraussetzen: $10^{50} + 10^{70} = 10^{70} + 10^{50}$. Über Nachprüfung von Äpfeln brauchen wir hier nicht zu reden. Doch selbst wenn wir alle Atome des Weltalls zu Hilfe nehmen würden, sie würden nicht ausreichen, um diese Regel experimentell zu bestätigen. Somit bleibt nur der Schluss, dass hier ein rein „Ideales Gesetz“, ein Axiom, vorliegt, das neben anderen den logischen Aufbau der natürlichen Zahlen regelt. Jedoch sind derartige Sätze der Logik „Sätze vor Gott“ (B Bolzano). Somit ist die Mathematik tatsächlich im rein Ideellen angesiedelt, ihre Regeln haben keine Entsprechung im Realen.

Bereits unser obiges Beispiel mit den Äpfeln ist logisch falsch. Der Volksmund sagt, man könne Äpfel und Birnen nicht addieren. Warum? Weil eben nur „Gleiches“ addiert werden kann. Es gibt aber nach dem „Prinzip des Ununterscheidbaren“ von Leibniz niemals zwei gleiche Objekte, „wären sie in allem genau gleich, so wären sie nicht zwei, sondern eins“ (R. Falckenberg). Für das bloße Auge sind Äpfel und Birnen unterscheidbar, eine genauere Untersuchung würde dasselbe bei unseren fünf Äpfeln zeigen.

Dabei haben wir noch gar nicht von komplexen Zahlen mit der imaginären Einheit $i = \sqrt{-1}$ gesprochen. Einer Zahl, die nicht einmal die großen Mathematiker und Physiker wie Leibniz und Huygens verstanden. In Vorlesungen fragen Studenten immer wieder bei dem Thema „Unendlich dimensionale Räume“, wie „man sich das vorstellen solle.“ Gar nicht, kann nur die Antwort lauten. Denn die mathematischen Begriffe haben keinerlei Bezug zum Sinnlichen. „Die Mathematik ist die Wissenschaft, deren einziger Gegenstand die Struktur des menschlichen Verstandes selbst ist“, sagt Hannah Ahrendt.

Trotzdem wenden wir ja die Mathematik in nahezu allen Wissenschaften praktisch an. Wie ist dies zu verstehen? So paradox es klingt, gerade dadurch, dass ihre Begriffe nichts Konkretes bedeuten, wird sie anwendbar. Wir haben beispielsweise gesehen, dass ein Stamm auf den Fidschi-Inseln je gesonderte Bezeichnungen für Kähne, Kokosnüsse usw. hatte. Jede Zahlenreihe war mit der jeweiligen konkreten Bedeutung verbunden Eine allgemeine Bezeichnung für Zahlen gab es nicht. Wäre nun hier etwas Neues aufgetreten, zum Beispiel Schrauben, so hätte man sie gar nicht zählen können.

Newton entwickelte die Differenzialrechnung im Zusammenhang mit dem Problem der Momentangeschwindigkeit. Wäre nun der Differenzialbegriff alleine mit diesem verbunden, so wäre seine Anwendung hierauf beschränkt. Doch durch seine Idealität erlaubt er

Anwendungen, an die Newton niemals dachte, zum Beispiel die Berechnung der Grenzkosten in der Ökonomie. Allgemein ermöglicht das Differenzial die in der ganzen Ökonomie fundamentalen marginalen Analysen, auf denen nahezu die gesamte Keynes'sche Theorie beruht.

Man muss somit klar bei den jeweiligen Wissenschaften die Begriffe exakt unterscheiden. Momentangeschwindigkeit ist ein physikalischer Begriff, Grenzkosten ein ökonomischer und Differenzialquotient ein mathematischer. In jeder Wissenschaft ist die Problemlage eine andere. Physik: Wie ist die Momentangeschwindigkeit beim freien Fall nach vier Sekunden? Ökonomie: Bei welcher Grenzkostensituation nehmen wir noch Neueinstellungen vor? Mathematik: Ist die Funktion in diesem Punkt differenzierbar, das heißt, existiert der entsprechende Grenzwert?

Die Mathematik ist somit eine Sprache, in der wir Sachverhalte in den unterschiedlichsten Theorien beschreiben können. Ganz analog wie in den Sprachen der Informatik. Ein Programm ist nichts anderes als ein Algorithmus, eine systematische Abfolge von möglichen Anweisungen der jeweiligen Computersprache, beispielsweise „fortran" „cobol" „pascal", „C" oder andere, die ihrerseits auf den allgemeinen Regeln der Logik beruhen. Wie in der Mathematik muss man hier klar zwischen dem logischen Problem der Korrektheit des jeweiligen Programms und den mannigfachen konkreten Anwendung unterscheiden.

Überhaupt besteht zwischen „Sprache" und „Mathematik" eine enge Beziehung. Nicht verwunderlich bei den gemeinsamen Ahnen. Die Dialektik, die klassische Logik bei Platon, war ursprünglich die „Kunst der Gesprächsführung" im Rahmen der Rhetorik. „Logos", heißt bekanntlich das „Wort", insofern ist die „Logik" eng verwandt mit der Rede und somit mit der korrekten Gestaltung der Sätze. Die griechische Demokratie fand auf dem Marktplatz, der Agora, in temperamentvollen Reden ihre Verwirklichung und die Sophisten waren berühmte Lehrer der Rhetorik. Protagoras, ihr berühmtester Vertreter, begründete in diesem Zusammenhang, zum Leidwesen vieler Schüler, die Regeln der Grammatik. Wie Platon berichtete, war er der

Erste, der zwischen den drei Geschlechtern, den Zeiten und den Modi unterschied.

Grammatik, Logik, Mathematik stehen somit in Bezug zu den Anwendungen in engem Zusammenhang. Betrachten wir als Beispiel den Satz: „Das Gericht spricht den Angeklagten schuldig." Wir können den Satz nach seiner juristischen Bedeutung analysieren, dies hat mit Grammatik nichts zu tun und wäre im Grammatikunterricht unangebracht. Das eigentliche Problem ist die Satzanalyse, also die grammatikalische Konstruktion: Subjekt, Prädikat, Akkusativobjekt, Adverb. Während der erste Fall, die juristische Analyse, konkret ist, gibt es für die zuletzt genannte Satzkonstruktion „unendliche viele" Anwendungen. Sie gibt uns allgemein die Möglichkeit Sätze beliebigen Inhalts korrekt zu konstruieren.

Genauso ist die Situation in der Mathematik. Wenn eine Schulaufgabe beispielsweise lautet, wir sollen die Abkühlung einer Flüssigkeit unter bestimmten Bedingungen berechnen, so ist das ebenso wenig eine mathematische Aufgabe, als wenn wir bei einer parabelförmigen Brücke die höchste Erhebung über dem Boden berechnen sollen. Beides waren Abituraufgaben. Die erste ist aber ein physikalisches Problem, die zweite liegt im Bereich Ingenieurwesen. Sie werden lediglich im Rahmen der mathematischen Sprache gelöst.

Wie kam es zu dieser Depravierung der Mathematik, ihren ausschließlichen Bezug auf das Nützliche, in Missachtung ihres eigentlichen Wesens? Wir haben gesehen, dass Euklid einen Schüler, der nach den Anwendungen fragte, sofort von der Akademie verwies. „Überall nach dem Nützlichen zu suchen, geziemt den großen freien Seelen durchaus nicht" (Aristoteles). Wer danach fragt, dem ergeht es wie der Atalante, die den Sieg beim Wettlauf verfehlte, weil sie sich bückte, um die goldenen Äpfel zu ihren Füßen aufzusammeln.

Archimedes (287 bis 212 vor Chr.), dessen Hebelgesetze die Grundlage jeder Maschine bilden, betrachtete derartige technische Arbeiten „lediglich als Nebenprodukte einer spielerischen Geometrie (...) das Konstruieren von Instrumenten, wie überhaupt grundsätzlich jede Tätigkeit, die des praktischen Nutzens wegen ausgeübt wird, als niedrig und unedel" (Plutarch).

Diese Geisteshaltung prägte das Abendland nahezu zweitausend Jahre lang, insbesondere die Scholastik des Mittelalters. Der große Umbruch kam mit dem von Francis Bacon geprägten Schlagwort: „Wissen ist Macht". Während die Griechen „philosophieren um der Unwissenheit zu entgehen, das Wissen um der Erkenntnis willen zu suchen und nicht irgendeines praktischen Nutzens willen" (Aristoteles), verlieh nun das Wissen „Macht". Das meiste Wissen war nun in der Lage, die besten Waffen zu bauen, die „Macht" der Staaten zu sichern, die besten Maschinen zu bauen und wirtschaftliche „Macht" zu verleihen. Bildung wurde zu einem Instrument der gesellschaftlichen „Macht", die der Beamtenstaat seinen Trägern, Ministerialräten, Richter usw. verleiht, die in der Zivilgesellschaft den Ärzten, Rechtsanwälten, Ingenieuren etc. Ansehen verschafft.

So sollte in der weiteren Entwicklung der Philosophie immer mehr der „Nutzen" zum alleinigen Maßstab werden, bis dies in der Philosophie von Jeremy Bentham und John Stuart Mill, dem „Utilitarismus", seine endgültige Ausprägung erfuhr. Mit der Konsequenz, dass hierdurch stets alles zu einem Mittel für einen bestimmten Zweck, eben den „Nutzen", degradiert wird. Mathematik wird so zur Hilfswissenschaft, ein Mittel für sogenannte anwendungsorientierte Wissenschaften als eigentlicher Zweck.

Doch man sieht sofort, der Zweck wandelt sich wieder in ein Mittel für den nächsten Zweck und so weiter. Beispielsweise ertragen unsere Schüler die Schule mit dem Zweck, ein anspruchsvolles Studium ergreifen zu können, zum Beispiel Maschinenbau. Dort müssen sie Mathematik als Mittel auf sich nehmen, um das Studium als Zweck bewältigen zu können. Der eigentliche vorläufige Zweck besteht dann darin, nach Abschluss des Studiums Maschinen konstruieren zu können. Doch der Konstruktionsplan reduziert sich zum Mittel für die Maschine als Zweck und diese wiederum wird Mittel für die zu produzierenden Güter, zum Beispiel Schrauben usw.

Nietzsche (1844 bis 1900) sprach in diesem Zusammenhang gelegentlich von einem „Zweckprogressus ad infinitum". Alles reduziert sich auf den „Nutzen". „Und was ist der Nutzen des Nutzens?", fragt Lessing (1729 bis 1781). Um überhaupt aus dieser „Mittel-Nutzen-

Verschlingung“ herauszukommen, setzt Bentham ein diffuses Glück als Endziel, definiert als die Differenz der Summe von Lust - gegenüber Unlustempfindungen. Diese ist zu maximieren: „Das größtmögliche Glück für die größtmögliche Zahl“ (Bentham). Wird dieses Glück rein auf empirische Lustempfindungen reduziert, „so sind auch die Ochsen glücklich, wenn sie Erbsen fressen“ (Heraklit). Wir erinnern noch einmal an den entsprechenden Vergleich bei Leibniz. Dennoch waren die großen englischen Empiriker wie John Locke, David Hume, Jeremy Bentham und John Stuart Mill alles andere als platte Vertreter eines egoistischen Nützlichkeits- und Vorteilsstrebens.

Als nun die Mathematik zunehmend in diesen Sog geriet, im Rahmen der zunehmenden Technisierung immer mehr von den Anwendungen vereinnahmt wurde, wehrten sich die großen Mathematiker. Jacobi (1804 bis 1851) nannte „die Zahlentheorie als Einzige, die noch nicht in Rücksicht auf irgendwelche Anwendungen in den Staub des Irdischen hinabgezogen ist.“ In einem Brief an Legendre (1752 bis 1833) schreibt er, dass nicht die Anwendung, sondern „die Ehre des menschlichen Geistes“ das einzige Ziel der Wissenschaft sein müsse. Henry Poincaré sagt: „Der Mathematiker studiert die reine Mathematik nicht (...) weil sie nützlich ist, er studiert sie, weil er sich an ihr erfreut und er erfreut sich an ihr, weil sie schön ist“. Dazu haben sowohl Jacobi als auch Poincaré bedeutende Beiträge zur mathematischen Physik geleistet.

5.2.2. Physik

„Es ist etwas unbekannt Gesetzliches im Objekt, welches dem unbekannt Gesetzlichen im Subjekt entspricht“ (Goethe).

Die einzige Wissenschaft, die neben der Mathematik die strengen Bedingungen des Systems 2 erfüllt, ist die Theoretische Physik mit ihren vier Theorien: Klassische Mechanik, Elektrodynamik einschließlich spezieller Relativitätstheorie, Thermodynamik und Quantenmechanik. Im Gegensatz zur Mathematik können hierbei die theoretischen Aussagen in der Realität empirisch nachgewiesen werden. Was uns hierbei insbesondere interessiert, ist, wie sich die rein theoretischen Folgerungen perfekt in der Natur realisiert haben. Als einzige Wissenschaft ist hier die objektive Wahrheit der Theorie empirisch realisiert. Diese Tatsache hat der Physik die Bewunderung und Faszination aller großen Geister verschafft. Sie ist somit zum Vorbild aller empirischen Wissenschaften geworden. Keine andere Wissenschaft hat das moderne Weltbild und Denken derartig nachhaltig geprägt.

Betrachten wir die Physik an einigen Beispielen:

Mechanik: Dieser liegen drei Axiome zugrunde. Alles, was wir in einem Mechanikbuch finden lässt sich aus diesen Axiomen ableiten. Unter anderem, unter der Voraussetzung der drei Kepler'schen Gesetze, das Gravitationsgesetz: Massen ziehen sich wechselseitig an. Also, die Erde zieht den Mond an, der Mond auch die Erde. Die Sonne zieht die Venus an, die Venus auch die Sonne. Dass man diesen Effekt vernachlässigen kann, liegt daran, dass die Sonne neunundneunzig Prozent der gesamten Masse des Planetensystems enthält. Es gibt aber auch Sterne von etwa gleicher Masse; sie rotieren dann um den gemeinsamen Schwerpunkt.

Nun stellte Le Verrier (1811 bis 1877) 1846 fest, dass der Uranus minimalste Abweichungen von der errechneten Bahn aufwies. Ohne im Geringsten an der Korrektheit der Newton'schen Gesetze zu zweifeln, vermutete er als Ursache die Störung eines weiteren, bisher unbekannten Planeten. Auf Grund der Daten berechnete er dessen Eigenschaften und Position. Daraufhin richtete der Astronom Galle (1812 bis 1910) von Berlin aus sein Fernrohr in diese Richtung. Tatsächlich wurde so Neptun entdeckt. Ein Ereignis, das auf die Zeitgenossen einen ungeheuren Eindruck machte.

Wenden wir uns der historisch nächsten abgeschlossenen Theorie im Sinne Heisenbergs zu: der Elektrodynamik. Die Rolle der Newton'schen Axiome spielen hier die vier berühmten Maxwell'schen Gleichungen. „War es ein Gott, der sie niederschieb?“, fragte Ludwig Boltzmann (1844 bis 1906). Diese Gleichungen erklärten zunächst alle bekannten Erscheinungen der Elektrodynamik. Wurden diese kombiniert, so ergab sich eine neue Gleichung, eine sogenannte Wellengleichung, deren Lösungen natürlich Wellen sind, die bekannten elektromagnetischen Wellen. Die Gleichungen enthalten auch gewisse Konstanten, die die Verhältnisse in verschiedenen Medien bestimmen, Gase, Metalle, im Vakuum. Dabei bestimmen diese die Ausbreitungsgeschwindigkeit der Welle. Es war eine Sensation, als Weber (1804 bis 1891) und Kohlrausch (1840 bis 1910) zeigten, dass dies gerade die Lichtgeschwindigkeit war.

Die Maxwell'schen Gleichungen hatten auch Lösungen für das Vakuum. Doch wie sollten sie sich dort fortpflanzen? Wasserwellen benötigen Wasser, Metallwellen Metall, Schallwellen Luft. Befand man sich mit den Lösungen in den hohen Gefilden des „Idealen“? Verweigerte sich die empirische „Realität“ dem theoretischen „Idealen“? War die Isomorphie zwischen der reinen Theorie und der entsprechenden Natur durchbrochen? Lieferte die Theorie Ergebnisse, die der Realität nicht entsprachen? Tatsächlich gelang es dann Heinrich Hertz (1857 bis 1894) diese Wellen in seinem Karlsruher Labor nachzuweisen. Elektromagnetische Wellen können sich tatsächlich im „Leeren Raum“ fortpflanzen. Ihre praktische Verwendung hielt Hertz für unmöglich. Dies blieb Marconi (1874 bis 1937) vorbehalten und so wurde Rundfunk und Fernsehen möglich.

War es schon erstaunlich genug, dass sämtliche elektromagentischen Erscheinungen erklärbar wurden, erklärbar in dem Sinn, dass sie aus den Maxwell'schen Gleichungen, als vorausgesetzte Axiome, logisch deduktiv abgeleitet werden konnten, so ergaben sich aus den Hertz'schen Wellen völlig neue Erkenntnisse. Scheinbar völlig heterogene Phänomene wurden hierdurch verständlich. „Die dramatischsten Augenblicke in der Physik sind jene, in welchen große Synthesen stattfinden, wo Phänomene, die vorher völlig verschiedenartig erschienen, plötzlich nur als unterschiedliche Betrachtungsweise ein und derselben Sache erkannt werden“ (Richard Feynman).

Die Frequenz ist die Anzahl der Schwingungen einer Welle pro Zeiteinheit und wird in Hz (Hertz) gemessen. Je größer die Frequenz, je mehr Schwingungen, desto kürzer ist die Wellenlänge und je größer die Wellenlänge, desto kleiner ist die Frequenz. Wir haben bereits gesehen, dass die Ausbreitungsgeschwindigkeit der

Hertz'schen Wellen die Lichtgeschwindigkeit ist. Bei bestimmten Frequenzen zeigen sich diese Wellen als Licht. Damit wird die Optik zu einem Teilgebiet der Elektrodynamik. Beginnend mit der untersten Frequenz sehen wir dies als Rot, mit zunehmender Frequenz wird dann das Regenbogenspektrum durchlaufen, am anderen Ende steht das Violett. Nicht nur die Lichtgeschwindigkeit, auch die Farbenvielfalt war theoretisch erklärt.

Das Farbenspektrum macht allerdings nur einen minimalen Teil des gesamten Spektrums der elektromagnetischen Wellen aus. Gehen wir nach dem Violett weiter zu höheren Frequenzen, so erhalten wir das zwar für die Bienen, nicht mehr aber für uns, sichtbare Ultraviolett. Es schließen sich dann die Röntgenstrahlen und schließlich die Gammastrahlen an. Verfolgen wir die andere Richtung nach dem Rot in kleinere Frequenzen. Hier erscheint zunächst das Infrarot oder die Wärmestrahlung. Wir beobachten sie, wenn das Eisen bei zunehmender Temperatur schließlich in glühendes Rot übergeht. Bei weiterer Verminderung erscheinen die Radiowellen, UKW, Kurz-, Mittel- und Langwelle. Dazwischen ist noch das Radar angesiedelt. Selbstverständlich empfangen wir mit unserem Handy ebenfalls elektromagnetische Wellen. Wie würde Heinrich Hertz angesichts des weltweiten Internets staunen, wozu sich seine Wellen entwickelt haben.

Doch wir sind noch nicht am Ende. Man kann zeigen, dass mit den Elektromagnetischen Wellen ein Energietransport verbunden ist. Deshalb ist bei den Pflanzen die Photosynthese möglich und wir Menschen überleben. Hierbei gilt, je größer die Frequenz, desto größer ist die Energie. Deshalb müssen wir beim Arzt beim Röntgen eine Bleiweste tragen. Alle diese Erscheinungen werden erklärt und bestimmt durch die Maxwell'schen Gleichungen. Nach Newton hatte die Physik ihren zweiten großen Triumph.

„Die Thermodynamik ist das Musterbeispiel einer axiomatisch aufgebauten Wissenschaft" (Arnold Sommerfeld). Dabei hat sie, wie Mechanik und Elektrodynamik, in mindestens drei Bereichen, nicht nur die Physik, sondern das allgemeine moderne Weltbild verändert und beeinflusst. Wie die übrigen abgeschlossenen Heisenberg'schen

Wissenschaften ist sie somit nicht nur für den Naturwissenschaftler von grundlegendem Interesse, sondern von allgemeiner Bedeutung.

Erstens wurde in der Thermodynamik erstmalig der Energieerhaltungssatz durch den Heilbronner Arzt Robert Mayer in seiner allgemeinen Bedeutung erfasst, „die wichtigste naturwissenschaftliche Entdeckung des neunzehnten Jahrhunderts" (Walther Gerlach). Seitdem ist der Energiebegriff fester Bestandteil in unserem Alltagsdenken.

Zweitens wurde die Statistik als grundsätzliches theoretisches Erkenntnisinstrument in die Wissenschaften eingeführt; wir werden sehen, dass die ganze moderne Physik und damit unser modernes Weltbild auf diesen Überlegungen aufbauen.

Drittens das Atom: Diese Hypothese der „Großen Alten" führte zunächst einen nahezu zweitausendjährigen Dornröschenschlaf, ehe Gassendi sie nach intensivem Studium bei Epikur wieder hieraus erweckte. Bei Locke und Hume, die diesen Gedanken übernahmen, beeinflusste er deren Empirismus und führte schließlich zu Dalton (1766 bis 1844), der die Chemie hierdurch von ihren alchemistischen Fesseln befreite. Das Verdienst, das Atom in seiner eigentlichen Bedeutung voll erfasst zu haben, es für die Wissenschaft fruchtbar gemacht zu haben, das gebührt nur einem Manne, Ludwig Boltzmann. „Wenn in einer Sintflut alle wissenschaftlichen Kenntnisse zerstört würden und nur ein Satz an die nächste Generation weitergeleitet werden könnte, welche Aussage würde die größte Information in wenigen Worten enthalten? Ich bin überzeugt, dass es die Atomhypothese wäre", sagt Richard Feynman. Die Neuzeit hatte hiermit begonnen.

Tatsächlich war zum damaligen Zeitpunkt das Atom lediglich eine Hypothese, die bei kaum einem Wissenschaftler Anerkennung fand. Teilweise war Boltzmann sogar Angriffen und Beleidigungen ausgesetzt: „Hoam's oan's gsehn?", fragte Ernst Mach (1838 bis 1916) Boltzmann spöttisch. Denn fast alle Physiker waren zu dieser Zeit Empiristen, insofern galt nur dasjenige als ein physikalisches Objekt, von dem ein Sinneseindruck nachweisbar war und einen solchen hatte natürlich Boltzmann zu der damaligen Zeit nicht. Wieder stand man vor dem Problem der Beziehung des „Theoretisch Idealen“ zum „Sinnlich Realen“.

Doch Boltzmann ließ sich nicht beeindrucken und entwickelte seine Theorie mit konsequenter Folgerichtigkeit. Auf Grund seiner theoretischen Ergebnisse konnte dann Einstein 1905 im Zusammenhang mit der „Brown‘schen Bewegung“ und dann endgültig Max von der Laue (1879 bis 1960) 1912, bei der Analyse von Röntgenstrahlen an Kristallen, die Atomhypothese endgültig betätigen. Boltzmann hatte nicht nur die Thermodynamik in ihren wesentlichen Aussagen erfasst, sondern auch das theoretische Fundament gelegt, auf dem später Max Planck die Quantenmechanik aufbauen konnte.

Zunächst stellte man sich die Atome, die ein Gas bilden sollten, als kleine Murmeln vor. Da Boltzmann in der Mechanik „das Fundament der gesamten Naturwissenschaft“ (L. Boltzmann) sah, galt es, die mechanischen Begriffe auf die neue Theorie zu übertragen. Doch während wir beispielsweise bei fünf Billardkugeln Masse und Geschwindigkeit jeweils einzeln messen können, war dies infolge der unvorstellbaren Zahl dieser Murmeln völlig ausgeschlossen. Tatsächlich übersteigt diese jedes vorstellbare Maß. Ein Wassertropfen enthält bereits 10^{21}Moleküle; würden wie die Moleküle eines Kubikzentimeters Luft durch Backsteine repräsentieren, so könnten wir die gesamte Erde, ohne Wasser, mit einer 120 Meter hohen Mauer überdecken.

Bereits Maxwell (1831 bis 1879) hatte erkannt, dass diese Vorgänge nur statistisch erfasst werden können und hierbei die Geschwindigkeit durch eine Verteilungsfunktion dargestellt. Wir wissen, dass statistisch das ganze Ensemble, die ganze „statistische Masse“ mit ihren unvorstellbar vielen Elementen, durch zwei Zahlen erfasst werden kann, den Erwartungswert als wahrscheinlichsten Wert und die Standardabweichung als Maß für die Streuung um diese Zahl.

Boltzmann hat dann die Maxwell'sche Funktion zur Boltzmann-Maxwell‘schen Verteilung verfeinert und insbesondere mit Gibbs (1839 bis 1903) die theoretischen Methoden der Statistik, die wir in 3.3.5.3. skizziert haben, entwickelt. Dabei trat eine völlig neue Situation ein. Hatten wir zuvor die Statistik deshalb benötigt, da wir infolge der Schwäche unserer Erkenntnisinstrumente die vollständige „Masse“ nicht erfassen konnten, so wurde jetzt die Statistik zu einem eigenständigen Erkenntnisinstrument. Zu „Logischem und Empirischem Denken“ kam als weitere theoretische Ergänzung das „Statistische Denken“.

Beispielsweise besteht jeder Körper aus Molekülen. Bewegen sich diese geordnet, so liegt die Bewegung eines makroskopischen Körpers vor. Bewegen sie sich ungeordnet, so liegt Wärme vor. Wärme ist also die Energiesumme der ungeordneten Anteile der Bewegungen eines Körpers. Reiben wir an einer Oberfläche, so bringen wir die entsprechenden Moleküle in eine ungeordnete Bewegung und empfinden diese somit als Wärme. Je nach dem Maß dieser Reibung, kann dann die hierbei erregte Energie so groß sein, dass sie eine Entzündung hervorruft. Erwärmen wir Wasser in einem Topf, so hören wir quasi, wie die Moleküle zunehmend in Unordnung gegen die Gefäßwände prallen und die Flüssigkeit sich erwärmt. Rühren wir dann mit einem Kochtopf gleichmäßig kreisförmig, so bringen wir wieder etwas „Ordnung“ in das Ganze; das Sieden lässt nach.

Wärme kann somit nur in einem Ensemble erfasst werden. Ein einzelnes Molekül hat keine „Unordnung“ und damit auch keine Wärme. Dasselbe gilt für die übrigen Grundbegriffe der Thermodynamik, zum Beispiel ist die Temperatur die durchschnittliche kinetische Energie eines Gases und den Durchschnitt gibt es wieder nur in einem Ensemble. Wir würden also gar nichts gewinnen, wenn wir jedes einzelne Molekül erfassen und berechnen könnten.

Tatsächlich können „die sogenannten statistischen Gesetzmäßigkeiten auf keiner Stufe auf rein mechanische Gesetzmäßigkeiten zurückgeführt werden“ (Landau–Lifschitz). War zuvor die „Unordnung“ ein Eingeständnis unseres Nichtwissens, so ermöglicht sie uns jetzt überhaupt erst die Erkenntnis. Und das Maß dieser „Unordnung“ ist die Wahrscheinlichkeit und die damit verbundene Statistik.

„Als Max Planck nach langem Schwanken zwischen Musik und Physik“ (W. Gerlach) mit dem Studium der Physik begann, riet ihm sein Lehrer Jolly (1809 bis 1884) hiervon ab; „alle wesentlichen Probleme seien gelöst, es gebe hier nichts mehr grundsätzlich Neues zu erforschen." Einige Jahre später, genau im Jahr 1900, machte Planck die Entdeckung, die die Grundlage der Atomphysik bildete und die Menschheit bis in ihre Wurzeln verändern sollte. „In der Geschichte der Wissenschaften gibt es wohl wenige Ereignisse, die in der kurzen Zeit eines Menschenalters so außerordentliche Folgen hatten, wie Planks Entdeckung des Elementaren Wirkungsquantums" (Nils Bohr).

Axiomatische Grundlage der Quantenmechanik, der Physik im atomaren Bereich, sind die „Heisenberg'sche Unbestimmtheitsrelation" und die „Schrödinger Gleichung". Letztere hat als Lösungen ebenfalls Wellen, allerdings mit komplexen Zahlen, also mit der imaginären Einheit $i = \sqrt{-1}$.

1931 schloss Wolfgang Pauli bei der Analyse des „β-Zerfalls", dass die fundamentalen Erhaltungssätze von Energie und Impuls nur erfüllt sein konnten, wenn hierbei ein weiteres Teilchen entstehe. Es müsse masselos sein und sich beständig mit Lichtgeschwindigkeit bewegen. Dabei müsse es die Materie ungehindert durchdringen können; er nannte es das Neutrino. 1956 wurde es tatsächlich nachgewiesen. Wieder hatten die zeitlosen physikalischen Grundgesetze ihre Kraft bewiesen.

Paul Dirac (1902 bis 1984) hatte die Gleichungen der Quantenmechanik für die relativistische Theorie verallgemeinert, also für den Fall, dass die Teilchen in die Nähe der Lichtgeschwindigkeit kommen. Axiomatische Grundlage ist hierbei, neben den genannten, dass die Gleichungen gewisse Symmetrieforderungen bezüglich der vierdimensionalen „Raum-Zeit-Welt" erfüllen müssen. In diesem Zusammenhang tritt eine Quadratische Gleichung auf. Die Lösung repräsentiert hier das Elektron. Bekanntlich hat eine solche Quadratische Gleichung jedoch zwei Lösungen und aus der Symmetrie folgerte Dirac nun, dass auch die zweite ein Teilchen repräsentieren müsse. Es müsse dieselben Eigenschaften wie das Elektron haben, lediglich anstelle der negativen Ladung bei diesem die positive. Dirac nannte es das „Positron" und ordnete es der „Antimaterie" zu.

Wieder war die Mathematik der Physik vorausgeeilt. Erneut war es so, „dass man bisweilen die Empfindung hatte, als wohne den mathematischen Formeln selbstständiges Leben und eigener Verstand inne, als seien sie bisweilen klüger als wir, sogar klüger als ihre Erfinder" (Heinrich Hertz). Wieder stand man vor der Frage: Hat das „Ideale" seine Entsprechung im „Realen"? Tatsächlich zeigte dann Anderson (1905 bis 1991) 1932 die Existenz dieses geforderten Teilchens. Inzwischen ist zu jedem Elementarteilchen das entsprechende „Antiteilchen" nachgewiesen worden, auch zu dem Pauli'schen Neutrino.

Die Heisenberg'sche „Unbestimmtheitsrelation" bedeutet, grob gesagt, dass wir niemals den Ort und die Geschwindigkeit eines atomaren Teilchens gleichzeitig messen können. Je genauer wir den Ort eines Elektrons festlegen, desto unbestimmter wird die Geschwindigkeit, und umgekehrt, je genauer wir diese bestimmen, desto „unschärfer" wird der Ort. „Die ganze Quantenmechanik, die wir jetzt zur Beschreibung der Atome, tatsächlich der gesamten Materie benutzen, beruht auf der Richtigkeit des ‚Unbestimmtheitsprinzips'" (R. Feynman).

Hieraus ergeben sich insbesondere Folgerungen, die dem ganzen, scheinbar tief fundierten klassischen Denken völlig neue Impulse gaben. „Achtung Einsturzgefahr – wegen radikalen Umbaus vorübergehend geschlossen", stand an der Eingangstür des Instituts für theoretische Physik von Arnold Sommerfeld (1868 bis 1951). Zunächst zeigte es sich, dass die Newton'sche Physik in der Quantenmechanik nicht anwendbar ist. Denn die Differenzialgleichungen dort verlangen als Anfangsbedingungen die exakte Angabe von Ort und Geschwindigkeit, was nach dem Heisenberg'schen Prinzip nun nicht mehr möglich ist. Zweitens ergab es sich, dass das klassische „Kausalgesetz", das nach Kant die Grundlage jeder exakten Erkenntnis bilden müsste, hier zu Widersprüchen führte. Die Lösung fand Max Born (1882 bis 1970) durch die Wahrscheinlichkeitstheorie. Beispielsweise zerfällt bei dem bereits erwähnten „β – Zerfall" ein Neutron in ein Proton unter Abstrahlung eines Elektrons und des Pauli'schen Neutrinos. Während in der klassischen Physik ein solcher Prozess aus den Anfangsbedingungen präzise bestimmt wäre, an genau welchem Neutron, an welchem exakt festgelegten Zeitpunkt der Vorgang eintreten würde, können wie jetzt nur die Wahrscheinlichkeit hierfür angeben. Die Teilchen der Quantenmechanik unterliegen somit nicht mehr dem strengen Kausalgesetz, sind aber keineswegs willkürlich, sondern werden durch eine exakte Wahrscheinlichkeitsverteilung bestimmt. Das moderne naturwissenschaftliche Denken ist also nicht mehr kausal determiniert, sondern wird durch die Wahrscheinlichkeit und damit durch die Statistik bestimmt.

Diese unterscheidet sich jedoch von der Boltzmann'schen in einem entscheidenden Punkt. Aus den Prinzipien folgt nämlich weiter, dass wir prinzipiell kein Kriterium haben, das uns den Unterschied zwischen den Elektronen anzeigen würde. Aus dem Leibniz'schen „Prinzip des Ununterscheidbaren" schloss dann Wolfgang Pauli auf „Identische Teilchen". Elektronen werden somit als ununterscheidbar und identisch betrachtet. Während wir also im Boltzmann'schen „Idealen Gas" die Moleküle jeweils identifizieren und diese, trotz ihrer unvorstellbar großen Zahl, ähnlich wie die Lottokugeln durchnummerieren können, ist dies bei den Elektronen nicht möglich.

Da nun die Teilchen nicht kausal erfasst werden können, ist nur ein statistischer Zugang möglich. Nun zeigte es sich, dass es hierbei zwei fundamental unterschiedene Statistiken gibt: diejenige von Einstein-Bose und die andere von Fermi-Dirac. Solche Teilchen, die der „Einstein-Bose-Statistik" gehorchen, heißen „Bosonen"; zum Beispiel ist das Lichtteilchen, das „Photon" ein Boson. Solche, die der „Fermi-Dirac-Statistik" folgen, sind „Fermionen". Als Beispiele seien das Proton und das Elektron genannt.

Damit hat uns die Statistik den Weg gewiesen, der tief in die Fundamente des Weltenbaus führt. Je nach der Statistik sind somit zwei grundsätzlich zu unterscheidende Gruppen von Elementarteilchen definiert. Bosonen haben zum Beispiel ganzzahligen, Fermionen halbzahligen Spin. Dieser liefert den Schlüssel zu weiteren tiefliegenden Problemen. Wie Walter Heitler und Fritz London (1900 bis 1954) gezeigt haben, ermöglich er die Erklärung der chemischen Verbindungen, wodurch die theoretische Chemie wieder unter das Dach der Physik zurückgekehrt ist.

5.3. Empirisches Denken im „Schwachen System 2"

„Begriffe ohne Anschauung sind leer, Anschauung ohne Begriffe ist blind" (Kant).

Was Galilei für die theoretischen, das hat Mendel (1822 bis 1884) für die empirischen Wissenschaften geleistet. Tatsächlich hat der Augustinermönch Gregor Mendel in seinem kleinen Klostergarten in Brünn zwei Revolutionen bewirkt: in der Biologie die Genetik zur wissenschaftlichen Theorie erhoben und in diesem Zusammenhang eines der wichtigsten Gesetze der Neuzeit entdeckt. Zweitens, für unser Problem noch wichtiger, durch systematische Einbeziehung der Statistik korrektes empirisches Denken ermöglicht und so den Weg zur exakten empirischen Forschung gewiesen zu haben. Hiermit war die für die Neuzeit wichtigste wissenschaftliche Methode begründet.

Gregor Mendel ist das Paradigma eines empirischen Forschers. Sämtliche Kriterien sind bei ihm ideal umgesetzt. Versuche im Zusammenhang mit Züchtungen waren schon zu seiner Zeit weit verbreitet. Dabei ging es fast ausschließlich um Fragen der Landwirtschaft. Wie können hierdurch die Erträge, insbesondere die Qualität, verbessert werden? Mendel hatte von Anfang an andere Fragestellungen: „Wer die Arbeiten auf diesem Gebiet überblickt, wird zu der Überzeugung gelangen, dass unter den zahlreichen Versuchen keiner in dem Umfange und in der Weise durchgeführt ist, dass es möglich wäre, die Anzahl verschiedener Formen zu bestimmen, unter welchen die Hybriden auftreten, dass man Formen mit Sicherheit in den einzelnen Generationen ordnen und numerische Verhältnisse feststellen könne" (G. Mendel). Ökonomische Probleme waren für ihn ohne Interesse. Man sieht erneut: Echte Forschung verlangt andere Fragestellungen.

Die Lösung der Aufgabe erforderte natürlich ein anderes systematisches Vorgehen. Wie bei der Empirie prinzipiell, so liegt auch hier der erste Schritt in dem Festlegen der Daten durch das „Induktive Prinzip"; allerdings nicht wie bei Francis Bacon in einem wahllosen

Sammeln, planlosen Anhäufen von Einzeldaten, sondern diese im Rahmen der in Frage stehenden Theorie ordnend bereitstellen.

Sorgfältig prüft Mendel verschiedene Pflanzen nach zwei Gesichtspunkten. Erstens müssen sich die verschiedenen Ausprägungen über mehrere Jahre hin unter exakten Bedingungen erhalten. Zweitens dürfen sie sich nur durch eine kleine Anzahl von Merkmalen unterscheiden. Dabei sind solche auszuschließen, „die eine sichere und scharfe Trennung nicht zulassen, indem die Unterschiede auf einem oft schwierig zu bestimmenden ‚mehr oder weniger' beruhen" (Mendel). Man beschränkt sich also auf einige wenige, konkret beobachtbare Merkmale. Details müssen vernachlässigt werden. Zufällige Schwankungen, wie sie etwa in der Bodenbeschaffenheit, Bewässerung und Ähnlichem liegen, sind auszuschließen. Die Untersuchungen sind also auf der Basis einer statistischen Masse durchzuführen.

Mit diesen vorgegebenen Kriterien findet dann Mendel das empirische Material, mit dem er seine induktiven Erkenntnisse gewinnt. Zunächst legt er sich auf die Erbse fest. Ohne ins Detail zu gehen, stellt sich das weitere Vorgehen wie folgt dar: Man bildet zwei Klassen, die eine trage das Merkmal A (rotviolett blühend), die andere a (weißblühend). Nun werden diese gekreuzt. In der ersten Generation erhält man nur solche mit dem Merkmal A, es heißt dominant, a heißt rezessiv. Bei erneuter Kreuzung erhält man dann in der nächsten Generation beide Merkmale, dominantes A zu rezessivem a im Verhältnis drei zu eins.

Unterscheiden sich die beiden Objekte in mehr als zwei Merkmalen, zum Beispiel sei eine Meerschweinchenrasse schwarz und glatthaarig, eine zweite Rasse weiß und struppig. In der ersten Generation erhält man dann wieder jeweils das dominante Merkmal. In der zweiten Generation erscheint dann erneut das vertraute Verhältnis, dominantes Schwarz zu rezessivem Weiß wie drei zu eins, ebenso dominantes struppighaarig zu rezessivem glatthaarig wie drei zu eins. „Es sind sozusagen zwei Kreuzungen ineinander geschachtelt, die beide voneinander unabhängig kombiniert werden können" (Karl von Frisch). Würden wir übrigens dies mit den 46 Chromosomen des Menschen versuchen, so ist „die Sache so verwickelt, dass der Leser das Buch sofort zuklappen würde“ (Karl von Frisch).

Durch perfektes Auswerten des allgemeinen empirischen Erkenntnisschemas gewinnt nun Mendel auf der Basis des induktiv gewonnen Materials seine epochemachenden Ergebnisse.

Hypothese:

Ganz allgemein formuliert Mendel die Hypothese, dass bei n Merkmalen sich in den Hybriden ebenso viele Sorten von Pollen und Eiern bilden müssen, wie Kombinationen in der Nachkommenschaft auftreten. Auf dieser Grundlage formuliert er dann einfache Gesetze. Beispiel: „Bezeichnet A das eine der constanten Merkmale, zum Beispiel das Dominierende, a das Rezessive, so ergibt der Ausdruck A + 2·Aa + a die Entwicklungsreihe für die Nachkommen der Hybriden je zwei differierender Merkmale“ (Mendel).

Test:

Da niemals zwei Individuen gleich sind, „Gesetz des Ununterscheidbaren“ (Leibniz), kann empirisch ein allgemeines Gesetz niemals am „Einzelnen“ gewonnen werden. „Bloße Sinneswahrnehmung ergibt noch kein Wissen“, sagt Aristoteles, weiter „sinnliches Wahrnehmen erstreckt sich notwendig auf das Einzelne, Wissenschaft ist aber das Erkennen mit Hilfe des Allgemeinen“ (Aristoteles). Somit kommt die Statistik ins Spiel. Wir erinnern uns noch einmal, „dass bei gewissen Masseerscheinungen Gesetzmäßigkeiten nachweisbar sind, dic für Einzelereignisse nicht formuliert werden können“ (Meyers Enzyklopädisches Lexikon). Tatsächlich bestätigen die obigen Versuchsreihen dieses Mendel‘sche Gesetz.

Theoretische Begründung:

„In den Hybriden Aa bleibt es ganz dem Zufall überlassen, welche von den beiden Pollenarten sich in jeder Keimzelle verbindet. Indessen wird es nach den Regeln der Wahrscheinlichkeit im Durchschnitt vieler Fälle immer geschehen, dass sich jede Pollenform A und jede a gleich oft mit der Keimzellenform A bzw. a vereinigt; es wird daher eine von den beiden Pollenzellen A mit einer Keimzelle A, die andere mit einer Keimzelle a zusammentreffen und ebenso je eine Pollenzelle a mit einer Keimzelle A, die andere mit a verbunden sein" (Gregor Mendel).

Überprüfung:

Seiner Zeit weit voraus, war Mendel auf Grund der faktischen Gegebenheiten noch nicht in der Lage, seine Theorie zu begründen. Doch wie Kepler, Galilei und all die anderen Großen erfasste er mit der Gabe des Genies instinktiv das Richtige und legt so die Grundlagen für eine der umwälzendsten Theorien in der Geschichte der Menschheit, die Genetik. Wir erinnern hier auch noch einmal an die vererbbare Bluterkrankheit bei dem Stammbaum von Königen Viktoria. Der Leser kann hier bei Wikipedia die Entwicklung des dominanten bzw. rezessiven Merkmals exemplarisch verfolgen.

Gegenüber Darwins unklaren Vorstellungen bei der Vererbung stellte Mendel den entscheidenden Fortschritt dar. Den „Selektionisten, wenn sie über Mendels Gesetze nachdenken, müssen die Schuppen von den Augen fallen; mit einem Schlag würden sie ihre wahre Meinung der Typenvielfalt, Variabilität und Mutation sehen, welche nicht mehr luftige Mysterien sind", schreibt Bateson (1904 bis 1980).

„Was Gibbs und Boltzmann für die Theorie, das leistete Mendel für die Empirie" (F. Jacob). Worin besteht die spezielle Leistung von Mendel, worin unterscheidet sie sich von Gibbs und Boltzmann? Bei diesen hat die Statistik zu einem theoretischen Erkenntnisbegriff geführt, bei Mendel zu einem empirischen. Während in der Thermodynamik das Ensemble aus lauter identischen, aber unterscheidbaren, in der Quantenmechanik sogar ununterscheidbaren Teilchen besteht, sind in der Empirie niemals zwei Elemente gleich. Während bei Boltzmann die „Unordnung" die statistische Erkenntnis erzwingt, ist es bei Mendel gerade diese „Ungleichheit".

Doch wie sein Bruder im Geiste Gibbs, so war auch Mendel der Zeit weit voraus und beide mussten 50 Jahre warten, bis sie in ihrer Bedeutung erkannt wurden. Weder die Veröffentlichungen in der Zeitschrift des „Brünner Naturforschenden Vereins" noch briefliche Mitteilungen zeigten ein Resultat. „Die bedeutendste biologische Entdeckung des neunzehnten Jahrhunderts musste noch einmal gemacht werden" (Walther Gerlach).

TEIL 6
Grenzen des Denkens

„Je weiter sich das Wissen ausbreitet, desto mehr Probleme kommen zum Vorschein" (Goethe).

6.1. Grenzen des Denkens

„Ignorabimus" (Emil Du Bois-Reymond)

Hierunter verstehen wir unüberschreitbare Grenzen. Solche, die durch kein zusätzliches Wissen, keine technische Verbesserung oder sonstige Maßnahmen überwunden werden können. Es sind prinzipielle Grenzen.

6.1.1 Grenzen im Schwachen System 2

„Was wir wissen, ist geringfügig, was wir nicht wissen, ist grenzenlos" (Laplace).

6.1.1.1. Die Fundamentalgrenze im Schwachen System 2

„Ich weiß, dass ich nichts weiß" (Sokrates).

Die fundamentale Schranke für das „Schwache System 2" besteht darin, dass wir von den beiden Grundprinzipien „Platonische Idee", „Logische axiomatische Struktur", hier das Letztere ignorieren. Insofern können die jeweiligen Aussagen nicht logische exakt bewiesen werden, ihre Wahrheit nicht unzweifelhaft festgestellt werden. Wir haben aber schon mehrfach betont, dass hierdurch nicht ausgesagt werden soll, dass diese Wissenschaften der Wahrheit gänzlich entbehren würden, im Gegenteil. Was ihnen versagt bleibt, ist lediglich die „Logische Wahrheit". Wir werden hierauf noch ausführlich an anderer Stelle eingehen.

6.1.1.2. Geisteswissenschaftliches Denken

„Das Staunen ist eine Sehnsucht nach Wissen" (Thomas von Aquin).

Wir haben an anderer Stelle gesehen, dass es nicht genügt, wenn wir bei Caesar, beim Überschreiten des Rubikon, lediglich die Jahreszahl 49 vor Christus lernen. Vielmehr ist ein derartiger historischer Prozess nach bestimmten Kriterien zu analysieren. Als mögliche haben wir genannt: Anschauung, Intuition, Synthese, Verstehen, Einfühlung in das individuelle Leben. Also:

Anschauung: Wir versetzen uns in die Situation des Jahres 50 vor Christus. Das allgemeine Bild, das Rom bot, war „erfüllt von einem Gestank einer absterbenden Demokratie“ (W. Durand). Wer bei einer Gesetzesabstimmung für die falsche Seite gestimmt hatte, wurde manchmal fast zu Tode geprügelt. „Ihr erinnert euch, Richter, wo damals von den Leichen der Tiberstrom angefüllt, die Abzugsgräben verstopft, wie das Blut vom Markte mit Schwämmen aufgewischt wurde“ (Cicero). Als eigentlich Handelnde stellten sich Caesar, Pompeius (106 bis 48 vor Chr.), Cato (95 bis 46 vor Chr.) und der Senat dar.

Intuition: Es gilt nun, dieses politische Geflecht, ihre Motive, intuitiv zu erfassen.

Synthese: Was verband nun die jeweiligen Interessen, wie waren hier die Gegensätze? Einerseits Caesar, andererseits die Erwähnten Pompeius, Cato und der Senat. Insbesondere „ging es darum, wie Caesars Kommando in Gallien enden sollte“ (Wolfgang Schuller). „Caesars Plänen lag der folgende Gedanke zugrunde: das gesetzlich für ihn erreichbare Konsulat war das von 48.“ (Alfred Heuss) Nach den Intentionen seiner Gegner sollte sein Kommando am 1. Januar enden, „Caesar war dann das ganze Jahr 49 Privatmann und seinen Feinden wehrlos preisgegeben“ (Alfred Heuss).

Verstehen: „Die ganzen Rechts- und Machtfragen, die große und kleine Taktik sind unüberschaubar“ (W. Schuller). Der tiefere Zusammenhang, die Motive und Handlungen jeder Seite, müsste nun in ihren poltischen, sozialen, der jeweiligen individuellen Biografien geklärt werden. „Jedenfalls hatte Caesar es vollständig erreicht, den Gegnern die Initiative am Bürgerkrieg zuzuschieben“ (Theodor Mommsen), alea iacta est!

Einfühlen in das individuelle Leben: Was waren die letzten Motive der jeweils Handelnden? Wie weit waren sie sich derer bewusst? Inwiefern waren sie lediglich Getriebene? Die großen Historiker Alfred Heuss, Wolfgang Schuller, Theodor Mommsen haben hier ihre Interpretationen gegeben.

Es ist klar, dass wir die letzten Motive nie kennen werden, die letzte Wahrheit bleibt uns vorenthalten. Wir können uns immer nur dieser mehr oder weniger annähern. Trotzdem ist es klar, dass es auch hier eine letzte Wahrheit geben muss. Schließlich hat sich ja eine konkrete Situation ergeben.

6.1.1.3. Empirisches Denken

„Das Einzelne habt ihr in der Hand, allein es fehlt das geistige Band" (Goethe).

Wir haben schon im Zusammenhang mit der Statistik sowie bei den allgemeinen Prinzipien des Empirismus dessen Probleme in allgemeiner Form angesprochen. Wir wollen nun diese im Sinne dieses Paragrafen unter prinzipiellen Aspekten betrachten, insbesondere die allgemeinen erkenntnistheoretischen Grenzen. Da diese durch die Voraussetzungen der jeweiligen Theorie definiert sind, müssen wir zwischen den verschiedenen Formen des Empirismus unterscheiden. Also: „Gemeiner Empirismus", „Empirismus im Schwachen System 2" und „Empirismus im System 2".

6.1.1.3.1. Gemeiner Empirismus

„Was wir Geist nennen, ist nichts anderes als eine Anhäufung oder Sammlung verschiedener Wahrnehmungen" (David Hume).

Wir definierten den „Gemeinen Empirismus" in dem Sinne, dass beide Kriterien des Systems 2 hier ignoriert werden. Es gibt also weder logische Gesetze noch allgemeine „Platonische Ideen". Einziges Erkenntnisprinzip ist somit die Induktion. Da es hier kein „geistiges Band" (Goethe) gibt, haben wir hier letztlich wieder die Induktion in der Form von Francis Bacon, Baron Verulam, vor uns. Dieser hatte ja ebenfalls sowohl Platon als auch Aristoteles abgelehnt, jedoch seinem System kein eigenes ordnendes Prinzip hinzugefügt.

Mit der herkömmlichen Induktion setzte sich Galilei äußerst kritisch auseinander. Denn ist diese nur das Sammeln von Fakten, so ergibt es sich, dass sie entweder nutzlos wäre, wenn die in Frage stehenden Elemente endlich wären; welche Erkenntnis wäre darüber hinaus zu gewinnen? Oder unmöglich, wenn die besonderen Fälle unendlich wären, da sie dann grundsätzlich über den „verbleibenden Rest" nichts aussagen könnten. Nach Prantl (1820 bis 1888) „zeigt sich hier ein tieferes Verständnis vom Wesen der Induktion als alle jene phrasenhaften Stellen zusammen, in welchen der großsprecherische Baco von Verulam über inventio, experimentum und dergleichen geplaudert hat."

Der eigentliche große Revolutionär des Empirismus ist jedoch David Hume. „Nichts ist im Verstand, was nicht zuvor in den Sinnen war" (John Locke); „dieser Grundsatz ist bereits so unbedingt sichergestellt, dass seine Anwendung auch auf unseren Fall keinem Zweifel mehr unterliegen kann" (David Hume). Noch konsequenter als bei seinen Vorgängern Locke und Berkeley sollte dieses Prinzip zur Anerkennung kommen.

Somit besteht die Erkenntnis aus Sinneseindrücken, wobei Hume zwischen „Ein-drücken", „Impressionen" und „Vor-stellungen", „Ideen", unterscheidet. Die „Ein-drücke" sind das Primäre, die eigentlichen Sinneseindrücke. Die „Vorstellungen" beruhen auf „Eindrücken" und können zum Beispiel im Gedächtnis repräsentiert sein. Jeder Impression entspricht genau ein Sinneseindruck.

Während also Francis Bacon als Induktionsbasis wahllos irgendwelche Fakten sammelte, ist diese bei Hume der entsprechende Sinneseindruck, die Impression. Hume nimmt somit die Erbsen in Mendels Garten durch einen Sinneseindruck wahr. Doch wie ist es möglich, dass diese atomisierten Sinneseindrücke ein sinnvolles Gesamtbild ergeben? „Das Einzelne habt ihr in der Hand, allein es fehlt das geistige Band" (Goethe). Des Weiteren ergibt sich das Problem, dass wir nur von den Fakten eine Aussage machen können, von denen wir eine unmittelbare Impression haben. Ich sehe vor mir einen Stein zu Boden fallen. Kein Sinneseindruck vermag mir zu sagen, wie sich dieser Stein auf dem Mond verhalten würde. Mein Wissen erstreckt sich also stets nur auf meine konkreten persönlichen Sinneseindrücke. Darüber hinaus zu schließen, wäre ein „Widerspruch: nämlich, dass eine Gewohnheit, die auf Grund von etwas, was dem Geiste niemals gegenwärtig war, entstanden wäre." (David Hume) Und wieso sollen sich die momentan wahrgenommenen Fakten im nächsten Augenblick nicht wieder völlig anders darstellen, so dass das bisher Erkannte völlig bedeutungslos wird? Wieder fehlt „das geistige Band", das diese Verknüpfung leisten würde.

Letztlich stützt Hume seine Theorie auf eine Definition des „Glaubens", den „belief", „eine lebhafte Vorstellung, die zu einem unmittelbaren Eindruck in Beziehung steht oder assoziiert ist" (D. Hume). Wir erinnern uns an die „packende Zustimmung" der Stoiker. Dabei ist dieser „belief" zu trennen von dem religiösen Glauben, für Hume den „faith".

Welche Möglichkeiten verbleiben somit noch für den „Gemeinen Empirismus"? Betrachten wir hierzu das Galilei'sche Erkenntnisschema:

Hypothese: Eine solche ist hier nur in dem Sinn möglich, dass irgendwelche zufällig sich gebildete Assoziationen hierzu in einem Satz zusammengefasst werden.

Test: Derartige Wahrnehmungen sind „immer einzeln und akzidentell" (F. Schiller). Doch „nach der ersten Fundamentalregel der Statistik gilt: Die Anwendung der Statistik auf den Einzelfall ist unzulässig" (Meyers Enzyklopädisches Lexikon). Die Statistik ist also hier überhaupt nicht anwendbar. Abgesehen von der Tatsache, dass die Statistik eine Theorie des Systems 2 ist, also im „Gemeinen Empirismus" überhaupt nicht begründet werden kann.

Theoretische Begründung: Da beide Bedingungen, die Logik und die „Platonischen Ideen" hier ignoriert werden, ist eine Theorie in diesem System nicht möglich und demzufolge auch keine Begründung der Aussagen.

Empirische Überprüfung der Theorie:

Damit entfällt auch der letzte Teil.

Der „Gemeine Empirismus" bezieht sich stets „auf ein einziges Element der Erfahrung und ist mithin keine Erfahrung" (F. Schiller). Letztlich ist es überhaupt nicht möglich, über diese „einzigen Elemente" zu sprechen. „Da das Allgemeine das Wahre der sinnlichen Gewissheit ist und die Sprache nur das Wahre ausdrückt, so ist es gar nicht möglich, dass wir ein sinnliches Sein, das wir meinen, je ausdrücken könnten" (G. F. Hegel).

Somit führt die Hume'sche Philosophie zum totalen Skeptizismus. und „beweist, dass der Empirismus keine ausreichende Grundlage für die Wissenschaft ist" (B. Russel). „Weit entfernt also, dass wir, wie manche sich einbilden, einzig und alleine die sinnlichen Dinge verständen, sind es gerade die, die wir am wenigsten verstehen", sagt Leibniz. Wir werden diese Fragen im Zusammenhang mit David Hume im achten Teil noch einmal ausführlich aufgreifen.

6.1.1.3.2 Rationaler Empirismus

„Wir wissen nicht, wir raten" (Karl Popper).

„Bloße Sinneserkenntnis ergibt noch kein Wissen" (Aristoteles). „Wenn man die Zahlen und Figuren deutlich erfassen und Wissenschaft daraus gestalten will, man zu etwas greifen muss, was die Sinne nicht zu liefern vermögen, was vielmehr der Verstand hinzufügt", sagt Leibniz. Also kann allgemein gültiges Wissen niemals durch die Sinne erhalten werden, „denn wie Platon im Theatet richtig bemerkt: Wissen besteht nicht in der passiven Wahrnehmung, sondern entsteht erst durch die Bearbeitung der Vernunft" (Berkeley). Um „nicht die Wissenschaften zu ruinieren" (J. Monod), müssen wir also in einem ersten Schritt im Sinne des „Schwachen Systems 2" die „Platonischen Ideen" voraussetzen. Für die sich hieraus ergebende neue Situation beziehen wir uns zunächst wieder auf das Galilei'sche Schema:

Hypothese: Diese kann nun im Rahmen einer Theorie des „Schwachen Systems 2" formuliert werden.

Test: Die Statistik ist nun im Rahmen der Bernoulli'schen Wahrscheinlichkeitstheorie möglich.

Theoretische Begründung: Diese wird nun ebenfalls im Rahmen der jeweiligen Theorie möglich.

Empirische Überprüfung der Theorie: Analog zum Hypothesentest.

Trotzdem besteht nach wie vor ein nicht zu überwindender Hiatus zwischen der idealen Theorie und der realen Praxis:

1. Wir wissen, dass die Theorie durch die Statistik mit dem „Realen“ verknüpft wird. Hierbei gilt jedoch: „Jede statistische Aussage ist mit einer zwar abschätzbaren, aber prinzipiell unvermeidbaren Unsicherheit behaftet. Dieses „Ungefähr“ ist nicht zu beseitigen“ (Meyers Enzyklopädisches Lexikon).

2. Im Idealfall müsste der Test die drei Gütekriterien „Objektivität“, „Validität“ und „Reliabilität“ erfüllen. Dies ist aber prinzipiell unmöglich.

Wir erläutern diese Problematik an zwei Beispielen.

a) Ökonomie:

Hypothese: „Eine Senkung des Zinsfußes in Verbindung mit einer Erhöhung der Geldmenge bewirkt eine Zunahme der Investition und damit der Beschäftigung“ (J M. Keynes).

Objektivität:

Diese verlangt, dass das Testergebnis weder von den handelnden Personen noch von Raum und Zeit abhängen darf. Nehmen wir an, die Handelnden seien im Interesse der Wissenschaft tätig, so dürfen wir hier annehmen, dass hier die Bedingung der Objektivität erfüllt ist. Was aber Raum und Zeit betrifft, wie beispielsweise der Test im Florenz der Renaissance ausgefallen wäre, das können wir natürlich nicht wissen.

Validität:

Nehmen wir an, der Test habe die Hypothese in dem Sinn bestätigt, dass tatsächlich eine Zunahme der Beschäftigung zu beobachten war. Aber war diese tatsächlich ursächlich auf die Senkung des Zinsfußes zurückzuführen? Möglicherweise hat der Außenhandel zusätzliche Impulse verliehen und somit muss dieser als Ursache angesehen werden. Oder der Konsum hat durch psychologische Einflüsse, das Land A möge Fußballweltmeister geworden sein, Impulse erhalten. Vielleicht hat sich eine internationale Krise bereinigt usw.

Reliabilität:

Ob der Test morgen wieder dasselbe Ergebnis bringen wird, können wir natürlich ebenfalls nicht wissen.

Nach dem Galilei'schen Schema ist nun die Hypothese theoretisch zu begründen:

Im Rahmen der Keynes'schen Theorie ist die Grenzleistungsfähigkeit des Kapitals durch den Zinsfuß definiert. Sinkt dieser, so werden Investitionen getätigt, die bei dem alten Zinsfuß nicht rentabel waren. Wird die Geldmenge erhöht, so nimmt die Ersparnis zu und diese Investitionen können finanziert werden. Somit nimmt auch die Beschäftigung zu.

Dieses Beispiel zeigt uns zwei grundsätzliche Probleme: Zunächst zeigt sich die Problematik infolge der Anwendung des „Isolationsprinzips“. Indem wir hier nämlich alle anderen Variablen ignorieren, ergeben sich stets Möglichkeiten für weitere Deutungen des Resultats. Ein Problem, das prinzipiell nicht zu überwinden ist.

Des Weiteren sehen wir, dass eine Hypothese theoretisch exakt bewiesen werden kann, jedoch möglicherweise keine empirische Realität hat. Denn die Zunahme der Beschäftigung kann, wie wir gesehen haben, auch andere Gründe haben. Sie kann auch ganz ausbleiben, trotz des geringeren Zinssatzes bleiben die Investitionen aus, „man kann die Pferde zur Tränke bringen, man kann sie aber nicht zum Saufen zwingen“ (Karl Schiller). Wir müssen also streng zwischen dem Realen und dem Logischen unterscheiden.

b) Soziologie:

Hypothese: „Die Nichterfüllung des Bedürfnisses nach sozialem Aufstieg bewirkt, dass das soziale Ansehen und die Selbstachtung erschüttert werden“ (Karl Mannheim).

Zunächst ist es klar, dass die für die Ökonomie geltenden Einschränkungen bezüglich des Tests allgemeingültig sind, also auch hier zutreffen. Hinzu kommen weitere Probleme. Während bei der Keynes'schen Hypothese alle Variablen eindeutig definiert werden konnten, Zins, Investition, Beschäftigung, lassen sich eindeutig durch Zahlen ausdrücken, ist dies in unserem neuen Beispiel nicht mehr der Fall. „Sozialer Aufstieg“, „Selbstachtung“, „soziales Ansehen“ lassen sich nicht definieren wie beispielsweise Geschwindigkeit, Temperatur usw. „Messen, was messbar ist, messbar machen, was es nicht ist“, verlangte Galilei. Nicht einmal das Mendel'sche Kriterium für die Statistik ist erfüllt, nämlich, dass die Merkmale „eine sichere und scharfe Trennung“ (Mendel) gewährleisten. Solche, die dies nicht erfüllen, „indem der Unterschied auf einem schwierig zu bestimmenden „mehr oder weniger" beruht, sind auszuschließen" (G. Mendel).

Des Weiteren steht hier die Frage der Verteilungsfunktion im Raum. „Gerade in den Sozialwissenschaften berechtigt nichts zu der Annahme, die Phänomene gehorchten der Normalverteilung" (G. Menges). Außerdem: Wir wissen, dass eine Verteilung durch zwei Werte gegeben ist, den Erwartungswert und die Standardabweichung. Doch woher wissen wir diese bei einer neuen Hypothese? Wir haben in 3.3.5.3. gesehen, dass wir diese nur innerhalb eines Konfidenzintervalls mit einer gewissen Wahrscheinlichkeit abschätzen können.

„Ein ideales Experiment ist ein Experiment, bei dem alle Anfangs- und Endbedingungen vollständig festgelegt sind" (R. Feynman). Dies würde bedeuten, dass die Variablen eindeutig definiert werden können. Denn je exakter die Variablen definiert sind, desto präziser kann die Hypothese einem Test unterworfen werden, desto „glaubhafter und unwidersprochen" (Arkesilaos und Karneades) wird sie sein. Der Wissenschaftstheoretiker und Physiker Bridgeman (1882 bis 1961) hat hierzu den Begriff der Operationalisierung eingeführt. Ziel ist es hierbei, allgemein die Variablen und Randbedingungen so zu definieren, dass eine weitestgehende exakte Messung möglich wird. Im Idealfall führt dies, analog zu dem Galilei'schen Messverfahren, zur Quantifizierung. „Groß allvollendet, allwirkend und himmlischen wie menschlichen Lebens Urgrund und Führerin, teilhabend an allem, ist die Kraft der Zahl (...); ohne diese ist alles unbegrenzt, unklar, unsichtbar" (Pythagoras).

Zusammenfassend können wir somit sagen:

Eine Hypothese wird umso weniger Widerspruch erregen, wenn folgende Kriterien erfüllt sind:

1. Je exakter die Begriffe der jeweiligen Theorie definiert werden können, je präziser diese strukturiert ist, also je stringenter die jeweiligen Aussagen verknüpft sind, kurz, je mehr sie den Erfordernissen der Exaktheit im Sinne des „Systems 2" entspricht.

2. Je mehr sie die idealen Gütebedingen der Objektivität, Validität und Reliabilität eines Tests erfüllen kann.

Tiefer liegen jedoch die Schranken des Hume'schen Skeptizismus, die auch für die perfekteste empirische Theorie unüberwindbar sind. Die hier aufgezeigten Probleme können durch keine irgendwie geartete Maßnahme bereinigt werden. Beispielsweise beziehen sich die statistischen Aussagen eben nur auf die bestimmte, konkret untersuchte Masse. Wie wir beim Klostergarten von Mendel gesehen haben, beziehen sie sich exakt auf diesen, wir können aber nichts über ein Feld in Bulgarien sagen, wie würden sich dort die Verhältnisse darstellen? Analoges gilt für den Test der Keynes'schen Hypothese. Wir wissen, was im Land A geschah, doch wie sieht es in B, C, D, ... aus?

Weiter bleibt die Hume'sche Frage: Wieso sollen sich die Daten im nächsten Augenblick nicht wieder völlig anders darstellen? „Das Gegenteil jeder Tatsache bleibt immer möglich; denn es kann niemals einen Widerspruch in sich schließen. Dass die Sonne morgen nicht aufgehen wird, ist ein nicht minder verständlicher Satz und widerspruchsvoller als die Behauptung, dass sie aufgehen wird" (David Hume). „Es ist deshalb wichtig festzustellen, ob im Rahmen einer völlig oder hauptsächlichen empirischen Philosophie eine Antwort auf Hume überhaupt möglich ist" (B. Russel).

6.1.2. Grenzen im System 2

„Die Unerklärbare Effektivität der Mathematik in den Naturwissenschaften" (Eugen Wigner)

6.1.2.1. Physikalische Grenzen

„Ich weiß nicht, wie ich der Welt vorkomme; aber mich selbst dünkt, ich habe wie ein Knabe am Strand gespielt und mich damit unterhalten, hin und wieder eine hübschere Muschel zu finden als gewöhnlich, während der ganze große Ozean der Wahrheit unentdeckt vor mir lag" (Isaac Newton).

Das „Heisenberg'schen Unbestimmtheitsprinzip" sagt definitiv, dass wir niemals wissen können, wie groß die Geschwindigkeit und der Ort eines Teilchens zum selben Zeitpunkt sind. Geschwindigkeit und Ort können nicht gleichzeitig gemessen werden. Dies ist aber die Voraussetzung für die Newton'sche Mechanik. Die Anfangsbedingungen der Differenzialgleichungen erfordern diese Angaben. Somit ist die klassische Mechanik in der Quantentheorie nicht anwendbar.

Weiter können wir den Teilchen keine Individualität zuschreiben. Wenn wir ein Teilchen beobachten, zu einem späteren Zeitpunkt wieder eines, so können wir nicht sagen, ob das jeweils verschiedene Teilchen waren. Im Gegenteil, wir müssen nach dem „Pauli'schen Prinzip" voraussetzen, dass sie identisch sind.

Nehmen wir an, wir haben in einem Kasten ein Elektron. Nun schieben wir eine Wand ein und teilen diesen in zwei Hälften. Normalerweise würden wir sagen, das Teilchen befindet sich nun entweder im Teil 1 oder im Teil 2 des Kastens. Da jedoch die Gesetze der Quantenmechanik der Wahrscheinlichkeit gehorchen, ist dies hier nicht möglich. Wir können lediglich eine Wahrscheinlichkeit für jeden der beiden Teile bestimmen. Ebenso können wir bei der Ausstrahlung eines Atoms weder den Zeitpunkt angeben noch welches Quant konkret ausgestrahlt wird. Wir sind im Stadium der nicht zu überwindenden prinzipiellen Unwissenheit.

Somit hat „die Entwicklung der Atomphysik und Quantentheorie seit 1910 dazu geführt, dass die Physik allmählich gezwungen war, ihren stolzen Anspruch, im Prinzip die ganze Welt verstehen zu können, aufzugeben“ (Wolfgang Pauli).

6.1.2.2. Metaphysische Grenzen

„Das Unverständliche an der Natur ist, dass wir sie überhaupt verstehen können" (Einstein).

Selbstverständlich sind auch die Ergebnisse der theoretischen Physik des „Systems 2", soweit sie sich auf die Empirie beziehen, mit einer zwar abschätzbaren, aber prinzipiell unvermeidlichen Unsicherheit behaftet. „Dieses „Ungefähr" ist nicht zu beseitigen." (Meyers Enzyklopädisches Lexikon). Auch sie können die Hürden der Objektivität, Validität, der Reliabilität nicht überwinden. Insbesondere unterliegen sie denselben „Hume'schen Herausforderungen" (W. Stegmüller), von der momentanen Gültigkeit ihrer Aussagen kann nicht dasselbe für die Zukunft ausgesagt werden. Auch sie sind an Raum und Zeit gebunden.

Dennoch haben wir hier ein ganz neues Phänomen. War es zunächst im „Schwachen System 2" die Frage, inwiefern die theoretisch abgeleiteten Ergebnisse auch in der empirischen Realität zutreffen, so haben wir hier gerade das umgekehrte Problem. Dass nämlich im „System 2" die theoretischen Ergebnisse eins zu eins mit der empirischen Realität übereinstimmen, dass der „Ideale theoretische Raum" isomorph zu dem von ihm grundsätzlich getrennten „Realen empirischen Raum" ist. Wie ist das möglich, trotz der „prinzipiell nicht zu vermeidenden Unsicherheit" sowie der „Hume'schen Herausforderung"?

„Man muss somit zu etwas greifen, was die Sinne nicht zu liefern vermögen, was vielmehr der Verstand hinzufügt" (G. F. Leibniz). Jedoch: „Die Ansicht, dass Sinneswahrnehmungen auf Ursachen zurückführen sind, und vor allem, dass sie ihren Ursachen gleichen, lässt sich – wenn überhaupt – nur mit Begründungen aufrechterhalten, die völlig unabhängig von der Erfahrung sind" (B. Russel). Wenn wir also logische Begründungen für die Natur annehmen, so müssen diese eine andere Quelle als die empirische Realität haben.

Der ideengeschichtliche Hintergrund des Problems liegt bei Descartes, dem Begründer der neuzeitlichen Philosophie. Dieser trennte die tausendjährige, eine Substanz der Griechen, in zwei völlig unabhängige Bereiche auf. Einerseits denjenigen, auf dem das Geistige „sub-stare", der „res cogitans", andererseits den Teil, auf dem das Reale substituiert, die „res extensia". Somit müssen wir die „Sinneswahrnehmungen" bei Russel der „res extensia", die „kausalen Ursachen" der „res cogitans" zuordnen.

„Die gesamte neuzeitliche Metaphysik, Nietzsche eingeschlossen, hält sich in der von Descartes angebahnten Auslegung des Seienden und der Wahrheit. Die wesentlichen Grundeinstellungen Descartes (...) entfalten erst die metaphysische Tragweite und schaffen die Voraussetzungen des neunzehnten Jahrhunderts" (M. Heidegger)

Damit ist das fundamentale Erkenntnisproblem der Moderne angesprochen.

Denn wie ist es möglich, dass die „res extensia" auf die völlig verschiedene „res cogitans" einwirken kann, diese von jener etwas wissen kann? Die gesamte abendländische Philosophie rang von diesem Zeitpunkt an mit diesem Problem, „insbesondere mit der Frage nach der richtigen Methode" (J. Hirschberger). Man braucht sich nur die jeweiligen Titel der Hauptwerke anzusehen: „Discours de la méthode" (Descartes), „Recherche de la verité" (Malbranche), „Essay concerning human understandig" (Locke), „Principles on human knowledge" (Berkeley), „Enquiry concerning human understanding" (Hume), „Kritik der reinen Vernunft" (Kant).

In der Tat: Wir berechnen zum Beispiel die Bahn des Mondes, dabei mögen wir die Regel "$- \cdot - = +$" angewandt haben. Eine Regel, die bis in die Neuzeit nicht einmal die großen Mathematiker verstanden haben. Woher kennt sie der Mond? In der Quantenmechanik bestimmt die „Schrödinger-Gleichung" den wahrscheinlichen Aufenthaltsort sowie die möglichen Energie-Impulswerte eines Elektrons. Dabei verlangt diese Lösungen im Bereich der komplexen Zahlen, also unter Verwendung der imaginären Einheit $i = \sqrt{-1}$. Woher „wissen" Elektronen etwas von i, einer Zahl, der die größten Mathematiker, Physiker, wie Leibniz und Huygens ratlos gegenüberstanden? Für diese theoretischen Ergebnisse sind komplizierte Umformungen nötig, durchgeführt in einem abstrakten unendlichdimensionalen Raum, dem „Hilbert-Raum". Andererseits werden dann aber diese theoretischen Ergebnisse exakt in der empirischen Realität bestätigt.

Weiter haben wir gesehen, dass Dirac rein aus der Lösung einer quadratischen Gleichung auf die Existenz des Positrons geschlossen hat und „dass man bisweilen die Empfindung habe, als wohne den mathematischen Formeln selbstständiges Leben und eigener Verstand inne, als seien sie bisweilen klüger als wir, sogar klüger als ihre Erfinder" (Heinrich Hertz).

Born, Heisenberg und Jordan (1902 bis 1980) hatten in ihrer berühmten „Dreimännerarbeit" 1925 die Theorie der Quantenmechanik in einer widerspruchsfeien geschlossenen exakten Theorie erfasst, man konnte aber die experimentellen Ergebnisse nicht deuten. Insbesondere konnte sich das Elektron, je nach Versuch, als Welle oder als Teilchen zeigen. Man stand vor einem Rätsel. Eine Welle verlangt eine theoretisch unendliche Raumausdehnung, das Teilchen einen Punkt.

Was ist nun das Elektron? Nach Demokrit und Boltzmann eine kleine Murmel. Doch bereits Platon erkannte die Schwäche dieses Ansatzes. Er stellte diesem seine eigene Elementarteilchentheorie entgegen. Demnach sind die letzten Bestandteile rein mathematische Gebilde, die sogenannten fünf „Platonischen Körper". Diese sind durch Dreiecke begrenzt und können so aneinandergefügt die Elemente bilden. Diese sind dann nichts Unveränderliches, sondern können sich durch Umgruppierung ineinander verwandeln und so die Chemie ermöglichen. „Der Begriff Körper ist aber irreführend, wie auch Baeumker ausführt, sondern die Bausteine sind reine Geometrie" (Ernst Cassirer), also rein mathematische Formen.

Heisenberg bekennt, dass ihn dieser Gedanke nicht mehr losließ, seit er in seiner Jugend in den Nachkriegswirren des Ersten Weltkrieges, „da sonst nichts zu tun war" (Heisenberg), den Timaios las. Dass Platon auf geometrische Begriffe beschränkt war, ist lediglich dem damaligen Stand der Mathematik zuzuschreiben. Entscheidend ist, dass sich die „letzten Dinge" in Mathematik auflösen. Tatsächlich können wir über die Teilchen im eigentlichen Sinn nichts wissen, außer ihrer mathematischen Gleichung. Insbesondere sind diese nicht materiell, somit sich hat der Materialismus aufgelöst. „Der Übergang von der klassischen Physik zur Quantenmechanik bedeutet zugleich die grundsätzliche Aufhebung jeder Gestalt“ (H. Hönl).

Somit schließt Heisenberg, dass uns „diese Situation sofort an die symmetrischen Körper, die Platon eingeführt hatte, um die grundlegenden Strukturen der Materie darzustellen“, erinnert. Weiterhin heißt es, dass die „moderne Physik sich definitiv für Platon und gegen Demokrit entschieden hat. Denn die kleinsten Einheiten der Materie sind tatsächlich nicht physikalische Objekte im gewöhnlichen Sinne des Wortes; sie sind Formen, Strukturen oder – im Sinne Platons – „Ideen“, über die man unzweideutig nur in der Sprache der Mathematik sprechen kann“ (W. Heisenberg).

Somit geht die theoretische Physik in der Mathematik auf, diese hat aber ihre Heimat in der „res cogitans“. Dagegen ist das empirisch Reale in der „res extensia“ angesiedelt. Es gilt jedoch, dass die Subjekt-Objekt-Spaltung, die „kartesische Gegenüberstellung von „res cogitans“, dem Menschen, und einer „res extensia“, der ihn umgebenden Welt, unheilbar ist“ (Hannah Arendt). Dennoch soll die Mathematik die reale physische Welt eins zu eins abbilden?

Nun ist die Mathematik „die Wissenschaft, deren einziger Gegenstand die Struktur das menschlichen Verstandes selbst ist“ (Hannah Arendt). Können wir dann die Mathematik überhaupt anwenden? „In dem ganzen Umfange der Mathematik findet sich kein Beispiel, dass man aus bloß möglichen Begriffen auf die Wirklichkeit ihrer Gegenstände sollte schließen können. Die Natur der Quantität, als des Gegenstandes der Mathematik, widerspricht einem solchen Schlusse. Unsere Begriffe von der Quantität stehen mit anderen Begriffen, aber mit keiner Wirklichkeit in notwendiger Verbindung“, sagt Moses Mendelssohn (1729 bis 1786). Bezüglich der Arithmetik erklärt Felix Klein (1849 bis 1925): „Der zweite Teil, mehr erkenntnistheoretische Teil des Problems, der die Frage nach dem Grund der Anwendbarkeit jener Grundätze auf reale Verhältnisse behandelt, ist damit noch nicht einmal in Angriff genommen (...). Dieser zweite Teil stellt ein äußerst tief liegendes Problem für sich dar, dass Schwierigkeiten auf allgemein erkenntnistheoretischem Boden liegen" (F. Klein). Somit bleibt das Grundproblem unbeantwortet. Wie ist es möglich, dass die Mathematik die ihr völlig wesensfremde physische Natur identisch abbilden kann? Was sagen die großen Physiker zu diesem Rätsel?

„Das Wunder der Anwendbarkeit der mathematischen Sprache auf die Gesetze der Physik ist eine wunderbare Gabe, welche wir weder verstehen noch verdienen", sagt Eugene Wigner (1902 bis 1995) in seinem epochemachenden Buch „Die unerklärbare Effektivität der Mathematik in den Naturwissenschaften", das eine rege Diskussion hervorrief. „Wie kann es sein, dass Mathematik, nach allem alleine ein Produkt des menschlichen Denkens, unabhängig von jeder Erfahrung, so wunderbar den Objekten der Realität entspricht?" fragt Albert Einstein. „Warum können wir uns bei der Naturbeschreibung der Mathematik bedienen, ohne den dahinter befindlichen Mechanismus zu beschreiben? Niemand weiß es" (R. Feynman).

Nach Heinrich Hertz machen wir uns „innere Scheinbilder oder Symbole der äußeren Gegenstände, und zwar machen wir sie von solcher Art, dass die denknotwendigen Folgen der Bilder stets wieder die Bilder von den naturnotwendigen Folgen der abgebildeten Gegenstände" (H. Hertz) sind. Doch „damit diese Forderung überhaupt erfüllbar sei, müssen gewisse Übereinstimmungen vorhanden sein zwischen der Natur und unserem Geiste" (Heinrich Hertz). Überhaupt, die allgemeinen Definitionen, die der Mechanik zugrunde liegen „bleiben der Erfahrung völlig fremd, (...) sie beruhen auf den Gesetzen der inneren Anschauung und Logik und haben mit der äußeren Erfahrung derselben keinerlei Zusammenhang" (Heinrich Hertz).

Walter Heitler glaubt, dass „es außerhalb des Menschen ein geistiges Prinzip geben muss, mit dem die Naturgesetze sowohl wie unsere mathematische Erkenntnis davon zusammenhängen" (W. Heitler). Wolfgang Pauli meint, dass „Theorien durch vom empirischen Material inspirierten Verstehen zustande kommen; ein Verstehen, welches am besten im Anschluss an Platon als das Zur-Deckung-Kommen von inneren Bildern mit äußeren Objekten und ihrem Verhalten zu deuten ist" (W. Pauli). Für Einstein stand fest, dass die Naturgesetze nicht logisch aus Beobachtungen gefolgert werden können, sondern freie Schöpfungen oder Konventionen der Forschung sind. „Er glaubte eben, dass der Menschengeist die Kraft habe, durch Deutung der Erscheinung dieses Geheimnis der Schöpfung Schritt für Schritt zu erraten" (Max Born).

Soll die Physik mathematisch beschrieben werden, so baut sie wie diese auf den Axiomen auf. In der Folge von Platon und Heisenberg betrachtet die moderne Physik die Symmetrien als die aller Naturerkenntnis zugrunde liegenden Axiome. Doch „unser Problem ist also, zu erklären, woher die Symmetrie kommt! Warum ist die Symmetrie so nahezu symmetrisch? Niemand hat eine Idee" (R. Feynman). Letztlich ist hiermit das unlösbare Problem jeder Wissenschaft verknüpft: Wie können wir den Anfang erklären?

Somit können wir die Anwendung der Mathematik auf die Natur nur „als ein Wunder" (E. Wigner) begreifen. Denn, „dass auf dem Standpunkt rein theoretischer Reflexion Materie und Form der Erkenntnis, apriorisches Vernunftgesetz und empirische Gegebenheit niemals ineinander aufgehen, sondern so weit wir auch fortschreiten, beständig wieder auseinanderfallen, ist streng erweislich" (Ernst Cassirer). Die metaphysische Kluft zwischen dem denkenden Geist und der anschauenden Welt ist unüberbrückbar.

Vielleicht erinnern wir uns aber auch an die großen Alten. Für die Griechen waren Denken und Sein noch eine Einheit; „Gleiches erkennt Gleiches" (Empedokles). Geistiges und Reales beruhten auf demselben „sub-stare", derselben Substanz. „Der tätige Verstand ist gegenüber der Sinneserkenntnis unvermischt und unbeeinflussbar", sagt Aristoteles und weiter: „Die Materie sehnt sich nach der Form" (Aristoteles). Materie und logische Bestimmung durch die Form sind nur potenziell getrennt. Bei Platon erhält das Sinnliche sein Dasein durch die „Teilhabe" an der es definierenden „Idee". Somit ist es, zwar unvollkommen, aber unlöslich mit der Idee verbunden. Leibniz, durchaus noch mit der alten Metaphysik verbunden, erfasste dies mit seiner „‚Praestabilierten Harmonie', verstanden in ihrem tiefsten Sinn" (Ernst Cassirer).

6.1.2.3. Logische Grenzen

„Ein Kreter sagt, alle Kreter lügen" (Eubulides).

6.1.2.3.1. Mathematik

„Die Logik wird nie mehr dieselbe sein" (John von Neumann).

Für unsere weiteren Zwecke wollen wir das „Lügnerparadoxon" etwas umformulieren und präzisieren:

„Achilles sagt: Wenn ein Kreter etwas sagt, dann lügt er."
Dabei nehmen wir an, Achilles sei selbst ein Kreter.

Fall 1: Achilles sagt die Wahrheit.
Der Satz, „Wenn ein Kreter etwas sagt, dann lügt er." ist also wahr. Da nun Achilles selbst ein Kreter ist, können wir für die Variable „Kreter" „Achilles" einsetzen: „Wenn Achilles etwas sagt, dann lügt er." Nach Fall 1 ist dieser Satz wahr.

Folgerung: Wenn Achilles die Wahrheit sagt, dann lügt er.

Fall 2: Achilles lügt.
„Wenn ein Kreter etwas sagt, dann lügt er." Wieder setzen wir für die Variable „Kreter" „Achilles" ein und erhalten: „Wenn Achilles etwas sagt, dann lügt er." Da nach unserer Voraussetzung für den Fall 2 Achilles tatsächlich lügt, sagt Achilles somit die Wahrheit. Jeder Kreter, insbesondere Achilles selbst lügt.

Folgerung: Wenn Achilles lügt, dann sagt er die Wahrheit.

Wir müssen hier streng unterscheiden. Einmal bezieht sich der Wahrheitsgehalt auf die pauschale Aussage über die Kreter allgemein (Fall 1); das andere Mal auf die spezielle Aussage des Kreters als spezielle Person, die hier Achilles ist (Fall 2). Wie entsteht die Paradoxie? Achilles trifft eine allgemeine Aussage über die Elemente einer Menge, der er selbst angehört. Und zwar so, dass die allgemeine Aussage genau dann wahr ist, wenn die spezielle falsch ist. Wäre Achilles ein Spartaner, so wäre das Problem nicht aufgetreten.

Auf wen letztlich das „Lügnerparadoxon" zurückgeht, bleibt umstritten. Eubulides (4. Jahrhundert vor Chr.) lebte in der Zeit des zerfallenden Hellenismus und man hat dieses Spiel mit den Gedanken als typische dekadente Zerfallserscheinung einer sich auflösenden Kultur gedeutet. Prantl, offenbar das „Lügnerparadoxon" im Auge habend, sagt in seiner „Geschichte der Logik des Abendlandes" herabsetzend: „Lappalien, wie die Mehrzahl der Fangschlüsse sind, wird die wahre Logik gar nicht berücksichtigen" (Prantl). Niemand ahnte zunächst, welche Sprengkraft in diesen „Lappalien" lag.

Der Erste, der nach mehr als zweitausend Jahren die eigentliche Bedeutung hier erkannte, war Bertrand Russel. Dieser formalisierte zunächst das Problem in exakt logischen Begriffen. Wieder verging einige Zeit, bis Kurt Gödel, angeregt durch ein Problem von David Hilbert, dem damals bedeutendsten Mathematiker und einer der größten aller Zeiten, das Gedankenschema des Lügners erneut aufgriff.

Hilberts Problem war, inwiefern die Zahlentheorie so axiomatisiert werden könne, dass der Wahrheitswert jeder Aussage durch ein „mechanisches Verfahren" entscheidbar wäre. Wir erinnern hierbei noch einmal an das Schachspiel. Indem wir ausgehend von der Ausgangstellung, Schritt für Schritt, ganz „mechanisch", durch die zulässigen Zugfolgen der jeweiligen Figuren jede korrekte Konfiguration erhalten können, so sollen wir von den Axiomen als Basis durch systematische Anwendung der logischen Regeln jede Aussage beweisen oder widerlegen können.

Durch Russel auf das „Lügnerparadoxon" verwiesen, griff Gödel zunächst dieses auf. Um es auf die Zahlentheorie anwenden zu können, war es also zunächst notwendig, eine allgemeine Aussage über die Elemente einer Menge, der diese selbst angehört, so zu formulieren, dass die allgemeine Aussage genau dann wahr ist, wenn die spezielle falsch ist. Und da die Elemente der Arithmetik natürlich Zahlen sind, müssen die allgemeinen Aussagen über diese, also die Formeln der Zahlentheorie, ebenfalls durch Zahlen dargestellt werden. Hierdurch werden dann die Formeln selbst Gegenstand zahlentheoretischer Untersuchungen und können dem „Lügnerparadoxon“ angepasst werden. Wie?

Hierzu griff Gödel auf ein geniales futuristisches Konzept von Leibniz zurück. In einer „Ars combinatoria“ müsste sich „eine Art Alphabet der menschlichen Gedanken finden und durch die Verknüpfung seiner Buchstaben und die Analyse seiner Worte, die sich aus ihnen zusammensetzen, alles andere entdecken und beurteilen lassen“ (Leibniz). Genauer sollte man in einer „Characteristica universalis“ für alle Begriffe charakteristische Zahlen definieren und dann versuchen, nach dem Vorbild des mathematischen Kalküls einen logischen Kalkül auszubilden, eine Art Algebra der Begriffe. Mit dieser Reduktion aller wissenschaftlichen Fragen auf Zahlen ergäbe sich eine Art Statik, vermöge derer die Vernunftbegriffe gewissermaßen erwogen werden könnten. „Der Vergleich der „Characteristica universalis“ mit der Spätform der platonischen Ideendialektik, der Lehre nämlich von den Ideen als Zahlen, drängt sich auf“ (J. Hirschberger). Ebenso erinnern wir an die „Boole‘sche Algebra“.

Damit ist das Programm von Gödel beschrieben:

Wir übertragen also im Wesentlichen das „Lügnerparadoxon“ in die Zahlentheorie. Gödel hat deshalb zunächst systematisch die logischen Symbole wie die Konjunktion &, die Disjunktion / usw. durch Zahlen codiert. Hierfür bediente er sich der Primzahlen. Die codierten Zahlen nannte er in Anlehnung an Leibniz „Charakteristische Zahlen“. Da Formeln aus logischen Symbolen bestehen, erhält man dann deren “Charakteristische Zahlen“ als Produkte der codierten logischen Symbole. Da jede natürliche Zahl eindeutig in Primfaktoren zerlegt werden kann, ist es somit eindeutig entscheidbar, welcher Zahl einer Formel entspricht und umgekehrt, ob eine gewisse Zahl eine Formel repräsentiert. Schließlich wurde das Verfahren erweitert auf ein Beweisschema, man vergleiche hierzu noch einmal 3.1.; somit entspricht auch einem Beweis umkehrbar eindeutig eine „Charakteristische Zahl“.

Ohne jetzt ins Detail zu gehen; Gödel gelang es, eine Formel abzuleiten, die wir etwas verkürzt wie folgt schreiben:

D(y,x)

„Ein Beweis oder eine Deduktion mit der Charakteristik y, der die Formel mit der Charakteristik x beweist"

Sei nun k die charakteristische Zahl einer Formel der Form F(x), zum Beispiel $8 + x = 5$*. Setzen wir hier eine Zahl u ein, zum Beispiel u = 2, so erhalten wir die spezielle Formel* $8 + 2 = 5$*, allgemein F(u) bzw. F(2). Ihre Nummer sei s(k,u) bzw. s(k,2). Jetzt setzen wir in unserer obigen Formel x = s(k,u):*

D(y,s(k,u))

„Einen Beweis mit der Charakteristik y, der zeigt, dass die Formel mit der Charakteristik s(k,u) wahr ist."

Setzen wir also in die Formel F(x) mit der Charakteristik k u ein, so ist die Formel F(u) wahr. In unserem obigen Beispiel wäre also F(-3) eine wahre Aussage.

Allgemeiner sei wieder k die Charakteristik einer Formel F, u die Charakteristik einer weiteren Formel f(x), so bedeute allgemein s(k,u) die Charakteristik für die Anwendung der Formel F auf die Formel f.

Sei nun F(x) eine beliebige Formel mit der Charakteristik k. Wir setzen die Zahl u ein, bilden also konkret F(u), die entsprechende Charakteristik sei wieder s(k,u). Die Formel F(u) ist also genau dann wahr, wenn es eine Charakteristik y_0 *gibt, so dass* $D(y_0,s(k,u))$ *wahr ist. Das Problem kreist also um die Existenz der Charakteristik* y_0*. Theoretisch könnten wir mit der kleinsten Primzahl 2 beginnen, prüfen, ob ihr eine Charakteristik entspricht, falls nein, nächste Primzahl; falls ja, beweist diese Charakteristik die Formel F(u)?; falls ja, stopp, die Formel ist beweisbar und damit wahr; sonst: nächste Primzahl.*

Wir erkennen somit das Prinzip eines Algorithmus. Nun besteht das Problem, dass bereits Euklid bewiesen hat, dass es unendlich viele Primzahlen gibt. Selbst wenn wir nach tausenden von Jahren schließlich bei der größten momentan bekannten Primzahl angelangt sind, sämtliche Antworten negativ ausgefallen sind, können wir immer noch nicht behaupten, es gebe hierfür kein Beweisschema. Wir wissen ja nicht, was geschehen wird, wenn die nächste größere

Primzahl gefunden sein wird, welches Resultat wir dann erhalten werden.

Jetzt kommt der entscheidende Schritt, die grundlegende Voraussetzung für das Weitere. Soll das System auf einem widerspruchsfreien, vollständigen Axiomensystem beruhen, so muss jede Aussage bezüglich ihres Wahrheitsgehaltes entscheidbar sein, entweder ist sie wahr oder falsch, „Tertium non datur". Wir dürfen also annehmen, dass für jede Aussage des Systems eine Charakteristik y_0 *existiert, so dass entweder:*

$D(y_0,s(k,u))$ wahr

Der Beweis mit der Charakteristik y_0 *beweist die Formel F(u) mit der Charakteristik s(k,u). Die Formel F(x) mit der Charakteristik k ergibt eine wahre Aussage, wenn wir hier u einsetzen, F(u) ist somit wahr. Beispiel:* $F(x) \equiv 8 + x = 5$, *u = - 3, F(- 3) ist wahr. Oder allgemein: Die Anwendung der Formel F mit der Charakteristik k auf die Formel f(x) mit der Charakteristik u angewandt ergibt eine wahre Aussage.*

Oder

$D(y_0,s(k,u))$ falsch

Nach dem Widerspruchsprinzip gilt dann aber:

$Neg(D(y_0,s(k,u)))$ wahr

Der Beweis mit der Charakteristik y_0 *beweist, dass die Negation der Formel F(u) mit der Charakteristik s(k,u) wahr ist. Unsere Formel* $8 + u = 5$ *ist für u = 2 falsch, die Negation ist also wahr. Oder: Die Anwendung der Formel F mit der Charakteristik k auf die Formel f(x) mit der Charakteristik u angewandt ergibt eine falsche Aussage.*

Nun setzen wir in $Neg(D(y_0,s(k,u)))$
$k = u = v$: $Neg(D(y_0,s(v,v)))$

Mit Georg Cantor nennt man dieses Verfahren die „Diagonalisierung". Cantor hatte damit bewiesen, dass die rationalen Zahlen, die Brüche, eine echte Untermenge der reellen Zahlen sind. Wir setzen also in die Formel F(x) mit der Charakteristik v diese in F(x) ein, also: F(v). Das heißt, wir wenden die Formel auf sich selbst an.

Also: Neg(D(y_0,s(v,v))) ist genau dann wahr, wenn wir in die Formel mit der Charakteristik v ihre eigene charakteristische Zahl v einsetzen und dann eine falsche Aussage erhalten.

Kurz: Neg(D(y_0,s(v,v))) ist genau dann wahr, wenn F(v) falsch ist. Man vergleiche dies mit dem Lügner.

Die Formel Neg(D(y_0,s(v,v))) muss natürlich ebenfalls eine Charakteristik haben, sie sei z, also Charakteristik von Neg(D(y_0,s(v,v))): z. Nun setzen wir v = z und erhalten Neg(D(y_0,s(z,z))).
Die Formel Neg(D(y_0,s(z,z))) stellt dann ihre eigene Unwahrheit fest.

Denn oben haben wir gesehen:
Neg(D(y_0,s(v,v))) ist genau dann wahr, wenn F(v) falsch ist.

Also mit v = z:

Neg(D(y_0,s(z,z))) ist genau dann wahr, wenn F(z) falsch ist.

Hier gilt aber: F(z) = Neg(D(y_0,s(z,z)))

Also:
Neg(D(y_0,s(z,z))) ist genau dann wahr, wenn Neg(D(y_0,s(z,z))) falsch ist.

Man erkennt ohne Weiteres die Analogie zum „Lügnerparadoxon":

Offenbar gelten folgende Entsprechungen: Die Formel Neg(D(y_0,s(v,v))) entspricht Achilles in der Allgemeinen Aussage. Sagt Achilles die Wahrheit, so lügen die Kreter. Setzen wir für die Kreter Achilles ein, so lügt er ebenfalls. Ist Neg(D(y_0,s(v,v))) wahr, so erhält man beim Einsetzen von v in die Formel F(x) eine falsche Aussage. Setzen wir für v = z, die Charakteristik der Formel Neg(D(y_0,s(z,z))), so wird die Aussage Neg(D(y_0,s(z,z))) falsch.

Beim „Lügner“ entsteht die Paradoxie, indem Achilles eine allgemeine Aussage über die Elemente einer Menge trifft, der er selbst angehört. Und zwar so, dass die allgemeine Aussage genau dann wahr ist, wenn die spezielle falsch ist. Hier stellt die Formel Neg(D(y_0,s(v,v))) die Wahrheit über eine Menge von Aussagen fest, der sie selbst angehört. Und zwar so, dass die Formel genau dann wahr ist, wenn die spezielle Aussage falsch ist. Beim Lügner entsteht die Paradoxie dann, wenn wir die allgemeine Aussage über die Kreter auf Achilles selbst anwenden, bei Gödel, indem wir die Formel auf sich selbst anwenden. Wir werden bei der Informatik sehen, wie dasselbe Gedankenschema die grundsätzliche Beschränktheit von deren Möglichkeiten aufzeigen wird.

Durch konsequente Verwendung des „Lügnerparadoxons“ in Kombination mit der Leibniz‘schen „Characteristica universalis“ sowie der Cantor‘schen „Diagonalisierung“ hat also Kurt Gödel die Mathematik in ihre tiefste Krise gestürzt. Jede Zahlentheorie, die Vollständigkeit und logische Widerspruchfreiheit beansprucht, ist selbst widersprüchlich. Das System kann die Fundamentalforderung der Widerspruchsfreiheit nicht erfüllen. Es gibt immer eine Formel, die widersprüchlich ist, die genau dann wahr ist, wenn sie falsch ist.

Gödel bewies noch eine weitere schockierende Aussage. Man kann nämlich in der Zahlentheorie stets eine relativ elementare Formel angeben, die wahr ist, aber nicht beweisbar. Man könnte nun annehmen, das sei klar, die Axiome können wir ja auch nicht beweisen. Man sollte also diese neue Aussage den Axiomen hinzufügen. Doch nun gibt es wieder eine Aussage, die ebenfalls wahr ist und wieder nicht bewiesen werden kann usw. Das System kann also nicht nur die Widerspruchsfreiheit nicht erfüllen, sondern auch nicht die Vollständigkeit.

Es dauerte eine gewisse Zeit, ehe die Mathematiker diesen Schock verdaut hatten. John von Neumann (1903 bis 1957) schrieb 1947: „Die meisten Mathematiker beschlossen, das bisherige System dennoch zu verwenden. Immerhin erzielte man mit der klassischen Mathematik Resultate, die sowohl elegant als auch nützlich waren, und selbst wenn man nie wieder der absoluten Zuverlässigkeit gewiss sein konnte, so ruhten sie dennoch auf einer mindestens ebenso soliden Grundlage wie beispielsweis die Existenz des Elektrons. Wenn man bereit war, die Naturwissenschaft anzuerkennen, so konnte man ebenso gut die klassische Mathematik akzeptieren" (J. von Neumann).

Paul Bernays (1888 bis 1977) bemerkte bereits einige Jahre später, 1974, für das, was man „insbesondere in Hinsicht auf die ‚Grundlagenkrise' der Mathematik genannt hat, (...) nach meiner Auffassung hierbei berechtigterweise nicht von einer Krise in dem Sinne gesprochen werden kann, als ob die klassische Mathematik fragwürdig erwiesen sei. Problematisches hat sich freilich in verschiedenen Richtungen ergeben" (P. Bernays). Tatsächlich ist es ja auch so, dass ein bewiesener mathematischer Satz von dem Ganzen in seiner Wahrheit nicht in Frage gestellt ist. Ist die Ableitung korrekt, so ist der Satz wahr.

6.1.2.3.2. Informatik

„Selbst ihr eigener Dichter sagt: ‚Die Kreter sind von jeher Lügner, böse Tiere, faule Bäuche'" (Neues Testament).

Waren wir bisher im Reich des reinen Geistes, der atemberaubenden philosophischen Gedankengänge, zwar mit tiefgreifenden Folgen für die Mathematik und Erkenntnistheorie im Allgemeinen, so war dies doch für uns Normalsterbliche ohne weitere Konsequenzen. Das sollte sich nun dramatisch ändern. Hieraus sollte die Wissenschaft entstehen, die die Neuzeit in bisher ungeahnter Art und Weise revolutionierte.

Jedenfalls diskutierte die mathematische Welt die Frage, wie es möglich wäre, die schockierenden Ergebnisse von Gödel „irgendwie" zu vermeiden. Natürlich konnte sich der forschende menschliche Geist mit diesem „Ignorabimus" nicht zufrieden geben. Wie sollte ein logisches System beschaffen sein, in dem dieses verwirrende Ergebnis nicht auftrat? Und wie so oft folgte aus der Krise der revolutionäre Fortschritt.

„Als der große Mathematiker Max Newman (1897 bis 1984) aus Cambridge Hilberts Fragen Alan Turing nahebrachte, fragte er im Zusammenhang mit dem ‚Entscheidungsproblem', ob es womöglich ein ‚mechanisches Verfahren' gebe, mit dessen Hilfe sich herausfinden lässt, ob eine bestimmte logische Aussage beweisbar ist oder nicht. Turing gefiel die Idee mit dem ‚mechanischen Verfahren'" (Walter Isaacson).

Turing, gerade mal 21 Jahre alt, machte sich an die Arbeit. „Mechanisch" sollte offenbar bedeuten, die einzelnen Schritte der logischen Ableitung zu „atomisieren", in ihre minimalen Bausteine zu zerlegen, um auf diese Art und Weise „Schritt für Schritt" die Ableitung bzw. den Beweis „mechanisch" ablaufen zu lassen, also das, was wir unter einem Algorithmus verstehen. Das Ergebnis kennen wir schon, es ist die „Turing-Maschine", das Grundmodell eines jeden Algorithmus. Turing veröffentlichte seine epochemachende Arbeit 1936, Heinrich Scholz erbat sich von Turing ein Exemplar seines Manuskripts, das er auch bekam und hielt im gleichen Jahr „das weltweit erste Seminar über Informatik" (Heinrich Scholz). Der Count-down hatte begonnen; das Jahr 1936 gilt somit als das Geburtsjahr der Informatik und damit des Computers.

Wie wir bereits gesehen haben, sind die „rekursiv-aufzählbaren Sprachen" die allgemeinste Sprachklasse, die von einer Turing-Maschine erzeugt werden kann. Dabei kann die Maschine möglicherweise endlos laufen. Ein triviales Beispiel haben wir in 3.3.4. genannt: „Drucke alle natürlichen Zahlen". Wir können also Probleme in dieser Sprache nicht durch einen Algorithmus lösen oder wie man sagt, „entscheiden". Allgemein gilt für „rekursiv aufzählbare Sprachen" der Satz von Rice (1920 bis 2003), dass hier jedes nichttriviale Problem nicht entscheidbar ist.

Nennen wir neben dem trivialen Beispiel aus 3.3.4. ein weiteres algorithmisch nicht entscheidbares Problem. Wir haben ein solches bei den Gödel'schen Überlegungen gesehen. Zur Verdeutlichung führen wir es hier noch einmal formal an:

Variable:	*y:=*	*natürliche Zahl*	*k:=*	*Charakteristik*
	s:=	*Charakteristik der Formel F(x)*		
Problem:	*Existiert y, so dass D(y,s) eine wahre Aussage wird?*			
Schritt 1:	*Setze y = 2*		→	*Schritt 2*
Schritt 2:	*y = k?*	*„ist y eine Charakteristik?"*		
	ja:	*Gilt: D(y,s) wahr?*		
		ja: Gib D(y,s) ist wahr aus	→	*Stopp*
		nein:	→	*Schritt 3*
	nein:		→	*Schritt 3*
Schritt 3:	*y := y + 1 „nächste Zahl"*		→	*Schritt 4*
Schritt 4:	*Ist y eine Primzahl?*			
	ja:		→	*Schritt 2*
	nein:		→	*Schritt 3*

Wie wir sehen, kommen wir nur dann in den Stoppzustand, wenn wir Schritt 2 zweimal mit „ja" beantworten. Dann wäre das Problem entschieden. Sonst kommen wir aber immer wieder in den Schritt 3, von hier zu Schritt 4 und schließlich wieder zu Schritt 2 zurück. Da es unendlich viele Primzahlen gibt, kann die Schleife theoretisch „unendlich oft" durchlaufen werden, der Algorithmus ist „abgestützt". Solange der Algorithmus läuft, können wir nichts sagen, theoretisch könnte schon die nächste Primzahl die Lösung bringen, falls nicht, wieder die nächste usw. Würden wir unseren Algorith-

mus in Form einer „Turing-Maschine“ darstellen, so würde sie möglicherwiese endlos drucken. Nach jedem Schleifendurchlauf die nächste Primzahl und schließlich eine Charakteristik aufsuchen usw.

Das Problem, ob D(y,s) für eine beliebige Formel F mit der Charakteristik s wahr ist, ist also nicht entscheidbar. Wir können ohne weitere Voraussetzung also nicht durch einen Algorithmus entscheiden, ob eine beliebige zahlentheoretische Formel wahr ist. Das Problem gehört somit der allgemeinsten Sprachklasse an, den „rekursiv-aufzählbaren Sprachen“. Die zusätzliche Voraussetzung, dass für jede Aussage des Systems eine Charakteristik y_0 *existiert, so dass D(*y_0*,s) wahr ist, führte dann zum Widerspruch.*

Somit müssen wir für entscheidbare Probleme diese Sprachklasse einschränken.

Genauer:

Gegeben seien eine beliebige Sprache L und ein in dieser Sprache formuliertes Problem P. „Ein Problem, dessen Sprache rekursiv ist heißt entscheidbar“ (Hopcroft-Ullman). Das Problem muss also in einer „rekursiven Sprache“ definiert sein. Wir wissen, dass eine Sprache „rekursiv“ heißt, wenn es auf ihr eine „Turing-Maschine“ gibt, die stets stoppt.

Konkret schreiben wir hierbei das Problem P, geeignet codiert, auf das „Turing-Band“ und setzen den Kopf der Maschine auf den ersten Buchstaben des Problems an. Prinzipiell ist dies aber gleichgültig, wir können jedes beliebige Feld wählen. Die Maschine wird dann ihre Bewegungen ausführen und je nach dem vorliegenden Fall nach endlichen vielen Schritten „j“ bzw. „n“ drucken. Druckt die Maschine „j“, so sagt man, sie „akzeptiere das Wort“, druckt sie „n“, so „verwirft sie das Wort“.

Wir erinnern hierzu noch einmal an unser einfaches Problem aus 3.3.4.:

Mit der nachstehenden „Turing-Maschine“ haben wir das Problem entschieden, ob eine beliebige natürliche Zahl m gerade ist:

$$\Sigma = \{*,/,j,n\}$$

1	*	j	2
1	/	r	2
2	*	n	1
2	/	r	1

Definieren wir also eine formale Sprache L durch alle geraden natürlichen Zahlen m, dann entscheidet dieser Algorithmus allgemein das Problem: „Ist eine gegebene natürliche Zahl m Element der Sprache L?" Durch analoge Formulierung dieses Algorithmus für die Teilbarkeit durch 3, 5, 7 usw. können wir dann auch entscheiden, ob eine gegebene natürliche Zahl eine Primzahl ist.

Wir haben erwähnt, dass der Sprachtheoretiker Noam Chomsky den Algorithmusbegriff äquivalent sprachtheoretisch durch Grammatikklassen formuliert hat. Den „aufzählbar-rekursiven Sprachen" entsprechen hier genau die durch die „Chomsky-0-Grammatiken" erzeugten Chomsky Sprachen vom Typ 0. Die durch „Chomsky-1-Grammatiken" erzeugten Chomsky Sprachen vom Typ 1 entsprechen, bis auf unwesentliche Sonderfälle, den „rekursiven Sprachen."

Wir können somit folgendes Ergebnis noch einmal festhalten:

Ein Problem ist somit dann und nur dann algorithmisch entscheidbar, kann also nur dann durch einen Computer gelöst werden, wenn es in einer „rekursiven Sprache" oder in einer „Chomsky-1 Sprache" formuliert ist. Somit ist das exakte Denken des „Systems 2", in dem Sinne, dass wir den Wahrheitswert jeder Aussage einer entsprechenden Theorie durch einen Computer beweisen können, auf eine „rekursive Sprache" oder "Chomsky-1 Sprache" beschränkt. Dem Gödel'schen Dilemma können wir also nur in solchen Sprachen entgehen.

Doch nun stellt sich die Grundfrage: Wann liegt eine rekursive Sprache vor? Falls ja, dann könnten wir jedes Problem in dieser

Sprache durch einen Algorithmus entscheiden. Weiter: Können wir durch einen Algorithmus entscheiden, ob eine beliebige Sprache rekursiv ist? Da eine Sprache rekursiv heißt, wenn es eine Turing-Maschine gibt, die auf alle Eingaben hin stoppt, ist die Frage offenbar gleichbedeutend damit, ob wir algorithmisch entscheiden können, ob ein Algorithmus stets in den Stoppzustand kommt oder nicht. Ob er also stets anhält, dies ist in der Literatur das berühmte „Halteproblem". Offenbar steht und fällt hiermit die grundlegende Kompetenz der Computer.

Nehmen wir zunächst an, es gäbe so einen universalen Algorithmus, nennen wir in U. Somit müssen wir U auf einen beliebigen weiteren Algorithmus A anwenden und prüfen, ob dieser stets in den Stoppzustand kommt. Damit haben wir wieder das analoge Problem wie bei unseren alten Bekannten, dem „Lügner" und der „Arithmetik" bei Gödel. Achilles: Ein „Kreter" prüft allgemein die „Kreter"; Gödel: Eine als Zahl codierte Formel prüft beliebige als Zahlen codierte Formeln; hier: Ein Algorithmus U prüft beliebige Algorithmen A. Damit ist das Programm vorgegeben. Wir müssen nur die dortigen Denkschemata Schritt für Schritt übertragen.

Wie Gödel die Formeln codieren musste, um sie zahlentheoretischen Fragen unterwerfen zu können, so müssen wir auch hier einen Algorithmus A codieren, damit wir ihn einer „Turing-Maschine", also dem Algorithmus U, falls er überhaupt möglich ist, zur Prüfung übergeben können. Wie bei Gödel die Codierung durch „Charakteristische Zahlen" erfolgte, in Anlehnung an Leibniz, so wird sie bei den Algorithmen der Informatik, zu Ehren von Gödel, eine „Gödelisierung" genannt. Also:

Erster Schritt: Gödelisierung (Leibniz):

Das Verfahren ist ziemlich langwierig und banal. Wir müssen lediglich die Grundanweisungen der Turing-Maschine, gewisse Trennungssymbole, das Eingabealphabet usw. durch „0-1 Folgen" codieren. Wir erläutern dies an Hand unserer obigen Turing-Maschine:

Eingabealphabet:

*	→	0	/	→	01	j	→	00
n	→	10						

Anweisungen:

l	→	001	r	→	011	s	→	010

Trennung:

Anfang bzw. Ende Algorithmus	→	*1001;*
Zwischen Konfigurationen	→	*101*
Innerhalb Konfiguration	→	*111*
Zustände: 1 → 1 2	→	*11*

Unser Beispiel stellt sich somit codiert wie folgt dar (vgl. oben erste Zeile):

Anfang Algorithmus↑	Zustand 1↑	Blank↑	j↑	Zustand 2↑	Konfig.↑	...
1001	1	0	00	11	101	...

Also:

1001 1 111 0 111 00 111 11 101 1 111 001 111 011 111 11 101 ...

Man nennt die codierte Form des Algorithmus A das Maschinenwort M_A. Offenbar gibt es einen einfachen Algorithmus G, der aus einem beliebigen Algorithmus A durch „Gödelisierung" das Maschinenwort M_A produziert und auf das „Turing-Band" schreibt.

Nächster Schritt: "Lügner"

Gegeben sei ein Algorithmus A_1 (Achilles) und ein weiterer beliebiger Algorithmus A_2 (Kreter). Wir codieren A_2, erhalten M_{A_2}, geben dieses Wort in A_1 ein und fragen, ob A_1 den Algorithmus A_2 verwirft, das heißt „n" druckt. Schematisch:

$$A_2 \rightarrow G \rightarrow M_{A_2} \rightarrow A_1 \rightarrow ? \rightarrow ,n'$$

Nächster Schritt: Diagonalisierung (Cantor)

Nun setzen wir $A_1 = A_2$, „Selbstanwendung von Algorithmen". Verwirft also der Algorithmus seine eigene Eingabe?

$$A_1 \rightarrow G \rightarrow M_{A_1} \rightarrow A_1 \rightarrow ? \rightarrow ,n'$$

Nächster Schritt: *„Lügnerparadoxon" (Eubulides)*

Wir nehmen an, das Problem sei algorithmisch entscheidbar. Es gibt also einen Algorithmus U, der das Problem entscheidet. Gegeben sei also ein beliebiger Algorithmus A, wir wenden G an und erhalten M_A auf dem Turing-Band. Hierauf setzen wir den vorausgesetzten Algorithmus U an. Schematisch:

$$A \rightarrow G \rightarrow M_A \rightarrow U$$

Antwortet dann U mit „j", so soll analog zum „Lügnerparadoxon" A seine eigene Eingabe verwerfen und deshalb mit „n" antworten. Schematisch:

$$A \rightarrow G \rightarrow M_A \rightarrow U \rightarrow ,j' \Rightarrow M_A \rightarrow A \rightarrow ,n'$$

Fall 1: *U antwortet mit „j".*

Also verwirft der Algorithmus A seine eigene Eingabe. Wenden wir also A auf M_A an, so antwortet A mit „n". Schematisch:

$$A \rightarrow G \rightarrow M_A \rightarrow U \rightarrow ,j' \Rightarrow M_A \rightarrow A \rightarrow ,n'$$

Nun geben wir U in sich selbst ein. *„Achilles prüft sich selbst."*
Das Schema mit U für A ergibt:

(F1) $$U \rightarrow G \rightarrow M_U \rightarrow U \rightarrow ,j' \Rightarrow M_U \rightarrow U \rightarrow ,n'$$

Also: Sagt U ja, so sagt U nein.

Fall 2: U antwortet mit „n".

Bilden wir bei einen beliebigen Algorithmus A wieder sein Maschinenwort M_A und wenden darauf den Algorithmus U an, so verwirft A in diesem Fall seine eigene Eingabe nicht, der Algorithmus akzeptiert sie und antwortet deshalb mit „j". Schematisch:

$$A \to G \to M_A \to U \to \text{‚}n\text{‘} \Rightarrow M_A \to A \to \text{‚}j\text{‘}$$

Wieder wenden wir dann auch U auf sich selbst an und erhalten ebenfalls die Antwort „ j". Schematisch:

$$\text{(F2)} \qquad U \to G \to M_U \to U \to \text{‚}n\text{‘} \Rightarrow M_U \to U \to \text{‚}j\text{‘}$$

Also: Sagt U nein, dann sagt U ja.

Ergebnis: Den Entscheidungsalgorithmus U kann es nicht geben, das Problem ist somit algorithmisch nicht entscheidbar. Es gibt keinen Algorithmus, der entscheidet, ob ein beliebiger Algorithmus A, angewandt auf sich selbst, seine eigene Eingabe als Maschinenwort M_A verwirft. Wir nennen dies die „Fundamentalaussage".

Folgerung: Es ist algorithmisch nicht entscheidbar, ob ein beliebiger Algorithmus die Eingabe seines Maschinenwortes M_A akzeptiert.

Im Gegensatz zur „Fundamentalaussage", wo A seine Eingabe verwirft, fragen wir nun, ob er sie akzeptiert. Tatsächlich ist aber auch dieses Problem nicht algorithmisch entscheidbar.

Würden wir dieses Problem durch einen Algorithmus V entscheiden können, so würde er bei jeder Eingabe entweder „j" drucken, A akzeptiert als Eingabe sein Maschinenwort M_A oder „n", A verwirft seine Eingabe. Dann hätten wir aber unser obiges Ergebnis algorithmisch entschieden, im Widerspruch zu unserer „Fundamentalaussage". Wir bräuchten nämlich nur an V einen trivialen Algorithmus T anzufügen, der genau dann „j" druckt, wenn V „n" ausgibt und analog „n" wenn V „ j" ausgibt. Schematisch:

$$(V \to \text{‚}n\text{‘} \to T) \to \text{‚}j\text{‘} \qquad \text{bzw.} \qquad (V \to \text{‚}j\text{‘} \to T) \to \text{‚}n\text{‘}$$

Wir erhalten dann:

$A \rightarrow G \rightarrow M_A \rightarrow (V \rightarrow$,n'$\rightarrow T) \rightarrow$,j' $\Rightarrow M_A \rightarrow A \rightarrow$,n'

Definieren wir also unseren Algorithmus U wie folgt:

$U \equiv (V \rightarrow$,n'$\rightarrow T) \rightarrow$,j'bzw. $\quad U \equiv (V \rightarrow$,j'$\rightarrow T) \rightarrow$, n'

So würden wir wieder, indem wir $A = U$ setzen, die Aussagen (F1) bzw. (F2) unserer Fundamentalaussage erhalten, wir hätten diese, da wir V voraussetzen widerlegt!

Jetzt können wir unser Fundamentalergebnis formulieren:
Gegeben seien ein beliebiger Algorithmus A, sowie ein beliebiges Problem P.

Wir wenden jeweils den Gödelisierungsalgorithmus G an und erhalten das Maschinenwort M_A, sowie das Problemwort W_P.Diese schreiben wir, getrennt durch $*$ auf das „Turing-Band“, symbolisch $[M_A * W_P]$. Wir setzen nun voraus, dass A das Problem P mit „j“ entscheidet.

Definition: Die Menge der Wörter $[M_A * W_P]$, wobei der Algorithmus A das Maschinenwort W_P akzeptiert, das heißt bei Eingabe von W_P ,j' ausgibt, bildet die „Universelle Sprache“ S_U.

Wer also die „Universelle Sprache“ „spricht“, kennt alle durch einen Computer lösbaren Probleme. Wir kennen sie nicht. Erkennt sie ein Computer? Ist es algorithmisch entscheidbar, ob eine beliebiges $[M_A * W_P]$ der „Universellen Sprache“ angehört?

Nehmen wir also an, die "Universelle Sprache" S_U sei entscheidbar durch einen Algorithmus A^{super}. Es ist dann entscheidbar, ob das Wort $[M_A * W_P]$ der Sprache S_U angehört oder nicht. Antwortet A^{super} mit „j“, so ist $[M_A * W_P]$ ein Element von S_U, was gleichbedeutend damit ist, dass der Algorithmus A das Problem P mit „j“ ent-

scheidet, also das Wort wir W_P akzeptiert. Nun setzen wir W_P gleich M_A und erhalten [$M_A * M_A$], das heißt, wir diagonalisieren.

Sei D die Menge aller Worte der Form [$M_A * M_A$], wir nennen diese die Diagonalsprache. Dabei ist aber [$M_A * M_A$] nichts anderes als das Problem, ob der Algorithmus A seine eigene Eingabe M_A akzeptiert. Die Diagonalsprache ist offenbar eine Teilmenge der Menge der Wörter der Form [$M_A * W_P$]. Wäre diese durch den Algorithmus A^{super} entscheidbar, so müsste dieser die Diagonalsprache erst recht entscheiden. Dies ist aber, wie wir wissen, nicht möglich. Also ist die „Universelle Sprache" ebenfalls nicht entscheidbar.

Fundamentalergebnis:

Es gibt keinen Algorithmus, der entscheidet, welche Probleme durch einen Computer gelöst werden können.

Wir können also algorithmisch nicht wissen, welche Probleme algorithmisch lösbar sind. „Es ist bemerkenswert, dass die Ergebnisse über Probleme, die nicht mit dem Computer lösbar sind, gerade in den 30er-Jahren aufkamen, den Jahren, bevor die ersten Computer gebaut wurden" (Goldschlager-Lister).

Folgerung 1: Gegeben sei ein Algorithmus A und ein Problem P. Es ist nicht algorithmisch entscheidbar, ob ein Algorithmus A bei Abarbeitung des Problemwortes W_P stoppt, anders gesagt, ob er „abstürzen" wird oder nicht?

Dies ist gerade das „Halteproblem". Das Problem ist nicht entscheidbar, denn A stoppt bei Eingabe von W_P dann und nur dann, wenn $[M_A * W_P]$ der „Universalsprache" angehört und dies ist eben nicht entscheidbar.

Nehmen wir an, ein Anwender bemerkt eine „sehr lange" Laufzeit bei der Anwendung eines Programms. Ist das Programm etwa schon „abgestürzt", oder können wir noch eine Lösung erwarten? Wir können diese Frage durch keinen Algorithmus entscheiden.

Ähnlich ergeben sich weitere Folgerungen:

Folgerung 2: Gegeben sei ein Algorithmus A. Es ist algorithmisch nicht entscheidbar, ob es ein Problem P gibt, das A entscheidet.

Folgerung 3: Gegeben sei ein Problem P. Es ist algorithmisch nicht entscheidbar, ob es einen Algorithmus A gibt, der P entscheidet.

Folgerung 4: Es ist algorithmisch nicht entscheidbar, ob zwei Algorithmen A_1, A_2 stets dieselbe Eingabe akzeptieren.

Nehmen wir an, ein Anwender stellt fest, dass zwei Programme P_1, P_2 bisher stets dieselben Aufgaben bewältigten. P_1 sei aber wesentlich komplizierter als P_2. Könnte man nun entscheiden, ob beide Programme dasselbe leisten, so könnte man dann auf das kompliziertere Programm verzichten. Dies ist aber gerade nicht möglich.

Folgerung 5: Es ist nicht entscheidbar, ob eine Turing-Maschine, angesetzt auf das „Leere Turing-Band", stoppt.

Denn nehmen wir an, es gebe einen Algorithmus $A^{\emptyset}$, der dieses Problem entscheidet. Dann wäre aber auch die „Universelle Sprache" S_U durch den Algorithmus A^{Super} entscheidbar. Denn sei ein beliebiger Algorithmus A und ein beliebiges Problem P gegeben. Wieder wenden jeweils den Gödelisierungsalgorithmus G an und erhalten das Maschinenwort M_A, sowie das Problemwort W_P. Nun definieren wir einen Algorithmus A^{druck}, der das Wort $[M_A * W_P]$ auf das leere „Turing-Band" druckt. Jetzt definieren wir einen Algorithmus $A^{\#}$ wie folgt: Wir wenden zuerst G an, hierauf A^{druck} und schließlich A^{Super} auf das Wort $[M_A * W_P]$. Symbolisch:

$$A^{\#} \equiv G \rightarrow [M_A * W_P] \rightarrow \ A^{druck} \rightarrow [M_A * W_P] \rightarrow \ A^{Super}$$

Der Algorithmus $A^{\#}$ operiert auf dem „Leeren Band". Wir können also mit dem vorausgesetzten Algorithmus $A^{\emptyset}$ prüfen, ob $A^{\#}$ stoppt. Dieser stoppt aber offenbar dann und nur dann wenn der Algorithmus A^{Super} stoppt. Denn dass die Algorithmen G und A^{druck} stoppen ist trivial. Also könnten wir mit dem Algorithmus $A^{\emptyset}$ die „Universelle Sprache" entscheiden.

Folgerung 6: Es ist algorithmisch nicht entscheidbar, ob eine Sprache rekursiv ist.

Denn sei eine beliebige Sprache S gegeben und ein auf ihr operierender Algorithmus. Wir setzen diesen auf das „Leere Band" an. Dann gibt es nach Folgerung 5 keinen Algorithmus, der entscheiden könnte, ob dieser stoppt. Für eine rekursive Sprache ist es aber notwendig und hinreichend, dass es einen auf ihr operierender Algorithmus gibt, der stets hält. Das „Halteproblem“ ist aber algorithmisch nicht entscheidbar.

Wir können nun fragen: In welcher Relation stehen die nicht entscheidbaren Probleme zu den entscheidbaren? Sind solche zwar theoretisch interessant, aber doch letztlich nur einige wenige Ausnahmen? Das Gegenteil ist der Fall: „Diejenigen Probleme, die entscheidbar sind, bilden eine verschwindend kleine Untermenge aller Probleme“ (Goldschlager-Lister).

Halten wir noch einmal fest:

Ergebnis:

Notwendig für exaktes algorithmisches Denken ist es, dass dieses in einer „rekursiven“ oder ‚Chomsky-1-Sprache formuliert ist. In diesem Fall kann algorithmisch der Wahrheitsgehalt entschieden werden. Dies trifft jedoch nur auf „eine verschwindend kleine Untermenge“ zu.

Beschränken wir uns nun auf die algorithmisch entscheidbaren Probleme. Wir haben gesehen, wie Leibniz in einer „Characteristica universalis“ den Plan entwarf, „nach dem Vorbild des mathematischen Kalküls einen logischen Kalkül auszubilden, eine Art Algebra der Begriffe.“ (Leibniz). Tatsächlich wurde er aber selbst wieder von einem Mann des Mittelalters zu diesen Überlegungen angeregt, von Ramon Llull (1232 bis 1316). Wir hätten auch ihn zuvor nennen sollen. Allerdings beruft sich auch dieser selbst wiederum auf Aristoteles, wir sind also wieder bei den Griechen angekommen.

Jedenfalls hatte Ramon Llull eine geniale Idee. Aufbauend auf die Syllogismen des Aristoteles, wollte er einen systematischen Weg aufzeigen, wie man dann jede mögliche logische Aussage hieraus konstruieren könne. Da jede exakte Wissenschaft auf solchen Syllogismen beruht, hätte man so eine „scientia generalis“ entwickelt. Wir sehen hier Hilberts Programm vor Augen.

„Die Ausführung, die Llull seiner Idee gab, blieb jedoch sehr unvollkommen“, urteilte der geisteswissenschaftliche Philosoph Josef Geyser (1869 bis 1948). Denn „sie verschmähte ja doch sogar äußere mechanische Hilfsmittel zur Kombination und die Ersetzung der Begriffe durch Buchstabensymbole nicht“ (Josef Geyser). Dieser kritisierte also genau das, was uns heute als das eigentlich Visionäre, als das Kühne, eines Mannes des Mittelalters erscheint.

Leibniz jedenfalls war von dieser Idee fasziniert. Sowohl in seiner „Ars combinatoria" als auch in der „Characteristica universalis" nahm er die Gedanken von Llull auf, konkretisierte und entwickelte sie weiter. Somit schuf er die Basis, auf der dann Gödel aufbauen konnte.

Swift (1667 bis 1745) griff nun die Gedanken von Llull auf und Gulliver kommt bei seinen Reisen unter anderem mit den Gelehrten der Akademie von Lagado in Kontakt. Dort wurde gezeigt, wie man durch systemtische Kombination aller Buchstaben, das ganze Wissen der Welt nach strengen Regeln produzieren könne.

Tatsächlich ist es nicht schwer, einen Computer, eine „Turing-Maschine", zu konstruieren, die dies leistet. Nehmen wir nämlich irgendein Alphabet, zur besseren Veranschaulichung unser lateinisches, vermehrt um ein Leerzeichen ‚∗'. Nun drucken wir alle Wörter mit einem Buchstaben auf das Band:

a, b, c, d, e, ... ,x, y, z, ∗

Es folgen Wörter mit zwei Buchstaben:

aa, ab, ac, ... az, a∗, ba, bb, bc, , bz, b∗, , za, zb, ..., zz, z∗ ..., ∗a, ∗b, ... ∗z, ∗∗

Drei Buchstaben:
aaa, aab, , a∗∗, baa, bab, ... , dvr, ..., ich, ..., wsk, ... z∗b, ... , zw∗, ... , ∗∗∗

Bei fünfzehn Buchstaben wird irgendwann die Kombination ich∗liebe∗dich∗ vorkommen. Wie viele Texte enthalten diesen Satz! Setzen wir dieses Verfahren fort, so wird schließlich jeder bisherige und in Zukunft gedruckte Text hierbei auftreten. Der „Zauberberg" von Thomas Mann, Die „Bibel", der „Satz des Pythagoras", die Urlaubsgrüße von Tante Käthe. Ein geniales Konzept. Wo ist das Problem?

Für Wörter der Länge n muss nach elementaren Regeln die Maschine 27^n Kombinationen drucken. Wir haben aber nur 10^{81} Atome zur Verfügung. Also gilt zwangsläufig $27^n \leq 10^{81}$. Lösen wir diese Gleichung logarithmisch auf, so erhalten wir: $n \leq \frac{81}{log_{10}(27)} \approx 56$. Wir können also gar keine Texte bilden, die mehr als 56 Wörter enthalten.

Was für Llull ein kühnes Programm, für Swift eine Ironie, sollte nun ernst werden. Betrachten wir eine logische Aussage mit n Variablen. Wie können wir deren Wahrheitswert feststellen? Können den jeweiligen Aussagen Wahrheitswerte so zugewiesen werden, dass diese Aussage wahr wird? Man nennt dies das „Erfüllungsproblem".

Doch leider sind wir auch hier in derselben Situation wie die Akademie von Lagado. Nehmen wir an, wir hätten nur eine Aussage p, dann gibt es zwei Möglichkeiten: wahr oder falsch, kurz w oder f. Bei zwei Aussagen p, q erhalten wir dann vier Möglichkeiten, die wir prüfen müssen: p wahr, q wahr oder p wahr, q falsch oder p falsch, q wahr oder p falsch, q falsch, kurz ww, wf ,fw, ff. Bei drei Aussagen p, q, r sind es dann schon acht Kombinationen. Mit jeder weiteren Aussage verdoppeln sich also die Möglichkeiten, das heißt bei n Aussagen ergeben sich dann 2^n Kombinationen. Natürlich gibt es auch raffiniertere Möglichkeiten, das „Erfüllungsproblem" zu lösen. Wir erinnern hierzu noch einmal an die Ausführungen im Zusammenhang mit der Boole'schen Algebra in 3.3.1. und die Transformation in eine Normalform. Doch man kann zeigen, dass sie letztlich alle von der Ordnung 2^n sind.

Nehmen wir nun an, eine Theorie enthalte 64 Variablen. Wir haben dann im Extremfall 2^{64} Fälle auf ihren Wahrheitsgehalt zu prüfen. Nehmen wir weiter an, ein Computer benötige für eine Operation eine Mikrosekunde, das heißt 10^{-6} Sekunden, führt also eine Million Operationen pro Sekunde aus. Wie lange würde er rechnen? Ca. 570 000 Jahre. Wir können also im Allgemeinen bei einer Theorie niemals feststellen, ob in ihrem Rahmen wahre Aussagen möglich sind.

Nennen wir hierzu Beispiele:

Das „Rucksack-Problem": Nehmen wir an, wir haben ein bestimmtes Lager, einen LKW, ein Containerschiff. In diese wollen wir jeweils bestimmte unteilbare Objekte einlagern: Autos, Container, Klaviere und so weiter. Jedes Objekt bringt uns einen gewissen Gewinn, beansprucht aber auch Lagerkapazität. Wie ist das Lager zu füllen, damit der Gewinn unter Berücksichtigung der Lagerkapazität maximal wird? Jede Lösung führt auf einen Algorithmus der Ordnung 2^n. Bei einer gewissen Größe werden wir also das Ergebnis mit Sicherheit nicht erleben.

Das „Handlungsreisendenproblem“: Dieses ist die Königsdisziplin des Operations Research. Die Problemstellung ist einfach. Gegeben seien n Orte, jeder Ort sei mit jedem direkt verbunden, gesucht ist die kürzeste „Rundreise“, die durch jeden Ort genau einmal führt und dann vom letzten Ort direkt zum Ausgangsort zurück. Jeder Algorithmus ist hier von der Ordnung $(n-1)!$ (lies: Fakultät). Da bereits $59! > 10^{81}$ würden wir bereits für die Notation von 60 Orten mehr Atome benötigen, als auf der ganzen Welt zur Verfügung stehen.

Inwiefern sind diese Beispiele von grundsätzlicher Bedeutung? 1971 begründete S. A. Cook (geb. 1939) die „Komplexitätstheorie“, wobei hier Algorithmen bezüglich ihrer Effizienz allgemein klassifiziert werden. Man unterscheidet hier einerseits Algorithmen, die durch ein Polynom in ihrem Zeitverhalten beschränkt sind. Derartige „polynomial beschränkte“ Probleme werden in der Klasse *P* erfasst und gelten als effizient lösbar. Dagegen gehören solche Algorithmen, die durch eine Exponentialfunktion in ihrem Zeitverhalten festgelegt sind, der Klasse *NP* an. Man beachte das obige „Rucksackproblem“. Probleme der Klasse *NP gelten* als ineffizient lösbar. Wir sind hierauf bereits in 3.3.4. kurz eingegangen.

Cook bewies dann einen Satz, indem er zeigte, dass jedes Problem dieser Klasse in effizienter Zeit durch einen Algorithmus auf das „Erfüllungsproblem“ der Logik zurückgeführt werden kann. Wie wir wissen, ist die Lösung dort von der Ordnung 2^n, also ineffizient und damit in *NP.* Könnten wir also für das „Erfüllungsproblem“ einen effizienten Algorithmus in der Klasse *P* finden, so wäre damit jedes Problem aus *NP* effizient lösbar, würde also dann auch der Klasse *P* angehören. Beispielsweise wurde inzwischen gezeigt, dass sowohl das „Rucksack"- als auch das „Handlungsreisendenproblem" der Klasse *NP* angehören. Somit hätten wir auch für diese einen effizienten Algorithmus. Tatsächlich enthält die Klasse *NP* zahlreiche weitere interessante Probleme, die der effizienten Lösung harren. Leider ist bisher für keines der Probleme eine effiziente Lösung gefunden worden, so dass man heute davon ausgeht, dass wir diese Tatsache zu akzeptieren haben.

Wie verhält sich nun die Klasse *NP* der ineffizienten Probleme zu der Klasse *P* der effizient lösbaren? Erinnern wir uns an die Relation der nicht entscheidbaren zu den entscheidbaren Problemen: „Diejenigen Probleme, die entscheidbar sind, bilden eine verschwindend kleine Untermenge aller Probleme" (Goldschlager-Lister). Nun gilt weiter, dass diejenigen Probleme, die in vertretbarer Zeit lösbar sind, „wiederum eine verschwindend kleine Untermenge (der überhaupt berechenbaren Aufgaben) bilden" (Goldschlager-Lister). Außerdem haben wir gezeigt, dass es bereits im Rahmen der Mathematik Probleme gibt, für die kein Algorithmus existiert. Beispielsweise existiert kein solcher, der uns alle reellen Zahlen zwischen 0 und 1 drucken könnte. Überhaupt können nahezu sämtliche Probleme der höheren Mathematik durch keinen Computer dargestellt werden. Somit werden bereits hier die prinzipiellen Grenzen der Informatik aufgezeigt!

Unsere Ergebnisse zeigen auch die Grenzen der biologischen Forschung. W. Elsasser (1904 bis 1991) zeigte in einem Gedankenmodell im Zusammenhang mit dem „Haustier" der Genetiker, der Drosophila-Fliege, dass die Anzahl der denkbaren Mutanten eine Materie beanspruchen würde, für den die gesamte Materie der Welt lediglich ein Bruchteil wäre. Auch wäre der gesamte Weltraum viel zu klein, um dieses Fliegenmuseum aufzunehmen. Beträgt nämlich die Anzahl der verschiedenen Gene ungefähr 10 000, so wäre die Zahl möglicher Mutanten 2^{10000}. Das Volumen für die entsprechenden Moleküle würde nach einer Berechnung von Pascual Jordan einen Raum einnehmen, der denjenigen des vorhandenen Weltraums um einen Faktor übertreffen würde, der eine Zahl von einer Eins, gefolgt von dreitausend Nullen, darstellt. Über die Anzahl der möglichen

Kombinationen beim Menschen brauchen wir nicht zu reden. Es wird nie möglich sein, dass wir sämtliche Kombinationen der DNS je wissen können.

Wieder werden uns die prinzipiellen Grenzen unseres Wissens bewusst. Dabei sehen wir erneut, welch sonderbare Wege die Wissenschaft geht: von der Eristik, den spitzfindigen Sophistereien der hellenistischen Philosophen zur Leibniz'schen „Ars combinatoria", zu Cantors „Digitalisierung", Hilberts Programm einer vollständig axiomatisierten formalen „mechanischen" Darstellung der Arithmetik, zu Gödels kühnen Gedankenflügen, zu Turings formal-logischen Konzept des Algorithmus und schließlich zum modernen Computer; kein Glied in der Kette hätte ausfallen dürfen. Keines erfolgte auch nur im Ansatz im Sinne einer praktischen Verwertung.

Überhaupt, keine Technik, die heute unser Leben bestimmt, wurde in diesem Sinne wissenschaftlich begründet. Als Faraday (1791 bis 1867) sein Induktionsgesetz entdeckte, war zunächst der einzige Effekt, dass ein kleines Lichtlein brannte. Wie immer, wurde er gefragt: „Was nützt das?", „Was nützt ein neugeborenes Baby?", war seine Antwort. „Doch das Baby hat sich zu einem Wunderkind entwickelt und das Gesicht der Erde in einer Weise verändert, wie es der stolze Vater sich niemals hätte vorstellen können" (R. Feynman).

„Historisch steht fest, dass die moderne Technik nicht einer Entwicklung der Werkzeuge zuzuschreiben ist, mit denen man sich eh und je die Arbeit erleichtert und die Dinge der Welt hergestellt hat, sondern eine ganz und gar unbeabsichtigte, gleichsam zufällige Folgeerscheinung des rein „theoretischen" Interesses an Dingen, die niemand etwas nutzen sollten" (Hannah Arendt).

TEIL 7
Vergewaltigungen des Denkens

„So reizvoll und befriedigend abstraktes Denken für unsere Zivilisation ist, so gefährlich ist es, wenn es auf Gebiete angewandt wird, wo es nicht hingehört, in Religion, Ethik, Kunst und Literatur und in alle Wissenschaften vom Menschen" (Max Born).

7.1. Irrwege des Denkens

„Wenn mit der Wissenschaft verbundene Ideen in ein anderes Gebiet gezerrt werden, werden sie gewöhnlich vollständig entstellt" (R. Feynman).

Vergewaltigungen des Denkens, dass man also für Aussagen eine Theorie in Anspruch nimmt, in der diese weder definiert noch abgeleitet werden können; dies ist eher die Regel als die Ausnahme. In jeder Talk-Show, nahezu in jeder Medienberichterstattung, finden sich genügend Beispiele. Kunst: Bilder werden nach ihrem ökonomischen Wert beurteilt, anspruchsvollere Geister nehmen die jeweiligen gesellschaftlichen Verhältnisse als Maßstab; Soziologie wird das Beurteilungskriterium; „Das Schöne", Ästhetische spielt keine Rolle. Nicht die Wahrheit, das „Wahre" wird für die Wissenschaften zur Leitlinie, sondern ihre gesellschaftliche Relevanz bestimmt ihre Bedeutung. Willkürliche Behauptungen werden ohne jeden Bezugspunkt auf bestimmte Wissenschaften bezogen. Doch wie sollen wir davor gefeit sein, wenn selbst renommierte Wissenschaftler, Nobelpreisträger, unbekümmert in fremden Gärten wildern?

Für Erich Heckel (1834 bis 1919), weltberühmter Zoologe, war „Gott ein gasförmiges Wirbeltier" (Erich Heckel). Doch Gas ist ein physikalischer, Wirbeltier ein biologischer Begriff. Weder aus der Physik noch aus der Biologie lässt sich eine solche Aussage herleiten. Der geistige Hintergrund derartiger Verirrungen ist in der französischen Aufklärung zu sehen, genauer in den Banalisierungen der griechischen Sophistik des 5. Jahrhunderts vor Christus, auf deren Ideen die Aufklärung wesentlich beruht. Kritias (460 bis 403 vor Chr.) verkündete, „dass die Götter überhaupt nur Erfindungen eines klugen Kopfes gewesen seien, der die Menschen einschüchtern wollte, damit sie die Staatsgesetze halten" (Kritias). Voltaire plauderte dies nach und sagte: „Die ersten Herrscher haben ihrerseits diese Begriffe dazu ausgenutzt, um ihre Macht zu festigen" (Voltaire).

War Derartiges mehr oder weniger wertloses pseudointellektuelles Gerede, so sollten sich derartige Aussagen durch den „Wissenschaftlichen Materialismus" von Büchner (1817 bis 1895), Moleschott

(1822 bis 1893) und Karl Vogt (1824 bis 1899) „begründen" lassen, also durch den Materialismus den Atheismus „beweisen" lassen, „philosophisch bedenklichster Dilettantismus" (Max Frischeisen-Köhler). Das Beispiel bei Heckel haben wir schon gesehen. Der „Vorwärts", Organ der SPD, schrieb zu dessen Tod: „Was Voltaire für die Franzosen leistete, das soll auch zum Ruhme Heckels gesagt sein. Er war der Vorreiter der deutschen Revolution" (8. August 1919). Wenn das richtig sein sollte, so stand auch diese Revolution, wie so viele, auf einem dünnen, schwankenden, fragilen wissenschaftlichen Gerüst, falls man hier überhaupt von Wissenschaft reden will.

Ernst mit dieser ganzen Gemengelage machte dann Karl Marx. Wie die Genannten Heckel, Büchner und so weiter, stand auch er unter dem Einfluss der französischen Aufklärer. Auf den Saint-Simonismus wurde er durch seinen Schwiegervater Ludwig von Westphalen (1770 bis 1842) aufmerksam gemacht auf die französischen Frühsozialisten durch Moses Hess (1812 bis 1875). Doch mehr davon später.

Jedes Zeitalter hat sein Menschenbild, geprägt durch den jeweiligen Zeitgeist. Der Mensch als „die erkennende Vernunft" (Aristoteles) bei den Griechen, „das Ebenbild Gottes" (Thomas von Aquin) in der Scholastik des Mittelalters; hieraus wurde in der Aufklärung „Der Maschinenmensch" (La Mettrie) und dann in den siebziger Jahren des vorigen Jahrhunderts der „kybernetische Automat" (Karl Steinbuch). Über den Computer als Mensch bei Stephen Hawking werden wir noch zu sprechen haben.

Zunächst zur kybernetischen Vergewaltigung. Karl Steinbuch (1917 bis 2005), Ordinarius und Institutsleiter an der Universität Karlsruhe, renommierter Wissenschaftler, vielfach ausgezeichnet, das Rechenzentrum der Universität ist nach ihm benannt, Verdienstmedaille des Landes Baden-Württemberg, Konrad-Adenauer-Preis und, und, und. Was sagt nun der Professor zum Menschenbild? Was die Mechanik des 18. Jahrhunderts nicht leisten konnte, das soll nun der kybernetisch gesteuerte Automat. Zwar fehlen im Moment noch geeignete Messfühler zur Beobachtung der Außenwelt, doch „wenn diese trivialen Beschränkungen entfallen, ist kein Grund einzusehen, weshalb die Automaten ausgerechnet auf das intellektuelle Niveau des Menschen beschränkt bleiben sollen. Ihre Entwicklung muss dann ähnliche Wege gehen wie die Entwicklung der Organismen, nämlich den Weg, der gekennzeichnet ist durch Mutation und Zuchtwahl“ (Karl Steinbuch). Inzwischen sind mehr als 50 Jahre vergangen, die Trivialitäten bestehen offenbar immer noch.

Tatsächlich verstrickt sich hier der Ordinarius in einem ganzen Labyrinth von Fallstricken, in einen logischen Irrgarten der Biologie, Kybernetik und Psychologie. Bekanntlich ist die Kybernetik, deutsch der Steuermann, definiert, dass Regler dafür Sorge tragen, dass eine exakt vorgegebene Zielsetzung permanent eingehalten wird. Jeder kennt die Beispiele der häuslichen Heizung oder des Kühlschranks. Also: „Steuerung hat als Voraussetzung ein Ziel, auf das es gerichtet ist“ (A. Portmann).

Gerade dies gilt aber für den von Steinbuch beanspruchten Darwinismus nicht. Im Gegenteil, hier ist der Prozess rein dem Zufall unterworfen. Die Überwindung des „Telos“(Aristoteles), einem Ziel, das der Natur gesetzt sein soll, war ja gerade ein wesentliches Motiv von Darwin. Was in der Natur regiert, ist „ein völlig blindes Spiel“ (J. Monod). Somit widersprechen sich die Voraussetzung bei Steinbuch eklatant. Abgesehen von der absurden Beziehung der Darwin‘schen Grundbegriffe „Mutation“ und „Selektion“ auf Automaten, also die Beanspruchung biologischer Begriffe in der Automatentheorie. Klarer kann eine „Vergewaltigung“ der Begriffe nicht demonstriert werden.

Doch nun kommt auch noch eine weitere Größe ins Spiel, „das intellektuelle Niveau des Menschen“ (Steinbuch). Welches Niveau, das von Jack the Ripper, unseres, das von Einstein? Wir haben gesehen, erste Bedingung für eine wissenschaftliche Aussage ist, dass sie in der jeweiligen Theorie formuliert ist. In welcher sind wir also bei dem „intellektuellen Niveau“, der Kybernetik oder der Biologie? Offenbar in keiner von beiden; wir sind in der Psychologie gelandet. Wie wird nun diese mit den beiden anderen Wissenschaften „verflochten“? Offenbar sollen die Automaten intelligent werden. Doch nun wäre eine solche Hypothese als zweite Bedingung einem wissenschaftlichen Test zu unterwerfen. Dies setzt voraus, dass die Begriffe eindeutig definiert sind, doch „ein einheitliches Strukturmodell der Intelligenz gibt es ebenso wenig wie eine allgemeine Intelligenzdefinition“ (Meyers Enzyklopädisches Lexikon). Wusste der Professor überhaupt wovon er redet?

Die willkürliche Behauptung: „Es ist keinen Grund einzusehen, weshalb die Automaten ausgerechnet auf das intellektuelle Niveau des Menschen beschränkt bleiben sollen“ (Karl Steinbuch). ist keine wissenschaftliche Hypothese, sie kann in keiner Theorie formuliert werden und erst recht nicht evaluiert werden, sie ist bestenfalls Science Fiction.

Die Bücher von Karl Steinbuch, in denen er diese These vertrat, waren seinerzeit Bestseller, zeitweise auf Platz 1 der Bestseller-Liste des „Spiegel“, wurden mit dem „Sachbuchpreis der Stadt Osnabrück“ ausgezeichnet. Ernst Heckels „Welträtsel“ wurden in mehr als zwanzig Sprachen übersetzt, millionenfach verkauft Wir könnten die Liste fortsetzen: Jaques Monod, Konrad Lorenz, beide in ihrem Fach unbestrittene Autoritäten, beide Nobelpreisträger. Doch das hinderte sie nicht daran, sich in dem Reich der Fantasie auszuleben.

Man könnte nun einwenden, dass diese Leute ja mit ihren Aussagen nicht wissenschaftlich, sondern mehr populär, für ein breites Publikum formuliert haben. Doch gerade dann ist die wissenschaftliche, insbesondere auch die ethische Verantwortung gefordert. Wem sollen wir, bei der von uns nicht mehr zu bewältigenden Nachrichtenflut, die uns permanent überschwemmt, überhaupt noch trauen können, wenn nicht den ihren hohen Ethos permanent verkündenden Wissenschaftlern? Es sollte nicht der Eindruck entstehen, dass man im Fahrwasser der hohen Weihen der Wissenschaft letztlich pekuniären Interessen huldigt. Wenn Stephen Hawking sagt: „Jede mathematische Formel halbiert die Verkaufszahl meiner Bücher“ (S. Hawking), so liegt dieser Verdacht zumindest nahe. Die Kirche jedenfalls hat sich von dieser Melange nie wieder erholt. Der Wissenschaft sollte dieses Schicksal erspart bleiben.

Francis Bacon nannte bei den Idolen, die unser Wissen vernebeln, die „Idole des Theatri“, also die falschen Autoritäten. „Die Unwissenheit hat vier Ursachen: 1. Das Beispiel unzureichender und ungeeigneter Autoritäten“, sagte bereits zweihundert Jahre früher sein mit ihm nicht verwandter Namensvetter Roger Bacon (1220 bis 1292) Wir könnten in dieser Hinsicht endlos fortfahren. Wir beschränken uns dabei auf drei besonders markante Beispiele: den Materialismus, den Darwinismus und die Informatik.

7.2. Denken im Materialismus

„Der gebräuchlichen Redeweise nach gibt es Farbe, Süßes, Bitteres; in Wahrheit gibt es nur die Atome und Leeres“ (Demokrit).

7.2.1. Naiver Materialismus

„Die Jünger der Wissenschaften, die sich blind einer Autorität unterwerfen, Dinge ungeprüft hinnehmen und unvorstellbare Einzelheiten glauben“ (Berkeley).

Jeder Empirismus führt konsequenterweise zu einem Materialismus. Denn dort sind die fünf Sinne die einzige Erkenntnisquelle und hierbei ist der Tastsinn der primäre. So „be-greift“ schon das Kleinkind seine Umwelt, erfährt diese als einen Widerstand, der sich ihm entgegensetzt. Die philosophische Erkenntnis wird, je nach Niveau, diese Urerfahrung verarbeiten.

Der Materialismus beginnt in der modernen Philosophie mit Thomas Hobbes. Die Erkenntnis beruht auf Wirkungen und Erscheinungen, „Wirkungen aber und Erscheinungen sind Fähigkeiten oder Vermögen der Körper“ (T. Hobbes). Und so werden bereits hier konsequenterweise die Fragen der alten Metaphysik – nach Gott, der Seele, ausgeschlossen, da „hier nichts zusammengesetzt, nichts geteilt und nichts von der Entstehung erkannt werden kann“ (T. Hobbes).

Hobbes war durch Gassendi von der griechischen Atomistik inspiriert, die damit wieder in das Bewusstsein der Neuzeit trat. Wie bei Demokrit wird dann das Denken auf „die Verfassung des Körpers und die zuströmenden und entgegen strömenden Atome“ (Demokrit) reduziert. In seiner philosophischen Tiefe ergründet und fortgeführt wird dann der Sensualismus bei John Locke. „Nichts ist im Verstand, was nicht zuvor in den Sinnen war“ (J. Locke). Konsequent fährt er fort: „Die Erkenntnis scheint mir nichts anderes zu sein als die Wahrnehmung des Zusammenhangs und der Übereinstimmung oder Nichtübereinstimmung und des Widerstreites zwischen irgendwelchen von unseren Vorstellungen“ (J. Locke).

Doch im Gegensatz zu den späteren Sensualisten, Materialisten wusste Locke um die Relativität der Wahrheit, die dieses System mit sich bringt. Gerade dies erlaubte ihm, in Bezug auf den Menschen die liberale, nüchterne englische Weltanschauung zum Ausdruck zu bringen und er wurde so zum Begründer des Liberalismus. Der Mensch lässt sich eben nicht in ein wie immer geartetes vorgeschriebenes Korsett zwingen. Wir verdanken ihm die für den modernen Staat fundamentale Gewaltenteilung. Die von ihm postulierten Menschenrechte gingen in zehn Zusätzen in die amerikanische Verfassung ein; „auch die englische Verfassung beruhte zunächst auf seinen Doktrinen, desgleichen die französische Verfassung von 1871“ (B. Russel). Ebenso „weht ein ganz fortschrittlicher Geist“ (J. Hirschberger) in seiner Erziehungslehre und „da Gott nicht irren und lügen kann, ist auch der Glaube sicheres Wissen“ (J. Locke). Die liberale Toleranz wurde Wirklichkeit. Dasselbe können wir auch von dem Vollender des Empirismus sagen, von David Hume.

Doch bei der französischen Aufklärung glitten die Gedanken ins Banale, Gehaltlose ab. „Von Locke aufgeklärt, wissen wir, dass wir den Sinnesorganen unsere Vorstellungen und folglich auch unseren Geist zu verdanken haben“, meint Helvetius (1715 bis 1771). Also ergibt es sich, dass der Mensch bei Geburt „ohne Vorstellungen und Leidenschaften ist“, also eine „Tabula rasa“ oder wie Helvetius sagt, „ein unbeschriebenes Blatt“. Und da er nach dem allgemeinen Weltbild eine Maschine ist, kann er in jeder gewünschten Richtung programmiert werden. Watson (1878 bis 1958) wird später im Behaviorismus die entsprechenden Folgerungen ziehen und behaupten, „er könne aus jedem Menschen einen Wissenschaftler, Geigenvirtuosen, Verbrecher oder Manager machen“ (Watson), um dann seine menschenverachtende Versuche an „Little Albert“ skrupellos, der

Wissenschaft dienend, durchzuführen. Jedenfalls war nun für autoritären Diktaturen der „wissenschaftliche" Weg für die entsprechenden Umerziehungsmethoden gewiesen.

Ebenso wie John Locke, so wurde auch Newton, das andere Vorbild, trivialisiert. Aus der Mechanik Newtons wurde platter Materialismus. Die Welt ist eine Maschine, der Mensch Teil der Welt, also ist „die Seele offensichtlich eine aufgeklärte Maschine" (La Mettrie). Die Konsequenzen daraus zog Julien Offroy de La Mettrie (1709 bis 1751) mit seinem Buch „L´Homme-Machine", das für ungeheures Aufsehen sorgte. Zu einem analogen Ergebnis kommt Condillac (1714 bis 1780) von der psychologischen Richtung. Der Mensch ist Materie, eine Marmorstatue ist Materie – versieht man also letztere mit den fünf Sinnen, die nach Locke notwendig und hinreichend, sowohl für Erkenntnis als auch für Willen und Gefühle sind, so ist diese durch nichts von einem realen Menschen zu unterscheiden.

„Hat man je mehr Intelligenz feststellen können als im Mechanismus eines Insekts?" fragt Diderot und vergleicht somit das „Auge einer Mücke mit der Denkfähigkeit des großen Newton" (Diderot). Es seien „alle fehlerhaften Kombinationen der Materie verschwunden; und es sind nur die übrig geblieben, deren Mechanismus keine bedeutenden Widersprüche enthielten und die selbständig bestehen konnten und sich fortpflanzen konnten" (Diderot). La Mettries „Maschinenmensch" war offenbar noch nicht ganz so weit. Bei Holbach ist „der Mensch ein rein physikalisches Wesen(...); die Erfahrung beweist, dass die Materie, die wir für unbelebt halten, in Handlung, Leben und Intelligenz übergeht, wenn sie auf eine bestimme Art zusammengestellt wird" (Holbach). Somit ist auch der Mensch eingebunden in die Natur und „nichts anderem als einer ununterbrochenen Kette von Ursache und Wirkung" (Holbach) unterworfen. Man sieht ohne weiteres den Einfluss Demokrits, wonach die Atome durch das exakte Kausalgesetz determiniert sind.

Natürlich ist keine einzige dieser Floskeln aus der Mechanik Newtons ableitbar. Schon gar nicht der Atheismus von Holbach. „Religion ist die Kunst, Menschen mit Enthusiasmus, also religiösem Eifer, zu vergiften(...); jeder, der erkannt hat, wie schwach und irrig die Beweise sind, auf denen die Religion beruht(…); wird versucht sein, die Moralität für ebenso trügerisch zu halten wie die Religion, auf der sie beruht" (Holbach). Wie sollen solche willkürlichen Behauptungen aus den drei Newton'schen Axiomen ableitbar sein?

Wieder sehen wir, wie hier eine Theorie vergewaltigt wird, wie dieser Behauptungen unterstellt werden, die hier weder bewiesen noch definiert werden können. Was würde Newton hierzu sagen, ein „Mann der sich mit der Bibel mindestens genauso viel beschäftigte wie mit Physik" (W. Durant), der hochreligiös war? Doch das interessierte niemanden mehr.

Dass das Ganze für nicht mehr taugt als für die intellektuellen Säuseleien in Salons wie denjenigen der Mesdames Geoffrin, Du Deffand, Du Barry usw., das hätte bereits Voltaire erkennen müssen. Schließlich befasste er sich intensiv zusammen mit Madame du Chatelet mit Physik. Dabei hätte er merken müssen, dass die Newton'sche Physik das grundlegende Phänomen der „Reversibilität" aufweist. Dies bedeutet, dass jeder in die Zukunft ablaufende Prozess genau denselben Regeln unterliegt, als ob er in die Vergangenheit ablaufen würde. Nehmen wir an, wir filmen ein ausschließlich der Mechanik unterliegendes schwingendes Pendel. Man beachte das Isolationsprinzip! Würde nun ein neutraler Beobachter diesen Film ansehen, so könnte er nicht entscheiden, ob dieser vorwärts oder rückwärts läuft. Unterliegt eine Maschine rein mechanischen Gesetzmäßigkeiten, so können wir nicht entscheiden, ob sie vorwärts oder rückwärts läuft. Der „Maschinenmensch" von La Mettrie wusste also niemals, ob er vorwärts oder rückwärts geht. Kurz gesagt, die Newton'sche Mechanik kann nicht zwischen Vergangenheit und Zukunft unterscheiden. Jeder Mensch sieht aber, dass im Frühling die Bäume blühen und im Herbst die Blätter abfallen. Niemals wurde der reversible Vorgang beobachtet. Noch nie ist jemand als Großvater geboren worden und als Baby gestorben. Es ist also blanker Unsinn, mit der Newton'schen Mechanik die gesamte Welt erklären zu wollen.

Trotzdem hinderte das Leute wie Büchner, Moleschott, Heckel und Vogt nicht, hierauf ihren „Wissenschaftlichen Materialismus" aufzubauen. Sämtliche Aussagen sind hier physikalisch eben so wenig ableitbar wie deren Atheismus. Zunehmend erhoben aber die großen Naturwissenschaftler Protest gegen „Büchner, Haeckel und andere, die ihre antireligiösen Bestrebungen auf naturwissenschaftlicher Grundlage vertreten" (P. Jordan). Insbesondere Max Planck wehrte sich gegen derartige Zumutungen energisch. „Wenn die Gottlosenbewegung, welche Religion als ein willkürliches, von machtlüsternen Priestern ersonnenes Trugbild erklärt und den frommen Glauben an eine höhere Macht(...) über uns nur Worte des Hohns übrig hat, sich mit Eifer die fortschreitende naturwissenschaftliche Erkenntnis zunutze macht und im angeblichen Bunde mit ihr in immer schnelleren Tempo ihre zersetzende Wirkung über alle Völker der Erde in allen Schichten vorantreibt(...). Es ist der stetig fortgesetzte, nie erlahmende Kampf gegen Skeptizismus und Dogmatismus, gegen Unglaube und Aberglaube, den Religion und Naturwissenschaft gemeinsam führen. Und das richtige Losungswort in diesem Kampf lautet von jeher und in aller Zukunft: Hin zu Gott" (Max Planck). Einstein modifiziert die bekannte Kant'sche Formel: „Die Naturwissenschaft ohne Religion ist lahm, die Religion ohne Naturwissenschaft ist aber blind" (Einstein).

Wie steht es aber um das Fundament des ganzen Materialismus? Weder Holbach, Haeckel noch andere Verfechter stellten sich dieser Frage. Bereits bei dem Begründer, Demokrit, zeigt sich ein bedenklicher Widerspruch. Denn der Materialismus stützt sich einerseits auf die Atome, andererseits auf die sensualistische Erkenntnis, „den zuströmenden und entgegen strömenden Atomen" (Demokrit). Diesem Gedankenschema liegt seit Gassendi, Hobbes, den französischen Aufklärern der gesamte Materialismus zugrunde. Bei „Haeckel reicht die mechanische Entwicklung vom Atom bis zum Menschen" (J. Hirschberger).

Doch gerade das Atom, die Basis des gesamten Materialismus, kann sensualistisch, jedenfalls in der damaligen naiven Form, nicht wahrgenommen werden. „Hoam's oans gsehn?", fragte Ernst Mach spöttisch Ludwig Boltzmann und bestritt bekanntlich mit diesem Argument die Existenz des Atoms. Hinzu kommt, dass es nach Demokrit neben den Atomen nur die „Leere" gibt. Diese ist notwendige Voraussetzung, dass die Atome überhaupt der Bewegung unterliegen können und so die Veränderung und Vielgestaltigkeit der Welt produzieren können. Doch von dem absoluten „Nichts", der „Leere", haben wir natürlich ebenfalls keinen sensualistischen Eindruck.

Einen tieferen Widerspruch hat Platon offengelegt. Denn der von Demokrit geforderte kausale Zusammenhang, einer „ununterbrochenen Kette von Ursache und Wirkung" (Holbach) kann sensualistisch nie bewiesen werden. Hume hat dies dann noch einmal exakt gezeigt und so Kant „aus seinem dogmatischen Schlummer geweckt" (Kant). Denn in Wirklichkeit handelt es sich hier mit dem Kausalprinzip um ein logisches Gesetz, das den Prozess der atomaren Welt bestimmte, ehe überhaupt die ersten Menschen diesen Planeten bevölkerten, ehe diese also überhaupt erstmalig etwas sensualistisch wahrnehmen konnten.

Tatsächlich zeigte der Materialismus gerade in der Zeit, als Haeckel, Moleschott usw. ihre Thesen verbreiteten, bereits bedenkliche Risse. Wir haben nämlich bereits bei Heinrich Hertz gesehen, dass dieser die Existenz der elektromagnetischen Wellen im leeren Raum nachwies. Doch was war der Träger dieser Wellen? Man nahm hierfür eine äußerst fein verteilte Materie an, den Äther, der praktisch infolge der dauernden Gewöhnung nicht wahrnehmbar sei. Doch das Problem bei diesen Wellen stellte sich immer dringender. Zunehmend merkwürdigere Beobachtungen verlangten eine präzise Lösung. Wurde beispielsweise ein Stab horizontal zur Fortpflanzungsrichtung bewegt, so zeigte sich eine Verkürzung gegenüber dem Ruhezustand. Wurde er dagegen senkrecht bewegt, so trat eine solche nicht ein. H. A. Lorentz (1853 bis 1928), der zusammen mit Heinrich Hertz der Elektrodynamik die endgültige Form gab, propagierte hierfür die „Lorentz-Kontraktion". Weitere sonderbare Beobachtungen folgten. Klarheit schuf erst wieder Einstein, als er im Jahre 1905 seinen berühmten Artikel, „Zur Elektrodynamik bewegter Körper" veröffentlichte, die „Spezielle Relativitätstheorie". Hierbei wurde eine grundlegende Revision von Raum und Zeit vorgenommen. Eine Deutung auf materialistischer Grundlage war nicht mehr enthalten, das materielle Teilchen hatte sich in ein „Raum-Zeit-Ereignis" aufgelöst.

Der tiefere Grund ist in Folgendem zu sehen: Wir beschreiben seit Descartes die Physik in einem Koordinatensystem. Es ist klar, dass die Naturgesetze weder von der Wahl des Nullpunktes noch von der Richtung der Koordinatenachsen abhängig sein dürfen. Anders gesagt, sie müssen invariant sein für gleichförmige Verschiebung und Drehung des Systems. Sie werden dann zwar ihre Form ändern, aber nach wie vor die Gesetze richtig wiedergeben.

Für die Mechanik hatte Galilei die richtigen Transformationsvorschriften gefunden. So bleibt die Newton'sche Axiomatik hier gegenüber invariant, die Maxwell'schen Gleichungen jedoch nicht. Die richtigen Transformationen hierfür hatte bereits Lorentz gefunden. Die entscheidenden Schlüsse und Interpretationen hierbei hat aber erst Einstein gezogen. Entsprechend einer Empfehlung von Poincaré hat er die Gesetze so modifiziert, dass sie gegenüber Lorentz-Transformationen invariant bleiben, also bei vierdimensionalen Drehungen und Verschiebungen. Felix Klein hatte gezeigt, dass dies die grundlegenden Symmetrieoperationen sind. Man sieht somit auch hier wieder, dass das Platonische Prinzip der Symmetrie tatsächlich das letzte und eigentliche Axiom der Physik ist.

Jedenfalls war 1905 der Materialismus als grundlegendes Prinzip des Kosmos erledigt. Der endgültige Garaus bahnte sich bereits 1900 mit der Entdeckung des Planck'schen „Wirkungsquantums" und der daraus folgenden Quantenmechanik an. Damit fiel auch noch der letzte Baustein: die Atome; denn diese sind „Formen, Strukturen oder - im Sinne Platons – „Ideen", über die man unzweideutig nur in der Sprache der Mathematik reden kann" (W. Heisenberg).

7.2.2. Marxismus

„Marxismus ist Materialismus (...) er wendet die materialistische Philosophie auf das Gebiet der Geschichte, auf das Gebiet der Gesellschaftswissenschaften an" (W. I. Lenin).

Wir haben die Grundzüge des Marxismus bereits besprochen. Nun fragen wir, inwiefern die Prinzipien, auf denen dieser aufbaut, dasjenige erklären können, was in der Theorie beansprucht wird. Werden hier möglicherweise Aussagen in ein Prokrustesbett gezwängt? Für Tatsachen Erklärungen unterstellt, die sich letztlich als reiner Schein erweisen, möglicherweise aber zu falschen Schlussfolgerungen führen? Inwiefern ist die Anwendung der Hegel'schen Dialektik in diesem Zusammenhang überhaupt gerechtfertigt?

Im Wesentlichen beruht der „Dialektische Materialismus" auf drei Thesen (Meyers Enzyklopädisches Lexikon):

1. Die vom Menschen unabhängige Wirklichkeit „spiegelt" sich im Bewusstsein des Menschen „wider".
2. Die Wirklichkeit insgesamt, auch das menschliche Bewusstsein, ist materiell.
3. Die Wirklichkeit insgesamt ist erkennbar.

Wir haben jedoch gesehen, dass spätestens in den zwanziger Jahren des zwanzigsten Jahrhunderts der Materialismus aufgehört hat, eine Basis für die menschliche Erkenntnis zu bilden. Damit ist dem Marxismus sein Fundament entzogen. Da sämtliche Schlüsse auf dieser Grundlage aufbauen, bricht das ganze Theoriegebäude in sich zusammen. Doch auch Boltzmann und Maxwell haben als Kinder ihrer Zeit materialistisch gedacht, ihre Theorien somit auf dieser Basis falsch interpretiert, dann aber mit dem Genie letztendlich doch das Richtige erkannt. Wir werden sehen, dass Ähnliches in keiner Weise auf den Marxismus zutrifft.

Beginnen wir mit der Anthropologie. Konsequent bezieht der Marxismus den Menschen auf die materielle Auseinandersetzung mit der Natur. Im Zentrum steht somit die Arbeit; „sie ist die erste Grundbedingung alles menschlichen Lebens, und zwar in solchem Grade, dass wir sagen müssen: Sie hat den Menschen selbst geschaffen" (Friedrich Engels). Also ist der Mensch von Anfang an unauflöslich mit der materiellen Natur verbunden.

Aus dem „Homo sapiens“ wurde so ein „Animal laborans“. „Bestimmt man den Menschen als ein „Animal laborans“, so kann er in der Tat nichts wesentlich anderes sein als ein Tier, bestenfalls die höchste der Tiergattungen, die die Erde bevölkern“ (Hannah Arendt). Da aus dem Materialismus unmittelbar der Sensualismus folgt, ergibt sich tatsächlich, „dass sich der Mensch vom Tier nur noch graduell unterscheidet“ (Leibniz). Auch Marx macht hier keine Ausnahme. Die Menschheit war „eine rohe Horde, sie fange an, wie jedes Tier zu essen, zu trinken(...). Indem Menschen Lebensmittel produzieren, produzieren sie indirekt ihr materielles Leben selbst“ (Karl Marx)

Konsequenterweise führt dies auch dazu, dass das Denken analog zum Tier gesehen werden muss. Wir haben dies oben bei Diderot gesehen, der das Auge einer Mücke mit dem Geist von Newton vergleicht. In demselben Sinn „sagt Marx, dass Milton das ‚Paradise Lost‘ aus dem gleichen unwiderstehlichen Trieb produziert, der den Seidenwurm dazu drängt, den Seidenfaden zu spinnen“ (Hannah Arendt).

Ist der Mensch allgemein dieser Form des Denkens unterworfen, so gilt dies natürlich auch für Karl Marx selbst. Dann bleibt es aber unerklärlich, wie er ein idealistisches System, wie Hegels Dialektik, für sich in Anspruch nehmen kann, um den dynamischen Ablauf seines Systems zu erklären. Denn gerade darauf beruht ja, nach seiner Ansicht, der Fortschritt seines Materialismus gegenüber allen früheren von Feuerbach, den französischen Materialisten usw.

Denn die Dialektik kann eindeutig nur idealistisch verstanden werden. Durch einen Idealismus, den Marx bei jeder Gelegenheit verhöhnt hat. Jedenfalls kann das dialektische Schema „These-Antithese-Synthese“ mit Sicherheit nicht durch das Denken eines Seidenwurms begriffen werden. Insofern ist die Marx‘sche Anthropologie nicht nur ohne Fundament, dem Materialismus, sie ist auch durch nichts zu überbrückende logische Widersprüche gekennzeichnet.

„Die Geschichte aller bisherigen Gesellschaften ist die Geschichte von Klassenkämpfen“ (Karl Marx). Wie also die Arbeit „den Menschen selbst geschaffen" (Friedrich Engels) hat, das Individuum sich durch die Auseinandersetzung mit der Natur auf materieller Grundlage gebildet hat, so die Gesellschaft, indem die Klassen um die materiellen Produkte kämpfen. Hier wie dort ist die Materie die letzte Basis.

Doch wenn schon nicht das Fundament stimmt, wird hierdurch die Geschichte erklärt? Wir haben an anderer Stelle gesehen, welche Motive möglicherweise Caesar beim Überscheiten des Rubikon geleitet haben könnten. Mit Sicherheit haben „Klassenkämpfe" hier keinerlei Rolle gespielt. Natürlich gab es in Rom „panem et circenses" (Juvenal), doch der plebs, Klassen, spielten weder für Caesar, noch für seine Widersacher, Pompeius und die Optimaten des Senats, irgendeine Rolle. Klassen waren, wenn überhaupt, kleine Schachfiguren im großen Machtspiel. Tatsächlich waren die „welthistorischen Folgen dieses Ereignisses, dass Caesar den Prozess, der zum römischen Kaisertum führte, ungemein beschleunigt hat" (Alfred Heuss).

Bei keinem welthistorischen Ereignis spielten Klassenkämpfe eine Rolle. Weder bei Marathon, als die Griechen gegen die Perser kämpften, noch in der Schlacht bei Tours und Poitiers, als die Araber nach ihrer Eroberung Spaniens weiter nach Europa vordrangen und 732 von Karl Martell (688 bis 741) geschlagen wurden. Hätte Dareios (549 bis 486 vor Chr.) gesiegt, Europa würde heute ganz anders aussehen. Wäre Karl Martell unterlegen, würde Europa über Jahrhunderte, ähnlich wie Spanien, einen ganz anderen Weg eingeschlagen haben.

Weder für Wallenstein (1583 bis 1634) noch für seinen Widersacher Gustav Adolf (1594 bis 1632), König von Schweden, waren Klassenkämpfe irgendein Motiv für ihre Strategie, überhaupt waren solche für den Verlauf des gesamten Dreißigjährigen Kriegs ohne jede Bedeutung. Weder für Napoleon (1769 bis 1821) noch für Hitler spielten Klassen bei ihren Überlegungen eine Rolle. Eine genauere Untersuchung würde dasselbe von Lenin und Stalin (1878 bis 1953) zeigen. Hier haben sich Machtmenschen lediglich einer mehr oder weniger zeitgemäßen Idee bedient, um ihren angeborenen Trieb zu erfüllen und auszuleben.

Natürlich ist es eine Trivialität, dass gerade in den antiken Gesellschaften die Klassengegensätze gravierend waren. Doch für die großen Entscheidungen in der Weltgeschichte, bei Alexanders Zug nach Indien, bei Heinrich IV. (1050 bis 1106) seinem Gang nach Canossa 1076, bei Hitlers Niederlage in Stalingrad, spielten sie ebenso wenig eine Rolle, wie bei dem Zusammentreffen von Karl V. (1500 bis 1558) mit Luther auf dem Reichstag zu Worms 1521.

Wenn also Marx in seiner Geschichtstheorie erstens die idealistische Dialektik Hegels unterstellt, ein Schema, das er in seiner materialistischen Grundkonzeption nicht begründen kann und zweitens den nicht existierenden Materialismus zugrunde legt, so werden die grundsätzlichen Widersprüche seines Systems eklatant. Die Marx'sche Geschichtstheorie ist also weder logisch begründet, noch kann sie irgendwelche Tatsachen erklären. Insofern teilt der „Historische Materialismus" dasselbe Schicksal wie die wirren Thesen der französischen Philosophes, wie das Gebräu eines Heckel und Gefährten, „Theorien", die Engels als Vulgärmaterialismus bezeichnet hatte.

Wie für jeden Materialismus, so ist natürlich auch für den Marxismus in der Gesellschaftstheorie ein antireligiöser Atheismus die Konsequenz. Doch hier haben die Tiraden gegen die Religion noch eine andere Wurzel. Insbesondere ist zu verhindern, dass man den Sinn des Daseins in einer anderen Ebene sucht, nicht den letzten Sinn in der Befriedigung materieller Bedürfnisse finden möchte, kurz, dass „die Religion Opium des Volkes" (Marx) wird. Somit ist der Klassenkampf permanent in Gang zu halten, keine Ermüdung ist hier zuzulassen, dem Proletariat „keinen Augenblick der Selbsttäuschung und Resignation zu gönnen" (Karl Marx).

Bei der Analyse der gesellschaftlichen Situation im 19. Jahrhundert, im Rahmen des „Dialektischen Materialismus", resultierten hieraus zwei unterstellte Klassen. Hier zeigt sich der Materialismus insofern, als diese durch ihre materielle Verfügungsgewalt definiert sind. Denn auf der einen Seite steht das besitzlose Proletariat, auf der anderen Seite der Kapitalist. Für Ersteres gilt, ähnlich wie schon bei Darwin, das Malthus'sche Entwicklungsgesetz. Hieraus folgt, dass, sobald der Lohn über das Existenzminimum steigt, eine Vermehrung der Bevölkerung eintritt, worauf der Lohn, infolge des vermehrten Arbeitsangebots, dann wieder auf das Existenzminimum zurückfällt.

Also kann der über die Produktionsmittel verfügende Kapitalist stets über eine „Industrielle Reservearmee“ verfügen, die zu dem genannten Lohn arbeitet. Somit besteht eine Differenz zwischen dem Tauschwert des Produktes, der zunächst dem Kapitalisten zufällt, und dem Arbeitslohn; diese Differenz definiert dann zunächst einen „Mehrwert“. Doch auch Marx war natürlich klar, dass dieser Wert nicht der „Profit“ des Kapitalisten ist. Dampfmaschinen fallen nicht vom Himmel, die Kosten für deren Konstruktion muss dieser „Mehrwert“ ebenso decken wie die Abschreibungen, den Kapitalzins für die Gebäude und die maschinelle Ausrüstung. Dasselbe gilt für die Kosten, die sich für die Produktionsleitung bei der Kombination der Produktionsfaktoren Arbeit, Natur, Kapital ergeben. Des Weiteren ist eine umfangreiche Organisation für den Vertrieb notwendig und schließlich noch eine Risikoprämie für den Kapitaleinsatz. Erst wenn dies alles einbezogen wird, ist die Differenz zum Tauschwert der Gewinn, der tatsächliche „Mehrwert“ des Kapitalisten.

Wie kann sich nun die durch Geld ausgedrückte Kapitalvermehrung bilden? Jetzt kommt ein entscheidender Punkt: Da der Kapitalist selbst wieder seine Vorprodukte am Markt beziehen muss, denselben Gesetzmäßigkeiten wie den beschriebenen als Nachfrager unterliegt, ergibt sich für die Klasse der Kapitalisten diesbezüglich ein Nullsummenspiel. Sie kann somit einen positiven Gewinn über das Gesagte hinaus nur dann erzielen, wenn die Lohnkosten konstant bleiben. Würden diese steigen, wäre ihr zusätzlicher Profit wieder hierdurch aufgezehrt. Daraus ergibt sich die wichtige Marx‘sche Voraussetzung: Der Kapitalist ist stets auf die „Industrielle Reservearmee“ angewiesen, ohne diese ist eine Kapitalvermehrung nicht möglich.

Wie gesagt, Marx kannte die ökonomischen Gesetze sehr wohl. Insbesondere sieht er richtig, dass es durch das „Gesetz der Massenproduktion“, sonstige Umstände, wie ineffektiveren Kapitaleinsatz, zu einer Konzentration von Kapital kommt, also die Akkumulationstheorie des Marxismus. Somit hat sich die Marktmacht der Kapitalisten weiter erhöht, die „besitzlose Masse“ ist ihnen noch mehr ausgeliefert.

Doch nun werden die Widersprüche des Systems, die Antithese der Dialektik, zunehmend offenkundiger. „In dem Maße, wie eine Volkswirtschaft insgesamt auf dem Wege zu höherer organisatorischer Zusammensetzung des Kapitals fortschreitet, hat daher die Durchschnittsprofitrate die Tendenz zu fallen“ (Meyers Enzyklopädisches Lexikon). Insofern haben sich die geschilderten Bedingungen für die geldwerte Akkumulation des Kapitalisten zunehmend verschärft. Es schließt sich somit die „Imperialismustheorie“ an, indem diese Tendenzen „durch Einbeziehung überseeischer und sonstiger Gebiete mit niedrigerer organisatorischer Kapitalzusammensetzung aufgehalten oder verlangsamt werden“ (Meyers Enzyklopädisches Lexikon). Schließlich werden die Widersprüche unüberbrückbar, das System kollabiert, also die Marx‘sche „Zusammenbruchstheorie“.

Wie wir wissen, hat sich die Geschichte anders entwickelt. Bisweilen wird behauptet, durch die Bismarck‘sche Sozialgesetzgebung sei dem Klassenkampf der Stachel genommen worden. Dies kann aber nicht die Erklärung sein. Auch in anderen Volkwirtschaften, speziell in den USA, mit ihrer extrem liberalen Wirtschaftsordnung, hat sich der Marxismus nicht erfüllt. Wo liegen also die Fehler?

Wie immer müssen wir sie in den Voraussetzungen suchen. Zunächst in der Mathus‘schen Bevölkerungsentwicklung. Wie wir wissen, hat sich diese, zumindest in den Industriegesellschaften, nicht erfüllt. Da auf dieser Voraussetzung die „Industrielle Reservearmee“ beruht, wird diese fraglich. Tatsächlich wurde im Zeitablauf aus der Bevölkerungspyramide zunehmend eine Zwiebelform.

Weiter wird die strikte Trennung Kapitalist versus Proletariat immer problematischer. Mit zunehmender Größe der Unternehmen im Rahmen der Akkumulationstheorie läuft parallel eine Trennung zwischen Kapitalgeber und der Leitung der Unternehmen. Außerdem wird sich ein Industriearbeiter in der Automobilbranche kaum dem besitzlosen Proletariat zurechnen. Natürlich waren die Verhältnisse zu der Zeit von Marx dramatisch. Wir haben aber gesehen, dass zur Produktion der Dampfmaschine der entwickelnde Ingenieur, des

Weiteren der dispositive Produktionsleiter, sowie der Organisator des Rechnungswesens, die Gestalter der Verkaufsorganisation usw. erforderlich waren. Insofern ist bereits hier die „Zwei-Klassen-Gesellschaft“ keine Realität.

Marx hat diese Probleme ebenfalls durchaus gesehen, wenn er zum Beispiel schreibt, dass „z.B. Ärzte und Beamte auch zwei Klassen bilden(...). Dasselbe gelte für die unendliche Zersplitterung der Interessen und Stellungen, worin die Teilung der gesellschaftlichen Arbeit die Arbeiter wie die Kapitalisten und Grundeigentümer(...) spaltet“ (Karl Marx). Dennoch bilden derartige Gruppierungen keine Klassen im Marx‘schen Sinne. Denn hier ist das entscheidende Kriterium der „politische Kampf“ (Marx). Tatsächlich führt Marx hierzu in „Das Elend der Philosophie“ aus: „So ist diese Masse bereits eine Klasse gegenüber dem Kapital, aber noch nicht für sich selbst. In dem Kampf, den wir nun in einigen Phasen gekennzeichnet haben, findet sich diese Masse zusammen, konstituiert sich als Klasse für sich selbst. Die Interessen, welche sie verteidigt, werden Klasseninteressen. Aber der Kampf von Klasse gegen Klasse ist ein politischer Kampf“ (Karl Marx). Also: Klasse im Marx‘schen Sinn ist erst dann gegeben, wenn sie mit dem „politischen Kampf“ verknüpft ist. Wie steht es nun um die oben beschriebene „Mittelklasse“? Orthodoxe Marxisten lösen das Problem einfach: Diese Gruppierung lebt „im falschen Bewusstsein“. Fakt jedoch ist, dass dieses „falsche Bewusstsein“ sich über den Zeitablauf zunehmend etabliert hat.

Jedenfalls können die Gruppen mit dem „falschen Bewusstsein“, wie Ärzte, Juristen, Entwicklungsingenieure, dispositive kaufmännische Leiter usw., nicht aus dem Potenzial der ungelernten Reservearmee beliebig substituiert werden. Somit es ist klar, dass nun für diese neue Klasse das Lohnniveau steigen muss, und zwar wird sich dieser Prozess mit zunehmender Technisierung fortsetzen.

Somit bricht die Voraussetzung, der Kapitalist sei stets auf die „Industrielle Reservearmee“ angewiesen, ohne diese sei eine Kapitalvermehrung nicht möglich, da bei Lohnerhöhungen der zusätzliche Gewinn sofort wieder aufgezehrt werden würde, zusammen. Doch der Kapitalist kann seinen geldwerten Gewinn trotzdem steigern. Wo liegt der nächste Fehler bei Marx?

Zunächst sieht er richtig, dass in dem Maße, wie eine Volkswirtschaft insgesamt auf dem Wege zu höherer organisatorischer Zusammensetzung des Kapitals fortschreitet, die Durchschnittsprofitrate die Tendenz zu fallen hat und schließlich gegen Null geht. Doch dies gilt nur für eine Ökonomie, die in Beziehung ihrer Produktion statisch ist. Tatsächlich wird für die reine Produktion von Dampfmaschinen der Marx'sche Zustand eintreten. Doch dann erfand Werner von Siemens den Dynamo und begründete die neue Industrie der Elektrotechnik. Mit jeder weiteren Innovation (Schumpeter) ergeben sich dann zunächst Monopolgewinne, die die Marx'schen Prognosen ad absurdum führen. Wir brauchen jetzt hier die Entwicklung nicht weiter auszuführen, jeder kennt die nächsten Schritte.

Damit ist auch der „Zusammenbruchstheorie" der Boden entzogen. Die „Imperialismustheorie" war sowieso bloßes politisch motiviertes Gerede. Sie erfolgte, wir werden noch darauf eingehen, aus ganz anderen Motiven. Aber schon der gesunde Menschenverstand zeigt diesen Unsinn. Denn was hätten diese Völker mit Dampfmaschinen in ihrer ganz anders strukturierten Wirtschaft anfangen sollen? Wie hätten sie diese finanzieren können?

Somit lautet das Fazit: Der Marxismus beruht auf der nicht haltbaren Voraussetzung des Materialismus, einer Erkenntnistheorie die zu Widersprüchen der eigenen Voraussetzungen führt; er kann weder die tatsächlichen historischen noch die gesellschaftlichen noch die ökonomischen Verhältnisse erklären.

Dass Marx doch mehr Politiker als Philosoph war, zeigt sich in dem abrupten Abbruch der letzten Stufe, dem „Kommunismus". Da jetzt die Klassengegensätze aufgehoben sind, ist damit auch die Antithese gegenstandslos, die endgültige Synthese ist erreicht. Aber: „Was für eine Ordnung eine Klasse, die gerade an die Macht gekommen ist, einführen wird, kann jedoch nicht aus ihrem vergangenen Verhalten oder aus den von ihr aufgebauten Gegen-Institutionen vorausgesagt werden. Verhalten und Gegen-Institutionen hatten nur in Bezug auf die Gruppeninteressen in der Konfliktsituation Bedeutung. Diese sind irrelevant oder bedeutungslos in Bezug auf das Problem der neuen sozialen Ordnung, die nicht auf Konfliktsituation beruht. Die neue soziale Ordnung kann auch nicht aus Verfassungen oder anderen Deklarationen geschlossen werden, die während der Periode des Beherrschtseins ausgearbeitet wurden, um Zukunftsutopien zu beschreiben" (John Rex).

Insofern ist die Ratlosigkeit bezüglich der weiteren Entwicklung soziologisch begründet. Soweit von marxistischer Seite hierzu überhaupt Aussagen vorliegen, beschränken sie sich auf unbestimmtes Allgemeines. Einerseits Utopien, so stand auch für Marx fest, dass „das Reich der Freiheit in der Tat erst da beginnt, wo das Arbeiten durch Not und äußere Zweckmäßigkeit aufhört" (Marx). Und „bei dieser Hoffnung hat Marx zweifellos das Athen des Perikles als Modell vor Augen gestanden" (Hannah Arendt). Was aber tun mit dieser Freiheit? Die Menschen würden „heute dies, morgen jenes tun, morgens jagen, nachmittags kritisieren, wie ich gerade Lust habe; ohne je Jäger, Fischer, Hirt oder Kritiker zu werden" (Marx). Wenigstens hier hat sich die Marx'sche Voraussage bewahrheitet: eine Gesellschaft, die ihre Freizeit mit „privaten und weltunbezogenen Liebhabereien vertun werde, die wir Hobby nennen" (Hannah Arendt).

Was sagen die Epigonen? Man zitiert schöne Sätze, „jedem nach seinen Fähigkeiten, jedem nach seinen Bedürfnissen." Da wohl jeder seine Fähigkeiten hoch einschätzt, wie wird dies mit den Bedürfnissen? „Es gibt kein richtiges Leben im falschen Bewusstsein" (T. Adorno). Nette Geistreicheleien, doch was ist das „falsche Leben", dass wir uns nicht unserer tatsächliche Klasse bewusst sind? Was ist die „richtige", wer sagt uns dies, die Partei?

7.3. Darwinismus

„Das eben ist der Fluch der bösen Tat, dass sie, fortzeugend, immer Böses muss gebären" (Friedrich Schiller).

Wenn sich der Mensch im Materialismus nicht einmal mehr graduell vom Tier unterscheidet, weshalb sollte sich dann die bedeutendste biologische Theorie des neunzehnten Jahrhunderts, der Darwinismus, nicht auch auf den Menschen selbst anwenden lassen? Während Darwin „stets mit größter Zurückhaltung spricht und sich keine spekulativen Ausblicke erlaubt" (Ernst Cassirer), waren bei Haeckel, der sich als konsequentester Schüler Darwins sah, „alle kritischen Zweifel, alles vorsichtige Abwägen von Gründen und Gegengründen verschwunden" (Ernst Cassirer). Der Weg war damit vorgezeichnet, dass „der Darwinismus nicht mehr auf seinen Binnensektor beschränkt wurde und vielerseits die Funktion einer Popularphilosophie für Halbgebildete ausübte" (Alfred Heuss).

Wir haben gesehen, dass Darwin seine Hypothesen durch umfangreiche Züchtungen mit Tauben und Hunden gestützt hat. Nun sahen die Gentlemen und Lords in Ascot die Rennpferde, verglichen diese mit den Arbeitspferden in ihren Grafschaften – wieso sollten sich nicht auch die Menschen durch ihre Rassen unterscheiden, über- und unterordnen lassen? Und wenn es hier eine Rasse gab, die allen übrigen überlegen war, so war es natürlich die eigene. „Da Gott sich die englischsprachige Rasse offensichtlich zu seinem auserwählten Werkzeug geformt hat, durch welches er einen auf Gerechtigkeit, Freiheit und Frieden gegründeten Zustand der Gesellschaft hervorbringen will, muss es auch seinem Wunsch entsprechen, dass ich alles in meiner Macht tue, um jener Rasse so viel Spielraum und Macht wie möglich zu verschaffen", sagte Cecil Rhodes (1853 bis 1902) und schmiedete das englische Kolonialreich „vom Kap bis nach Kairo" (Cecil Rhodes).

Dem wollte der französische Außenminister Gabriel Hanotaux (1853 bis 1944) nicht nachstehen und „stellte 1902 den sozialdarwinistisch beeinflussten Gedanken von der „zivilisatorischen Mission" in den Mittelpunkt seiner Rechtfertigungsschrift ‚L'Energie Francaise'" (Horst Gründer). Doch auch die USA fühlten sich erwählt. Der Geistliche und Sozialreformer Josiah Strong (1847 bis 1916) sah für „die Vereinigten Staaten die besondere Berufung zur Weltevangelisation und gleichzeitiger Weltbeherrschung" (Horst Gründer).

Dagegen plädierte der Historiker Brooks Adams (1848 bis 1927) für ein „neues Weltreich" und setzte die Schwerpunkte „auf wirtschaftliche, nationalistische und sozialdarwinistische Argumente" (Horst Gründer).

Die Völker waren wie entfesselt. „Die Lehre von der Besonderheit des Japanertums war 1890 endgültig formuliert und wurde durch die täglichen Morgenappelle von der Schuljugend auch schnell verinnerlicht" (Bernd Martin). Tolstoi (1828 bis 1910) schildert in „Anna Karenina" teils ironisch, teils aber auch mit einem gewissen Unbehagen, als ob er das Kommende ahnen würde, den Panslawismus. Wronskij hatte, um seiner Verzweiflung nach dem Tod von Anna zu verdrängen, eine Gruppe Freiwilliger ausgerüstet, um „im panslawischen Kampf den Brüdern beizustehen". Ob Pangermanismus, Mussolinis Faschisten, alle hielten sich für auserwählt.

„Der Sozialdarwinismus bot ein scheinbar plausibles Erklärungsmodell, um die gewaltigen Veränderungen in der Industriegesellschaft, aber auch die Geschwindigkeit zu erklären, mit der die imperialistische Expansion über den Widerstand der Urbevölkerung in den für die Kolonisierung ausersehenen Gebieten hinwegging" (Horst Gründer).

Gerade dieser Sozialdarwinismus berechtigte, ja erforderte geradezu diese Expansion. Es war „Gott, welcher sein ausgewähltes Werkzeug geformt hat durch welches er einen auf Gerechtigkeit, Freiheit und Frieden gegründeten Zustand der Gesellschaft hervorbringen will." Und so „muss es auch seinem Wunsch entsprechen, dass ich alles in meiner Macht stehende tue, um jener Rasse so viel Spielraum und Macht wie möglich zu verschaffen" (Cecil Rhodes). Die „höhere die stärkere Rasse" hatte somit eine Weltmission zu erfüllen, hierdurch konnten auch die „Niedrigen" in einem gewissen Maße gehoben werden. Königin Viktoria sah den Sinn der Kolonisation Indiens darin, „die friedliche Wirtschaft Indiens zu beleben. Unternehmungen für das Gemeinwohl und den Fortschritt zu befördern und seine Regierung zum Wohle aller Untertanen zu führen. Ihr Wohlstand wird unsere Stärke sein; ihre Zufriedenheit unsere Sicherheit; und ihre Dankbarkeit unser höchster Lohn" (Königin Viktoria) Analog ist die „zivilisatorische Mission“ in der “L’Energie Francaise“ und all den anderen zu sehen.

Doch die Wirklichkeit sah anders aus: Ein „Kampf ums Dasein“ „in seltsamer Umkehrung der Sachlage“, die Vorstellung der „biologischen Evolution als ein Beispiel par excellence für den Lebenskampf, für den Sieg des Starken über das Schwache, der Herren über die Sklaven, um soziale und rassische Ungleichheit auf eine Notwendigkeit in der Natur zurückzuführen und so die schlimmsten Exzesse zu rechtfertigen“ (F. Jacob).

„Die Tatsache, dass der Sozialdarwinismus nie zu einem umfassenden System ausgebaut und von einzelnen seiner Wortführer sogar widerrufen worden ist, hat seinem Erfolgt in der Breite keinen Abbruch getan. Alles in allem war er eine der klassischen Ideologien des bürgerlichen Zeitalters, das seine imperialistischen Praktiken sowie seinen robusten kapitalistischen Durchsetzungswillen unter die Rechtfertigungsformeln eines unentrinnbaren Naturgesetzes zu stellen trachtete“ (Joachim Fest).

Wir haben uns unter anderem deshalb in 4.6. ausführlich mit dem Darwinismus beschäftigt, um einerseits seine Aussagekraft, anderseits aber auch seine Grenzen klar zu definieren. „Seit Erscheinen der Evolutionstheorie, vor allem seit Herbert Spencer, ist oft versucht worden, die sozialen und kulturellen Integrationen, ihre Veränderungen, ihre Interaktionen ausschließlich mit Hilfe von der Biologie entlehnten Modelle zu interpretieren, (...) kurz, die Änderungen in den Gesellschaften und Kulturen beruhen dann auf einer Evolution, ähnlich der Art. Es müssten noch die Kriterien der Selektion definiert werden. Fatal ist einzig, dass dies noch niemand gelungen ist“ (F. Jacob). Es ist klar, der ganzen „Sozialdarwinismus“ ist wissenschaftlicher Unsinn. Er stellt eine brutale „Vergewaltigung“ des „Darwinismus“ dar.

Tatsächlich geht es bei Darwin lediglich um die optimale Anpassung an gegebene Umweltbedingungen, vom Kampf eines „Stärkeren“ gegen das „Schwächere“ ist keine Rede. „Das, was ich die natürliche „Zuchtwahl oder Züchtung“ nenne oder die „Erhaltung des Tüchtigsten“ ist die Erhaltung vorteilhafter und die Zurücksetzung nachteiliger Abänderungen; solche die weder vorteilhaft noch nachteilig sind, werden von der natürlichen Auswahl nicht berührt.", präzisiert Darwin. Die „schwache" Maus kann überleben, weil sie im Sinne der Anpassung über bessere Bedingungen verfügt, das „starke" Mammut stirbt aus. Insbesondere kann natürlich im Sinne von „edler", „höher", „dem Wertvolleren" usw. keine Rede sein. Keiner dieser Begriffe lässt sich durch „Mutation" bzw. „Selektion" im Sinne Darwins begründen.

Doch wer möchte sich schon von dem Gedanken lösen, er sei etwas Besonderes, gehöre zu irgendwelchen Auserlesenen? Zumal, wenn sie so elegant vorgetragen wurden wie bei Vicomte Arthur de Gobineau (1816 bis 1882), dessen Familie der Noblesse du robe des Ancien Régime angehörte? Vorgetragen in „Essai sur l'inégalité des race humaines". Das rassische Denken hatte seinen „Theoretiker"! Das Buch wurde im Wagnerkreis intensiv diskutiert und Cosima Wagner (1837 bis 1930) empfahl die Lektüre ihrem Schwiegersohn Houston Stewart Chamberlain (1855 bis 1927). Stand bei Gobineau noch der französische Adel als die ideale Rasse im Mittelpunkt, so rückte bei Chamberlain der Antisemitismus in den Fokus, wobei in der Interpretation durch die altdeutschen Kreise auch wieder der Sozialdarwinismus in den Vordergrund trat. Als Chamberlain am 9. Januar 1927 starb, stand, neben anderen, auch ein Mann am Grab: Adolf Hitler.

Jetzt sollte diese ganze Saat, dieses Gebräu aus Pseudowissenschaft, Kulturpessimismus eines Oswald Spengler (1880 bis 1936), literarischer Schönschreiberei eines Ernst von Salomon (1902 bis 1972), unbedachten Geistreicheleien eines Werner Sombart (1863 bis 1941), dümmlicher Arroganz, zynischer Demokratieverachtung („eine veraltete bürgerliche Regierungsmethode") eines Carl Schmitt (1888 bis 1985), in einer Art und Weise aufgehen, die, wir wollen es unterstellen, keiner der bisherigen auch nur geahnt haben dürfte.

„Schon Graf Gobineau, der erste bedeutende Rassenideologe war in einem schroffen aristokratischen Konservatismus als Gegner der Demokratie, der Volksrevolution und alles dessen hervorgetreten, was er verächtlich „Gemeinsinn" nannte" (Joachim Fest). Doch es galt „den schwermütigen und fatalistischen Pessimismus Gobineaus in einen aggressiven Optimismus“ (A. Hitler) zu verwandeln. „Von noch größerer Wirkung aber, vor allem in weiten Kreisen des deutschen Bürgertums, war das Werk des Engländers und späteren Wahldeutschen Houston Chamberlain“ (Joachim Fest).

So konnte das größte Verbrechen der Menschheit seinen Lauf nehmen. Dass die ganze Historie immer wieder durch Krieg, Mord, Unrecht, Vergewaltigung geprägt ist, bedarf keiner besonderen Erwähnung. Was aber 1933 schließlich endgültig begann und in der apokalyptischen Steigerung des Unrechts endete, war nicht irgendwie nur ein weiteres Glied in dieser deprimierenden Reihe. Es stellt eine neue Qualität der Grausamkeit dar. Worin charakterisiert sich nun der Nationalsozialismus, worin liegt die Differenz zu all den anderen Menschenrechtsverletzungen? Worin liegt der entscheidende Unterschied zu den zweifellos auch von Napoleon begangenen Verbrechen zu denjenigen des Nationalsozialismus?

„Die Napoleon-Geschichte entspricht vielen der Vergangenheit. Hier wird von einem damals durch Napoleon repräsentiertes Staatswesen ein Verbrechen begangen. Aber das Staatswesen ist als Ganzes kein verbrecherisches Staatswesen. Der entscheidende Punkt, ist, ob man anerkennt: Der Nazistaat war ein Verbrecherstaat, nicht ein Staat, der auch Verbrechen begeht“ (Karl Jaspers).

Tatsächlich hat kein Staat eine derartig menschenverachtende Rassenideologie in seinen allgemeinen Zielsetzungen verankert, seine Logistik, Wissenschaft, Ökonomie systematisch eingesetzt, um in der effektivsten Art und Weise ganze Volksgruppen zu liquidieren; sein Rechtssystem dahingehend geformt, um diese Verbrechen formal zu legitimieren. Nicht die Grausamkeiten der SS-Wachmannschaften waren das Charakteristikum des Unrechts, wie Eugen Kogon (1903 bis 1987) in seinem klassischen Werk, „Der SS-Staat“, ausführt, sondern Exzesse, Pogrome gab und gibt es immer und überall: „homo homini lupus est“ (Plautus).

Doch dass wissenschaftliche Institute, geleitet von renommierten Wissenschaftlern, systematisch Giftgase entwickelten, mit denen Menschen auf die rationellste Art und Weise ermordet werden konnten, hochdekorierte Kapazitäten der renommiertesten Universitäten im Dienste einer scheinbaren Wissenschaft, im Auftrag, im Geiste und im Rahmen der Rechtsordnung dieses Staatswesens, menschenverachtende Experimente, Organentnahmen, Unterkühlungsversuche usw. durchführten, das ist eine neue Qualität. Pervers legitimiert durch das besondere Lebensrecht der „höheren Rasse", das „wissenschaftlich" durch einen angeblichen Darwinismus „begründet" werden konnte und somit diese Verbrechen „rechtfertigte".

Dass Transportprobleme in die Todeskammern nach Ausschwitz in derselben Form dokumentiert, abgewickelt wurden, als ob es sich um Konservendosen handele. Brillen, Zahngold der Ermordeten in buchhalterischer Gewissenhaftigkeit registriert wurden. Gerade diese eiskalte Rationalität im Rahmen einer gespenstischen Legalität konnte bei Heinrich Himmler (1900 bis 1945) zu der Aussage führen, „er sei stolz, dass sich seine SS-Leute im Wesentlichen stets anständig verhalten hätten."

Ernst Fraenkel (1898 bis 1975) analysierte in seinem Werk „Der Doppelstaat" die Rechtsordnung des Nationalsozialismus und differenzierte hier den „Normenstaat" sowie den „Maßnahmenstaat". Im ersteren übernahm das „Dritte Reich" die überlieferten Rechtsvorschriften, ergänzt durch solche der angepassten neuen Ökonomie. Dagegen orientiert sich der Maßnahmenstaat nicht an Gesetz und Recht, sondern die Entscheidungen werden „nach Lage der Sache" (E. Fraenkel) getroffen, hier „fehlen die Normen und herrschen die Maßnahmen" (E. Fraenkel). „Souverän ist, wer über den Ausnahmezustand entscheidet", sagte einer der führenden Juristen des Dritten Reiches (Carl Schmitt). Beispielsweise hat das Bundessozialgereicht die Todesurteilspraxis der Wehrmachtsgerichte außerhalb der rechtlichen Norm gestellt und dem „Maßnahmenstaat" zugeordnet. Insbesondere die Judenverfolgungen und Ähnliche waren letztliche willkürliche Exzesse im Rahmen des „Maßnahmenstaats". Die Wannseekonferenz sollte dann 1942 folgen.

Etwas anders argumentiert Karl Jaspers (1883 bis 1963): „Ein Verbrecherstaat ist ein solcher, der im Prinzip keine Rechtsordnung stiftet und anerkennt" (Karl Jaspers). Wir müssen ergänzen: Es ist ein solcher, der eine „Rechtsordnung" diktiert, die das Unrecht enthält. Denn schon 1935 wurde das „Gesetz zum Schutze des deutschen Blutes und der deutschen Ehre", das sogenannte Blutschutzgesetz, erlassen. „Die Nürnberger Gesetze leiteten die systematische Verwirklichung des antisemitischen Programms der NSDAP von 1920 und aus Hitlers „Mein Kampf" ein und schufen für die bereits 1933 begonnenen Verfolgungsmaßnahmen eine juristische Absicherung speziell mit dem Tatbestand der sogenannten „Blutschande" bzw. „Rassenschande", (...) sanktionierten insgesamt die schon laufenden und boten die Grundlage für weitere Verfolgungsmaßnahmen gegen die Juden und wurden so zum Inbegriff der Pervertierung des Rechtsstaates im Dritten Reich" (Meyers Enzyklopädisches Lexikon).

Der Nationalsozialismus mit seinem Rassenwahn ist das extremste Beispiel einer Vergewaltigung einer Wissenschaft, aber sicher nicht das einzige. „Moral ist keine wissenschaftliche Kategorie.", sagt Max Weber (1864 bis 1920) „Die Wissenschaft alleine kann nicht beweisen, dass es etwas Schlechtes ist, Vergnügungen an Grausamkeiten zu finden" (B. Russel). Nach allem ist dem nichts hinzuzufügen.

7.4. Informatik

„Ich fürchte mich vor dem Tag, an dem unsere Technologie unsere Menschlichkeit übertrifft. Auf der Welt wird es dann nur noch eine Generation von Idioten geben" (Albert Einstein).

Jede Wissenschaft ist durch ihre grundlegenden Prinzipien definiert. Diese legen die Möglichkeiten ihrer gültigen Aussagen fest, bestimmen deren Grenzen. So können wir im Bereich der ganzen Zahlen die Gleichung $8 + x = 3$ lösen ($x = -5$), aber die Gleichung $5 \cdot x = 7$ nicht. Diese Aussage sprengt das Axiomensystem der ganzen Zahlen. In der Newton'schen Mechanik können wir keine elektromagnetischen Probleme lösen, in der Maxwell'schen Elektrodynamik keine der Atomphysik. Wenn wir also die Grenzen der Informatik, aber auch eventuelle hiermit verbundene Vergewaltigungen, analysieren wollen, so sind zunächst deren grundsätzliche Möglichkeiten zu prüfen.

Wir wissen, dass der Fundamentalbegriff der Informatik der Algorithmus ist. Dabei wird jeder Algorithmus durch eine „Turing-Maschine“ realisiert und umgekehrt, jede „Turing-Maschine“ realisiert einen Algorithmus. Somit ist das Grundelement eines Algorithmus die „Turing-Maschine“. Da Computer Algorithmen abarbeiten, kann somit jeder Computer durch eine „Turing-Maschine“ simuliert werden. Insofern reduziert sich unsere Frage nach den prinzipiellen Möglichkeiten der Informatik auf diejenigen einer „Turing-Maschine“.

Eine „Turing-Maschine“ ist ein Schema für den systematischen Ablauf elementarer logischer Operationen. Dabei führt sie diese an Wörtern einer formalen Sprache aus. Die allgemeinsten Sprachen sind hierbei die „Chomsky-0-Sprachen“ oder die „rekursiv aufzählbaren Sprachen“. Diejenigen, die eine Entscheidung im Sinne von „wahr“ oder „falsch“ ermöglichen, sind die „Chomsky-1-Sprachen“ oder die „rekursiven Sprachen“. Dabei können diese stets über einem Alphabet formuliert werden, das die Symbole 0, 1 oder $*$ als Leerzeichen enthält.

Wir können also festhalten:

1. Computer sind auf logische Aussagen und Probleme beschränkt.
2. Notwendige Bedingung hierfür ist, dass das Problem in einer „rekursiv aufzählbaren Sprache“ beschrieben ist.
3. Notwendig und hinreichend für die algorithmische Lösbarkeit eines Problems ist die Darstellung in einer „rekursiven Sprache“.

Damit ergibt sich sofort folgendes Ergebnis:

Computer simulieren gewisse Formen des „Logischen Denkens“, allgemeiner „Deduktives Denken“.

Da diese Form des Denkens allgemeingültige Aussagen ermöglicht, lag es nahe, das ganze Wissen, soweit möglich, zu „logizieren“. Insbesondere die immer mehr dominierenden Naturwissenschaften, „deren imposantes Vordringen am unaufhaltsamsten, deren Erfolge am offenkundigsten, deren Resultate als folgenreichste in Erscheinung traten“ (E. Ströker), mit ihren überaus erfolgreichen Methoden, wurden hier zum Vorbild. Ziel war es somit, sämtliche Erfahrungswissenschaften auf eine analoge Grundlage zu stellen.

Bahnbrechend war hier zunächst Bertrand Russel, indem er feststellt, dass „der moderne analytische, von mir skizzierte Empirismus sich von dem Empirismus Lockes, Berkeleys und Humes dadurch unterscheidet, dass er die Mathematik einbezieht und eine brauchbare logische Technik entwickelt“ (B. Russel). „Ihren deutlichsten und populär gewordenen Ausdruck findet diese szientistische Grundeinstellung in Ludwig Wittgensteins (1889 bis 1951) „Tractatus logico-philosophicus“ aus dem Jahr 1921“ (Ernst von Aster).

Hier setzte sich Ludwig Wittgenstein als Ziel der philosophischen Analyse, die Unterscheidung zwischen sinnvollen und unsinnigen Sätzen durch eine Klärung der Funktionsweise der Sprache zu sichern. „Man könnte den ganzen Sinn meines Buches etwa in die Worte fassen: Was sich überhaupt sagen lässt, lässt sich klar sagen“ (L. Wittgenstein) und schließt mit den berühmten Worten: „Wovon man nicht reden kann, darüber muss man schweigen“ (L. Wittgenstein). Somit leiteten Russel und sein Schüler Wittgenstein eine der dominierenden philosophischen Richtungen des zwanzigsten Jahrhunderts ein: die Wissenschaftstheorie.

Die Konsequenzen aus den Gedanken von Russel und Wittgenstein zog dann der „Wiener Kreis“ um Moritz Schlick (1882 bis 1936), Carl Hempel (1905 bis 1997) und Rudolf Carnap (1891 bis 1970). Entsprechend dem von Russel, „skizzierte Empirismus (...), dass er die Mathematik einbezieht“, wurde die Logik mit dem Positivismus, den Ernst Mach bereits vertreten hatte, zu einem „Logischen Positivismus“ vereint. Dieser hatte zum Ziel, eine umfassende Philosophie zu sein, die „eine Trennung von Natur- und Geisteswissenschaft ablehnt“ (Ernst von Aster). Auf den hier entwickelten Methoden sollte dann eine Erkenntnisgrundlage entstehen, die das gesamte sinnvolle Wissen ermöglicht. Konsequent war dann „Der logische Aufbau der Welt“ der Titel des maßgebenden Werks von Rudolf Carnap.

Dabei werden im „Logischen Positivismus“, wie der Name sagt, zwei Elemente miteinander verbunden. Zunächst sagt der „Positivismus“, der Begriff stammt von Auguste Comte, im Sinne des Empirismus, dass nur das tatsächlich Gegebene, der unbezweifelbare Sinneseindruck, Gegenstand der Erkenntnis sei. Des Weiteren soll das ganze System der Logik unterworfen werden. Dies würde bedeuten, dass das gesamte Wissen auf derselben sicheren Grundlage stehen würde, wie bis dato nur die Mathematik und die Theoretische Physik. Insbesondere könnten wir dann das sinnvolle Wissen der Menschheit durch einen Computer simulieren.

Wie wir wissen, sind die Grundelemente der Logik Aussagen, also Sätze, die unabhängig von Raum und Zeit einen Wahrheitswert haben. Um nun die empirischen Sätze des Positivismus der Logik unterwerfen zu können, damit das Ziel des objektiven, allgemeingültigen Wissens erreicht werden kann, müssen diese Sätze „soweit wie möglich“ objektiviert werden. Genauer: In sogenannten „Protokollsätzen“ sollte sichergestellt sein, dass die Beobachtungen, die in diesem Zusammenhang entwickelten statistischen Gütekriterien, wie Objektivität, Validität und Reliabilität, erfüllen.

Dies bedeutet insbesondere die zu untersuchenden Variablen zu operationalisieren, also im Sinne von Galilei messbar zu machen. Nur so können sie einem exakten Test im Sinne der obigen Gütekriterien unterworfen werden. Des Weiteren werden sie erst dann zu wissenschaftlichen Begriffen im Rahmen der jeweiligen Theorie, wenn sie eindeutig definiert sind. Beispielsweise zeigt es sich in der Ökonomie, „dass der ‚Preis‘ in der ‚Verkehrswirtschaft‘ etwas ganz anderes bedeutet als in der ‚Zentralverwaltungswirtschaft‘“ (Walter Eucken). Die Zelle wird erst dann zu einem biologischen Begriff, wenn ihre eindeutige Definition festgelegt ist. Dasselbe gilt für die Masse in der Physik, der kovalenten Verbindung in der Chemie, der Empathie in der Psychologie.

Wir sahen, dass neben Bertrand Russel Ludwig Wittgenstein die zweite Säule der sich anbahnenden Wissenschaftstheorie bildete, wobei dieser das Ziel der philosophischen Analyse in der Klärung der Funktionsweise der Sprache sah. „Man könnte den ganzen Sinn meines Buches etwa in die Worte fassen: Was sich überhaupt sagen lässt, lässt sich klar sagen“ (L. Wittgenstein). Genauer bedeutete dies, dass sich nur sinnvolle Sätze „klar sagen" ließen und für den „Logischen Positivismus" waren dies solche Sätze, die sich im oben beschriebenen Sinn als „Protokollsätze" verifizieren ließen.

Hieraus folgt aber andererseits, „dass die vorgeblichen Sätze der Metaphysik (einschließlich aller Wertphilosophie und Normwissenschaft) gänzlich sinnlos sind" (Rudolf Carnap). Tatsächlich lassen sich ja die alten Grundbegriffe der Metaphysik, Gott, Seele, Sein, Unsterblichkeit nicht in irgendeiner Art und Weise operationalisieren. Wie sollen diese Begriffe verifiziert werden? Da aber nach der Grundvoraussetzung des „Logischen Positivismus" nur solche Sätze sinnvoll sind, die in Form von Protokollsätzen verifiziert werden können, werden diese Begriffe „sinnlos".

Carnap erläutert die Problematik zum Beispiel an dem Elementarsatz „x ist Gott." Dabei stellt er als grundlegenden Mangel der Metaphysik dar, dass sie „nicht die syntaktische Kategorie der Variablen x angibt (Kategorien sind z. B.: Körper, Eigenschaften von Körpern, Beziehungen zwischen Körpern, Zahlen usw.)." (R. Carnap). In der Tat, bemerkenswerte Kategorien, um Gott zu kennzeichnen!

Doch das ganze Programm scheiterte an dem unauflösbaren Widerspruch zwischen empirischen und logischen Sätzen. Empirische Sätze müssen zwangsläufig verifiziert werden, wären sie allgemeingültig, so wären sie gar keine empirischen Sätze, sondern logische. Logische Sätze wiederum unterliegen der raum- und zeitlosen Wahrheit und können prinzipiell nicht verifiziert werden, unterliegen also gar nicht der „Verifizierung". Da es aber im „Logischen Positivismus" nur solche Sätze gibt, die in Form von „Protokollsätzen" verifiziert werden können, kann es somit logische Sätze hier gar nicht geben, sie sind ebenfalls sinnlos. Tatsächlich lässt sich hier die für alle empirischen Wissenschaften fundamentale Wahrscheinlichkeitstheorie überhaupt nicht begründen, was zu einer beträchtlichen Verlegenheit geführt hat. Denn diese bauen ja auf die Kolmogorov'schen Axiome auf und sind somit logische Sätze.

Tatsächlich musste Ludwig Wittgenstein schon kurze Zeit später in seinen „Logischen Untersuchungen" das Scheitern einer rein logischen Formalsprache eingestehen. Es erwies sich als unmöglich, eine solche zu konstruieren, die alle relevanten Probleme adäquat wiedergab. Auch Rudolf Carnap räumte das Scheitern seines Programms in dieser Hinsicht ein. Somit zeigt sich erneut: Der Hiatus zwischen dem Realen und Idealen ist nicht zu überwinden, „dass auf dem Standpunkt rein theoretische Reflexion Materie und Form der Erkenntnis, apriorisches Vernunftgesetz und empirische Gegebenheit niemals ineinander aufgehen, sondern so weit wir auch fortschreiten, beständig wieder auseinanderfallen, ist streng erweislich" (Ernst Cassirer).

Es hätte im Übrigen genügt, wenn sich die Protagonisten des „Wiener Kreises" bei denjenigen Koryphäen informiert hätten, die diejenige Wissenschaft repräsentierten, die sie sich zum Vorbild nahmen - der Physik. „Max Planck demonstrierte eine scharfe Ablehnung des Ernst Mach'schen Positivismus" (Walther Gerlach). Albert Einstein, ursprünglich von Mach durchaus beeindruckt, nennt dessen Philosophie später in einem Gespräch mit Heisenberg Unsinn und nennt es „vom prinzipiellen Standpunkt aus ganz falsch, eine Theorie nur auf beobachtbare Größen gründen zu wollen. Denn es ist ja in Wirklichkeit genau umgekehrt. Erst die Theorie entscheidet, was man beobachten kann" (Albert Einstein). In der Tat, Begriffe wie das „Raum-Zeit-Ereignis" erhalten erst in der Relativitätstheorie einen exakten Sinn. Auch Nils Bohr und Wolfgang Pauli zeigten sich in einem Gespräch mit Heisenberg äußerst skeptisch gegenüber dem Positivismus. Dieser selbst nannte das Grundprinzip von diesem, nur das zu sagen, was klar ausgesprochen werden kann und über den Rest zu schweigen, „die unsinnigste Philosophie überhaupt" (W. Heisenberg).

Der Zusammenbruch des „Logischen Positivismus" zeigt somit die Unzulänglichkeit eines allgemeinen „Logizismus". Empirische Sätze sind in der „res extensia" beheimatet, logische in der „res cogitans" und die „kartesische Gegenüberstellung von „res cogitans", dem Menschen, und einer „res extensia", der ihn umgebenden Welt, ist unheilbar" (Hannah Arendt). Dies hat aber die weitere Konsequenz, dass der Glaube, ein Computer könne das relevante Wissen der Welt simulieren, nicht aufrechterhalten werden kann, sondern eine Illusion ist. Wir brauchen hierzu nur die Argumente von Rudolf Carnap zu wiederholen, die dieser gegen die alten Grundbegriffe der Metaphysik angeführt hat. Doch nun interpretieren wir sie gerade entgegengesetzt. Schon vor zweieinhalbtausend Jahren fragte Parmenides: „Warum ist Sein und nicht vielmehr nichts?" (Parmenides). Für Carnap ist dies eine sinnlose Frage, aber Leibniz stellte sie zweitausend Jahre später erneut. Wir können sie ebenso wenig beantworten wie die Frage nach dem Sinn unseres Lebens. Doch einigen von uns werden diese Fragen eben doch nicht sinnlos vorkommen.

Tatsache ist jedenfalls, dass sie auch ein Computer nicht beantworten kann. Wir können sie für diesen nicht einmal formulieren. Denn, wie wir wissen, müsste dies in einer „rekursiv aufzählbaren Sprache" geschehen. Oder eben in Form eines Algorithmus. Um sie dann entscheiden zu können, wäre sogar die Formulierung in einer „rekursiven Sprache" erforderlich.

Computer simulieren nur „Logisches Denken". Dass die alten Grundbegriffe der Metaphysik: Gott, Seele, Sein, Unsterblichkeit hierdurch nicht erfasst werden, hat bereits Rudolf Carnap gesagt, dass nämlich „die vorgeblichen Sätze der Metaphysik (einschließlich aller Wertphilosophie und Normwissenschaft) gänzlich sinnlos sind" (Rudolf Carnap). Die Absurdität, Gott aus einem Axiomensystem logisch herzuleiten, braucht gar nicht ausgesprochen zu werden. Dasselbe gilt auch für die klassischen Tugenden der Aristotelischen Ethik: Tapferkeit, Weisheit, Gerechtigkeit, Mäßigung sowie für diejenigen des Christentums wie Nächstenliebe, Wahrhaftigkeit, Aufrichtigkeit, Zuverlässigkeit, Treue, Bescheidenheit, Vertrauen, Demut, Leiden.

Um dennoch die These, „das gesamte sinnvolle menschliche Denken kann durch einen Computer realisiert werden" zu retten, könnte man wie Carnap verfahren und sowohl die metaphysischen Begriffe wie auch die Tugenden für „gänzlich sinnlos" erklären und somit aus der Betrachtung ausschließen. Die Folge wäre eine Welt ohne Gerechtigkeit, Treue, Vertrauen usw. Wozu eine solche Gesellschaft führt, in der jede Form von Werten ignoriert wird, haben wir im vorangegangenen Paragrafen beim „Sozialdarwinismus" gesehen.

Weiter ist die Behauptung, das gesamte menschliche Denken könne durch einen Computer simuliert werden, äquivalent mit der Behauptung, das menschliche Denken würde sich auf Logik reduzieren, wäre also ausschließlich auf das „Starke System 2" beschränkt. Da nun das „System 2" allgemeingültig im strengsten Sinne des Wortes ist – ein Satz ist hier entweder wahr oder falsch – „Tertium non datur", würden wir alle dasselbe denken, würden uniform handeln, jede Individualität wäre verschwunden.

Damit wird dann auch „hermeneutisches Denken", „Dialektisches Denken", kurz, das gesamte Schwache System 2 obsolet. Dasselbe gilt erst recht auch für das System 1 und natürlich für unser Alltagsdenken. Insbesondere wäre das Denken von Buddha, Sokrates, Konfuzius und Jesus, auf das wir noch eingehen werden, „sinnlos"! Es würde weder bildende Kunst noch klassische Musik, keine Gedichte, keine schöne Literatur geben – „Schöne neue Welt" (Aldous Huxley).

Entweder ist dies gewissen Menschen bei ihren unbedachten Äußerungen nicht bewusst oder sie akzeptieren eine solche Gesellschaftsordnung mit allen Konsequenzen. Dabei fabulieren Leute wie Stephen Hawking, er bezeichnet sich selbst übrigens als überzeugten Positivisten, davon, die Computer seien die konsequente Fortsetzung des Menschen in der Evolution, sie würden sozusagen das bisher höchstentwickelte Lebewesen, den Menschen, in einer höheren Ebene ablösen, „eine neue Lebensform, die den Menschen überragt" (S. Hawking). Wie naiv, um nicht zu sagen einfältig, muss man sein, um solche Thesen zu vertreten?

Reduziert man den Menschen auf rein Mechanisches, so ist der „Maschinenmensch" von La Mettrie natürlich dem Menschen überlegen, schließlich könnte er wesentlich größere Lasten als dieser anheben. Reduziert man den Menschen auf „prozesshaftes Denken, einem Denken, das die modernen Rechenautomaten viel besser können, wären die elektronischen Maschinen in der Tat die Homunculi, für die ihre Erfinder sie manchmal zu halten versucht sind. (...) tatsächlich ist echtes menschliches kreatives Denken so nutzlos wie das von ihm inspirierte Kunstwerk" (Hannah Arendt).

Jedenfalls haben wir wieder dieselbe Situation wie schon in der Aufklärung, dass nämlich der freien Fantasie voller Lauf gelassen wird, während den eigentlichen Protagonisten hierbei die Grenzen voll bewusst sind. „Es ist in Apples DNA festgeschrieben, dass Technologie nicht allein genug ist, sondern dass es Technologie, gepaart mit den schönen Künsten und gepaart mit Geisteswissenschaften, ist, deren Ergebnisse unser Herz höher schlagen lassen“ (Steve Jobs).

Selbst der Begründer des „Logizismus“ räumt ein, dass für „Werte wissenschaftliche Methoden unangemessen sind“ (B. Russel). Sein großer Schüler, Ludwig Wittegenstein, fügt hinzu: „Wir fühlen, dass selbst wenn alle möglichen wissenschaftlichen Fragen beantwortet sind, unsere Lebensprobleme noch gar nicht berührt sind“ (L. Wittgenstein). „So reizvoll und befriedigend abstraktes Denken für unsere Zivilisation ist, so gefährlich ist es, wenn es auf Gebiete angewandt wird, wo es nicht hingehört; in Religion, Ethik, Kunst und Literatur und in alle Wissenschaften vom Menschen“ (Max Born).

Doch auch auf dem ureigensten Gebiet des Computers, dem System 2, ist der Mensch diesem überlegen. Beispielsweise haben wir gesehen, dass Kurt Gödel gezeigt hat, dass es in der Zahlentheorie immer wieder Sätze gibt, die wahr sind, aber nicht beweisbar. Es kann also keinen Algorithmus geben, somit keinen Computer, der ausgehend von dem Axiomensystem den Wahrheitswert derartiger Aussagen bestimmen könnte, kurz, er „weiß es nicht“. Dagegen sagt uns Kurt Gödel und damit ein Mensch, dass sie wahr sind. Schließlich wissen wir, dass es für gewisse logische Probleme gar keinen Algorithmus geben kann. Wir haben gesehen, dass es für die Aufgabe, sämtliche reellen Zahlen zwischen 0 und 1 zu drucken, keinen Algorithmus gibt. Andererseits hat der Mensch Georg Cantor diese Tatsache bewiesen. Tatsächlich gibt es für zahlreiche Probleme der höheren Mathematik überhaupt keinen Algorithmus.

Überhaupt haben Computer kein „Wissen“ irgendwelcher Art. Beispielsweise kann in der Quantenmechanik eine Versuchsordnung so angelegt werden, dass ein Computer voraussagen könnte: „Wir werden ein Elektron als Punkt messen.“ Eine zweite Versuchsanordnung würde die Prognose: „Das Elektron wird als Welle beobachtet werden“ ergeben. Die Frage, wieso das Elektron jeweils zwei völlig unterschiedliche Verhaltensweisen zeigt, würde sich dem Computer nicht stellen. Kurz gesagt: Der Computer kann die Fundamentalbedingung des „Wissens“, das „Verstehen“, nicht erfüllen; von höherem Denken gar nicht zu sprechen, denn für echtes Wissen „gibt es keine erlernbare systematische Methode, die zum Ziele führt“, sagt Albert Einstein und glaubt an die „freie Schöpfung oder Konventionen der Forschung“ (Max Born).

Falls man bei Computern überhaupt von Denken reden möchte, so nur von „einem prozesshaften Denken“ (Hannah Arendt). Letztlich ist es überhaupt kein Denken, es ist das stumpfsinnige Nachvollziehen einer vorgegebenen Vorschrift. Dies hat mehr mit Instinkt als mit Denken gemein. Einem Igel ist im Laufe der Evolution einprogrammiert, dass, wenn die Signale auf Gefahr hinweisen, er dann anhält, sich einigelt und seine Stacheln ausfährt. Dieses Programm funktionierte solange perfekt, bis das Automobil erfunden wurde. Überquert der Igel nämlich die Straße und verfährt bei einem herannahenden Auto programmgemäß, so sind die Folgen für ihn katastrophal. Nun sind die Sicherheitssysteme der Supermächte ebenfalls programmgesteuert. Läuft dieses Programm einmal ab, so ist es durch nichts mehr aufzuhalten. Dass dabei Fehlsteuerungen vorkamen, ist belegt. Gott sei Dank überließ Oberst Petrov im entscheidenden Moment wieder dem Geist die Herrschaft und wies den Igel von der Straße. „Der Computer ist die logische Weiterentwicklung des Menschen, Intelligenz ohne Moral“ (J. J. Osborne).

„Heutige Computer sind geniale Idioten. Sie verfügen über unglaubliche Fähigkeiten zum Speichern von Information und zur Durchführung numerischer Berechnungen – jedem Menschen weit überlegen. Doch wenn es zu einer anderen Ebene von Fertigkeiten kommt – der Fähigkeit zu verstehe, zu lernen, sich anzupassen und zu interagieren, sind Computer dem Menschen hoffnungslos unterlegen“ (John Kelly).

Wie ist nun diese Stupidität mit dem Schlagwort „Künstliche Intelligenz“ vereinbar? Tatsächlich verbindet man hier unbewusst Assoziationen des hyperintelligenten Roboters aus irgendwelchen Science-Fiction-Filmen. Doch was hat es mit dem Begriff genau auf sich?

Der Begriff geht auf die späten fünfziger Jahre des letzten Jahrhunderts zurück; dabei kam die Initiative von Hackern, die sich irgendwelche verrückten Streiche ausgedacht hatten und nun überlegten, „welchen Schabernack man nun auf einem Computer treiben könnte“ (W. Isaacson). Dabei trafen sie auf zwei später berühmt gewordene Professoren: John McCarthy (1927 bis 2011), der als Erster 1959 den Begriff „artificial intelligence“ prägte, und Marvin Minsky (1927 bis 2016), der ebenfalls als einer der Ersten die These prägte, dass Computer eines Tages intelligenter sein würden als Menschen. Daneben gab es bereits Überlegungen, wie das menschliche Gehirn simuliert werden könnte.

Sofort setzte der Pressehype ein: „Die Marine hat heute den Embryo eines elektronischen Rechners vorgestellt, von dem man annimmt, dass dieser zu gegebener Zeit gehen, sprechen, sehen, schreiben, sich fortpflanzen und schließlich sich seiner selbst bewusst wird“, schrieb die „New York Times“. Und der „New Yorker“ begeisterte sich: „Das Perzeptron(...) ist, wie sein Name vermuten lässt, imstande zu leisten, was man als eigenständiges Denken bezeichnen muss. Es will scheinen, als sei es der Erste ernst zu nehmende Konkurrent für das menschliche Gehirn, der je geschaffen wurde“ (New Yorker).

Doch nach und nach kehrte wieder Realismus ein. Douglas Engelbart (1925 bis 2013) prägte den Begriff der „erweiterten Intelligenz“. Aus Respekt vor der „genialen Erfindung des menschlichen Geistes“ (D. Engelbart) konzentrierte er sich auf die Frage „wie der Computer mit den verschiedenen Fähigkeiten, die wir bereits besitzen, interagieren könnte“ (D. Engelbart). Und in Fortführung der Gedanken Engelbarts fasst John Kelly, damaliger Forschungsdirektor von IBM, 2013 zusammen: „Das Ziel ist nicht, das menschliche Gehirn nachzubauen. Es geht nicht darum, menschliches Denken durch Maschinendenken zu ersetzen, sondern im Zeitalter kognitiver Systeme werden Menschen und Maschinen zusammenarbeiten, um bessere Ergebnisse zu erzielen, und jeder seine eigene Stärke in die Partnerschaft einbringt" (John Kelly).

Wie wir wissen, „gibt es keine allgemein anerkannte Definition der Intelligenz" (Meyers enzyklopädisches Lexikon). Um also „Künstliche Intelligenz" nach ihren Möglichkeiten beurteilen zu können, sind zwei Fragen zu klären; erstens: Von welcher Art sind die jeweiligen Probleme, die hierbei zu bewältigen sind? Zweitens: in welcher Form werden sie gelöst, welche Art der Intelligenz liegt also vor?

Wir erläutern dies an zwei Beispielen:

a) Der Spielbaum:

Das NIM-Spiel: Gegeben seien n Zündhölzer, zwei Spieler, jeder nimmt abwechselnd jeweils $1 \leq k < n$ Hölzer weg. Der Spieler hat verloren, bei dem zuletzt der ganze Stapel aufgebraucht ist. Beispiel: $n = 6, k = 3$. Nehmen wir an, Spieler A beginnt. Er kann dann jeweils 1 oder 2 oder 3 Hölzer wegenehmen. Dann folgt Spieler B. Je nachdem, wie sich A entschieden hat, ergeben sich dann für diesen dieselben Möglichkeiten. Es folgt wieder A usw. Wir können dies anhand eines Baumes wie folgt darstellen:

Start:				(6 Hölzer)					
Zug von A:		3 Hölzer			2 Hölzer			1 Holz	
Verbleiben:		3			4			5	
Zug von B:	3	2	1	3	2	1	3	2	1
Verbleiben:	0	1	2	1	2	3	2	3	4
Zug von A:									

Der Leser kann jetzt sicher den Baum leicht zu Ende führen.

Natürlich ist es nur in solchen einfachen Beispielen möglich, vollständige derartige Spielbäume zu konstruieren. Das Damespiel hat bereits 10^{40} mögliche Knoten. Das Schachspiel übersteigt alle denkbaren Möglichkeiten. Trotzdem ist eine solche Baumnotation auch für das Schachspiel sinnvoll. Man definiert dann Teilbäume mit Bewertungsfunktionen, die eine möglichst große Vorausschau ermöglichen. „Beim Schachspiel würde sie beispielsweise die Kontrolle über bestimmte Felder und die Bedrohung der verschiedenen Steine berücksichtigen“ (Goldschlager und Lister).

Wir sehen also hier, wie „Menschen und Maschinen zusammenarbeiten, um bessere Ergebnisse zu erzielen, und jeder seine eigene Stärke in die Partnerschaft einbringt“ (John Kelly). Denn der Computer ermöglicht das Erfassen der immensen Datenmenge, um die vorgegebenen Operationen auszuführen. Die eigentlich kreative Leistung vollbringt aber der Mensch; er definiert die Teilbäume beim Schach, bei ihm liegt die Raffinesse bei der Festlegung der Bewertungsfunktionen.

An unserer obigen Aussage über das prozesshafte Denken des Computers hat sich auch bei der sogenannten „Künstlichen Intelligenz“ hier nichts geändert. Der Computer mag im Schach triumphieren, derselbe ist im Damespiel hilfloser als jedes Kind. Es ist auch nicht der Computer, der den Schachweltmeister schlägt, sondern letztlich der Programmierer, der den Algorithmus, den der Rechner ausführt, entwirft, der die Teilbäume optimal definiert. Vielleicht ein etwas gewagter Vergleich: Der Meißel produziert die physische Statue, aber Michelangelo führt den Meißel und kreiert die Statue.

b) Deep-Learning:

Hiermit betreten wir den momentan aktuellsten Bereich der „Künstlichen Intelligenz“. Dabei hat dieser schon eine lange Geschichte. Diese begann spätestens mit Frank Rosenblatt (1928 bis 1971) und dem von ihm definierten „Perzeptron“, worauf sich auch die oben zitierten Artikel der „New York Times“ und des „New Yorker“ aus dem Jahr 1959 bezogen. Rosenblatt war Psychologe und versuchte, die elementaren Gehirnvorgänge durch eben dieses „Perzeptron“ zu simulieren. Trotz der heftigen Angriffe von Marvin Minsky bildet dieses heute das Grundmodell des „Deep-Learning“.

Allerdings zeigte es sich, dass, was das tatsächliche Gehirn angeht, hier doch eine zu grobe Vereinfachung vorliegt. Man sollte deshalb die Analogie in der Terminologie in Bezug auf das Gehirn nicht zu wörtlich nehmen. Trotzdem sind auf der Basis des „Perzeptron" die beeindruckendsten Erfolge der „Künstlichen Intelligenz" erzielt worden, unter anderem der spektakuläre Erfolg beim Go-Spiel.

Grundelement bildet das „Neuron". Es hat mehrere Sensoren, die beispielsweise für Farbe, Helligkeit, Größe, kurz für die Locke'schen sekundären Qualitäten stehen können. Die Außenwelt ihrerseits bewirkt nun für die entsprechenden Eigenschaften eine Anregung dieser Sensoren mit Impulsen unterschiedlicher Intensität. Wir erinnern uns an Demokrit.

Das Bild wird dabei in Pixel „atomisiert", digitalisiert und somit für die Computersprachen bereitgestellt. Also, je nach Intensität der Eingabe speichert das „Neuron" die entsprechenden Daten. Wichtig ist dabei, dass die Intensität keine Konstante ist, sondern variiert werden kann. Den vielen Eingaben steht genau eine Ausgabe gegenüber. Diese wird aktiv, wenn ein gewisser Wert, der Schwellenwert, überschritten wird. Wie die Eingangsimpulse, so kann auch dieser „Schwellenwert" variiert werden. Das „Neuron" übergibt dann die entsprechende Information an ein weiteres „Neuron".

Sämtliche „Neuronen" bilden ein System, das wir uns in Form eines Schuhkartons vorstellen können. Parallel zur Vorder- und Rückseite bilden sich ebene Schichten, die jeweils ein zweidimensionales Netz von „Neuronen" bilden. Die Vorderseite bildet dabei die Eingangsschicht; sie steht in Kommunikation mit der Außenwelt, die Rückseite gibt die entsprechende Information aus.

Denken wir uns also fünf Schichten: Vorder-, Rückseite und drei parallel hierzu in gleichem Abstand innerhalb des Kartons. In jede Schicht ist jedes „Neuron" mit jedem verbunden; sie bilden hier ein vollständiges Netz. Die Ausgänge führen zu den „Neuronen" der nächsten Schicht. Nehmen also die Sensoren einen Impuls wahr, ist die Intensität sowie der Schwellenwert des „Neurons" genügend groß, so wandert dieser mit zunehmender Abstraktion zum Ende des Kartons, also zum Ausgang. Wir wollen für das Folgende nur zwei „Ausgangsneuronen" annehmen, eines für den Wert „erfüllt", eines für „nicht erfüllt".

Dieses ganze System wird nun in einer mathematischen Struktur erfasst und beschrieben. Der Prozess vom Eingangsimpuls zu den Ausgangswerten wird durch einen Algorithmus dargestellt. Es handelt sich hierbei um eine spezielle Form von Algorithmen, den Orakeln. Die „Turing-Maschine" erhält neben den vier bekannten Zuständen r, „rechts", l, „links", a_i, „Drucken" und s, „stopp" drei weitere $q_?, q_j, q_n$. Dabei geht die Maschine zunächst nach Durchlaufen der Schichten in den Zustand $q_?$ über. Hier wird gefragt: Erfüllt die vorliegende Zeichenkette die definierte Bedingung? Je nachdem, wie die Antwort ausfällt, geht die Maschine dann in einen der beiden Zustände q_n oder q_j über.

In unserem Fall prüft die Maschine im Zustand $q_?$, ob die Abweichung der vorliegenden Rechnung im Rahmen des Toleranzintervalls liegt. Lautet die Antwort „nein", so geht sie in den Zustand q_n über. Von hieraus übergibt sie an einen Subalgorithmus, um die signifikanten Abweichungen zu ermitteln und dann bei den „Neuronen" die entsprechenden Eingangsimpulse sowie die Schwellenwerte für die Ausgänge entsprechend anzupassen. Schließlich übergibt sie dann mit diesen neuen Werten das System dem Anfangszustand *„1"*, wo die Berechnung von neuem beginnt. Liegt das Ergebnis im Rahmen der vorgegebenen Werte, so geht die Maschine in den Zustand q_j und von hier in das Ausgangsneuron „erfüllt". Die Tatsache übrigens, dass der Computer nach Erreichen des Zustandes q_n in der Folge die Werte modifiziert, also in einem gewissen Masse „lernt", führt zu der Bezeichnung „Deep-Learning".

Man sieht, dass hier das bereits von Bertrand Russel definierte Ideal „des modernen analytischen, von mir skizzierten Empirismus, (...) dass er die Mathematik einbezieht und eine brauchbare logische Technik entwickelt", (B. Russel) realisiert wird. Ebenso wie „Menschen und Maschinen zusammenarbeiten, um bessere Ergebnisse zu erzielen, und jeder seine eigene Stärke in die Partnerschaft einbringt" (John Kelly).

Tatsächlich werden mit „Deep-Learning" heute die wichtigsten Anwendungen realisiert. Bekannt sind die selbstfahrenden Autos. In der Medizin werden komplizierte Blutbilder sofort erkannt. Aber es ist wieder nicht der Computer, der die entsprechenden Fragen für die Erstellung eines Blutbildes erstellt: Welche Bedeutungen haben eventuelle Abweichungen? Welche Konsequenzen sind zu ziehen? Usw. Er kann nur stur „ja“ oder „nein“ antworten – ohne Sinn und Verstand. Zu sagen, der Computer ersetzt den Arzt, er ist der bessere Mediziner, würde im Grund dasselbe bedeuten, wie wenn man sagen würde, der Bohrer ist der bessere Zahnarzt.

Es war auch nicht der Computer, der die neuronalen Netze kreierte, sondern der Mensch Frank Rosenblatt. Es waren die genialen Mathematiker, die das „Perzeptron“ in einer mathematischen Struktur darstellten, die Programmierer, die den Algorithmus entwarfen, der auf der „Turing-Maschine“ des Menschen Alan Turing basiert. Wieder haben wir an unserer Aussage über das „Denken“ des Computers nichts zurückzunehmen.

Wenden wir uns nun noch der zweiten der oben gestellten Fragen zu, nach der Art der Intelligenz. Wie für Locke „nichts im Verstand ist, was nicht zuvor in den Sinnen war“, so gilt offenbar für die am weitesten fortgeschrittene Form der „Künstlichen Intelligenz“, dem „Deep-Learning“: „Nichts ist im Perzeptron, was nicht zuvor von den Außenfühlern erfasst wurde.“ Der innere Prozess läuft dann offenbar analog zu der „geistigen chemischen Chemie“ (J. S. Mill) der Assoziationen im Sinne von David Hume ab. Da es also im Rahmen des Perzeptrons kein rationales geistiges Prinzip gibt, haben wir also hier die primitivste Form des Empirismus, den „Gemeinen Empirismus“. Alles, was über diesen hinausreicht, kann also die „Künstliche Intelligenz“ nicht erfassen.

Wir müssen abschließend noch auf einen letzten Einwand eingehen. Oft hört, liest man Vermutungen folgender Art: Zugegeben, die momentanen Computer können nicht fühlen, wollen, empfinden urteilen usw., aber man hat ja gesehen, wohin bisher die Entwicklung geführt hat, warum sollte das nicht auch in Zukunft möglich sein?

Hierauf ist zu antworten: Wie Fragen im Zusammenhang mit dem „Maschinenmenschen“ von La Mettrie nur im Rahmen der zugrundeliegenden Theorie, der Mechanik, beantwortet werden können, so auch hier nur für den tatsächlichen Computer auf Basis der Theorie, die ihn trägt. Hierfür haben wir die Antwort schon gegeben:

1. Computer sind auf logische Aussagen und Probleme beschränkt.
2. Notwendige Bedingung hierfür ist, dass das Problem in einer „rekursiv aufzählbaren Sprache" beschrieben ist.

Damit ergibt sich sofort folgendes Ergebnis:

Computer simulieren „Logisches Denken", allgemeiner: „Deduktives Denken". Insbesondere sind sie auf das System 2 beschränkt. Alles, was emotionales, subjektives Denken usw. betrifft, liegt außerhalb hiervon.

Alle weiteren Überlegungen, so wie sie oben angedeutet wurden, gehören in das Reich der „Science-Fiction". Es sei denn, es würde ein exakt definiertes Modell vorliegen, anhand dessen wir genauso wie beim Maschinenmenschen, beim Computer, exakt die Möglichkeiten analysieren könnten. Ansonsten sind solche Überlegungen von derselben Art, als ob man über die Intelligenzen Außerirdischer spricht, ob eine Fußballmannschaft der Marsmenschen möglicherweise unsere Weltauswahl besiegen würde.

TEIL 8
„Die Maßgebenden Menschen“ (Karl Jaspers)

„Abseits vom Markte und Ruhme begibt sich alles Große“ (Friedrich Nietzsche).

8.1. Revolutionäre des Denkens

„Gedanken durchdringen die gesamte menschliche Existenz, jedes, auch das primitivste menschliche Leben, ist von ihm gleichsam durchpflügt" (Hannah Arendt).

Das Denken bestimmt unser bewusstes Leben. Die großen lebensentscheidenden Handlungen, ebenso wie den kleinsten momentanen Augenblick. „Das ‚Ich denke" muss alle meine Vorstellungen begleiten können; denn sonst würde etwas in mir vorgestellt werden, was gar nicht gedacht werden könnte,(...)" (Kant). „Kein Mensch möchte ein Leben wählen, das zwar über allen Reichtum und alle Macht verfüge, während er selbst der Denkfähigkeit beraubt oder gar wahnsinnig wäre" (Aristoteles).

Während wir weitestgehend in den zeitgemäßen Bahnen mit unserem Denken verhaftet sind, im Allgemeinen im „System 1" verbleiben, waren es immer wieder die großen Genies, die dem Denken neue Bahnen gewiesen haben. Wir haben einige der Denkschemata, die für die Neuzeit prägend wurden, im „System 2" sowie im „Schwachen System 2" dargestellt. Dabei zeigte es sich, dass auch diese in gewisser Form auf den Strom der Vergangenheit aufbauten. Karl Jaspers weist nun auf diejenigen Denker hin, die frei und letztlich ohne Vorbilder, die Kultur in entscheidender Weise geprägt haben Er nennt sie die „Maßgeblichen Menschen": Sokrates, Buddha, Konfuzius und Jesus.

Neben den Genannten gehen wir auf zwei weitere Denker etwas genauer ein. Zunächst Platon; zumal es heute schwierig ist, die Gedanken von Sokrates von seinen zu trennen. Dass Platon für das Verständnis des Abendlandes eine unabdingbare Voraussetzung ist, haben wir mehrfach ausgeführt. Keiner unserer großen Kulturwerte kann ohne ihn verstanden werden. „Der Platonismus gehört zur Wesensstruktur der christlichen Theologie – und ich wage zu behaupten, dass keine andere Philosophie sich reibungslos damit verträgt. Es ist völlig unmöglich, den Platonismus aus dem Christentum herauszulösen, ohne es dabei in Stücke zu zerreißen" (Dean Inge). Die Renaissance war „eine neue Art zu fühlen, eine Annäherung an die

Dinge und an die Natur, eine Perspektive, in der die Welt, der Drang zum Göttlichen und die Präsenz des Göttlichen in der Welt begriffen wurde. Ohne diesen Platonismus ist die Renaissance nicht zu verstehen" (Eugenio Garin). „Wenn wir davon absehen dürfen von der in der Philosophiegeschichte wohl einzigartigen Mischung von Tiefe und Schönheit, deren Gewicht die Platonische Gedankenwelt ohnehin durch die Jahrhunderte trägt, so ist es die erstaunliche Zähigkeit, mit der gerade der politische Teil dieses Werkes sich im Bewusstsein der abendländischen Menschheit festgesetzt hat" (Hannah Arendt). Denn unter anderem verdanken wir ihm den fundamentalen Gedanken unserer auf Freiheit beruhenden Verfassung, dass nämlich „der persönliche Herrschaftsanspruch (...) in den „Gesetzen" zu einem unpersönlichen Herrschaftsanspruch der Vernunft und der von ihr gesicherten Idee umgewandelt werden konnte" (Hannah Arendt). Auf die Bedeutung in der Kunst, auf Michelangelo, Schiller und viele andere haben wir hingewiesen. „Monteverdi wird, gleich der Camerata, nicht müde, sich auf Platon zu berufen" (Michael Mann). Ebenso, dass sowohl die abendländische Mathematik als auch die Wissenschaften, ohne Platon nicht denkbar wären. Praktisch alle großen Mathematiker und Naturwissenschaftler bekennen sich zu Platon.

Wie vielleicht nur noch Galilei, so hat David Hume das Denken der Neuzeit bestimmt. Durch ihn wurde Kant „aus seinem dogmatischen Schlummer geweckt" (Kant). Doch selbst Kant konnte sich in letzter Konsequenz Humes Einfluss nicht entziehen. „Hume bricht endgültig mit der abendländischen metaphysischen Tradition, die von Heraklit bis Leibniz reicht – und leitet die Entwicklung ein, die zu den vielen Formen der modernen metaphysikfeindlichen Philosophie führt" (J. Hirschberger). Ohne Hume hätten weder Rudolf Carnap seinen „Logischen Positivismus", Karl Popper seinen „Kritischen Rationalismus", Daniel Kahneman sein „Schnelles bzw. Langsames Denken" entwickeln und formulieren können. Wir werden uns somit mit David Hume genauer beschäftigen.

8.2. „Humes Herausforderung“ (W. Stegmüller)

„Seit dem Entstehen der Metaphysik, soweit die Geschichte derselben reicht, hat sich keine Begebenheit zugetragen, die in Ansehung des Schicksals dieser Wissenschaft hätte entscheidender werden können, als der Angriff, den David Hume auf dieselbe gemacht hat“ (I. Kant).

„Nicht Kant, sondern Hume ist der Schöpfer der sogenannten modernen Philosophie“ (J. Hirschberger). Konsequent bricht er mit der gesamten Tradition, von den Vorsokratikern, Parmenides, Heraklit, ebenso mit Platon, Aristoteles, der Scholastik, bis zu Leibniz. Ohne Einschränkung gelten nur noch die Fakten, die reine Sinneswahrnehmung. Doch auch der optimistische Fortschrittsglaube der Aufklärung wird entlarvt; „in Humes Philosophie, mag sie falsch oder richtig sein, kommt der Bankrott der Vernünftigkeit des achtzehnten Jahrhunderts zum Ausdruck“ (B. Russel).

Dabei dürfen wir uns David Hume nicht als einen weltfremden, in seiner Studierkammer eingeschlossenen Philosophen vorstellen, der engstirnig seine Theorien verteidigt. „Alles in allem habe ich ihn immer als einen Mann betrachtet, der der Idee von einmal wirklich weisen und tugendhaften Menschen so nahe kam, wie es der menschlichen Gebrechlichkeit überhaupt möglich ist“, beschreibt ihn ein weiterer großer Schotte (Adam Smith). „Ich war ein Mensch von sanftem, offenem, geselligem und heiterem Gemüt, wohl der Zuneigung, aber nicht der Feindschaft fähig“, sagt er von sich selbst.

David Hume wurde 1711 in Edinburgh geboren. Als Sechzehnjähriger, offenbar mit den üblichen Selbstzweifeln kämpfend, die für dieses Alter typisch sind, schreibt er: „Mein innerer Frieden ist noch nicht genügend durch Philosophie gefestigt, um den Schicksalsschlägen zu widerstehen. Diese Größe und Erhebung der Seele kann nur im Studium, in der Versenkung des Geistes gefunden werden“ (D. Hume). Doch auch ein Philosoph lebt nicht vom Geiste alleine, so ergriff er auf Ratschlag seiner Verwandten zunächst das Jurastudium. Mit wenig Erfolg: „Von der Rechtswissenschaft wurde mir übel" (D. Hume), und brach das Studium ab. Daraufhin nahm er die Stellung eines Kaufmanns an. „Nach ein paar Monaten stellte ich fest, dass diese Umgebung für mich völlig ungeeignet war" (D. Hume).

Nachdem er verschiedene Stellungen bekleidet hatte, wurde er Adjutant eines Generals in Turin. Wie bei Bertrand Russel, so überkam auch hier den eiskalten Intellektuellen die heiße Leidenschaft. Der spätere Earl von Charlemont berichtete, wie er den mittlerweile siebenunddreißigjährigen Philosophen kniend im Schoße einer vierundzwanzigjährigen Gräfin ertappt habe, als er dieser leidend seine unerwiderte Liebe gestand. Hume räumte dies ein und sagte, dass „mein Gehirn gelitten hatte und ich so verrückt wie ein Mann im Irrenhaus war" (D. Hume).

Schließlich wurde er eine Berühmtheit; seine Glanzzeit erlebte er im französischen Intellektuellenmilieu, „kein Fest ist vollständig ohne ihn.", sagte Madame d'Epinay. Seine Körperfülle hatte allerdings inzwischen bedenkliche Ausmaße angenommen, „das Wort ist Fleisch geworden.", spottete d'Alembert (1717 bis 1783), als Hume auf einer Gesellschaft erschien. Doch dieser nahm es mit Humor und war glücklich: „Das Leben in Paris verschafft wahre Befriedigung, weil es in dieser Stadt von verständigen, gebildeten Menschen mit angenehmem Umgang wimmelt" (D. Hume).

Zurück in Schottland, im Alter von achtundfünfzig Jahren, freute er sich, „meinen Ruhestand noch viele Jahre zu genießen und mein Ansehen wachsen zu sehen" (D. Hume). Als sich sein Leben dem Ende zuneigte, nahm er auch dies mit Humor. Bekanntlich bringt Charon, der Fährmann der griechischen Mythologie, die Toten über den Styx. In dem „Dialog der Toten" berichtet Lukan (39 bis 65), wie diese nach Ausflüchten suchen, um die Überfahrt zu verzögern. Hume räumt ein, hier ebenfalls gebeten zu haben, doch Charon habe ihm geantwortet: „Du verbummelter Nichtsnutz, (...) los, ins Boot, und zwar sofort."

„Nichts ist im Verstand, was nicht zuvor in den Sinnen war(...) dieser Grundsatz ist bereits so unbedingt sichergestellt, dass seine Anwendung auch auf unseren Fall keinem Zweifel mehr unterliegen kann" (David Hume). Noch konsequenter als bei seinen Vorgängern

Locke und Berkeley sollte dieses Prinzip zur Anerkennung kommen. Damit wird Hume der konsequenteste Repräsentant des Empirischen Sensualismus, genauer, des „Gemeinen Empirismus".

John Locke hatte gewisse Schwächen seines Systems mit der Souveränität des Weltmannes toleriert. Die Sinneseindrücke, auf denen sein System beruht, liefern uns nur Daten von Eigenschaften der Objekte, „sekundäre Qualitäten", wie die Farbe, die Wärme und „Primäre Qualitäten", die den Sachen selbst zukommen, wie die Ausdehnung. Doch diese müssen auf etwas „sub-stare", sie benötigen einen Träger, die „Substanz". Und von dieser haben wir eben keinen Sinneseindruck. Somit muss Locke einräumen, dass „wir wie Kinder sprechen, die auf die Frage, was ein bestimmter, ihnen unbekannter Gegenstand sei, nur die Antwort „Etwas" zur Hand haben. Dies bedeutet aber bei Kindern wie bei Erwachsenen nichts anderes, als dass sie nicht wissen, womit sie es zu tun haben, und dass sie von dem Ding, das sie zu kennen und von dem sie zu sprechen vorgeben, keinerlei deutliche Vorstellung besitzen, vielmehr hinsichtlich seiner gänzlich unwissend sind und im Dunkeln tappen. Die Idee, die wir mit dem allgemeinen Namen „Substanz" verbinden, ist nichts anderes als der vorausgesetzte, aber unbekannte Träger existierender Eigenschaften." Im Weiteren behauptet Locke dann, dass er die Aussage „Gott existiert" streng aus der Erfahrung beweisen könne, zu seinen grundlegenden Prinzipien „ein bedenklicher Widerspruch." (Ernst von Aster). So „nähert sich Locke schließlich den platonisierenden Idealisten" (R. Falckenberg).

Konsequent wird dann der Sensualismus von George Berkeley, Bischof von Cloyne, weiterentwickelt, „dessen Einsichten eine der größten und schätzenswertesten Entdeckungen (sind), die im Reiche der Wissenschaften gemacht worden sind" (D. Hume). Wir haben gesehen, dass John Locke von der Substanz als ein „Etwas" spricht, es aber trotzdem dessen Existenz annimmt, obwohl diesem kein Sinneseindruck entspricht. Hier ist nun Berkeley konsequent, „die materiellen Objekte existieren nur in der Wahrnehmung" (B. Russel), nur solange sie für uns einen Sinneseindruck hinterlassen, haben sie eine Existenz für uns. Wie ist es dann möglich, dass sie auch dann existieren, wenn wir sie nicht wahrnehmen? Hier spricht nun der Bischof. Sie existieren, weil Gott sie wahrnimmt, ein gewagter Schluss. Ohne ihn würde alles, „was wir für ein materielles Objekt halten, ein sprunghaftes Leben haben, indem es plötzlich ins Sein hineinsprānge, wenn wir es ansähen" (B. Russel). Alleine Gottes Wahrnehmung sichert somit die materielle Existenz.

Man sieht, wie hier der Sensualismus sogar auf Gott ausgedehnt wird und so die Locke'sche Substanz gerettet wird. Doch durch welchen Sinneseindruck rechtfertigt Berkeley diesen Schluss? Somit ist das Programm von Hume klar definiert: Es gilt, die Erkenntnis von allen fremden Einflüssen zu befreien. Was sich nicht durch einen Sinneseindruck rechtfertigen lässt, kann nicht Gegenstand des Wissens sein. Mit diesem Rasiermesser zerschnitt nun David Hume jede Bindung zur klassischen Metaphysik.

Erstes Opfer wurde die Logik und hier zunächst der Begriff. Hier greift Hume einen weiteren Gedanken von Berkeley auf. Es kann nämlich im Sensualismus keine allgemeinen Begriffe geben. Was wir wahrnehmen, sind immer nur einzelne Gegenstände: die konkrete Rose, den ganz bestimmten Birnenbaum, die konkreten Menschen: z.B. Bernd Harhoff oder Herbert Wolf. Die einzelnen Wörter sind nur Namen für die konkreten sinnlich wahrgenommenen Objekte, sie haben keine weitergehende allgemeine Bedeutung, sondern bezeichnen nur den ganz bestimmten einzelnen Gegenstand, sie sind ein Zeichen hierfür, man nennt dies den Nominalismus. Dagegen haben wir noch niemals „die Pflanze", „die Menschheit", „das Tier" gesehen, gefühlt, gerochen, geschmeckt oder getastet. Wir erinnern uns an Protagoras und die Sophisten!

Nun ist aber der Begriff von rein logischer Struktur. Definieren wir eine „Pflanze" als ein Lebewesen, das sich nicht fortbewegen kann und Photosynthese betreibt, dann können wir folgenden Syllogismus im Sinne von Aristoteles anwenden:

Obersatz: Alle Pflanzen können sich nicht fortbewegen und treiben Photosynthese.
Untersatz: Die Rose ist eine Pflanze.
Schlussfolgerung: Die Rose kann sich nicht fortbewegen und treibt Photosynthese.

Ein derartiges Urteil ist aber hier nicht möglich, da es im empirischen Sensualismus weder „Die Pflanze" noch „Die Rose" gibt.

Berühmt wurde Hume für seine gnadenlose Zergliederung des Fundamentalbegriffes der Logik, dem Kausalprinzip von Ursache und Wirkung, zweitausendjähriges ehrwürdiges Fundament jedes Rationalismus. Anlass für Hume waren die im Zusammenhang mit der Wiederentdeckung der klassischen Atomtheorie durch Gassendi entwickelten physikalischen Gesetze, auf denen der damalige physikalische Materialismus beruhte. Im Gegensatz zu den unklaren Vorstellungen der französischen Philosophen „hatte durch Huygens die atomistische Substanztheorie diejenige Präzision erreicht, welche es ermöglichte, strenge Folgerungen zu ziehen" (H. Weyl).

Insbesondere dachte man sich die Atome als kleine Murmeln und die makroskopischen Wirkungen sollten sich durch Stoß derselben zeigen. In diesem Zusammenhang hatte Huygens die exakten Stoßgesetze elastischer Körper formuliert. Jede Bewegung der Atome forderte als Ursache einen bewirkenden Stoß. Trifft ganz allgemein eine erste Kugel auf eine zweite und ändert deren Bewegungsablauf, so ist sie Ursache für diese Bewegungsänderung. Doch David Hume folgerte: „Was ich sehe, sinnlich wahrnehme, ist die Bewegung zweier Körper, ich habe weder einen Sinneseindruck von einer Ursache, noch von einer Wirkung. Letztere, die Wirkung, ist von der Ersten, der Ursache, ganz und gar verschieden und kann folglich niemals in dieser entdeckt werden; die Bewegung der zweiten Billardkugel ist ein völlig verschiedenes Ereignis von der Bewegung der ersten; auch ist in der einen nichts enthalten, das die leiseste Andeutung der anderen liefere. Ebenso sehe ich, wie Feuer einen Gegenstand erwärmt. Was ich wahrnehme sind zwei Sinneseindrücke, einmal das Feuer und zweitens einen erwärmten Körper, jedoch keinen von einer Ursache und Wirkung“ (D. Hume). Also: Sensualistisch kann das Kausalgesetz nicht wahrgenommen werden und da im Empirismus der Sensualismus die einzige Erkenntnisquelle ist, kann es dieses Gesetz nicht geben.

Doch wie ist es dann möglich, dass wir doch immer wieder kausal in dem Schema von „Grund und Folge“ denken? Hume behandelt dieses Problem im Rahmen seiner Abhandlung „Von der gewissen Erkenntnis und der Wahrscheinlichkeit“. Allerdings bedeutet hier Wahrscheinlichkeit nicht die mathematische, eine solche wäre im „Gemeinen Empirismus“ gar nicht möglich, sondern der reine „Zufall“ im Sinne von Epikur. Hume findet dann in der „Gewohnheit“ die Lösung des Problems. „Alle unsere Ansichten in Bezug auf Ursache und Wirkung beruhen auf nichts anderem als Gewohnheit.“, sagt David Hume. Und stolz fügt er hinzu: „Leider konnte ich noch keinen bedeutsamen Fehler in der Beweisführung entdecken“ (D. Hume). Hume wird so zu einem der Begründer der Assoziationspsychologie. Die Erfahrung zeigt, dass wenn zwei Sinneseindrücke in unmittelbarer zeitlicher Nähe mehrfach erfolgen, sie sich in unserem Bewusstsein „assoziieren“, somit als einheitliche Folge erscheinen.

Als erstes Ergebnis halten wir somit fest: Im strengen empirischen Sensualismus gibt es keine logischen Gesetze. Exakte Wissenschaft im Sinne des „Systems 2“ ist hier nicht möglich.

Somit verbleibt von den Aristotelischen prinzipiellen Erkenntnismöglichkeiten nur noch die Induktion. Wie erfolgt nun hier die Erkenntnis? Wie können die hierfür erforderlichen Daten gewonnen werden? Ähnlich wie bei Locke unterscheidet Hume zwischen unmittelbaren äußeren Eindrücken und Vorstellungen, wobei diese letzteren die Eindrücke zur Voraussetzung haben. Ein Lied, das ich gestern gehört habe, ist in meiner Erinnerung nicht spurlos verschwunden, ich kann es mir in meiner Erinnerung „vor-stellen“. Somit bestehen die Bewusstseinsinhalte aus lauter „Momentaufnahmen“ der jeweiligen Vorstellungen. Wie können nun diese „atomisierten“ Impressionen zu einer kontinuierlichen Erkenntnis verbunden werden, wenn es unter den hier relevanten Voraussetzungen weder logische Gesetze noch ein „geistiges Band“ (Goethe) gibt?

„An den Gegenständen selbst findet sich nichts von einer Verknüpfung; wir können nach keinem anderen Prinzip als dem der Gewohnheit und ihrer Einwirkung auf die Einbildungskraft aus dem Auftreten eines Gegenstandes auf die Existenz eines anderen schließen(...). Dieser Eindruck oder diese Determination vermittelt mir die Vorstellung der Notwendigkeit“ (David Hume). Wie bei dem Kausalprinzip ist es als auch hier die „Gewohnheit“, die Assoziation, die den Zusammenhang schafft. Möglich wird dies durch das, „was wir Geist nennen, (dies) ist nichts als eine Anhäufung oder Sammlung von verschiedenen Wahrnehmungen, die durch verschiedene Beziehungen miteinander verknüpft sind“, sagt David Hume.

Da also der Verstand eine „Tabula rasa“ ist, der Geist lediglich seine Assoziationen der „Gewohnheit“ der Sinneseindrücke verdankt, müssen diese, sollen sie sinnvoll sein, eine strukturierte Außenwelt abbilden. Wir müssen also der Realität das zusprechen, was wir dem Geist absprechen. Damit die Außenwelt im Bewusstsein strukturierte Eindrücke bewirken kann, muss sie selbst geordnet sein. Doch woher wissen wir, dass die Außenwelt gesetzlich aufgebaut ist?

„Ein bestimmter Grad der Regelmäßigkeiten in unseren Wahrnehmungen kann für uns niemals der Grund sein, auf einen höheren Grad von Regelmäßigkeiten in anderen Objekten, die sich unserer Wahrnehmung entziehen zu schließen“ (David Hume). Ich sehe vor mir einen Stein zu Boden fallen. Kein Sinneseindruck vermag mir zu sagen, wie sich dieser Stein auf dem Mond verhalten würde. Mein Wissen erstreckt sich also stets nur auf meine konkreten persönlichen Sinneseindrücke. Darüber hinaus zu schließen, wäre ein „Widerspruch: nämlich dass eine Gewohnheit, die auf Grund von etwas, was dem Geiste niemals gegenwärtig war, entstanden wäre“ (David Hume). Somit „gibt es keine Erweiterung unseres Wissens vom Beobachteten auf das Nichtbeobachtete“ (W. Stegmüller).

Also: Die Induktion kann uns nur einen momentanen Sinneseindruck für das unmittelbar Gegebene liefern. Jeder weitere Schluss darüber hinaus wäre ein „Widerspruch“. Hinzu kommt jetzt ein weiteres fundamentales Problem. Denn die bisherigen Überlegungen haben als Grundlage die „Gewohnheit“. Diese beruht aber offensichtlich auf wiederholter Beobachtung. Und deren Schwächen wird Hume gnadenlos offenbaren. Denn soll eine wirkliche Assoziation erfolgen, so setzt dies voraus, dass der Eindruck jeweils derselbe bleibt. Allgemeiner: Was in der Vergangenheit gültig war, soll auch noch in der Zukunft zutreffen. Nur so kann das fundamentale wissenschaftliche Prinzip von Auguste Comte, „savoir pour prévoir“, erfüllt werden. Doch wieso sollen sich die Fakten im nächsten Augenblick nicht wieder völlig anders darstellen, so dass das bisher Erkannte völlig bedeutungslos wird? „Das Gegenteil jeder Tatsache bleibt immer möglich; denn es kann niemals einen Widerspruch in sich schließen. Dass die Sonne morgen nicht aufgehen wird, ist ein nicht minder verständlicher Satz und widerspruchsvoller als die Behauptung, dass sie aufgehen wird“ (David Hume). Also „ist es eine menschliche Illusion zu glauben, wir könnten ein Wissen über die Zukunft gewinnen“ (W. Stegmüller).

„Die Praxis, sagt ihr, widerlegt meine Zweifel. Aber ihr verkennt den Sinn meiner Frage. Als Handelnder fühle ich mich in diesem Punkt vollkommen befriedigt; als Philosoph aber, der seinen Teil Wissbegierde, ich will nicht sagen Skeptizismus, besitzt, wünsche ich die Grundlage dieser Forderung kennen zu lernen. Keine Lektüre, kein Forschen ist jemals imstande gewesen, meine Skrupel zu beseitigen und mich in einer Frage von solcher Wichtigkeit wahrhaft zufrieden zu stellen. Kann ich etwas Besseres tun, als die Schwierigkeiten dem Publikum vorzulegen, selbst wenn ich geringe Hoffnung hege, eine Lösung zu erhalten“, fragt David Hume.

Also: Auch die Induktion kann uns keinerlei Wissen liefern. Wir können nur über das im Augenblick Gegebene etwas aussagen, das im nächsten Moment nach dem Prinzip des „Zufalls“ sich wieder völlig anders darstellen kann. Damit ist auch der zweiten Erkenntnismöglichkeit der Boden entzogen.

Ähnlich wie mit dem Kausalbegriff verfährt Hume auch mit der Substanz. „Die Vorstellung einer Substanz und ebenso die eines Modus ist nichts als ein Zusammen einfacher Vorstellungen, die durch die Einbildungskraft verknüpft worden sind und einen besonderen Namen erhalten haben" (D. Hume). Was wir an einem Ding wahrnehmen, ist nichts anderes als eine Summe von Eigenschaften, für die wir, da sie stets beisammen angetroffen werden, einen besonderen Namen schaffen: die Substanz. Ein „Etwas", wie Locke dahinter zu suchen, ist müßig, den eigentlichen „Grund der Vorstellungen" (D. Hume) zu erfassen, das wäre ein Bemühen, jenem Zustand vergleichbar „von dem uns die Dichter in ihren Beschreibungen der Bestrafungen des Sisyphus und Tantalus nur einen schwachen Begriff gegeben haben. Oder kann man sich eine größere Qual denken als die, mit Eifer zu suchen, was uns immer entflieht und an einem Ort zu suchen, wo es unmöglich je sich finden kann?" (David Hume).

Was berechtigt uns also, von der substanziellen Existenz zusprechen? Jedenfalls kann sie sinnlich nicht begründet werden und den Weg, den Berkeley in diesem Zusammenhang über Gott ging, kann Hume natürlich nicht gehen. „Während die Menge Wahrnehmungen und Gegenstände zusammenwirft und eben den Dingen, die empfunden oder gesehen werden, eine gesonderte Existenz beilegt, ist diese Anschauung völlig unvernünftig, somit muss sie aus einem anderen Vermögen als dem Verstande stammen" (D. Hume).

Man sieht, auf der Basis des Hume'schen Empirismus lässt sich keine irgendwie geartete Wissenschaft aufbauen: „Die vollkommenste Naturwissenschaft schiebt unsere Unkenntnis ein wenig zurück, wie vielleicht die vollkommenste Geisteswissenschaft nur dazu dient, weitere Gebiete unserer Unkenntnis aufzudecken" (D. Hume). Letztlich stützt Hume seine Theorie auf eine Definition des „Glaubens", den „belief", „eine lebhafte Vorstellung, die zu einem unmittelbaren Eindruck in Beziehung steht oder assoziiert ist" (D. Hume). Dabei ist dieser „belief" zu trennen von dem religiösen Glauben, für Hume den „faith".

Es wäre völlig falsch, wenn der Eindruck entstünde, dass hier ein abgehobener Philosoph in seiner Studierstube eine zwar originelle, aber letztendlich doch weltfremde Theorie entworfen hätte. Das Gegenteil ist der Fall. Tatsache ist, dass der empirische Sensualismus in der Form des „Gemeinen Empirismus" das dominierende Denkschema der Moderne ist und dass David Hume deren Möglichkeiten und Grenzen in rücksichtslosem Scharfsinn aufgezeigt hat. Wir denken heute weitestgehend in den von Hume aufgezeigten Bahnen. Einige Beispiele sollen dies exemplarisch zeigen.

1. Metaphysik: Die alten Fragen nach Gott, Seele, Unsterblichkeit sind erledigt; durch welchen Sinneseindruck sollen sie sich rechtfertigen? „Wollt ihr, dass ich an Gott glaube, so lasst mich ihn berühren", sagt der blinde Arzt Saunderson in dem „Brief über die Blinden" bei Diderot. Voltaire war hiervon begeistert. Juri Gagarin (1934 bis 1968), der erste Mensch im Weltraum, verkündete nach seiner Rückkehr aus dem All, „er habe dort nirgends Gott gesehen." „Die Grenze des Erfahrbaren ist zugleich die des Erkennbaren: Schlüsse für die Fortdauer der Seele nach dem Tode und dem Wesen Gottes sind eitel Spitzfindigkeiten und Blendwerk. Nach dem berühmten Schlusswort des Essays verdienen alle Bücher, die etwas anderes als exakte Untersuchungen über Größe und Zahl enthalten, ins Feuer geworfen zu werden" (R. Falckenberg). Die Folge war, dass das Religiöse zunehmend des Numinosen entkleidet wurde und so der rationalen Forschung unterworfen wurde. „Die zunehmende Unvernunft des neunzehnten und des bisher vergangenen zwanzigsten Jahrhunderts ergab sich zwangsläufig aus der Vernichtung des Empirismus durch Hume" (B. Russel).

2. Moral: Wie alle englischen Empiriker, Locke, Bentham, John Stuart Mill, so war auch David Hume von einem hohen moralischen Ethos. „Die Wertlehre, die Hume entwickelte, verrät in ihren Details und Nuancen einen außerordentlichen Scharfblick in der Beobachtung des Menschen und ist auch heute noch eine förderliche Lektüre" (J. Hirschberger). Aber er bleibt auch hier seinem Prinzip treu, dass es Sinneseindrücke sind, die in uns positive bzw. negative Gefühle erwecken. Welche Gefühle sind positiv? „Die Nützlichkeit ist erfreulich und gewinnt unsere Billigung; das ist eine durch alltägliche Beobachtung bestätigte Tatsache. Doch nützlich wofür? Sicherlich für jemandes Wohl" (D. Hume). Man erkennt hier, wie Hume den Utilitarismus

von Jeremy Bentham und John Stuart Mill mit dem Prinzip „Das größtmögliche Glück für die größtmögliche Zahl“ (Beccaria). vorwegnimmt. Doch welches Glück? „Ein Masochist kann den eigenen Schmerz wünschen. Für einen Masochisten gibt es ohne Zweifel Lust aus dem Schmerz“ (B. Russel).

Da es keine allgemeinen Begriffe gibt, kann es somit weder die klassischen Tugenden wie die Weisheit, Gerechtigkeit, Tapferkeit oder Mäßigung geben, noch die christlichen wie Demut, Treue usw. Wir können diese jeweils nur durch Sinneseindrücke mehr oder weniger wahrnehmen. Wir sehen einen Kaufmann – nennen wir ihn Sven Miklobušec – und glauben aus seinem Verhalten schließen zu können, er sei ehrlich. Mit demselben Maßstab beurteilen wir sowohl den Ehemann Paul als auch dessen Hund Pluto als treu. Wieder sieht man, dass im Empirismus der Mensch sich nur graduell vom Tier unterscheidet.

3. Recht: Auch der Rechtspositivismus ist ohne Hume nicht denkbar. In diesem gelten keine allgemein gültigen Moralgesetze, sondern wird das Recht auf Normen der jeweils Herrschenden aufgebaut. „Indem der absolute Rechtspositivismus in der Fülle wechselnder geschichtlicher Konkretisierung nicht mehr die Zuständigkeiten, die dem Wesen der Person und der gesellschaftlichen Ordnung selbst entstammen, als die Quelle von Rechten erkannte, denen Machtbefugnisse zukommen, sondern die tatsächliche geschichtliche Macht im Stadium der formalen Legalität als alleinige Quelle des Rechts bezeichnete, geriet er in einen Relativismus, der mittelbar auch dem Terror Vorschub leistete“ (Eugen Kogon). Bereits bei den Sophisten setzte Thrasymachos (ca. 450 vor Chr.) Recht mit Macht gleich, auch hier führte der Sensualismus zu dem Ergebnis: „Man kann den Nomos (das Gesetz) ruhig übertreten; nur darf es niemand sehen“ (Antiphon).

4. Philosophie: „Begriffe ohne Anschauung sind blind“ (Kant). Hier spricht Hume! Schon Kant konnte sich dem Hume‘schen Empirismus nicht entziehen. Wie Locke in der Substanz ein „Etwas“ sah, so führt

dies hier bei Kant zum „Ding an sich". Nachdem als Reaktion hierauf der „Deutsche Idealismus" eines Fichte, Schelling und Hegel ein gewisses Gegengewicht schuf und die Universitäten kurzzeitig dominierte, war es dann schließlich wieder der Empirismus, der an nahezu allen Universitäten die Alleinherrschaft übernahm. Wir wissen, dass der ganze Materialismus eines Karl Vogt, Jakob Moleschott und Ludwig Büchener ohne die Hume'sche Erkenntnistheorie ebenso wenig denkbar wäre wie bei Karl Marx, nach dem sich die materielle Wirklichkeit im Bewusstsein widerspiegelt. Ebenso hat Hume die Grundlagen geschaffen, dass Richard Avenarius (1843 bis 1896) seinen „Empiriokritizismus" durch „rücksichtsloses Ausmerzen aller Reste metaphysischer Denkungsart – sowohl in Philosophie wie in der Naturwissenschaft und Psychologie" (Frischeisen-Köhler) formulieren, dass die Wissenschaftstheorie von einem „ungetilgten Rest der Metaphysik (...), den Popper mit seiner Wissenschaftstheorie überwinden wollte" (E. Ströker) reden konnte. Auch der Positivismus des „Wiener Kreises" um Rudolf Carnap wäre ohne die Prinzipien Humes, wenn nur das tatsächlich Gegebene, der unbezweifelbare Sinneseindruck, Gegenstand der Erkenntnis sein soll, nicht möglich.

5. Wissenschaft: Von der Philosophie führt der direkte Weg zu den Erfahrungswissenschaften. Exemplarisch ist hierfür Ernst Mach, einerseits positivistischer Philosoph, andererseits Physiker, wenn er gegenüber Ludwig Boltzmann die Existenz des Atoms spöttisch mit den Worten „Hoam's oans gsehn?" bestritt. Ganz in den Hume'schen Bahnen verbleibend, besteht für die Wissenschaftstheorie „die kritische Würdigung wissenschaftlicher Resultate mithin nicht unter dem Gesichtspunkt unbedingter Wahrheit oder der Zurückführbarkeit auf diese (...), sondern eine Methodik der Prüfung, die es ihr ermöglicht, ihre Problemlösungen fortlaufend zu ändern und zu korrigieren" (E. Ströker). Inzwischen ist es praktisch unbestrittene Maxime der modernen Wissenschaften, „dass sie sich in der Erfahrung zu rechtfertigen haben." Auch auf den Einfluss auf Darwin haben wir bereits hingewiesen, insofern dieser, als Folge auf die Kritik Humes am Kausalprinzip, seiner Dynamik den reinen Zufall unterstellte.

6. Psychologie und Pädagogik: Da es im Empirismus keine Seele, also Psyche, gibt, durch welchen Sinneseindruck sollten wir sie wahrnehmen, dürfte es hier gar keine Psychologie geben. Andererseits steht und fällt die Hume'sche Philosophie mit dem psychologischen Begriff der Assoziation. „Der Begriff war zwar schon vor Hume gebräuchlich – auch Locke verwendete ihn -, aber Hume ist der Erste, der die verschiedenen assoziativen Beziehungen eingehend untersucht" (Ernst von Aster). Da nun das neuzeitliche Denken in hohem Maße auf dem Empirismus beruht, ist es verständlich, dass die Assoziationspsychologie hier eine bedeutende Stellung einnimmt. Auf Iwan Pawlow (1849 bis 1936), Ewald Lee Thorndike (1874 bis 1949), B. F. Skinner (1904 bis 1990) werden wir noch zu sprechen kommen. Da sie ebenfalls dasselbe Erkenntnisprinzip wie Konrad Lorenz haben, nämlich, dass der Verstand „Die Rückseite des Spiegels" (Konrad Lorenz) sei, verwundert es nicht, wenn auch sie die Analogie der Tier- zur Menschenseele sehen. Selbstverständlich ist auch der Behaviorismus von Watson ohne Hume nicht denkbar.

Die Lerntheorie an den Schulen ist dann ebenfalls zum großen Teil auf dieser Psychologie aufgebaut. In jeder Stunde wird gefordert, ganz im Sinne von Hume, den Unterricht „anschaulich" zu gestalten. Wenn wir noch den von Hume eingeleiteten Utilitarismus hinzunehmen, so wird die Frage: „Wofür braucht man dies?" unvermeidlich.

7. Logik: „Am Anfang war der Logos", heißt es im Johannesevangelium; die Gedanken Gottes, mit denen er die Welt gestaltete. Hiervon kann in der modernen Logik nicht mehr die Rede sein. Eine tiefere Bedeutung, dass etwa die infrage stehenden Probleme mit dem Sein verbunden wären, wie zum Beispiel noch Descartes und Leibniz dachten, all dies hat hier keinen Raum. Im Gegensatz zu der Logik aus 3.1. sprechen wir deshalb in diesem Zusammenhang hier von der „gegenwärtigen Logik".

John Stuart Mill bezeichnete die „atomisierten" Impressionen, die nach Hume die Grundlage unseres Verstandes sind, als „geistige

Chemie“ (J. S. Mill). „Russel spricht, aufs Ganze gesehen, von einem logischen Atomismus“ (J. Hirschberger). Insofern liegen unseren Schlüssen gewisse Kombinationsmöglichkeiten dieser Hume‘schen Impressionen zugrunde. Da diese letztlich auch nur Zeichen ohne Bedeutung sind, finden wir den Zusammenhang zur gegenwärtigen Logik. Wir erinnern dabei noch einmal an Ludwig Wittgenstein. Da diese „Zeichen“ verbal erfasst werden, sind die prinzipiellen Möglichkeiten des Denkens in der Sprache konserviert und somit sah dieser das primäre Problem der Philosophie in der Klärung der Struktur und der Funktionsweise der Sprache. Ein Satz ist „eine Wahrheitsfunktion von Elementarsätzen“ (L. Wittgenstein), die Logik hat dann die korrekte Syntax sicher zu stellen. In diesem Sinne hat „die Philosophie nur die Aufgabe, die technischen Spielregeln herzustellen, mit denen die Sinnesdata in einem streng logischen Kalkül, in Analysis und Syntax, weiterverarbeitet werden können“ (J. Hirschberger).

Wir haben die Logik in Analogie zum Schachspiel behandelt, auf das auch Wittgenstein immer wieder verweist. Hierbei haben wir uns schon ganz in den Bahnen Humes bewegt. Würden wir noch auf die Bezeichnung für die jeweiligen Figuren wie Turm, Dame, die noch irgendwie eine Bedeutung suggerieren, verzichten, so würden wir endgültig im Reiche von Hume angekommen sein. Wir wissen, dass bei Hume die Objekte lediglich durch Zeichen mit Namen belegt werden. Tatsächlich ist die gegenwärtige Logik ein Schema, das ganz allgemeinen Symbolen, ohne jede Bedeutung, gewissen Regeln unterwirft.

Dass es dann keine absoluten Wahrheiten hier geben kann, ist nach allem klar. Logik sichert hier das korrekte prozesshafte Denken, das sich in einem Computer realisiert. Wahrheit reduziert sich auf das richtige Einhalten der Spielregeln. Russel nennt hierfür als Beispiel für einen wahren Satz schlicht die Aussage, dass 100 Zentimeter einen Meter ergeben.

Somit halten wir fest: Der von Hume exakt analysierte sensualistische Empirismus, der „Gemeine Empirismus“, kann

1. keine logisch exakte Theorie begründen,
2. auch keine empirische Theorie begründen,
3. keine allgemein gültigen Moralgesetze begründen.

Die Hume'sche Philosophie führt also zum totalen Skeptizismus und „beweist, dass der Empirismus keine ausreichende Grundlage für die Wissenschaft ist" (B. Russel). Für überzeugte Empiriker, wie Bertrand Russel, ergeben sich somit gravierende Probleme. „Es ist deshalb wichtig festzustellen, ob im Rahmen einer völlig oder hauptsächlich empirischen Philosophie eine Antwort auf Hume überhaupt möglich ist. Wenn nein, dann besteht zwischen geistiger Gesundheit und Geisteskrankheit kein Unterschied. Der Irrsinnige, der sich für ein „verlorenes Ei" hält, ist nur deshalb zu verurteilen, weil er eine Minderheit ist, oder sagen wir lieber – da wir nicht unbedingt von der Demokratie ausgehen müssen, weil die Regierung anderer Meinung ist als er. Das ist eine trostlose Auffassung, und wir müssen hoffen ihr auf irgendeine Weise entrinnen zu können" (B. Russel).

Die weitere Entwicklung hat gezeigt, dass dies nicht möglich ist. Wir haben bereits gesehen, dass zunächst Russel selbst dem Dilemma entkommen wollte, indem „der moderne analytische, von mir skizzierte Empirismus sich von dem Empirismus Lockes, Berkeleys und Humes dadurch unterscheidet, dass er die Mathematik einbezieht und eine brauchbare logische Technik entwickelt" (B. Russel). Aus dieser Konzeption, sowie der von Ludwig Wittgenstein begründeten Analytischen Sprachphilosophie, etablierte sich dann die philosophische Disziplin der Wissenschaftstheorie, die sich das Ziel setzte, auf die „Hume'sche Herausforderung moderne Antworten" (W. Stegmüller) zu geben.

Dabei konzentrierte sich in der Folge die Diskussion im Wesentlichen auf die beiden Antipoden Rudolf Carnap und Karl Popper (1902 bis 1994) mit ihren jeweiligen Schulen. Wir sahen wie hier der von Carnap vertretene „Logische Positivismus" scheiterte. „Der Positivismus ist tot, so tot wie eine philosophische Bewegung überhaupt nur sein kann" sagte Karl Popper höhnisch. Doch die Theorie von Popper beruhte wesentlich auf dem Begriff der „Bewährung",

„aber weder Popper selbst noch seine Schüler haben bisher klar gesagt, was sie unter ‚Bewährung' verstehen" (W. Stegmüller). Des Weiteren beruht die Theorie von Popper auf dem Kernbegriff der „Kritischen Rationalität". Doch hiermit ist „eine Entscheidung für kritische Rationalität, die sich nicht selbst als rational akzeptieren kann" (E. Ströker) logisch verbunden. Somit konnte sie nur „irrational", wie Popper selbst eingesteht, getroffen werden. Irrationale Entscheidung für Rationalität? Irrationales rationales Denken oder rationales irrationales Denken?

In der Folge verlor sich dann die Wissenschaftstheorie in eine nicht mehr übersehbare Zahl von Schulen, jede auf ihren Begründer und einige wenige Anhänger beschränkt und bereits nach kurzer Zeit wieder den Weg alles Irdischen gehend. Trotz aller, teilweise völlig abgehobener Konstruktionen, vorgetragen in einer verwirrenden Sprache, man vergleiche hierzu die klare Sprache Humes, die schon Kant beeindruckte; „das Hume'sche Problem ist unlösbar" (W. Stegmüller)

Humes Philosophie beruht „auf dem Prinzip, dass alle einfachen Ideen aus Impressionen, Eindrücken, abgeleitet werden; und wenn dieses Prinzip verworfen wird, dann kommen wir zwangsläufig wieder auf die „eingeborenen Ideen" zurück" (B. Russel). Wir haben gesehen, welche unüberwindbaren Schwierigkeiten mit dem Empirismus verbunden sind, wie kläglich die „modernen Antworten" (Stegmüller) scheiterten. Können die hier unüberwindlichen Probleme mit den „eingeborenen Ideen" überwunden werden? Dabei ist „eingeboren" natürlich nicht im Sinne von genetisch vererblich zu verstehen, sondern im Sinne der „ewigen Ideen", so wie Descartes und Leibniz noch dachten. Wir werden die möglichen Lösungen bei den „Maßgebenden Menschen" sehen.

8.3. Sokrates

„Sokrates vor Augen zu haben, ist eine der unerlässlichen Voraussetzungen unseres Philosophierens" (Karl Jaspers).

Jedes Klischee, das wir mit einem Philosophen verbinden, sehen wir in Sokrates verwirklicht. „Wie zahlreich sind doch die Dinge, deren ich nicht bedarf", war sein lapidarer Kommentar, als er über den Markt ging und alle die verführerisch ausgelegten Waren sah Eine solche Bedürfnislosigkeit mag angehen, soweit es seine eigene Person betrifft. Aber Xanthippe, seine Frau, die kaum einen Denar hatte, da der Ehegatte, anstatt seinem Handwerk als Steinmetz nachzugehen, über die Agora schlenderte und jeden, den er traf zu einem Gespräch über alles und jedes herausforderte, sah die Dinge naturgemäß anders. So konnte es auch geschehen, dass diese ihm auch einmal einen Wasserguss von oben verabreichte. Doch Sokrates meinte nur: „Sagte ich nicht, dass Xanthippe, wenn es donnert, auch Regen spendet?" „Die Xanthippe ist unausstehlich" erwiderte Alkibiades (450 bis 404 vor Chr.), „auch du lässt dir doch das Geschrei der Gänse gefallen", sagte Sokrates lapidar. Als ihn einmal jemand fragte, ob er heiraten solle, „was du auch tust, du wirst es bereuen", war die Antwort.

Wie Xanthippe so zum Prototyp des „bösen Weibes" wird, die die genialen Intentionen ihres Mannes nicht versteht, so wird das Sokratesbild zum Ideal des Philosophen, unablässig auf der Suche nach Wahrheit. „Von dieser Frage ist er besessen" (Wilhelm Weischedel). Wie er materiellen Dingen gegenüber völlig desinteressiert ist, so erträgt er mit demselben Gleichmut die Härten und Strapazen eines Feldzuges. „Seine unverwüstliche Gesundheit ermöglichte ihm seine Bedürfnislosigkeit und Trinkfestigkeit" (K. Jaspers). Als einmal alles um ihn her in wilder Flucht sich davonmacht, schreitet er als Einziger gelassen neben dem General einher, „ruhig umherschauend nach Freund und Feind" (K. Jaspers). Als das empörende Todesurteil gegen ihn gesprochen wurde, seine Anhänger, Kriton (465 bis 395 vor Chr.), Platon und all die anderen niedergeschlagen zusammenkamen, meinte er nur: „Nun ist es Zeit wegzugehen: für mich, um zu sterben, für euch, um zu leben. Wer von uns dem besseren Zustand entgegengeht, ist jedem verborgen, außer dem Gott."

„Zweierlei ist es, was man mit Recht dem Sokrates zuschreiben muss: einmal die ‚Bestimmung des Allgemeinen' und die ‚hinführende Rede'" (Aristoteles), also „die Bildung von und das Denken in Allgemeinbegriffen" (J. Hirschberger). Man könnte hier zunächst an das Induktionsverfahren denken. Tatsächlich geht auch Sokrates von den konkreten Einzelfällen aus. Es gibt Menschen, die lügen nicht, die betrügen nicht, die täuschen nicht usw., kurz, sie zeigen in einem gewissen Sinne gleiche Eigenschaften und diese bilden den Begriff der Ehrlichkeit. Insofern also ein immer Gleiches zugrunde liegt, bildet dieses den Begriff. „Eine gemeinsame, überall gleiche Gestalt (das Eidos) haben sie alle und dadurch sind sie Arete (Tugend)" (Sokrates).

Doch im Gegensatz zur modernen Induktion der Engländer liegt hier bereits der Fokus auf der „überall gleichen Gestalt", dem Eidos, der „Idee", dem „Wesen" (Husserl), das die Arete bestimmt. Ziel ist es somit nicht, die bisherigen Prinzipien in einem gewissen Sinne zu ergänzen oder den bisherigen Gründen für den Kosmos einen weiteren hinzuzufügen. So wie also Thales (624 bis 548 vor Chr.) das Wasser, Heraklit das Feuer, Demokrit das Atom als den Urgrund der Welt ansahen. Auch nicht, wie oft populär behauptet wird, anstelle dieser „äußeren Gründe" den Fokus auf das „Innere" des Menschen, das Ethische zu legen. Sondern es ist ein neues, tieferes Prinzip des Denkens selbst zu begründen, wobei die Wahrheit untrüglicher Leitfaden ist. Wie können wir die „Ehrlichkeit" tatsächlich verstehen? „Sokrates ist der erste wirkliche Erkenntnistheoretiker und insofern ein moderner Mensch" (J. Hirschberger).

Sokrates zeigt diese Form des Denkens in einmaliger Meisterschaft an dem Problem der „Arete", der Tugend. „Er unterhielt sich stets über menschliche Dinge und untersuchte, was fromm sei und was gottlos, was schön und schimpflich, was gerecht und ungerecht, was Besonnenheit und Wahnsinn, was Tapferkeit und Feigheit, was Staat und was ein Staatsmann, was Herrschaft über Menschen und was ein

Herrscher über Menschen; er fragte auch nach allem anderen, wovon er glaubte, dass diejenigen, die es wissen, recht und gut seien" (Xenophon). Denn Sokrates war überzeugt, dass das richtige Denken auch zum richtigen Handeln führt. „Die vollendendete Einsicht in die sittliche Norm und der Vollzug dieser Norm fallen zusammen" (Ernst Cassirer). Und insofern war es für das Staatswesen überlebenswichtig, dass seine Bürger wissen, was Gerechtigkeit, Treue, Ehrlichkeit sei.

Doch wen er auch fragte, niemand konnte ihm eine befriedigende Antwort geben. Äußerungen zur Tapferkeit, zur Ehre, dem Guten erwiesen sich als oberflächliches Gerede. Immer zeigte Sokrates durch entsprechendes Fragen seinem Gegenüber deren Unwissenheit, möge er Schuster, Gerber oder der Feldherr Nikias (gestorben 413 vor Chr) sein. Er provozierte sie, indem er ihr vermeintliches Wissen entlarvte, und als man ihn dann aufforderte, es doch selbst zu sagen, kokettierte er mit seinem eigenen Nichtwissen: „Jener meint zu wissen und weiß doch nicht; ich jedoch, der ich nicht weiß, glaube auch nicht zu wissen; ich scheine jedoch um ein Geringeres wissender zu sein als er, weil ich nicht meine zu wissen, was ich nicht weiß" (Sokrates).

Worin besteht nun „die unvergleichlich tiefe und ursprüngliche Einsicht von Sokrates in die Möglichkeit des Denkens"? (Hannah Arendt). Wir wollen dies in folgenden Punkten zunächst zusammenfassen:

1. Das Infragestehende kann nicht im eigentlichen Sinne „gewusst" werden. Es ist sozusagen ein wissendes Nichtwissen. Wir können die „Ehrlichkeit" nicht definieren, wie wir das Rechteck definieren können.
2. Doch dahinter steht eine tiefe Erkenntnis, die durch die festsehende Wahrheit gesichert ist. Es gibt sie, die Ehrlichkeit.
3. Das eigentliche Erkennen geschieht dialektisch im leitenden Gespräch.
4. Dieses Erkennen führt erst dann zum „Wissen", wenn es mein Handeln bestimmt. Ich weiß erst wirklich, was „Ehrlichkeit" ist, wenn ich stets ehrlich handle.

5. Dieses Wissen ist auch nicht erlernbar, es ist das Bewusstmachen, was man „schon immer weiß“ (Sokrates). „Ehrlichkeit“ kann ich nicht wie eine Gebrauchsanweisung erlernen.

Zu 1. Wissendes Nichtwissen:

Fragen wir nach der Ehrlichkeit: Nehmen wir an, wir könnten diesen Begriff exakt bestimmen, nehmen wir weiter an, Achilles sei ein Tischler und aus seinem ganzen Verhalten schließen wir, „dies ist ein ehrlicher Mann“. Er erfüllt also die Kriterien der Ehrlichkeit. Wir würden also seine einzelnen Handlungen analysieren und diesen das Attribut der „Ehrlichkeit“ zuschreiben. Also wie er seine Arbeit gestaltet, seine Rechnungen erstellt, sich seinen Nachbarn gegenüber verhält usw. Der Begriff der „Ehrlichkeit“ wäre also an die Eigenschaften des Tischlers gebunden. Nun denken wir Lisias, der Bauer, sei auch ein ehrlicher Mann. Doch die Prädikate des Tischlers passen nicht auf ihn. Wie sollen wir nun den Maßstab wählen? Nikias, der fromme Nikias, ist Feldherr und ebenfalls ehrlich. Weder die Kriterien für Achilles noch für Lisias würden hier zutreffen. Mit den Fernhändlern im Mittelalter kam der Begriff des „Ehrlichen Kaufmanns“ auf, Bismarck war der „Ehrliche Makler“ beim Berliner Kongress, was bedeutet hier „ehrlich“? Offenbar ist der Begriff situationsgebunden. Tatsächlich stellt sich in unzähligen individuell verschiedenen Situationen die Frage nach der „Ehrlichkeit“; das Problem erfordert jedes Mal ein der jeweiligen Lage speziell angepasstes Urteil.

Man sieht, der Begriff der Ehrlichkeit kann nicht im Sinne der Logik definiert werden, er ist also kein Begriff des „Systems 2“, er kann aber auch nicht operationalisiert werden, er ist also kein empirischer Begriff. Dasselbe können wir von den Tugenden der Gerechtigkeit, Tapferkeit, Weisheit, Mäßigung usw. sagen. Doch der unerschütterliche Glaube von Sokrates an die Wahrheit sichert trotzdem deren Existenz.

Zu 2. Was versichert nun Sokrates, dass es die „Ehrlichkeit" tatsächlich gibt?

Wie kann er ohne jeden Zweifel von dessen Wahrheit überzeugt sein? Es ist das, was ihn, wie er immer wieder betont, in den entsprechenden Lebenslagen leitet: der „Daimon". Wir würden hierzu in gewissem Sinne das „Gewissen" sagen. Gerade dieses tiefere Denken bringt Hannah Arendt in Beziehung zu der „unvergleichlich tiefen und ursprünglichen Einsicht von Sokrates in die Möglichkeit des Denkens".

Zu 3. Erkennen im dialektischen Gespräch:

Die Provokation, das Aufzeigen des „Nichtwissens" bei seinem Gesprächspartner, war nur der erste Schritt im dialektischen Schema. Der Begriff, von dem Aristoteles sprach, der infrage steht, soll durch „die Methodik der ‚Sokratischen Hinführung', der sokratischen Gesprächsführung erkannt werden" (Ernst Cassirer). Dabei soll dem Gegenüber das bewusst werden, was er letztlich schon immer weiß. Sokrates vergleicht seine Methode mit der Hebammenkunst, der Mäeutik. Seine Mutter war Hebamme und wie sie dem zunächst Verborgenen zum Dasein in der Welt verhalf, so bringt er das verborgene Wissen zum Vorschein „Wie eine Hebamme unterscheidet, ob Schwangerschaft vorliegt oder nicht,(...) so prüft er, ob der Geist des Jünglings eine Schein- oder Lügengeburt zu Tage bringt Er selber sei unfruchtbar an Weisheit, darum sei auch der Vorwurf richtig, dass er nur frage" (Karl Jaspers). Denn „zu entbinden zwingt mich der Gott, selbst zu gebären hat er mir versagt" (Sokrates). Die Technik besteht dann darin, den Gesprächspartner durch geschickte Fragestellung letztendlich dahin zu lenken, was das Wesen des jeweiligen Begriffs ausmacht.

Zu 4. Kongruenz von „Wissen" und „Handeln":

Letztlich war die Mäeutik nur dann erfolgreich, führte sie nur dann zum echten Wissen, wenn Verhalten und innere Einsicht kongruent sind. Erst hierdurch ist echtes Denken charakterisiert. Wir erinnern noch einmal an die „unvergleichlich tiefe und ursprüngliche Einsicht von Sokrates in die Möglichkeit des Denkens" (Hannah Arendt). Bulimielernen an unseren Schulen und Hochschulen ist wertlos und führt zu überhaupt keinem Wissen. Preisbildung im Monopol, Energieerhaltungssatz, Goethes „Faust", Mona Lisa, alles in wildem Durcheinander kurzfristig zur Kenntnis genommen, man hätte auch einen Papagei dressieren können.

Zu 5. „Was man schon immer weiß:"

Kommen wir noch einmal auf die „Treue" zurück. Sokrates zeigt, dass wir diese nicht durch die äußere Wahrnehmung erkennen können. Hier scheint der Hund Hektor ebenso treu zu sein wie sein Herr Achilles, wobei dieser in Wirklichkeit ein Heuchler sein kann. „Ehrlichkeit" ist sensualistisch nicht wahrnehmbar. Es muss also unabhängig davon etwas geben, was mich die echte „Treue", die echte „Ehrlichkeit" erkennen lässt. Wir haben gesehen, dass dies das Gewissen ist. Mein Gewissen muss mir zeigen, wie ich im konkreten Fall handle, „weil es gefährlich und unmöglich ist, etwas gegen das Gewissen zu tun" (Luther auf dem Reichstag zu Worms). Da aber jeder Fall sich anders darstellt, kann es hierfür keine Gebrauchsanweisung geben.

Sagen wir das Ganze noch einmal in den Worten von Karl Jaspers: „Sokrates gibt nicht, sondern lässt den Anderen hervorbringen. Wenn er dem scheinbar Wissenden sein Nichtwissen zum Bewusstsein bringt und dadurch das echte Wissen ihn selber finden lässt, so gewinnt der Mensch in einer wunderbaren Tiefe, was er eigentlich schon wusste, aber ohne es wissend zu wissen. Damit wird gesagt: Erkenntnis muss jeder aus sich selbst finden, sie ist nicht wie eine Ware zu übertragen, sondern nur zu erwecken" (Karl Jaspers).

Für uns Heutige, ist es schwierig, den Punkt 5 nachzuvollziehen, dass also dieses Wissen nicht erlernbar sei, etwas, was man „eigentlich schon wusste, aber ohne es wissend zu wissen" (Karl Jaspers). Dabei müssen wir bedenken, dass wir in unseren Denkschemata durch die Neuzeit geprägt sind, weitestgehend dem Hume'schen Empirismus unterworfen sind. Insofern ist es wichtig, noch einmal genau zu analysieren, was Sokrates mit der Mäeutik aussagen will, um Missverständnisse, wie sie sich durch das zeitgemäße moderne Denken ergeben, zu vermeiden. Beispielsweise sagt Russel, einer der großen Begründer und typischen Vertreter dieses Denkens, die sokratische Dialektik lasse sich „auf manche Stoffgebiete, die empirische Wissenschaft beispielsweise, (...) nicht anwenden“ (B. Russel), und nennt das Beispiel, dass „jede Entdeckung, die mit Hilfe des Mikroskops gemacht wurde, etwa die Verbreitung von Krankheiten durch Bakterien; man wohl schwer behaupten könne (...), dass sich dies durch die Methode von Frage und Antwort herausholen lässt“ (B. Russel).

Bei allem Respekt vor dem großen Mann, dies ist natürlich Unsinn, keine Kritik, sondern eine Trivialität. Die Aussage verkennt völlig das Wesen der „Sokratischen Frage“, dass insbesondere am Ende das „Nichtwissen“ steht. Was hier gewonnen werden kann, ist lediglich die allgemeine Einsicht in eine Möglichkeit, beispielsweise in das Wesen empirischer Forschung. Wir haben bereits oben am Ende von Punkt 1 festgestellt, dass der hier infrage stehende Begriff „nicht operationalisiert werden kann, er also kein empirischer Begriff ist“. Weder Sokrates noch Platon haben je behauptet, mit Hilfe der Dialektik konkrete empirische Fakten ermitteln und lösen zu können. Immerhin räumt Russel ein, dass „die Frage: „Was ist Gerechtigkeit“? beispielsweise sich vorzüglich eignet für eine Erörterung in einem platonischen Dialog“ (B. Russel). Mehr hat aber auch Sokrates mit seiner Mäeutik nie behauptet.

Wir können das Gesagte noch an einem weiteren Beispiel erläutern, auf das sich Sokrates bezog. In der griechischen „Arete“ ist Tugend immer mit der „Techne“ verbunden, also einem echten Können, das sich im Handwerk. realisiert. „Von Schustern, Walkern, Köchen und Ärzten redest du immer“, heißt es bei Platon über Sokrates. Dabei fallen Wissen und Werk zusammen. „Das Verstehen ist hier auch schon das Können und das Werk“ (J. Hirschberger). „Der versteht sein Handwerk“, sagt man heute noch. Dabei drückt sich in beidem auch hier die Sokratische Grundüberzeugung aus, dass nämlich das „Wissen“ und „Tun“ eine Einheit bilden. Und wie bei den Tugenden ist dieses „Können“ auch hier nicht wie in einer Gebrauchsanweisung erlernbar, es ist vielmehr das Bewusstmachen von dem, was man „schon immer kann“ (Sokrates). Auch hier gilt, dass es erst dann zum „Können“ wird, wenn es sich im Handeln zeigt.

Wir fragen nun: Hat das Sokratische „Können“ überhaupt eine reale Grundlage? Oder suchen wir möglicherweise nach einem Phantom? Können wir bei den großen Malern wie Rubens (1577 bis 1640), van Gogh (1853 bis 1890), Picasso (1881 bis 1973) ein Talent voraussetzen, das ihnen ein mit dem „Können“ vereintes „Wissen“ ermöglicht? Ebenso bei Haydn (1732 bis 1809), Schumann (1810 bis 1856), Richard Strauß (1864 bis 1949). Werden hierbei Werke geschaffen, die letztlich im tiefsten Innern schon gewusst sind, wobei sich dieses Wissen im konkreten Werk realisiert? Gilt dies auch für die großen Naturwissenschaftler wie Huygens, Dalton, Darwin usw., die großen Schriftsteller Dostojewski, Thomas Mann? Wir können die Aufzählung beliebig fortsetzen.

Doch auch für uns Sterbliche muss dies in einem gewissen Maß gegeben sein. Offenbar hat jeder gewisse Begabungen, jeder seine Schwächen. Der Gärtner, der auf Grund seines Talents in der Lage ist, eine Anlage dem Ganzen entsprechend anzupassen, der Koch, dessen Gerichte eine ganz persönliche Note tragen. Es gibt Menschen, die auf einem gewissen Gebiet hochbegabt sind und die andererseits wieder völlig unberührt und verständnislos durch ein Museum gehen, denen Bilder auch nicht durch irgendwelche Erklärungen nahegebracht werden können. Wir wissen selbst, wie dünn, oft hilflos, der Text ist, der in Bildbänden die jeweiligen Werke zu erklären versucht. Wie letztlich nichtssagend die Beschreibungen für Konzerte sind. „Wenn ihr‘s nicht fühlt, ihr werdet‘s nicht erjagen. Wenn es nicht aus der Seele dringt“ (Goethe).

Fassen wir die Sokratische Mäeutik noch einmal zusammen, insbesondere worauf sich die Mäeutik konkret bezieht und welcher erkenntnistheoretische Anspruch hiermit verbunden ist:

Erkenntnisgegenstand ist die „Arete“, die Tugenden, wie die Gerechtigkeit und Werte, sowie die mit der griechischen „Arete“ verbundenen „Techne“. Hier bedeutet „Verstehen“ das Zusammenfallen von „Können“ und „Werk“. „Der gescheite Werkmeister ist auch schon der gute Werkmeister. Wissen und Werk fallen hier zusammen“ (J. Hirschberger). Das echte „Können“ schlägt sich im „Werk“ nieder, ein „gutes Werk“ ist ohne echtes „Können“ nicht möglich. Dabei kann dieses „Wissen“, wir würden besser „Talent“ sagen, niemals konkret werden, es erfasst nur die allgemeinen Möglichkeiten, die es beispielsweise erlauben, das „Können“ des „guten“ Schreiners an einem „perfekten“ Schrank zu realisiert. Ebenso ermöglicht uns dieses „Wissen“ eine bestimmte Situation als „gerecht“ zu bezeichnen. Wer um die Tugenden „weiß“, „Wissen“ im echt sokratischen Sinn, wird auch so handeln und umgekehrt. Nur wer „weiß“, was „Ehrlichkeit“ ist, handelt „ehrlich“, ansonsten ist es zur Schau gestellte Heuchelei. Wenn dann Russel bemerkt, dass dieses „Wissen“ nicht „zur Entdeckung der Bakterie“ führt, so hat er die Sokratische Mäeutik völlig missverstanden.

Akzeptieren wir, dass es Tugenden, wie die Weisheit, die Mäßigung, die Tapferkeit, die Gerechtigkeit, allgemein die Werte wie Treue, Ehrlichkeit usw. gibt, sowie, dass Menschen über ein „Wissen“, vereint mit einem konkreten „Handeln“, verfügen, also etwas „können“. Dann ergibt sich folgende Frage: Wie ist dieses möglich? Wie können wir von den Tugenden, den Werten, etwas wissen? Wie ist das Wissen bei der „Techne“ möglich?

Die Moderne kennt hierauf nur drei mögliche Antworten:

1. der empirische Sensualismus
2. die genetische Vererbung
3. die Logik

Zu 1. Empirischer Sensualismus:

Wir wissen, dass dieser in der französischen Aufklärung dominierendes Prinzip war. Basis war hierbei das Locke‘sche Prinzip: „Nichts ist im Verstand, was nicht zuvor in den Sinnen war“. Der Verstand ist also zunächst eine „Tabula rasa“, eine „Leere Tafel“, vergleichbar einer zunächst unbelichteten Fotoplatte. Auf dieser bilden sich durch die fünf Sinne die Locke‘schen „Sensationen“, die „Ein-drücke“ der Außenwelt ab.

Somit bildet sich das Wissen, indem dem Lernenden jeweils die geeigneten Außenreize für die entsprechenden fünf Sinne angeboten werden. Folgerichtig schließt Helvetius, „dass alle ein genügendes Beobachtungsvermögen haben, um sich auf den Rang berühmter Männer zu erheben" (Helvetius). Der Einfluss von Helvetius war außerordentlich. „James Mill ließ sich von Helvetius bei der Erziehung seines Sohnes leiten" (B. Russel). Dieser war John Stuart Mill, der Vollender der Induktion, wobei dieser wiederum Pate von Bertrand Russel war. So schließt sich der Kreis.

Hängt die Bildung nur von den entsprechenden Sinnesreizen ab, so kann die Persönlichkeit des Zöglings durch geeignete Darbietung der entsprechenden Reize in jede beliebige Richtung gewiesen werden. Diesen offensichtlichen Schluss zog John B. Watson, der Begründer des Behaviorismus: „Gebt mir ein Dutzend wohlgeformter, gesunder Kinder und meine eigene, von mir entworfene Welt, in der ich sie großziehen kann und ich garantiere euch, dass ich jeden von ihnen zufällig herausgreifen kann und ihn so trainieren kann, dass aus ihm jede beliebige Art von Spezialist wird – ein Arzt, ein Rechtsanwalt, ein Kaufmann, ja, sogar ein Bettler und Dieb, ganz unabhängig von seinen Talenten, Neigungen, Tendenzen, Fähigkeiten, Begabungen und der Rasse seiner Vorfahren" (J. B. Watson).

Iwan Pawlow hatte experimentell an Hunden gezeigt, dass man durch Darbietung eines gewissen Reizschemas, der Konditionierung, bestimmte Reaktionen erzeugen konnte. Edward L. Thorndike gewann ähnliche Ergebnisse mit Katzen und Hühnern. Dieses Prinzip der Konditionierung übertrug nun Watson auf den Menschen in seinem berühmten „Little Albert Experiment". Einem neun Monate alten Kind wurden systematisch Angstreize dargeboten, weiße Ratten, menschliche Masken, brennende Zeitungen, verbunden mit Hammerschlägen auf eine Eisenstange u.v.a.m. Vielleicht hätten wir auch dies unter dem Kapitel „Vergewaltigungen" anführen sollen. Fortgeführt wurde der Behaviorismus von B. F. Skinner (1904 bis 1990) mit seinen Versuchen an Ratten, die Skinner-Box. Man sollte vielleicht erwähnen, dass für das Lehrerreferendariat der Behaviorismus eine der wesentlichen Grundlagen für die Lerntheorie ist. Wir erinnern uns auch an die Assoziationspsychologie von Hume. Jedenfalls ist es nicht verwunderlich, dass autoritäre Regime den Behaviorismus als geeignetes Instrument für das Schmieden eines ihrem System gemäßen Menschenbildes sehen.

Inwiefern ist nun der Sensualismus in der Lage, unsere oben gestellten Fragen zu lösen? Helvetius schließt, „dass alle ein genügendes Beobachtungsvermögen haben, um sich auf den Rang berühmter Männer zu erheben“ (Helvetius). Wieso gibt es dann dennoch Unterschiede? Wieso ist Newton Newton? Wieso hat sich nicht mein Wunsch erfüllt, dirigieren zu können wie Wilhelm Furtwängler, Klavierspielen wie Friedrich Gulda? Weil, „die Ungleichheit ihrer Fähigkeiten ist immer Wirkung einer verschiedenen Situation, in die sie der Zufall gebracht hat“ (Helvetius). Pech gehabt! Bei allem Selbstvertrauen, irgendwie denken wir doch nicht, dass trotz aller günstigen Umstände aus uns Mozart (1756 bis 1791) oder Einstein geworden wäre.

Das besondere Können der Koryphäen würde somit nicht auf einem außergewöhnlichen Talent beruhen, sondern wäre die „Wirkung einer verschiedenen Situation, in die sie der Zufall gebracht hat“ (Helvetius). Wir können hier keine Individualität erklären, es wäre nicht möglich zu begründen, wieso wir bestimmte Begabungen haben, wieso andere nicht, da „alle ein genügendes Beobachtungsvermögen haben“ (Helvetius). Das Wissen beruht auf einer „Tabula rasa“, die beliebig programmiert werden kann. Ein totaler Staat könnte uns zu kleinen Zinnsoldaten konditionieren. Galilei hätte Unrecht gehabt, als er sagte, dass er nie einem Menschen begegnet sei, von dem er nichts hätte lernen können, dass also Menschen über unterschiedliche Begabungen verfügen.

Wie steht es um die Werte? Hier ist die Sache noch offensichtlicher. Kant sagt: „Wahrheit wird weder gesehen, noch gerochen, noch getastet, noch gefühlt, noch gehört“ (I. Kant). Dasselbe können wir von der Gerechtigkeit, der Ehrlichkeit usw. sagen. Sie sind prinzipiell keine empirischen Begriffe und damit sensualistisch nicht wahrnehmbar. Insbesondere gibt es in diesem System keine Moral, wir erinnern noch einmal an „Little Albert“.

Das entscheidende Argument ist jedoch, sowohl für das „Können" als auch für die „Werte" im sokratischen Sinn, dass diesen etwas „zugrunde" liegt, das wir in unserem tiefsten Inneren „schon immer haben", etwas, das also entscheidet, ob nur oberflächliches Getue vorliegt oder echte Einsicht. Die Introspektion ist uns aber aus prinzipiellen Gründen empirisch versagt. Die Psychologie spricht deshalb von der „Black-Box". Insofern ist von vornherein klar, dass die relevanten Begriffe sich jeder Operationalisierung, jeder empirischen Begriffsbildung prinzipiell versagen.

Zu 2. Genetik:

Können nun die „Werte", das „Können" biologisch erklärt werden? Können diese also mit den Darwin'schen Prinzipien begründet werden? Tatsächlich gibt es diesbezüglich unzählige Abhandlungen. Beispielsweise glauben Fehr und Gächter den Altruismus darwinistisch begründen zu können; für Spitzer „eines der bislang interessantesten Ergebnisse dieser Forschung" (Spitzer). Andere wiederum glauben, für Musik eine Erklärung in diesem Zusammenhang gefunden zu haben. Wir werden sehen, dass das eine so großer Unsinn ist wie das andere.

Zweifellos finden wir auch in der Tierwelt Merkmale, die so etwas wie moralisches Verhalten suggerieren. Die Fürsorge der Vögel für ihre Jungen, die Gans, die ihre Brut mit aller Aggressivität verteidigt. Konrad Lorenz führt hierzu unzählige überzeugende Beispiele an. Offenbar kann ein derartiges Verhalten mit ausreichender Wahrscheinlichkeit durch die darwinistischen Prinzipien „Mutation" und „Selektion" erklärt werden. Doch das alles hat mit Werten im eigentlichen Sinne nichts zu tun. Denn es geht hier nur um den rein biologischen Überlebenstrieb, der durch Instinkte gesteuert wird. Hier „Werte" zu unterstellen, ist ein reiner Anthropomorphismus, wie die „fleißige Biene" oder das „hochmütige Kamel".

Betrachten wir als weiteres Beispiel einer Tugend die Treue. Gehen wir von empirischen Daten aus, so finden wir in der Tierwelt, beispielsweise bei der lebenslangen Monogamie der Schwäne, Merkmale, die wir mit Treue bezeichnen können. Der „treue Hund" ist sprichwörtlich. Doch indem wir alleine das Verhalten beobachten, erfassen wir eben unser eigentliches Problem, die „Sokratische Treue", nicht. Entscheidend für diese ist die Kongruenz von „innerer Einsicht" und tatsächlichem „Tun". Fehlt die erstere, die „Einsicht", so wird das äußere gezeigte Verhalten zur reinen Heuchelei.

Machiavelli (1469 bis 1527) empfiehlt dem Fürsten, er solle durchaus im Interesse des Staates Grausamkeiten begehen, auch vor Wort- und Vertragsbruch nicht zurückzustehen, aber sich den Anschein der Milde, Treue, Aufrichtigkeit und besonderes der Frömmigkeit geben, er müsse „Fuchs und Löwe zugleich sein" (Machiavelli).

Wann ist der Mensch Fuchs, wann Löwe? Ist der Fürst „gerecht" im eigentlichen Sinn oder täuscht er nur seine Untertanen? Der reine Behaviorismus, dem die jeweilige Innenwelt der Beobachtung prinzipiell entzogen ist, kann diese Frage nicht entscheiden. Wiederum sieht man, dass „im reinen Empirismus der Unterschied zwischen Tier und Mensch nur ein gradueller ist" (Leibniz). Dasselbe gilt offenbar analog auch für das zweite „Sokratische Problem", das „Können". Auch dieses ist eine Symbiose von „Werk" und „Wissen". Das „Wissen" zeigt sich im „Werk" und dieses ist ohne „Wissen" nicht möglich. Wann liegt somit echtes „Können" vor, also ein solches, das auf der Vereinigung von „Wissen" und „Werk" beruht oder lediglich ein Plagiat, eine Kopie? Ist das Bild ein Original von Braque (1882 bis 1963), verdankt es seiner Entstehung der schöpferischen Genialität oder ist es lediglich eine imitierende Fälschung, ein Computerprodukt der „Künstlichen Intelligenz"?

Somit ergibt sich folgendes Ergebnis: Menschliche Kulturwerte wie Tugenden und Werte, ebenso wie Werke, vom „einfachen" Werkzeug bis zum Kölner Dom, sind nur durch „Bewusstes Wissen" möglich, einer „Ein–Sicht", die wir in unserem tiefsten Inneren „schon immer gehabt haben". Nur unter dieser Voraussetzung ist schöpferische, menschliche Kultur erklärbar. Nur so unterscheidet sich das menschlich-mentale vom Instinkt des Tieres. Da dieses „Wissen" durch Denken bewusst gemacht wird, ist das Problem somit nur dann genetisch erklärbar, wenn wir das „Denken" biologisch erklären können. Wie wir bereits in 4.6. gezeigt haben, ist dies nicht der Fall. Wir wollen trotzdem das Problem noch einmal unter einem anderen Aspekt betrachten.

Offenbar finden wir auch im Tierreich zunächst Erscheinungen, die uns als hochgradig intelligent erscheinen. Doch interessanterweise liefert uns gerade in diesem Zusammenhang Marx die richtige Erklärung, wenn er sagt, „dass eine Spinne Operationen verrichtet, die denen des Webers ähneln, und dass eine Biene durch den Bau der Wachszellen manchen menschlichen Baumeister beschämt. Was aber von vornherein den schlechtesten Baumeister vor der besten Biene auszeichnet, ist, dass er die Zelle in seinem Kopf gebaut hat, bevor er sie in Wachs baut. Am Ende kommt ein Resultat heraus, das beim Beginn desselben schon in der Vorstellung des Arbeiters, also ideell vorhanden war“ (Karl Marx). Das Wort „ideell“ wird hierbei „durchaus in der Platonischen Prägung benutzt“ (Hannah Arendt). Eine Passage, die einem orthodoxen Marxisten nicht geringe Verlegenheit bereiten dürfte.

Wir haben bereits gesehen, dass für Monod „das Zentralnervensystem, für uns immer noch ein Wunder bleibt“ (J. Monod). Und selbst Konrad Lorenz, für den es praktisch keine Barriere für den Darwinismus gibt, gesteht, dass „hier noch ein unerklärbarer Rest bleibt“ (K. Lorenz). Sowohl J. Monod als auch Konrad Lorenz sind auf ihrem Gebiet unbestrittene Autoritäten, beide Nobelpreisträger. Trotzdem hindern ihre ehrlichen Eingeständnisse sie nicht daran, den sicheren Hafen ihrer Domäne zu verlassen und sich auf das schwankende Gewässer der Spekulation zu begeben.

„Wenn es darum ging, (...) eine Pantherjagd zu organisieren und unsere Vorfahren in die Lage versetzt werden konnten, ihre Ereignisse in einer Symbolsprache zu beschreiben und vorherzusehen(...), [so konnten] die Regeln der objektiven Logik formuliert und neue symbolische Instrumente wie etwa die Mathematik geschaffen werden“ (J. Monod). Damit sei auch das Problem von Einstein gelöst, dieser „habe sich oft darüber gewundert, und zwar zu Recht, dass die vom Menschen geschaffenen Formeln so getreu die Natur wiedergeben können, wo sie doch nichts der Erfahrung verdanken“ (J. Monod). Konrad Lorenz zitiert Donald Campell und schreibt lapidar: „Das Beispiel des durch Selektion bewirkten Wissenszuwachses kann auf andere Erkenntnisleistungen wie Lernen, Denken und Wissenschaft verallgemeinert werden" (K. Lorenz).

Wir sind in 4.6., worauf wir noch einmal verweisen, insbesondere auch deshalb ausführlich auf den Darwinismus eingegangen, um zu zeigen, dass derartige Behauptungen reine Spekulation sind. Auch sie hätten wir unter der Rubrik „Vergewaltigungen des Denkens" anführen sollen. Tatsächlich sind diese ohne jedes wissenschaftliche Fundament. Sie können weder logisch bewiesen noch einem empirischen Prüfverfahren unterworfen werden. Kurz, sie sind im Sinne von R. Carnap sinnlose Sätze. Nobelpreisträger hin, Nobelpreisträger her; letztlich handelt es sich um willkürliche Äußerungen von der Art: „Der große Manitu vom Sirius hat uns die Erleuchtung eingeflüstert."

Letztendlich sind wir bei derartigen pauschalen Behauptungen auf derselben Ebene, wie wir dies schon bei Stephen Hawking, Heckel, Moleschott und Gefährten gesehen haben, offenbar selbst bei bedeutenden Kapazitäten eine unausrottbare Untugend. Der Leser wird ausdrücklich noch einmal auf die „Idole des Theatri" bei Francis Bacon, „das Beispiel unzureichender und ungeeigneter Autoritäten." (Roger Bacon) hingewiesen.

In 4.6. haben wir die zahlreichen offenen Probleme des Darwinismus, solche von logischer Art, Erklärungslücken usw. erörtert und gezeigt, dass dieser in wesentlichen Fragen seines Binnensektors unvollständig ist. Wie soll dann hierdurch das „Denken" in seiner allgemeinen Form begründet werden können? Insbesondere müsste das „Denken", wäre es genetisch verankert, sich gemäß den „Mendel'schen Gesetzen" nachweisen lassen. Dies ist jedoch, wie wir gezeigt haben, nicht der Fall.

Neben den Ausführungen in 4.6. wollen wir nun mit einem logischen Argument das Problem endgültig zu Ende führen. Hierzu erinnern wir zunächst noch einmal an die mit der Aristotelischen Logik verbundenen Kategorien der Gattung, der Art, der Unterart usw. Dabei gehen wir analog zum „Deduktiven Denken" fortlaufend vom

Allgemeinen zum jeweils Konkreteren. Der Baum als allgemeiner Oberbegriff umfasst die Nadelbäume als das Konkretere, diese wiederum die Fichten, Tannen, Kiefern usw. Dabei kann der Unterbegriff niemals die allgemeinen Eigenschaften des Oberbegriffs erklären. Insbesondere kann der Begriff „Baum“ niemals in einem der Unterbegriffe enthalten sein. „No totality can contain members defined of itself“ (B. Russel). Wir können dies auch etwas anders formulieren: Aus der Art folgt die Gattung, aber der Kehrschluss ist nicht möglich. Jede Fichte ist ein Baum, aber nicht jeder Baum ist eine Fichte. Jede Katze ist ein Tier, aber … .

Für das „Denken“ bedeutet dies: Allgemein umfasst dieses als mögliche Unterformen, das „Ästhetische Denken“, das „Denken im System 1“, das „Denken in Verschwörungstheorien“, das „Denken im System 2“, das „Denken im Schwachen System 2“ usw. Keine dieser speziellen Formen kann das „Denken“ allgemein darstellen. Das „Denken im Rahmen der Theoretischen Physik“ ist wieder eine spezielle Art des „Denkens im System 2“, also kann das physikalische Denken erst recht nicht das allgemeine „Denken“ repräsentieren, woraus folgt, dass die Welt nicht physikalisch erklärbar ist.

Für unser Problem ergeben sich somit folgende Konsequenzen:

a) „Denken“ kann darwinistisch nicht begründet werden. Denn, ähnlich wie zuvor, folgern wir zunächst, dass das „Denken in den Prinzipien Mutation und Selektion“ eine Konkretisierung des „Denkens im schwachen System 2“ ist. Es kann also nicht einmal diese spezielle Form des „Denkens“ allgemein erklären, also erst recht nicht das „Denken“ in seinen prinzipiellen allgemeinen Möglichkeiten. Anders formuliert: Wir können von „Denken“ allgemein auf des „Denken in den Prinzipien Mutation und Selektion“ schließen, aber natürlich niemals in der umgekehrten Richtung. Aus dem „Denken in den Prinzipien Mutation und Selektion“ folgt zum Beispiel niemals das „Ästhetische Denken“, die „Hegel’sche Dialektik“ usw.

b) Die „Informatik“ ist eine spezielle Form des „Systems 2“, kann also das „Denken“ in diesem System, wie beispielsweise die Mathematik, nicht erklären; somit erst recht nicht das allgemeine „Denken“. Damit zeigt sich endgültig und unwiderleglich, dass das „Denken", im Gegensatz zu allem hochtrabenden Gerede, niemals durch einen Computer simuliert werden kann.

„Gegenüber dem Rätsel, was Materie und Kraft seien und wie sie zu denken vermögen, muss der Naturforscher ein für allemal zu dem schwer abzugebenden Wahlspruch sich entschließen: „Ignorabimus" (Emil du Bois-Reymond).

„Es ist trivial, dass der Mensch mehr ist und eine Sonderstellung einnimmt, die der naturwissenschaftlichen Betrachtung prinzipiell verschlossen ist. Die Beziehungen zwischen Sinnesorganen und Gehirn einerseits, subjektivem Empfinden, Erleben und Bewusstsein andererseits, stellen uns philosophische, aber keine naturwissenschaftlichen Probleme. Psychische Vorgänge sind der Biologie unzugänglich, gleichgültig, wie man aus philosophischer Sicht die Beziehung zwischen ihnen und der materiellen Struktur konstruiert. Die physikalisch chemische Kausalkette Reiz → Vorgänge in Sinnesorganen und im Zentralnervensystem führt niemals und endet niemals in psychischen Phänomenen. Das Problem der – mit Sicherheit vorhandenen – Beziehungen zwischen Leib (Physis) und Seele (Psyche) ist damit aus der biologischen Forschung ausgeklammert; sie kann es nicht beantworten" (Meyers Enzyklopädisches Lexikon; H. Autrum).

Zu 3. Logik:

Wir haben bei David Hume gesehen, dass die Fundamentalregeln der Logik, insbesondere das Kausalgesetz, der psychologischen Assoziation gewichen sind. Aus den idealen „Ideen Gottes" (Hl. Augustin) wurde ein Schema, das der „geistigen Chemie" (J. S. Mill) gewisse Kombinationsmöglichkeiten ermöglicht. Für einen der prominentesten und kompetentesten Vertreter dieser Richtung liegt ein „logischer Atomismus" (B. Russel) vor, repräsentiert durch Zeichen ohne jede tiefere Bedeutung, ohne absolute Wahrheit. Wir erinnern uns an Demokrit, Demokrit ohne das Kausalgesetz. Will man dann überhaupt noch von Logik reden? Somit reduziert sich das Ganze auf ein mechanisches Regelwerk, das Zeichen ohne jede Bedeutung die korrekten Assoziationen vermittelt. Wie soll ein solcher Mechanismus ein „Denken", das auf einer „tiefen Einsicht" beruht, die wir „schon immer gehabt haben", begründen können, wie ein „Können", über das man „schon immer verfügte"? Wie soll man Derartiges überhaupt aus einem Axiomensystem folgern können ohne das Kausalgesetz?

Folgerung:

Wir können somit durch keine der modernen wissenschaftlichen Methoden erklären, was „Denken" tatsächlich ist. Weder empirisch noch genetisch noch logisch kann das „Denken" begründet werden. Insbesondere bleibt uns hier sowohl das „Sokratische Tun" als auch das „Sokratische Denken" unerklärlich und verschlossen. Das moderne zeitgenössische Denken kann nicht zwischen „Fuchs und Löwe" (Macchiavelli) differenzieren, kann nicht den Unterschied zwischen Heuchelei und echter Gesinnung begründen, sieht „keinen prinzipiellen Unterschied zwischen Mensch und Tier" (Leibniz).

Doch das „Moderne Denken" ist keinesfalls „modern", im Gegenteil, es stellt einen Rückschritt um nahezu zweieinhalbtausend Jahre dar. Denn auch diese Denkmöglichkeit hat „die griechischen Philosophie grundsätzlich erschöpft" (E. Hoffmann), wir finden sie in aller Form bereits durchdacht bei den Vorsokratikern und den Sophisten. Von hier führten die Wege im Wesentlichen über die französische Aufklärung zur Gegenwart. Da jeweils dieselben sensualistischen Prinzipien vorausgesetzt werden, ist es ein schönes Beispiel der Universalität der Logik, wenn dieselben Voraussetzungen zu denselben Schlussfolgerungen führen.

Betrachten wir als erstes Beispiel die Sprache. „Aus den ursprünglichen, jeden Sinn, Bedeutung und Ordnung entbehrenden Lauten haben die Menschen durch allmähliche Artikulation die sprachlichen Ausdrücke gemacht", sagt Demokrit. Für La Mettrie „hörte der Mensch auf, ein Affe zu sein, als er bestimmte Töne zum bequemen Ausdruck bestimmter Vorstellungen erfand" (W. Durand). Von der Aufklärung kommen wir dann in die siebziger Jahre des vorigen Jahrhunderts und Jacques Monod hält die Hypothese für plausibel, die menschliche Sprache habe zunächst durchaus eine gewisse Beziehung gehabt zu „einem System verschiedener Lockrufe und

Warnschreie, wie sie zum Beispiel die großen Affen verwenden" (J. Monod).

Die bisherige Linie führt auch der „bedeutendsten Anthropologe der Gegenwart" (FAZ), Michael Tomasello (geb. 1950) fort. Demnach hat sich die Sprache aus Gesten entwickelt, also „zielgerichtete Ausdrucksbewegungen des Körpers, besonders der Hände und des Kopfes, im Unterschied zu Ausdrucksbewegungen des Gesichts (Mimik)" (Meyers Enzyklopädisches Lexikon). Empirisch belegt werden diese Hypothesen durch umfangreihe Versuche an Schimpansen und Gorillas, wir sind also wieder bei den Affen angelangt. Mag man sich hier noch durchaus im Darwin'schen Erklärungsschema bewegen, es ist durchaus plausibel, dass derartige Gesten mit einem Selektionsvorteil verbunden waren, so betreten wir nun das Reich der Spekulation. Denn nach Tomasello sollen sich nun sogenannte ikonische Gesten, also zeichenhafte, in der phylogenetischen Entwicklung irgendwie zur Sprache transformiert haben. Wie genau, möchte man fragen? Welche Mutation bewirkte, dass Galilei sein Trägheitsgesetz sprachlich formulieren konnte? Welche Mutation und welche hiermit korrelativ verbundenen Gene ermöglichten Einstein die Abfassung der Relativitätstheorie? Welche Selektion führte zur Sprache Homers, zu derjenigen von Shakespeare? Wir erinnern hier auch einmal an das Problem das „Anfangs" und der „Ganzheit" beim Darwinismus, an die Voraussetzungen der große Anzahl von Individuen, sowie, dass „die Natur keine jähen Sprünge machen kann" (Darwin).

Jedenfalls sind dies alles Deutungen, die weder Wilhelm von Humboldt noch Noam Chomsky akzeptieren würden. „Sprache ist die sich wiederholende Arbeit des Geistes(...); die intellektuelle Tätigkeit, durchaus geistig(...)" (W von Humboldt). Für Noam Chomsky steht fest, dass jeder Versuch, Sprache empirisch erklären zu wollen, scheitern muss, man sei daher gezwungen „zu den angeborenen Prinzipien von Descartes zurückzugreifen" (N. Chomsky). Wir wissen aber, dass diese „angeborenen Prinzipien" bei Descartes die „res cogitans" ist, also keine genetischen, sondern geistige Strukturen sind, also eben der Substanz angehören, die gerade von der Materie, derjenigen der Außenwelt, streng getrennt ist.

„Von den Göttern weiß ich nichts, weder dass sie sind, noch dass sie nicht sind“, sagte Protagoras. Für Kritias waren „die Götter und die gesamte Religion überhaupt nur die Erfindung eines klugen Kopfes, der mit diesen Schreckgespenstern die Menschen einschüchtern wollte, damit sie die Staatsgesetze einhalten“ (Kritias); in nahezu denselben Worten sagt Voltaire zweitausend Jahre später, „die Idee Gottes stammt vom Gefühl her (...). Die ersten Herrscher haben ihrerseits diese Begriffe dazu ausgenutzt, um ihre Macht zu festigen.“ (Voltaire) „Von allen großen Religionen ist die jüdisch-christliche in ihrem Aufbau sicherlich die ‚primitivste‘“, sagt Monod.

„Jeder, der erkannt hat, wie schwach und irrig die Beweise sind, auf denen die Religion aufbaut, (...) wird versucht sein, die Moralität für ebenso trügerisch zu halten wie die Religion, auf der sie beruht (...).“ Ein Satz, den Protagoras ebenso hätte sagen können wie Monod. Geschrieben hat ihn Holbach. Doch auch für Monod lässt sich auf der Religion keine Ethik aufbauen; hier wie dort ist „der Mensch ein Werk der Natur,(...) er muss endlich aus seinem tausendjährigen Traum erwachen und seine totale Verlassenheit und Fremdheit erkennen“ (J. Monod). Offenbar hatte der Professor in seiner Studentenzeit Sartre gelesen.

Jedenfalls erkennen wir wieder die Linie, die bereits von den Sophisten gezogen wurde; und wenn Trasymachos sagt, „gerecht ist, was den Mächtigsten zusagt oder gefällt“, so sehen wir hier bereits den Weg zu dem Rechtspositivismus des „Modernen Denkens“, „der mittelbar auch dem Terror Vorschub leistete“ (Eugen Kogon), zu einer Welt, in der „man den Nomos (das Gesetz) ruhig übertreten darf; nur darf es niemand sehen“ (Antiphon). Letztlich eine Welt, die „die zunehmende Unvernunft des neunzehnten und des bisher vergangenen zwanzigsten Jahrhunderts“ (B. Russel) fortsetzt.

Soll es also die Tugenden wie die Weisheit, die Gerechtigkeit, Ehrfurcht, Demut, sowie allgemein die Werte wie Treue, Ehrlichkeit usw. geben, sowie, dass Menschen über ein „Wissen“, vereint mit einem konkreten „Handeln“, verfügen, also etwas „können“, dann muss es andere Prinzipien geben, die Derartiges begründen können.

Der Leser wird fragen, wieso in unserem obigen Begründungsschema 1.) bis 3.) sowohl das „Schwache System 2“ als auch das „Starke System 2“ nicht herangezogen wurden. Wie wir wissen, beruhen beide auf den „Platonischen Ideen“. Das „Moderne Denken“ kennt aber nur im Sinne von Hume den „Gemeinen Empirismus“ sowie die „Genetische Vererbung“ als Erklärungsprinzipien. Aus beiden lässt sich natürlich der „Platonismus“ nicht begründen, existiert somit in diesem Sinne nicht. Andererseits haben wir aber gesehen, dass sich ohne diesen weder die exakten Wissenschaften noch unsere sonstigen existenziellen Kulturwerte verstehen lassen. Wir werden uns deshalb noch einmal ausdrücklich mit Platon auseinandersetzen, dabei insbesondere der Frage nachgehen, inwiefern er zu den oben gestellten Problemen Lösungen beitragen kann.

8.4. Platon

„Es ist dennoch, das Schöne, das Wahre! / Es ist nicht draußen, da sucht es der Tor, / Es ist in dir, du bringst es hervor“ (Friedrich Schiller).

„Die große Leistung des Sokrates, wie Platon sie verstand und wie er zunächst mit einseitiger Schroffheit verkündete, lag eben in der Einsicht, dass die „Vernunft“ des Seins, dass sein Logos sich nicht in den Dingen, sondern nur im Denken und im Tun offenbaren könne“ (Ernst Cassirer). Wie können wir nun das „Denken“ des Sokrates, das man „eigentlich schon wusste, aber ohne es wissend zu wissen“ (Karl Jaspers), genau verstehen?

Platon versichert, dass es der Umgang mit unserer sinnlichen Erfahrungswelt war, der ihn zu seinen Überlegungen, was „wahre Erkenntnis“ sei, geführt habe. Werden wie im Sensualismus die Sinne als einzige Erkenntnisquelle angesehen, so ist der Schluss des Protagoras unvermeidlich: „Der Mensch ist das Maß aller Dinge, der Seienden wie sie sind, der Nichtseienden wie sie nicht sind“ (Protagoras). Dabei ist aber nicht der Mensch im Sinne der Kant‘schen Menschheit als solche gemeint. Eine solche kann es im reinen Sensualismus, der nur die einzelnen Dinge wahrnimmt, gar nicht geben.

Der Satz bezieht sich auf jeden einzelnen Menschen als solchen. Da nun jeder Mensch ein Individuum ist, jeder über seine je eigenen, ihm ganz gehörenden Sinne verfügt, nimmt jeder die Welt individuell verschieden wahr. Es kann somit keine allgemeinen, für alle gültigen Regeln geben, insbesondere keine Wahrheit.

Somit bleibt jedes vermeintliche Erkennen lediglich ein persönliches „Meinen", die „Doxa". Man könne zufällig durch „göttliche Schickung" (Platon) das „Wahre" treffen, doch wenn man nicht um die Begründungszusammenhänge wisse, so sei dies lediglich ein Erraten. Doch es entsteht nun die Frage, was es ermöglicht, dass wir die einzelnen Sinneswahrnehmungen „irgendwie" zu einer Einheit zusammenfassen können? „Denn arg wäre es doch, wenn in uns, gleichwie in hölzernen Pferden, vielfältige Wahrnehmungen nebeneinander lägen und all dies nicht in eine einheitliche Gestalt, man mag sie nun Seele oder anders benennen, zusammenhinge, kraft deren wir als dann, indem wir die einzelnen Sinne als Werkzeuge benutzen, alles Wahrnehmbare auffassen" (Platon). Salopp gesprochen, es muss im Computer etwas geben, das Steuerwerk, das die einzelnen Speicherelemente zu einer höheren Einheit verbindet und den Ablauf regelt.

Wenn also möglich sein soll, dass die einzelnen Sinnesdaten zu einer Einheit verbunden werden können, so muss dem Denken etwas zugrunde liegen, das selbst absolut unveränderlich ist, das eben diese Einheit schafft und unabhängig vom sinnlich Gegebenen ist. Somit „ein Wissen, das wir immer im Munde führen: das Schöne an sich, das Gute an sich, die Gesundheit an sich, das Gleiche, das Große, das Kleine an sich, überhaupt jegliche Wesenheit" (Platon). Diesem Wissen komme es zu, „niemals in irgendeiner Weise, irgendwie auch nur die geringste Veränderung zu erleiden" (Platon). Es gibt also nicht ein bisschen mehr Gutes, ein bisschen weniger Gleiches usw., sondern nur das Gute, das Gleiche. Also können diese Begriffe keine sinnlichen sein, da ja Sinnesdaten permanenten Schwankungen unterworfen sind. Insbesondere gibt es „kein Sinnesorgan für Sein und Nichtsein, Ähnlichkeit und Unähnlichkeit, Gleichheit und Verschiedenheit und auch nicht für die Zahlen allgemein" (Platon). Tatsächlich haben wir bereits gesehen, dass die Zahlen nie sinnlich wahrgenommen werden können. Überhaupt, für alle Begriffe des Systems 2 trifft dies zu, so sagt selbst der Sensualist Kahneman, dass „wir kein Sinnesorgan für Wahrscheinlichkeiten haben" (D. Kahneman).

Gerade was die Zahl betrifft, so kam Platon auf eine seiner Reisen intensiv in Berührung mit dem Pythagoreismus; „diese Begegnung wirkte sich auf sein ganzes Denken und Tun aus" (J. Hirschberger). Und Pythagoras hatte als Erster die Zahl als ein allgemeingültiges, von jeder Erfahrung unabhängiges Erkenntnisinstrument erkannt. „Groß allvollendet, allwirkend und himmlischen wie menschlichen Lebens Urgrund und Führerin, teilhabend an allem, ist die Kraft der Zahl, ohne diese ist alles unbegrenzt, unklar, unsichtbar" (Pythagoras).

Somit erhalten die allgemeinen Überlegungen zunehmend Klarheit. Durch den bloßen Sinneseindruck können wir bei einer gewissen Menge von Äpfeln und Birnen nie entscheiden, in welcher Größenordnung die beiden Mengen stehen. Erst durch die Zahl, wenn wir beispielsweise 39 Äpfel und 41 Birnen zählen, ergibt sich eine unwiderlegliche eindeutige Beziehung. Ohne die Zahl wäre beispielsweise die Ökonomie auf ein unsicheres „Vielleicht" beschränkt. Wie soll der Kaufmann wissen, ob er Gewinn oder Verlust gemacht hat? Erst die Buchführung führt hier zur Klarheit, „messen was messbar ist, messbar machen, was es nicht ist" (Galilei).

Erläutern wir noch an einem weiteren Beispiel die Platonischen Gedankengänge: Die „Gleichheit" kann niemals als sinnlicher Ausdruck gewonnen werden. Wir haben gesehen, dass in der empirischen Sinnenwelt niemals zwei Objekte „ideal" gleich sind. „Wären sie in allem gleich, so wären sie eins" (Leibniz). Fehlt den Elementarteilchen jedes Unterscheidungsmerkmal, so werden sie nach Wolfgang Pauli „Identische Teilchen".

Wie ist es dann möglich, dass wir dennoch empirische Elemente als gleich auffassen können? „Ehe wir anfangen zu sehen und zu hören und die übrigen Sinneswahrnehmungen zu haben, mussten wir schon eine Kenntnis des an sich Gleichen gewonnen haben, wenn es möglich sein sollte, das Gleiche der Sinnesanschauung auf jenes zu beziehen mit der Einsicht, dass alles danach strebt, jenem gleich zu sein, ihm aber doch nicht gleichkommt“ (Platon).

Damit wir also sinnliche Gegenstände als Einheit auffassen können, müssen sie „danach streben, dieser (Einheit) gleich zu sein, können ihr aber doch nicht gleichkommen“ (Platon). Betrachten wir zum Beispiel einige Katzen. Offensichtlich zeigen alle irgendwie unterschiedliche Merkmale, sie sind nicht gleich, aber doch irgendwie, so dass wir sie in dem Sinne als gleich ansehen, dass sie eben Katzen seien. Was wir auf keinen Fall sinnlich wahrnehmen, ist eben diese „Gleichheit“. Aber diese befähigt uns zu einem gewissen „Wissen“ über Katzen als solche. Das heißt wir bilden den allgemeinen Begriff „Katze“. Damit haben wir aber einen fundamentalen Schlüssel für das wissenschaftliche Denken gewonnen. Zugleich ermöglicht dieses Gedankenprinzip den „Begriff“.

Während nun der Positivismus, der Empirismus, immer nur über endlich viele Katzen der Anschauung gewisse Aussagen machen kann, sie aber eigentlich auf Grund seiner Voraussetzungen gar nicht begründen kann, erlaubt nun der „Platonismus“ allgemein gültige Definitionen, die für jedes beliebige Tier zu allen Zeiten, an allen Orten, Gültigkeit haben. Wir definieren Katzen im Rahmen der Gattung der Säugetiere als eine Unterordnung der Klasse der Carnivora, der Raubtiere, und hier speziell als weitere Unterklasse die Art der Felidae. Ähnlich können wir die Tulpe als eine Pflanze aus der Gattung der Liliengewächse mit exakt festgelegten Eigenschaften definieren. Keine Tulpe erfüllt exakt die Definition der Tulpe im biologischen Sinn, keine zwei Tulpen sind gleich, aber „dass alles danach strebt, jenem gleich zu sein, ihm aber doch nicht gleichkommt“ (Platon).

Weiter sehen wir, dass das fundamentale Erkenntnisinstrument des Empirismus, nämlich die „statistische Masse“, als Zusammenfassung gegebener empirischer Elemente, zum Beispiel von Mendels Erbsen, ohne die „Gleichheit“ im Sinne Platons gar nicht möglich wäre. Bei aller Polemik von Marx gegen den Idealismus, er hätte seine „Klassen“, das „Proletariat“ ohne den „Platonismus“ gar nicht formulieren können. Allgemein ist in den Wissenschaften die „Gleichheit“ ein unentbehrliches Richtmaß.

Reinigen wir nun die sinnlichen Eindrücke und versuchen ihr eigentliches Wesen zu erfassen; „im Denken also, wenn irgendwo, wird der Seele etwas vom Seienden offenbar; sie denkt aber dann am besten, wenn nichts von diesem sie trübt, weder Gehör noch Gesicht noch Schmerz noch Lust, sondern sie so viel als möglich für sich selbst ohne Gemeinschaft und Verkehr mit dem Leib nach dem Seienden strebt. Und der kann doch am reinsten ausrichten, der am meisten mit dem Denken selbst an jegliches herangeht, indem er weder das Gesicht daneben gebraucht, noch irgendeinen anderen Sinn hinzuzieht in seinen Schlussfolgerungen, sondern sich des reinen Gedankens alleine bedient und mit ihm jegliches Seiende rein für sich selbst zu fassen trachtet. Wollen wir also etwas rein erkennen, so müssen wir uns von ihm, dem Leibe, losmachen und mit der Seele selbst die Dinge anschauen“ (Platon).

Wie wir bereits bei der Geraden, dem Punkt, dem Kreis gesehen haben, erfassen wir diese erst, indem wir „weder das Gesicht daneben gebrauchen noch irgendeinen anderen Sinn hinzuziehen in unseren Schlussfolgerungen, sondern uns des reinen Gedankens alleine bedienen und mit ihm jegliches Seiende rein für sich selbst zu fassen trachten.“ Und diese reine Erkenntnis, losgelöst von jedem Zufälligen, nur das reine Wesen erfassend, führt zur „Platonischen Idee“. „Die ganze Sinnenwelt strebt danach, zu sein wie die Ideenwelt, vermag es aber nicht, sondern bleibt dahinter zurück“ (Platon).

Erkannt wird somit das einzelne empirische Objekt, inwiefern wir die zugrundeliegende „Idee“ erfassen. Descartes stellte sich beispielsweise das Problem, „was denn das Wachs selber sei, etwas das verschieden ist von allem, was im Bereich der Sinne liegt, und bei allen Veränderungen von Geschmack, Geruch, Gesicht oder Gefühl stets dasselbe bleibt“ (Descartes). Was übrig bleibt, so schließt er, könne nicht mit den Sinnen, sondern nur denkend erfasst werden. Im selben Sinne schließt Russel: „Aus der Tatsache, dass ich das Wachs sinnlich sehe, ergibt sich mit Sicherheit mein eigenes Sein, nicht aber das des Wachses. Die Erkenntnis der Dinge muss durch den Geist, nicht durch die Sinne erfolgen“ (B. Russel). Mit anderen Worten: Das eigentliche Wesen des Wachses können wir nur durch die „Idee“ erfassen. „Weit entfernt also, dass wir, wie manche sich einbilden, einzig und alleine die Dinge verständen, sind es gerade die, die wir am wenigsten verstehen“, sagt Leibniz.

Die Idealbilder Platonischer Wissenschaften, die Mathematik und die Theoretische Physik, haben wir bereits ausführlich besprochen. Wenn wir schon den geometrischen Punkt nicht sensualistisch wahrnehmen können, dann erst recht nicht einen Punkt, in dem die ganze Masse eines Körpers vereinigt ist, den „Massepunkt“. Er ist genauso wie der „Starre Körper“, das „Ideale Gas“ der Thermodynamik, das „Elektrische Feld“ der Elektrodynamik, das „Elektron“ der Quantenmechanik, eine rein „Platonische Idee“. „Entgegen allem Anschein ist darum die Hypothese, dass die „Platonischen Ideen“ dem Universum Gestalt verleihen, die natürlichste und, philosophisch ausgedrückt, die ökonomischste“ (R. Thom).

Sowie eine Wissenschaft einen gewissen Grad an Exaktheit gewonnen hat, wird sie „Platonisch“. Das „Polypol“ in der Volkswirtschaftslehre ist ebenso ein platonischer Begriff, eine „Platonische Idee“, wie der „Vollkommene Markt“. Dasselbe gilt für die „Gruppe“ in der Soziologie, für Goethes „Urpflanze“. Obwohl sie in der tatsächlichen Welt niemals realisiert sind, stellen sie ein Maß dar, an dem der konkrete Fall gemessen, beurteilt werden kann.

Somit wird auch das „Sokratische Können“ verständlich. „Der Handwerker wird bei seinem „Tun“ „von einem geschauten Modell geleitet, das dem Herstellungsprozess vorangeht und ihn überdauert und dessen Erkenntniswert darin besteht, dass es dem Herstellenden erst zeigt, was er zu machen im Begriff steht, und ihm dann die Maßstäbe in die Hand gibt, nach denen er das Hergestellte in seiner Qualität beurteilen kann“ (Hannah Arendt). Die „Platonischen Ideale“ sind somit „ein unentbehrliches Richtmaß der Vernunft, die den Begriff von dem, was in seiner Art ganz vollständig ist, bedarf, um danach den Grad und die Mängel des Unvollständigen zu schätzen und abzumessen“ (I. Kant). In der Tat: Ohne ein solches Maß, „wenn wirklich alles Wissen in der Wahrnehmung der Übereinstimmung oder Nichtübereinstimmung unserer eigenen Ideen besteht, dann werden die Visionen der Enthusiasten und strengen Folgerungen der Besonnenen den gleiche Grad von Gewissheit haben", sagt John Locke.

„Der entscheidende Punkt der „Ideenlehre" liegt daher im Nachweis der Apriorität unserer Erkenntnisinhalte" (J. Hirschberger). Der sinnliche Eindruck wird erst dann „gewusst", wenn er in seiner „Idee" erfasst wird, wenn das Denken ganz auf sich selbst gestellt, von jedem Irrtum frei bei den mit sich selbst identischen Gegenständen verweilt, also diese in ihrer „Idee" erfasst.

„Und dieser Zustand wird Wissen genannt" (Platon). Dabei ist dieses keine „übersinnliche Eingebung", sondern ein „Analogisches Wissen", ein „Wissen", das die „Teilhabe", die „Methexis", an den ewigen unveränderlichen Ideen ermöglicht.

Dabei gibt es keine „Zwei-Welten-Theorie". Die wahrhaft seiende Welt ist die „Ideenwelt". Mit dem „Analogischen Denken", der ‚Metexis', können wir aber an dieser „idealen Welt" „teil-haben". „Die Sinne, das Gesicht, das Gehör, der Tastsinn werden zu Organen der Wahrnehmung, während der Vollzug, die Funktion des Wahrnehmens selbst einem Unwahrnehmbaren, dem reinen ‚Subjekt der Erkenntnis' anvertraut ist" (Ernst Cassirer).

Ein spezielles, besonderes Sein wird in einer ideellen Voraussetzung, der „Hypothesis", durch eine bestimmte Art des „Analogischen Denkens", erfasst. Wir setzen „hypothetisch" die „Gerechtigkeit" und können diese erkennen, indem wir „analogisch" an der reinen „Idee" derselben „teil-haben", ohne vollständig in dieser aufzugehen. „Mit diesem Geist steht der Mensch über aller raum-zeitlichen Erfahrung in einer zeitlosen Welt, ohne unsere sinnliche Welt zu verlieren und in eine andere, gänzlich unbegreifliche zu fliehen. Im Gegenteil, er erfasst sie in ihrem Grunde" (J. Hirschberger). Während die „Sinnliche Erfahrungswelt" schwankend und unsicher ist, ist die „Ideale Welt" das sichere und wahre Sein.

Halten wir also noch einmal fest:

1. Die „Idee" ist ein allgemeiner logischer Begriff, das Gute, das Wahre, das Schöne. Jedoch nicht als Summe von Merkmalen zu

verstehen, sondern als einheitliche, geistige, schaubare Gestalt, die Allgemeingültigkeit besitzt.

2. Die „Idee“ ist Ideal oder Urbild. Unser Denken richtet sich daran aus, sie bildet den „idealen Maßstab“.
3. Die „Idee“ ist Ursache. Sie ist dies als Voraussetzung, die „Hypothesis“. Dadurch wird sie zum eigentlichen Seinsgrund. Die „Hypothesis“ des „Schönen“ als eigentliche Ursache ermöglicht der Statue die „Teilhabe“ an der „Idee des Schönen“ und begründet so das „Schöne“.
4. Die „Idee“ ist auch „Wesenheit“. Sie erfasst also das Infragestehende, das „Gute“, selbst in seinem „wahren Sein“.
5. Durch die „Idee“ erhält das „Sein“ Bedeutung, Sinn.

Jetzt können wir auch das „Sokratische Wissen“, dieses nicht im eigentlichen Sinn Erlernbare, dieses Bewusstmachen, was man „schon immer weiß“, verstehen. „Wenn es etwas ist, was wir immer schon im Munde führen“, sagt Sokrates bei Platon, „nämlich das „Schöne“, das „Gute“ und alle Wesenheit dieser Art, und wenn wir hierauf alles, was uns aus den Sinnen kommt, beziehen als auf etwas, *was wir vorher schon gehabt haben*, jetzt aber als das Unsere wiederfinden, so muss notwendig, so wie dieses ist, auch unsere Seele sein, noch ehe wir geboren sind“ (Platon im „Phaidon“).

Ohne uns jetzt auf weitere Erörterungen einzulassen; wir können dieses „*vorher-schon-gehabt-haben*“ als die ewigen zeitlos gültigen „Ideen“ verstehen, an denen wir durch die „Metexis“ teilhaben. Dies allein kann das oben noch einmal angesprochene „Wissen“ erklären. Somit können wir jetzt auch die „Sokratischen Werte“ verstehen. Durch die „Teilhabe“ erfassen wir die „Hypothesis“ der Tapferkeit, der Gerechtigkeit, der Mäßigung, wobei diese „sich selbst in einer höchsten und unbedingten Wahrheit begründen und abschließen müssen“ (Ernst Cassirer).

Verdeutlichen wir das Gesagte noch einmal in Beziehung zum Empirismus: Dass der Mensch sich vom Tier unterscheidet, indem er über ein Wissen verfügt, das sich im Denken manifestiert, wird niemand bestreiten. Die Grundfrage der Philosophie lautet demnach:

Wie ist Wissen möglich? Der extreme Materialismus von Demokrit, der extreme Sensualismus von Protagoras, der extreme Empirismus von Hume, nach dem alles Wissen durch „Ein-drücke“ der Außenwelt auf die „Tabula rasa“ entsteht, führt zum extremen Skeptizismus, nach dem letztlich überhaupt kein sicheres Wissen möglich ist. Die fünf Sinne können uns lediglich ein zusammenhangloses Konglomerat von „Ein-drücken“ liefern.

Ist also unser Verstand eine „Tabula rasa“, so können Begriffe wie „Sinn“, „Bedeutung“ nicht durch die fünf Sinne erfasst werden, sie sind hier ebenso wenig möglich wie Werte. Die Frage nach dem „Sinn“ wäre „sinnlos“ (R. Carnap). Philosophie, Metaphysik, Religion hätten in diesem Kosmos keinen Raum. Eine bloß auf dem Empirismus beruhende Welt würde sich in der Tat „nur graduell vom Tier unterscheiden“ (Leibniz), wobei für Hume auch noch dieser Unterschied verschwindet. „Letzten Endes hat das Leben eines Menschen keine größere Bedeutung für das Universum als das Leben einer Auster“ (David Hume).

Ebenso wäre in einer solchen Welt weder Mathematik, noch Logik, noch Wissenschaft möglich. Kant hat in seiner „Kritik der reinen Vernunft“ gezeigt, dass für wissenschaftliche Erkenntnis stets Prinzipien vorausgesetzt werden müssen, die wir nicht aus der sensualistischen Erfahrung gewinnen können. Weder den physikalischen Raum, noch die physikalische Zeit sehen, riechen, hören, schmecken oder tasten wir. Dasselbe gilt für die Logik. Grundprinzip in der Relativitätstheorie von Einstein ist, unter anderem, die Konstanz der Lichtgeschwindigkeit in einer vierdimensionale „Raum-Zeit-Welt“. Niemand hat je dieses Phänomen sensualistisch wahrgenommen. Es genügt, wenn wir auf unsere Bemerkungen im Zusammenhang mit der Theoretischen Physik verweisen.

Da derartige Erkenntnisse keinem äußeren „Eindrücke“ entsprechen, können sie offenbar nur einer Kreativität entspringen, die schon im Inneren angelegt ist. Dasselbe gilt natürlich erst recht für die genialen Künstler. Niemand wird behaupten, dass Leonardo oder Picasso lediglich die „Eindrücke“ einer realen Außenwelt wiedergegeben haben, Mozart, Beethoven (1770 bis 1827) irgendwelche Geräusche dieser Art. Wir brauchen die Beispiele nicht mehr weiter fortzusetzen. Doch nicht nur die großen Koryphäen, auch wir Sterbliche wissen, erfahren, im Rahmen unserer Möglichkeiten, wie sich plötzlich bei einer Aufgabe die Lösung offenbart, „der Groschen ist gefallen", der unmittelbare „Ein-fall", das „Aha-Erlebnis" (Karl Bühler).

Wenn es also ein „Wissen" gibt, das nicht durch die Sinne erklärbar ist, so stellt sich die Frage, wie dies möglich ist. Die moderne Wissenschaft kennt nur zwei Möglichkeiten: die „Umwelt" oder die „Genetik". Wir haben gezeigt, dass beide außerstande sind, das Denken und damit insbesondere das „Wissen" zu erklären. Einzige Möglichkeit ist somit der „Platonismus", indem wir ein „Wissen" haben *„was wir vorher schon gehabt haben"* (Platon), und somit „kommen wir zwangsläufig wieder auf die „eingeborenen Ideen" zurück" (B. Russel).

Allerdings begnügt sich Platon nicht mit dieser allgemeinen „Theoria" und demonstriert dieses *„vorher schon gehabt haben, (...) ehe wir noch geboren sind"* (Platon) in Vollendung in dem für die gesamte Pädagogik epochemachenden Dialog des „Menon". Dabei „lehrt Sokrates einen Sklaven einen mathematischen Lehrsatz, aber dieses Lehren ist genau eine Anleitung zum Selbstfinden, das heißt hinter diesem Ein- und Aufleuchten einer Wahrheit steckt das Klarwerden einer schlummernden, unbewussten Einsicht" (Ernst von Aster). Obwohl also der Sklave keinerlei Vorkenntnisse in Mathematik hatte, war er durch die Mäeutik von Sokrates zur selbstständigen Erkenntnis geführt worden. Tatsächlich ist die Sokratische Mäeutik eine wesentliche Unterrichtsmethode.

Nennen wir noch zwei Beispiele hierzu:

Johannes Kepler:

Die drei Kepler'schen Gesetze werden für immer das Beispiel für eine unglaubliche Inspiration sein. Das erste besagt, dass die Planeten in Ellipsen die Sonne umkreisen, in deren einem Brennpunkt die Sonne steht. Dabei ist eine Ellipse ein „etwas zusammengedrückter Kreis". Das zweite, dass der Fahrstrahl Sonne-Planet in gleichen Zeiten gleiche Flächen überstreicht und das dritte, dass das Verhältnis der dritten Potenz des Abstands Sonne-Planet zum Quadrat der Umlaufzeit stets konstant ist.

Man bedenke, zu Keplers Zeiten gab es noch nicht einmal ein Fernrohr; niemand sieht irgendwelche Ellipsen am Firmament, sondern Himmelskörper, für die Demokrit den Begriff Planeten geprägt hat, was deutsch „Irrwege" heißt. Wie kann dies möglich sein? „Nicht der Einfluss des Himmels ist es, der jene Erkenntnis in mir geweckt hat, sondern sie ruhten gemäß der Platonischen Lehre in meiner Seele" (J. Kepler).

Wolfgang Pauli war hiervon so beeindruckt, dass er darauf Wesentliches seiner philosophischen Erkenntnislehre aufgebaut hat: „Der Einfluss archetypscher Vorstellungen auf die Bildung naturwissenschaftlicher Theorien bei Kepler" (W. Pauli). Wie wir wissen, kann sich Wolfgang Pauli „The Unreasonable Effectiveness of Mathematics in the Natural Sciences" (Eugen Wigner) nur platonisch erklären.

Carl Friedrich Gauß:

Der vielleicht größte Mathematiker aller Zeiten bekennt: „Endlich, vor Tagen ist es gelungen – aber nicht meinem mühsamen Suchen, sondern bloß durch die Gnade Gottes, möchte ich sagen. Wie der Blitz einschlägt, hat er das Rätsel gelöst; ich selbst wäre nicht imstande, den leitenden Faden zwischen dem, was ich vorher wusste, dem, womit ich die letzten Versuche gemacht hatte, und dem, wodurch es gelang, nachzuweisen" (C. F. Gauß).

„Es gibt in der Philosophie eigentlich nur zwei reine Typen: Platon und seinen Antipoden David Hume" (J. Hirschberger). Betrachten wir diesen Gegensatz noch einmal im Zusammenhang mit der Logik. In der Folge von Hume verbleibt für die moderne Logik „nur die Aufgabe, die technischen Spielregeln herzustellen, mit denen die Sinnesdata in einem streng logischen Kalkül, in Analysis und Syntax, weiter verarbeitet werden können" (J. Hirschberger), ein Schema, das ganz allgemeinen Symbolen, ohne jede Bedeutung, gewissen Regeln unterwirft. Dass es dann keine absoluten Wahrheiten hier geben kann, ist nach allem klar. Wahrheit reduziert sich hier auf das richtige Einhalten der Spielregeln. Diese realisieren sich beispielsweise in einem Programm einer Computersprache, das korrekt den

Ablauf einer Maschine regelt oder allgemeiner in der „Künstlichen Intelligenz".

Dagegen nehmen wir bei Platon mit dem „Logos" an den allgemeingültigen Ideen der Transzendenz „teil". Während die Hume'sche Logik lediglich das Einhalten willkürlicher Spielregeln garantiert, können wir mit der Platonischen Logik die Ideen des „Systems 2" erfassen und allgemeingültige Wissenschaft verstehen.

„Das Wunder der Anwendbarkeit der mathematischen Sprache auf die Gesetze der Physik ist eine wunderbare Gabe, welche wir weder verstehen noch verdienen", sagt Eugene P. Wigner (1902 bis 1995). In 6.1.2.2. standen wir vor der Frage, wie es möglich sei, dass die Mathematik „deren einziger Gegenstand die Struktur das menschlichen Verstandes selbst ist" (Hannah Arendt), die ihr völlig wesensfremde physische Natur identisch abbilden kann? Letztendlich beruhte „die Unerklärbare Effektivität der Mathematik" (E. Wigner) auf der Subjekt-Objekt-Spaltung, der „kartesische Gegenüberstellung von „res cogitans", dem Menschen, und einer „res extensia", der ihn umgebenden Welt, die unheilbar ist" (Hannah Arendt).

Doch für den Platonismus besteht dieser Hiatus nicht. Das Sinnliche ist mit der Idee, zwar unvollkommen, aber unmittelbar verbunden, beide haben letztlich ihre Heimat in der Transzendenz. Es gibt keine prinzipielle Trennung zwischen der intellektuellen Idee und dem sinnliche Eindruck. Während die Idee zeitlos gültig ist, realisiert sich der sinnliche Eindruck durch die „Teilhabe" an der Idee. In diesem Moment haben wir zwei Seiten derselben Medaille, wobei allerdings das Sinnliche das schwächere Abbild liefert. Und durch die Logik, die die Ideen verbindet und leitet, ergibt sich in ihrem Abbild der logische Aufbau der sinnlichen Welt. In diesem Sinne verstanden wohl auch Wolfgang Pauli und Werner Heisenberg „die Unerklärbare Effektivität der Mathematik in den Naturwissenschaften".

8.5. Buddha

„Vergänglich sind alle Daseinskräfte, Werden und Altern ist ständig ihr Teil. Entstanden müssen dahin sie entschwinden, Ihr stilles Verlöschen – das ist das Heil" (Rad der Lehre).

„Die Erlösung vom Leiden als einzigem Ziel kennzeichnet die Lehre des Buddha" (Ernst von Aster). Zunächst mit allem Wohlstand groß geworden, sagt Prinz Siddhartha: „Ich war verwöhnt, sehr verwöhnt. Ich salbte mich nur mit Benares-Sandel und kleidete mich mit Benares-Tuch. Bei Tag und Nacht wurde ein weißer Sonnenschirm über mich gehalten. Ich hatte einen Palast für den Sommer, einen für den Winter und einen für die Regenzeit. In den vier Monaten der Regenzeit verließ ich den Palast überhaupt nicht und war von weiblichen Musikanten umgeben."

Doch nach der Legende begegnete er einem hilflosen Greis, einem Kranken und einem Leichnam, was ihn veranlasste, sein bisheriges Leben in Frage zu stellen. „Gibt es etwas, was von den Übeln: Alter, Krankheit, Tod frei ist? Und wenn dies der Fall ist, was ist dieses und wie ist es zu erreichen?" (Siddhartha). Zunächst versuchte er durch schmerzvolle Kasteiungen und strenges Fasten in Verbindung mit Kontemplationsübungen die Erkenntnis zu erzwingen, „die Zunge gegen den Gaumen gedrückt", mit Gewalt die Gedanken „festhaltend, festgepresst, festquälend" (Siddhartha). Doch zunehmend reift die Gewissheit: Weder das Leben in Lust und Genuss der Welt noch das Leben in der selbstquälerischen Askese ist das rechte.

„Als er einst in einer Nacht im siebten Jahr seines Asketentums unter einem Feigenbaum saß, erreichte ihn die Erleuchtung (bodhi) und wurde so aus einem Bodhisattva zu einem Buddha" (H. von Glasenapp). Durch eine ganz neue Art des Denkens wurde so ein Wissen gewonnen, ein Wissen in „die wundersame Kraft des Sichhingebens, die Form des Verwehens in das Ewige. Und es ist die buddhistische Liebe als universales Mitleiden mit allem Lebendigen, die Haltung des Nichtangreifens" (Karl Jaspers). Im Rahmen unserer Problemstellung wollen wir uns speziell mit diesem völlig neuartigen, einzigartigen Denken befassen.

Wie bei Sokrates ist das rechte Wissen auch schon die Erlösung. Doch die Art und Weise, wie dieses Wissen gewonnen wird, ist völlig verschieden hiervon. Während bei Sokrates das durch die sinnliche Anschauung inspirierte logische Denken das Erkenntnisprinzip bildet, ist es bei Buddha die Meditation. In diesen Zuständen sah er „mit göttlichem, hellsichtigem, übersinnlichem Auge" (Buddha).

Während Wissenschaft und Philosophie stets innerhalb der uns gegebenen Bewusstseinsformen verbleiben, will Buddha im Geiste der indischen Philosophie gerade diese Bewusstseinsmöglichkeiten selbst erfassen. Die letzten Antworten für das Dasein findet man in tieferen Quellen. Dabei wird das „Unwahre" nicht alleine durch Denkprozesse und durch besondere Techniken der Bewusstseinsänderung überwunden, sondern dies kann nur auf Grund einer geläuterten Seele erfolgen.

Tatsächlich lehrt Buddha nicht ein weiteres Erkenntnissystem, sondern einen Heilspfad. Diesen lernt man nicht durch logische Operationen. Das, was Buddha sagen will, lässt sich nicht in verstandesmäßigen Aussagen formulieren. Der Verstand erzeugt den Raum, insbesondere befreit er von der Bindung an das Endliche. Dagegen wird die Erkenntnis Buddhas erst durch die Meditation erworben. „Die Befreiung wird durch Erkenntnis erreicht, die Erkenntnis durch Meditation, die Meditation durch das rechte Leben ermöglicht" (K. Jaspers).

Die Meditation ist aber nicht einfach eine Technik. „Sie ist gebunden an eine Reinigung des ganzen Lebens im sittlichen Tun" (K. Jaspers). Diese Lebensführung mit ihrer „wachsamen Besonnenheit" setzt die Meditation fort und gewinnt durch sie den weitesten Umfang. „Die „Bewusstheit" durchdringt die Körperlichkeit, erhellt das „Unbewusste" bis in die letzten Schlupfwinkel. Es ist in jedem Fall das Prinzip sowohl des Ethos, wie der Meditation, wie der Spekulation: die Helligkeit bis auf den letzten Grund zu treiben" (K. Jaspers). Dabei hat diese Meditation nichts gemein mit Rausch, Ekstase, sonderbare Zustände, wie dies durch Haschisch, Opium erreicht wird, sondern klarste, alles normale Bewusstsein an Helligkeit übertreffende Erkenntnis.

Erkenntnis ist das hellsichtige Schauen auf der höchsten Meditationsstufe, das heißt, nachdem auf der ersten Stufe das physische Selbst gelehrt wird, wird die zweite Stufe durch das Wissen um den geistigen Leib, dieser wird aus dem physischen Leib herausgezogen „wie der Halm aus dem Schaft" (Buddha). In der dritten Phase wird schließlich „das ungestaltete aus dem Bewusstsein bestehende Selbst" (Buddha) gewonnen, das der Unendlichkeit, dem Raumäther, angehört. Dabei geht es nicht um bloßes Wissen von etwas, sondern um die Verwandlung im denkenden inneren Handeln.

Obwohl das Wissen nur durch die Versenkung in einen gesteigerten Bewusstseinszustand möglich ist, hat Buddha seine Erkenntnis doch auch für das normale Bewusstsein in einer verständlichen Form ausgesprochen. Dennoch muss man bedenken, dass die eigentliche Wirksamkeit ohne das Übersinnliche nicht möglich ist.

Tatsächlich „ist es schwierig, die ursprüngliche Lehre Buddhas zu rekonstruieren" (L. Petech). Die „Vier Heiligen Wahrheiten" dürften „tatsächlich einen authentischen Ausdruck seines Denkens darstellen. Der Meister hat sie zum ersten Mal in seiner Predigt in Benares verkündet, die für den Buddhismus das gleiche bedeuten wie die Bergpredigt für das Christentum" (L. Petech):

„Dies, ihr Mönche, ist die heilige Wahrheit vom Leiden: Geburt ist Leiden, Alter ist Leiden, Tod ist Leiden, mit Unliebem vereint zu sein, ist Leiden, vom Lieben getrennt zu sein ist Leiden, nicht erlangen, was man begehrt, ist Leiden, kurz die fünferlei Objekte des Ergreifens sind Leiden. – Dies, ihr Mönche, ist die heilige Wahrheit von der Entstehung des Leidens: es ist der Durst, der von Wiedergeburt zu Wiedergeburt führt, samt Freude und Begier, der hier und dort seine Freunde findet: der Lüstedurst, der Werdedurst, der Vergänglichkeitsdurst. – Dies, ihr Mönche, ist die heilige Wahrheit von der Aufhebung des Leidens: die Aufhebung dieses Durstes durch gänzliche Vernichtung des Begehrens, ihn fahren lassen, sich seiner entäußern, sich von ihm lösen, ihm keine Stätte gewähren. Dies, ihr Mönche, ist die heilige Wahrheit von der Aufhebung des Leidens: es ist der heilige achtteilige Pfad, der da heißt: rechter Glauben, rechtes Entschließen, rechtes Wort, rechte Tat, rechtes Leben, rechtes Streben, rechtes Gedenken, rechtes Sichversenken“ (Buddha).

Buddha hat aber nie geglaubt, dass alle Menschen der Welt entsagen und asketisch leben könnten. Er war sich durchaus der menschlichen Grenzen bewusst, „nicht alle, die es versuchen, erreichen das Ziel“ (Buddha). „Er hat somit stets die Ansicht vertreten, dass zu einem bestimmten Zeitpunkt die Voraussetzungen hierfür nur bei einer Elite von Personen gegeben seien. Deshalb hat er schon zu Lebzeiten diejenigen, die er für geeignet hielt, in einem Mönchsorden zusammengefasst. Andererseits hat er aber alle Menschen ohne Ansehung entsprechend ihrer Wesensart und dem Stadium ihrer sittlichen Reife in je individueller Art und Weise unterrichtet. So zerfielen die Anhänger Buddhas in zwei Gruppen: 1. In die Laien, welche im Rahmen ihrer Betätigung und ihres Familienlebens die fünf sittlichen Gebote: nicht zu morden, nicht zu stehlen, nicht zu lügen, nicht Ehe zu brechen, nicht berauschende Getränke zu sich nehmen und 2. Die Mitglieder der „Sangha“, des Ordens, d.h. der Mönche und Nonnen, welche diese Vorschriften unter Bewahrung völliger Keuschheit und Armut sowie gewisser asketischer Regeln befolgen. Zwischen diesen beiden Kategorien gab es noch beliebige Zwischenstufen“ (H. von Glasenapp).

„Die unerschütterliche Macht des Sittlichen und diese unzerstörbare Hoffnung auf die Verwirklichung einer Erlösung sind die unversieglichen Lebensquellen, aus denen Buddha und die, welche ihm nachfolgen, die Kraft geschöpft haben, mit sieghafter Heiterkeit in einer Welle des Leidens zu kämpfen und zu wirken“ (H. von Glasenapp).

Buddha hat sein Wissen aus eigener Kraft erlangt: „Ich selbst habe die Erkenntnis erlangt, wessen Anhänger sollte ich mich nennen? Ich habe keinen Lehrer, ich bin der unvergleichliche Lehrer“ (Buddha). Dennoch wird nicht behauptet, man könne alleine den Weg zum Heil finden. „Eine richtige Anschauung entsteht durch die Stimme eines anderen und das eigene Nachdenken“ (Buddha).

Dasselbe verlangt er auch von seinen Schülern: „Ihr selbst müsst euch anstrengen, die Vollendeten verkünden nur“ (Buddha). Tatsächlich war „der Buddhismus eine aristokratische Lehre und blieb es in diesem Sinne, dass nur Menschen von hohem geistigem Rang ihn verstehen konnten“ (K. Jaspers). „Dem Verständigen gehört die Lehre, nicht dem Törichten“ (Buddha).

Karl Jaspers glaubt, dass uns bei Buddha nicht nur der Inhalt, sondern auch die Form des Lebens und Denkens selber verwehrt ist. „Wer nicht jahrelang die Meditationsübungen in der gehörigen Weise, mit den Glaubensvoraussetzungen und dem Ethos der Lebensführung, selber vollzogen und erfahren hat, wie weit er darin kommt, kann nur das verstehen, was im Gedanken als solchem mitteilbar wird. Wir dürfen nie vergessen, dass bei Buddha und dem Buddhismus eine Quelle fließt, die wir für uns nicht haben fließen lassen, und dass hier eine Grenze des Verstehens liegt. Wir müssen den außerordentlichen Abstand des Ernstes sehen und billigen und schnelle Annäherungen verwehren. Wir müssten aufhören zu sein, was wir sind, um an der Wahrheit Buddhas Anteil zu gewinnen. Der Unterschied ist nicht in den rationalen Positionen, sondern in der Lebensverfassung und Denkungsart selbst“ (Karl Jaspers).

„Tief ist diese Lehre, schwer zu durchschauen, schwer zu verstehen, friedvoll, herrlich, bloßem Nachdenken unfassbar, fein, nur dem Weisen erlernbar“ (Buddha).

8.6. Konfuzius

„Maß und Mitte sind der Höhepunkt menschlicher Natur“ (Konfuzius).

„Konfuzius war ein Gelehrter, der die Überlieferung des Altertums der Nachwelt in reiner, unverfälschter Form übermitteln wollte, und ein Moralphilosoph, der die ewigen Normen für das Leben des Einzelnen wie für die Regierung der Staaten lehrte“ (H. von Glasenapp). Quelle für seine Erkenntnis ist das Wissen um ein ideales Altertum. „Ich bin nicht geboren mit der Kenntnis der Wahrheit, ich liebe das Altertum und bin ernst im Streben nach ihr“ (Konfuzius).

Dabei befindet er sich zunächst in der Tradition des chinesischen Universalismus. Danach bilden Himmel, Erde und Mensch die drei

Komponenten eines einheitlichen Alls. Alle Erscheinungen im Makrokosmos haben ihre physischen, geistigen und sittlichen Entsprechungen im Menschen. Letztlich liegt hier der Grund für die Ordnung in der menschlichen Gesellschaft. „Die Kraft der Sitte ist es, durch die Himmel und Erde zusammenwirken" (Li-Gi). „Nur der Himmel ist groß, nur Yao entsprach ihm" (Konfuzius).

Doch die Vergangenheit wird nicht einfach gläubig hingenommen. „Durch die Übersetzung der Überlieferung in bewusste Grundgedanken wird in der Tat eine neue Philosophie wirklich(...). Diese Auffassung der Geschichte ist ‚kritisch'" (K. Jaspers). Sie sieht die individuelle Einmaligkeit jeder Epoche. „Ein Mann, der geboren in unseren Tagen und zurückkehrt zu den Wegen des Altertums, er ist ein Tor und bringt sich ins Unglück" (Konfuzius). Nicht Nachahmung, sondern das Erfassen der ewig wahren Ideen, die sich im Altertum offenbarten, ist die Maxime.

Wie kann nun dieses Wissen erworben werden? Offensichtlich durch Lernen von dem Altertum und es denkend erfassen. Aber für Konfuzius ist lernen ohne denken und denken ohne lernen nicht möglich. „Denken und nicht lernen ist ermüdend" (Konfuzius), andererseits „Lernen und nicht denken ist nichtig" (Konfuzius). Mit der Symbiose von „Lernen und Denken" ist somit das grundsätzliche Prinzip im System des Konfuzius angesprochen.

Diese Kongruenz von „Denken" und „Lernen" klar herausgearbeitet zu haben, dies ist eine weitere der großen geschichtlichen Leistungen von Konfuzius. Wie bei allen Großen steht die Erkenntnis, dass das echte „Lernen" von etwas nicht darin besteht, den Stoff einfach auswendig zu lernen, sondern in der Aneignung einer Wahrheit, die letztlich schon da ist, diese sich zu verinnerlichen und damit in bewusstes Handeln überzuführen. Entsprechend dem praktischen, nüchternen Sinn seines Wesens, verlor er sich nicht in einer unverständlichen Terminologie, sondern gestaltete hierfür zeitlos gültige Prinzipien in einer anschaulichen Sprache, die dennoch den eigentlichen, tieferen Sinn, bewahrte.

Jedes Lehrerseminar wäre gut bedient, wenn sie sich die Maxime von Konfuzius wieder für die Ausbildung in Erinnerung bringen würde. „Er strebt nicht danach, Fortschritte zu machen, er will es rasch zu etwas bringen" (Konfuzius). Doch sinnvolles Studium weiß um die Schwierigkeiten. „Wer lernt, dringt darum nicht zur Wahrheit vor; wer zur Wahrheit vordringt, ist noch nicht imstande, sie zu festigen; wer sie festigt, kann darum noch nicht sie im Einzelfall abwägen" (Konfuzius). Schüler, die verzagen, ermutigt Konfuzius: „Wem seine Kraft nicht ausreicht, der bleibt auf halbem Weg liegen; aber du beschränkst dich ja von vornherein selber" (Konfuzius). Auch Fehler sind kein Problem, „einen Fehler begehen und ihn nicht wiedergutzumachen, erst das heißt fehlen" (Konfuzius).

Wie gestaltet Konfuzius seinen Unterricht? „Wem es nicht ernstlich darum zu tun ist, etwas zu lernen, dem erteile ich nicht meinen Unterricht; wer sich nicht wirklich bemüht, sich auszudrücken, dem helfe ich nicht nach. Habe ich ihm eine Ecke gezeigt, und er kann nicht von selber auf die drei anderen kommen, so ist es bei mir vorbei mit dem Erklären" (Konfuzius). Lob, das letztlich nur ein unehrliches Lippenbekenntnis ist, kennt Konfuzius nicht: „Spende ich einem Lob, so ist es, weil ich ihn erprobt habe" (Konfuzius).

Wie lernt Konfuzius selbst? „Ein Überlieferer bin ich, nicht einer, der Neues schafft: treu bin ich, ich liebe das Altertum" (Konfuzius). Wie kann er das echte, wahre Wissen der Alten im Unterschied von dem schmeichlerischen falschen Scheinwissen erkennen? „Vieles hören, das Gute davon auswählen und ihm folgen, vieles sehen und sich merken, das ist wenigstens der zweite Schritt zur Weisheit" (Konfuzius). Im Übrigen muss man sich sein Wissen im lernenden Denken hart erarbeiten: „Andere können es vielleicht aufs erste Mal, ich muss es zehnmal machen; andere können es vielleicht aufs zehnte Mal, ich muss es tausendmal machen. Wer aber wirklich die Beharrlichkeit besitzt, diesen Weg zu gehen: mag er auch töricht sein, es wird klar werden; mag er auch schwach sein, er wird stark werden" (Konfuzius). Und selbst, wenn uns die letzte Gewissheit versagt bleibt, „lernen und immerzu üben, gewährt dies nicht auch Befriedigung?" (Konfuzius).

Für das Wissen selbst unterscheidet Konfuzius vier Stufen: Den Heiligen, der von Geburt an im Besitz des Wissens ist. Er kenne keinen solchen, sicher gebe es aber derartige Menschen. Die zweite Stufe muss sich durch Lernen in den Besitz des Wissens bringen, diese können Edle werden. Die dritte Stufe umfasst diejenigen, die schwer lernen, aber es sich nicht verdrießen lassen. Der vierten Stufe fällt es schwer, sie macht aber auch keine Anstrengungen. Die beiden mittleren Stufen können ihre Fähigkeiten nutzen oder sie versiegen lassen, „nur die höchststehenden Weisen und die tiefstehenden Narren sind unveränderlich“ (Konfuzius).

Ziel, Sinn des Lernens und Wissens, ist, wie bei allen großen Denkern, natürlich das sittliche Ethos, der moralische und sittlich gute Mensch. Erste Voraussetzung hierfür sind die Sitten, die Li. „Ein Volk kann nur durch Sitte, nicht durch Wissen geleitet werden“ (Konfuzius). Die Sitten leiten somit den Menschen durch etwas Allgemeines, sie geben dem Einzelnen Formen, Festigkeit, Sicherheit und Freiheit. Mensch wird, wer „sein Selbst überwindend sich in die Schranken der Li, der Gesetze der Sitte, begibt“ (Konfuzius). Dabei ist immer das Gleichgewicht zwischen der Freiheit und der Form zu finden. „Bei wem der Gehalt (das Ungebundene) überwiegt, der ist ungeschlacht, bei wem die Form überwiegt, der ist ein Schreiber (geistiger Stutzer)“ (Konfuzius).

Wie bei Platon, so werden auch bei Konfuzius die Sitten erst vollendet durch die Musik. „Wer die Musik versteht, erreicht die Geheimnisse der Sitte(…). Die höchste Musik ist stets leicht und höchste Sitte stets einfach; die höchste Musik entfernt den Groll, die höchste Sitte den Streit(…). Verwirrte Musik und das Volk wird zuchtlos,(…) die Kraft ausgelassener Lust wird erregt, und die Geisteskraft der ruhigen Harmonie vernichtet“ (Konfuzius). Doch wie bei den Li gilt auch hier: „Ein Mensch ohne Menschenliebe, was hilft ihm die Musik?“ (Konfuzius).

Wie es seinem nüchternen und realistischen Geist entspricht, hat sich das Wissen an der Praxis zu orientieren: „Wenn einer dreihundert Stücke des Liederbuches auswendig hersagen kann, und er versteht es nicht, mit der Regierung beauftragt, seinen Posten auszufüllen oder er kann nicht selbstständig antworten, wenn er als Gesandter ins Ausland geschickt wird: wozu ist einem solchen Menschen alle seine Gelehrsamkeit nütze?" (Konfuzius).

Oberste Priorität hat jedoch die Philanthropie: „Ein Mensch ohne Menschenliebe, was helfen dem die Li? Hervorragende Stellung ohne große Achtung, Kultus, Ehrfurcht, Beerdigungen ohne Herzenstrauer: solche Zustände kann ich nicht mit ansehen" (Konfuzius). Und wie Leibniz, so fragt auch er: „Fehlt die Ehrerbietung, wo wäre da ein Unterschied zu den Tieren?" (Konfuzius).

„Alles Gutsein, alle Wahrheit, alles Schöne steht dem Konfuzius vor den Augen in dem Ideal des Edlen" (K. Jaspers). „Der Edle ehrt den Würdigen und erträgt alle(...). Anlügen mag der Edle sich lassen, übertölpeln jedoch nicht(...). Mit jemandem, der sich dazu hergibt, zu tun, was unschön ist, lässt sich der Edle nicht ein" (Konfuzius). Denn er ist „charakterfest, aber nicht starrsinnig, verträglich ohne sich gemein zu machen, selbstbewusst, aber nicht rechthaberisch" (Konfuzius).

Was kontrastiert den Edlen zum Gemeinen? Der Edle versteht sich auf Gerechtigkeit, der Gemeine auf Profit. Der Edle ist ruhig und gelassen, der Gemeine beständig voller Ängste. Der Edle ist verträglich, ohne sich gemein zu machen, der Gemeine macht sich mit aller Welt gemein, ohne verträglich zu sein. Der Edle ist würdevoll ohne Hochmut, der Gemeine hochmütig ohne Würde. Der Edle bleibt fest in der Not, der Gemeine gerät in der Not außer Rand und Band. Der Edle geht bei sich auf die Suche, der Gemeine geht bei den anderen auf die Suche. Den Edlen zieht es nach oben, den Gemeinen nach unten.

„Der Mensch und seine Gemeinschaft sind das wesentliche Anliegen des Konfuzius" (K. Jaspers). „Mit den Vögeln und Tieren des Feldes kann man doch nicht zusammen hausen. Wenn ich nicht mit Menschen zusammen sein will, mit wem soll ich dann zusammen sein?" fragt Konfuzius. Da der Mensch nicht wie das Tier vom Instinkt gesteuert ist, ist er sich selbst Aufgabe. „Den Angelpunkt zu finden, der unser sittliches Wesen mit der allumfassenden Ordnung, der zentralen Harmonie vereint" (Konfuzius). Vom Himmelssohn bis zum gewöhnlichen Mann, für alle ist die Bildung des Menschen die Wurzel. Alles Gute kann sich im Menschen realisieren und dies ist im

Yen ausgedrückt, Pietät, Weisheit und Lernen, Gerechtigkeit. Je mehr wir diese Erkenntnis im inneren Handeln vollziehen, desto mehr wird der Mensch zum Menschen.

Konfuzius kennt aber auch die menschlichen Schwächen. „Ich habe noch keinen gesehen, der moralische Werte ebenso liebte, wie er eine Frauenschönheit liebt“ (Konfuzius). Ebenso sind wir auf unserem Lebensweg immer wieder Versuchungen ausgesetzt, die es zu überwinden gilt: „In der Jugend, wenn die Lebenskräfte noch nicht gefestigt sind, muss man sich vor Sinnlichkeit hüten; im Mannesalter, wenn die Lebenskräfte in voller Stärke sind, vor Streitsucht, und im Greisenalter, wenn die Kräfte schwinden, vor Geiz“ (Konfuzius).

Wie für Buddha, so ist auch für Konfuzius klar, dass unserem Wissen Grenzen gezogen sind. „Was man weiß, als Wissen gelten lassen, was man nicht weiß, als Nichtwissen gelten lassen: das ist Wissen“ (Konfuzius). Jede Spekulation über das Wesen des Todes lehnt er ab. „Wenn man noch nicht das Leben kennt, wie soll man den Tod kennen?“ (Konfuzius). Nur eines „entspricht seiner Überzeugung, dass in Natur und Sitte ein unabänderliches Weltgesetz waltet, das den ganzen Geschichtsverlauf in einer der kosmischen Harmonie entsprechenden Weise regelt“ (H. von Glasenapp).

8.7. Jesus

„Selig sind die Sanftmütigen, denn sie werden das Erdreich besitzen. Selig sind die Friedfertigen, denn sie werden die Kinder Gottes heißen“ (Matth.).

Bereits wenige Jahre nach Jesu Tod setzte die Frage um sein eigentliches Wesen ein. Die gefährlichste Krise ereignete sich 318 in Alexandrien. Arius (256 bis 336), Priester der Baukaliskirche, schockierte seinen Bischof mit der Behauptung, Jesus sei mit Gott nicht wesensgleich, sondern nur wesensähnlich. Die neue Lehre fand sofort viele Anhänger, unter anderem auch Kaiser Konstantin (272 bis 337). Die Orthodoxie fand ihren eloquentesten Vertreter in Athanasios (300 bis 373), Patriarch von Alexandria. Dabei „kam es neben ernsten theologischen Auseinandersetzungen zu Handgreiflichkeiten und Prügeleien" (Karl Schneider). Heute kaum vorstellbar, mit „welcher Gehässigkeit sie ausgefochten wurden" (Karl Schneider). Schließlich erfassten die Gewalttätigkeiten die gesamte östliche Bevölkerung, später den Balkan und Italien und erreichten Ausmaße, „die sich höchstens mit den Religionskriegen des sechzehnten Jahrhunderts vergleichen lassen" (William Seston).

Schließlich entschloss sich Konstantin zur Einberufung eines allgemeinen Konzils zu Nikaia. Das Problem unterschied sich nur um ein „jota" (griechisches i). War Christus „homousion" (wesensgleich) oder „homoiusion" (wesensähnlich)? Die Anhänger des Arius erklärten sich zur Versöhnung bereit, falls sie dem „homousion" ein „jota" hinzufügen dürften. Das Konzil gab aber „kein jota nach", folgte also der Lehre des Athanasios. Hierbei wurde das allgemein gültige ‚Glaubensbekenntnis' formuliert, wo es bekanntlich „eines Wesens mit dem Vater" heißt.

Konstantin ging erleichtert nach Hause und forderte die Gläubigen auf, sie sollten nicht mehr einander in Stücke reißen. Er befand sich im Irrtum. Arius hatte nach wie vor viele Anhänger, insbesondere bei den Germanenstämmen. Theoderich der Große (454 bis 526) war mit seinen Ostgoten ebenfalls Arianer.

Die weiteren Diskussionen der nächsten Jahrhunderte in diesem Zusammenhang, so differenziert, so kompliziert sie verliefen, sie waren stets durch das eine Band verbunden, der absoluten Gewissheit, der Verflochtenheit in dieser Frage, mit der Transzendenz zu Gott. Wir haben schon gesehen, wie die transzendenten „Platonischen Ideen" bei dem Heiligen Augustin zu den „Gedanken Gottes" wurden. Niemand stellte diese Transzendenzverflochtenheit in Frage. Gott, insbesondere Christus, konnte nur im Zusammenhang hiermit verstanden werden. Dieses Band wurde jedoch jäh und bis in unsere Tage endgültig durch den Hume'schen Empirismus zerschnitten.

Über die Banalitäten im Zusammenhang mit der französischen Aufklärung haben wir bereits gesprochen. Weit über diesem Sumpf steht der Mann, durch den die „geistige Revolution der Hegel'schen

Linken, der Junghegelianer, ausgelöst wurde" (J. Hirschberger), David Friedrich Strauß (1808 bis 1874). In seinem epochalen Buch, „Das Leben Jesu", führt er aus, dass „die Mythen (der Bibel) (spekulative) Wahrheit haben, aber keine (geschichtliche) Wirklichkeit. Sie sind absichtslose Dichtungen der Volksfantasie, Sagen und Legenden, die das Leben der größten Propheten verherrlichen, indem sie an ihm die messianischen Weissagungen des Alten Testaments erfüllt zeigen. So ist aus Jesus der Geschichte der Christus des Glaubens geworden, er ist nicht sowohl der Schöpfer als das Produkt des christlichen Glaubens" (R. Falckenberg). Christus wird somit reduziert auf seine empirische Realität, der Glaube beruht auf einer „absichtslose Dichtung der Volksphantasie". Das Buch hatte großen Einfluss auf die evangelische Theologie, insbesondere auf Rudolf Bultmann (1884 bis 1876) mit seinem Programm der Entmythologisierung der neutestamentlichen Verkündigung.

Konsequent fortgeführt wird dann der Sensualismus von Ludwig Feuerbach. Im Gegensatz zu Hegel will er wieder konsequent die Sinne in ihr Recht einsetzen. Infolgedessen ist auch die Religion psychologisch zu denken, insbesondere die Illusion aufzudecken, auf der sie beruht. Demnach ist „alle Theologie Anthropologie, Religion Selbstvergötterung des Menschen. Seiner eigenen Beschränktheit setzt somit der Mensch ein Unbeschränktes, ins Unendlich gesteigerte gegenüber und vergöttlicht dieses" (R. Falckenberg). Da stets eine Kluft zwischen Wollen und Wirklichkeit besteht, erwächst die Religion aus dem Egoismus: Ihr Grund ist der Abstand zwischen unserem Wollen und unserem Können. Da alles Sein hier auf das Sinnliche zurückgeführt wird, jede Transzendenz abgelehnt wird, „wird also hier unter der Hand ein glatter Sensualismus und Materialismus" (J. Hirschberger). „Der Mensch ist, was er isst" (L. Feuerbach). Schärfer kann man den Materialismus nicht formulieren. Jedenfalls war dann der Weg frei für Marx und das „Opium des Volkes".

Doch es gab auch andere Stimmen: „Aus willkürlicher Reflexion abstrahierten, vom dürren Verstand mit mageren Erkenntnissen gezeugten Naturbegriffen und Personifikationen, die höchstens dem Spielen des kindischen Witzes vergleichbar ihren Urheber kaum ernsthaft beschäftigen konnten, hätte sich die jahrtausendelange Geschichte des Irrweges der Völker, aus einem zugleich schwächlichen und künstlichen Anfang, die dunkle, ungeheure Gewalt des Götterglaubens entwickelt?", fragt Schelling. Von den Protesten der großen Naturwissenschaftler in diesem Zusammenhang, wie sie von Pascual Jordan und Max Planck geäußert wurden, haben wir bereits gesprochen.

Nachdem jedenfalls Hume den Weg zum Übersinnlichen blockiert hatte, nahmen sich natürlich alle großen Philosophen dieses Themas an, jeder behandelte es im Rahmen seiner Philosophie, „so viele Philosophen, so viele Christusbilder". Gleiches gilt für die Theologie, „so viele Theologen, so viele Christusbilder". Es liegt weder in der Absicht dieses Buches noch in unserer Kompetenz, hier eine Entscheidung zu treffen. Wir beschränken uns deshalb auf einige typische charakteristische Aussagen von Jesus Christus.

„Der Geist des Herrn ist über mir, darum dass mich der Herr gesalbt hat. Er hat mich gesandt, den Leidenden zu predigen, die zerbrochenen Herzen zu verbinden, zu verkünden den Gefangenen die Freiheit, den Gebundenen, dass ihnen geöffnet werde", so beschreibt er selbst als junger Mann sein Programm. Im Gegensatz zu Buddha, Konfuzius, die sich an die Gebildeten wandten, predigt Jesus auch denen, „die da geistig arm sind" (Jesus). Dabei „verkündet er nicht Wissen, sondern Glaube" (Karl Jaspers). Dabei ist der Glaube nicht irgendeine durch eigenes Nachdenken gewonnene Erkenntnis, er wird vielmehr durch die Gnade Gottes verliehen, ist aber für das religiöse Verhältnis und die Zukunft des Menschen entscheidend. „Wer da glaubt und sich taufen lässt, der wird selig werden, wer aber nicht glaubt, der wird verdammt werden" (Jesus).

Tatsächlich konnte Jesus, im Gegensatz zu den ganz auf Mitleid und Frieden ausgerichteten Aussprüchen, auch ganz anderen Stimmungen, auf Kampf und Unversöhnlichkeit gerichtete, Ausdruck geben: „Ihr sollt nicht wähnen, ich sei gekommen, um Frieden zu senden auf Erden. Ich bin nicht gekommen, um Frieden zu senden, sondern das Schwert. Denn ich bin gekommen, den Menschen zu erregen wider seinem Vater und die Tochter wider der Mutter und die Schwiegertochter wider der Schwiegermutter. Und des Menschen Feinde werden seine eigenen Hausgenossen sein. Wer Vater oder Mutter oder Sohn oder Tochter mehr liebt als mich, der ist meiner nicht wert" (Jesus). Weiter: „Wer nicht für mich ist, der ist wider mich" (Jesus). Schließlich: „Gleich wie man Unkraut ausjätet und im Feuer verbrennt, so wird's auch am Ende dieser Welt gehen: des Menschen Sohn wird seine Engel aussenden und sie werden sammeln aus seinem Reich alle Ärgernisse und die da Unrecht tun und werden sie in den Feuerofen werfen, da wird sein Heulen und Zähneklappern" (Jesus).

„Dass der Mensch sündig ist, das steht von vornherein fest" (H. von Glasenapp). „Was vom Menschen ausgeht, das verunreinigt den Menschen, denn von inwendig, aus den Herzen der Menschen, gehen die bösen Gedanken, Unzucht, Diebstahl, Mord, Ehebruch, Habsucht, Bosheit, Trug, Schwelgerei, böser Blick, Lästerung, Hochmut, Leichtsinn. Alles dieses Böse geht von innen aus und verunreinigt den Menschen" (Jesus). Wie können wir trotzdem erlöst werden? Gottes Barmherzigkeit, seine Güte sind unermesslich, so dass „die Zöllner und Huren mögen eher ins Himmelreich kommen denn ihr" (Jesus), das heißt wie die heuchlerischen Gesetzestreuen. Unabdingbare Voraussetzung ist der absolute, uneingeschränkt zu vollziehende Gehorsam zu Gott. „Du sollst lieben Gott, deinen Herrn, von ganzem Herzen, von ganzer Seele, von allen Kräften und von ganzem Gemüte" (Jesus). „Niemand kann zwei Herren dienen, Ihr könnt nicht Gott dienen und dem Mammon" (Jesus).

„Die Radikalität der Gottesgewissheit gewann bei Jesus eine bis dahin unerhörte Steigerung durch die Erwartung des unmittelbar bevorstehenden Weltendes" (K. Jaspers). Wann sollte das Reich Gottes kommen? Bald. „Wahrlich ich sage euch, dass ich hinfort nicht trinken werde vom Gewächs des Weinstocks bis auf den Tag, da ich's neu trinke im Reich Gottes" (Jesus). Später äußerte er sich zurückhaltender: „Von dem Tage aber und der Stunde weiß niemand, auch die Engel nicht im Himmel, auch der Sohn nicht, sondern alleine der Vater" (Jesus).

8.8. „Impressionen und ‚eingeborene Ideen'" (B. Russel)

„Die maßgebenden Menschen" (K. Jaspers)

Kommen wir noch einmal zurück auf das durch David Hume begründete moderne Denken. Dieses kennt als einzige Erkenntnisprinzipien den „Gemeinen Empirismus" sowie die „Genetik". Infolgedessen können hierdurch weder eine logisch exakte Theorie noch allgemein gültige Moralgesetze begründet werden. Die Hume'sche Philosophie führt also zum totalen Skeptizismus und somit ergab sich „die zunehmende Unvernunft des neunzehnten und des bisher vergangenen zwanzigsten Jahrhundert zwangsläufig aus der Vernichtung des Empirismus durch Hume" (B. Russel).

Wir haben dann am Ende von 8.2. gefragt, wie dieser sensualistische Skeptizismus überwunden werden kann? Wir wissen, dass die Hume'sche Philosophie „auf dem Prinzip beruht, dass alle einfachen Ideen aus Impressionen, Eindrücken, abgeleitet werden; und wenn dieses Prinzip verworfen wird, dann kommen wir zwangsläufig wieder auf die „eingeborenen Ideen" zurück" (B. Russel). Man sieht also, dass tatsächlich das Dilemma nur dadurch überwunden werden kann, indem „wir zwangsläufig wieder auf die „eingeborenen Ideen" zurück" (B. Russel) kommen.

Wir haben gesehen, wie großartig die „Maßgebenden Menschen" diese Aufgabe gelöst haben, wodurch uns Wege aufgezeigt wurden, wie wir Wissenschaft, Moral, Werte, kurz, das eigentlich Menschliche verstehen können. Weder das „Sokratische Denken", noch die „Platonischen Ideen", noch die „Buddhistische Meditation", weder das „Konfuzianische Denken" oder der „Glaube Jesu" lassen sich empirisch erklären. Jedes derartige „Denken" setzt etwas voraus, das wir *„vorher-schon-gehabt-haben"*. Auch sehen wir hier noch einmal die unvorstellbare Variabilität, Komplexität des Denkens, wie sie auch bereits bei den großen anderen offenbar wurde. So zeigt sich noch einmal die Naivität, die Absurdität, das Denken könne durch einen Computer simuliert werden.

Schlusswort

„Liebe und Verehrung für alle Dinge, die Gott gemacht und geliebt hat" (Coleridge).

Überlassen wir das Resümee einem Mann, der als einer der Letzten noch sowohl das gesamte mathematisch-naturwissenschaftliche, wie auch das philosophische Wissen, in ihrer Gesamtheit überblickt hat: „So liegt die letzte Antwort denn doch, jenseits des Wissens, alleine in Gott, aus dem alles herfließend das Licht des Bewusstseins, dem der Ursprung selbst verdeckt ist, in seiner Selbstdurchdringung sich ergreift, gespalten und gespannt zwischen Subjekt und Objekt, zwischen Sinn und Sein" (Hermann Weyl).

Literatur

Arendt, Hannah: Vita aktiva. München 1967

Aster Ernst von: Geschichte der Philosophie. Stuttgart 1998

Bähr, H. (Hrsg.): Naturwissenschaft heute. Gütersloh 1965

Bernays Paul: Abhandlungen zur Philosophie der Mathematik. Darmstadt 1976

Bertalanffy, Ludwig von: Aber vom Menschen wissen wir nichts. Düsseldorf, Wien 1970

Born, Max: Die Relativitätstheorie Einsteins. Berlin, Heidelberg New York 1984

Born, Max: Physik im Wandel meiner Zeit. Braunschweig 1966

Carnap, Rudolf: Überwindung der Metaphysik durch logische Analyse der Sprache. Leipzig 1931

Cassirer, Ernst: Das Erkenntnisproblem in der Philosophie und Wissenschaft in der neueren Zeit (4 Bände). Darmstadt 1974

Courant, Richard; Robbins, Herbert: Was ist Mathematik. Berlin, Heidelberg, New York 1973

Dessoir Max (Hrsg.): Die Geschichte der Philosophie. Wiesbaden o. J. (Nachdruck)

Durant, Will und Ariel: Kulturgeschichte der Menschheit (18 Bände). Frankfurt, Berlin, Wien 1982

Eucken, Walter: Die Grundlagen der Nationalökonomie. Berlin Heidelberg New York u a. 1989

Falckenberg, Richard: Geschichte der neueren Philosophie. Berlin, Leipzig 1927

Fest, Joachim, C.: Hitler. Frankfurt 1973

Feynman, R.; Leighton, R.; Sands, M.: Feynman Vorlesungen über Physik (3 Bände). München, Wien 1991

Fraenkel, Ernst: Der Doppelstaat. Frankfurt 1974

Frisch, Karl von: Du und das Leben. Berlin 1974

Glasenapp, Helmuth von: Die fünf Weltreligionen. Düsseldorf Köln 2005

Gnedenko, B. W.; Chintschin, A. J.: Elementare Einführung in die Wahrscheinlichkeitsrechnung. Berlin 1967

Goldschlager, L.; Lister, A.: Informatik. München, Wien, London 1990
Grass, Rolf – Dieter; Stützel, Wolfgang: Volkswirtschaftslehre. München 1988
Grell, H.; Maruhn, K.; Rinow, W. (Hrsg.): Enzyklopädie der Elementarmathematik, Bd. 7. Berlin 1978
Heintel, Erich: Einführung in die Sprachphilosophie. Darmstadt 1975
Heisenberg, Werner: Der Teil und das Ganze. München 1972
Heisenberg, Werner: Schritte über Grenzen. München 1973
Heitler, Walter: Wahrheit und Richtigkeit in den exakten Wissenschaften. Mainz 1972
Helmholtz, Hermann von: Einleitung zu den Vorlesungen über Theoretische Physik. Leipzig 1903
Henderson, J. M.; Quandt, R. J.: Mikroökonomische Theorie. München 1983
Hertz, Heinrich: Einleitung zur Mechanik. Leipzig 1894
Hirschberger, Johannes: Geschichte der Philosophie (2 Bände). Köln o. J. (Nachdruck)
Hopcroft, J.; Ullman, J.: Einführung in die Automatentheorie, Formale Sprachen und Komplexitätstheorie. Bonn, New York, Amsterdam u. a. 1988
Isaacson, Walter: The Innovators. München 2018
Jacob, F.: Die Logik des Lebenden. Frankfurt 1972
Jaspers, Karl: Die massgebenden Menschen. München 1964
Jaspers, Karl: Wohin treibt die Bundesrepublik? München 1966
Jordan, Pascual: Erkenntnis und Besinnung. Oldenburg, Hamburg 1972
Kahneman, Daniel: Schnelles Denken, langsames Denken. München 2011
Keynes, John Maynard: Allgemeine Theorie der Beschäftigung, des Zinses und des Geldes. Berlin 1983
Klinckowstroem. Carl Graf von: Knauers Geschichte der Technik. München, Zürich 1959
Kogon, Eugen: Der SS – Staat. München 1974
Krafft, Fritz: Geschichte der Naturwissenschaft I. Freiburg 1971

Kranz, Walther: Die griechische Philosophie. Birsfelden, Basel o. J. (Nachdruck)
Landau, L. D.; Lifschitz, E. M.: Lehrbuch der Theoretischen Physik (Band 1 bis 5). Berlin 1984
Lehmann, E. L.: Testing Statistical Hypotheses. New York, London, Sidney 1959
Lewis, H. R.; Papadimitriou, H.: Elements of the Theory of Computation. New Jersey, London u. a. 1981
Lorenz, Konrad: Die Rückseite des Spiegels. München, Zürich 1973
Lorenz, Konrad: Das sogenannte Böse. Wien 1971
Mach, Ernst.: Die Mechanik und ihre Entwicklungen. Leipzig 1933
Mann, Golo; Heuß, Alfred (Hrsg.): Propyläen Weltgeschichte (11 Bände). Frankfurt, Berlin 1960
Mannheim, Karl: Mensch und Gesellschaft im Zeitalter des Umbaus. Bad Homburg, Berlin, Zürich 1967
Menges, Günther: Grundriss der Statistik, Teil I: Theorie. Opladen 1972
Meschkowski, Herbert: Richtigkeit und Wahrheit in der Mathematik. Mannheim, Wien, Zürich 1978
Meyers Enzyklopädisches Lexikon (25 Bände). Mannheim 1979
Monod, Jacques: Zufall und Notwendigkeit. München 1971
Otte, Michael (Hrsg.): Mathematiker über die Mathematik. Berlin, Heidelberg, New York 1974
Pauli, Wolfgang: Aufsätze und Vorträge über Erkenntnistheorie. Braunschweig. 1961
Planck, Max: Vorträge und Erinnerungen. Darmstadt 1975
Portmann, Adolf: Entlässt die Natur den Menschen? München 1970
Rex, John: Grundprobleme der soziologischen Theorie. Freiburg 1970
Russel, Bertrand: Philosophie des Abendlandes. Zürich 1950
Schlageter, Wolfgang: Die Grundlagen der Physik. München 1998
Schlageter, Wolfgang: Einführung in das Operations Research. München 2003
Schlageter, Wolfgang: Einführung in die Thermodynamik. München 2014

Schlageter, Wolfgang: Wissen im Sinne der Wissenschaften. Frankfurt, London, New York 2016

Schlageter Wolfgang: Mathematik und Statistik für Ökonomen. München 2018

Schlageter Wolfgang; Rauhut Thorsten: Einführung in die Theoretische Informatik. München 2002

Singh, Simon: Fermats letzter Satz. München 2003

Spitzer, Manfred: Lernen – Gehirnforschung und die Schule des Lebens. Heidelberg, Berlin 2002

Stegmüller, Wolfgang: Das Problem der Induktion: Humes Herausforderung und moderne Antworten. Darmstadt 1975

Stetter. Franz: Grundbegriffe der Theoretischen Informatik. Berlin, Heidelberg, New York u. a. 1988

Ströker, Elisabeth: Einführung in die Wissenschaftstheorie. Darmstadt 1977

Tausch, A.; Tausch, R.: Erziehungspsychologie. Göttingen 1971

Weischedel, Wilhelm: Die philosophische Hintertreppe. München 1973

Weyl, Hermann: Gruppentheorie und Quantenmechanik. Stuttgart 1967

Weyl, Hermann: Philosophie der Mathematik und Naturwissenschaften. München 1976

Wigner, Eugene, P.: The Unreasonable Effectiveness of Mathematics in the Natural Sciences. Communications on Pure and Applied Mathematics. 13: 1- 14 1960

Wußing, Hans; Arnold, Wolfgang (Hrsg.): Biographien bedeutender Mathematiker. Berlin 1975

Zeitverlag Gerd Bucerius GmbH & Co. KG (Hrsg.). Welt - und Kulturgeschichte. (20 Bände). Hamburg 2006

Zinsli Paul u. a.: Vom Wesen der Sprache. Bern 1967